板書で見る

全単元の授業のすべて

小学校 3年 下

中村和弘 監修
大塚健太郎・茅野政徳 編著

東洋館出版社

まえがき

令和２年度に完全実施となる小学校の学習指導要領では、これからの時代に求められる資質・能力や教育内容が示されました。

この改訂を受け、これからの国語科では、

・子供たちが言語活動を通して「言葉による見方・考え方」を働かせながら学習に取り組むことができるようにする。

・単元の目標／評価を、〔知識及び技能〕と〔思考力、判断力、表現力等〕のそれぞれの指導事項を結び付けて設定し、それらの資質・能力が確実に身に付くよう学習過程を工夫する。

・子供たちにとって「主体的・対話的で深い学び」が実現するよう、単元の構成や教材の扱い、言語活動の設定などを工夫する。

などの授業づくりが求められています。

一方で、こうした授業を実現していくためには、いくつかの難しさを抱えているように思います。例えば、言語活動が重視されるあまり、「国語科の授業で肝心なのは、言葉や言葉の使い方などを学ぶことである」という共通認識が薄れているように感じます。あるいは、活動には取り組ませているけれども、今日の学習でどのような言葉の力が付いたのかが、教師にも子供たちにも自覚的ではない授業が見られます。

国語科の授業を通して、「どんな力が付けばよいのか」「何を教えればよいのか」という肝心な部分で、困っている先生方が多いのではないかと感じています。

本書は、「板書をどうすればいいのか」という悩みに答えながら、同時に、国語科の授業で「どんな力が付けばよいのか」「何を教えればよいのか」というポイントを、単元ごとに分かりやすく具体的に示しています。いわば、国語科の授業づくりの手引き書でもあることが特徴です。

この板書シリーズは、2005年の初版刊行以来、毎日の授業づくりに寄り添う実践書として多くの先生方に活用されてきました。そして、改訂を重ねるたびに、板書の仕方はもちろん、「もっとうまく国語の授業ができるようになりたい」という先生方の要望に応えられる内容と質を備えられるよう、改善されてきました。

今回、平成29年告示の学習指導要領に対応する新シリーズを作るに当たっても、そうした点を大切にして、検討を重ねてきました。

日々教室で子供たちと向き合う先生方に、「こういうふうに授業を進めていけばよいのか」「指導のポイントは、こういうところにあるのか」「自分でもこんな工夫をしてみたい」と国語科の授業づくりの楽しさを感じながらご活用いただければ幸いです。

令和２年３月吉日

中村　和弘

本書活用のポイント―単元構想ページ―

本書は、各学年の全単元について、単元全体の構想と各時間の板書のイメージを中心とした本時案を紹介しています。各単元の冒頭にある単元構想ページの活用のポイントは次のとおりです。

教材名と指導事項、関連する言語活動例

本書の編集に当たっては、令和2年発行の光村図書出版の国語教科書を参考にしています。まずは、各単元で扱う教材とその時数、さらにその下段に示した学習指導要領に即した指導事項や関連する言語活動例を確かめましょう。

単元の目標

単元の目標を総括目標として示しています。各単元で身に付けさせたい資質・能力の全体像を押さえておきましょう。

評価規準

ここでは、指導要録などの記録に残すための評価を取り上げています。本書では、❶❷のように記録に残すための評価は色付きの丸数字で統一して示しています。本時案の評価で色付きの丸数字が登場したときには、本ページの評価規準と併せて確認することで、より単元全体を意識した授業づくりができるようになります。

おおきな　かぶ　（6時間扱い）

〔知識及び技能〕(1)ク　〔思考力、判断力、表現力等〕C読むことイ、エ　関連する言語活動例C(2)イ

単元の目標

・場面の様子について、登場人物の行動を中心に想像を広げながら読むことができる。
・繰り返しの言葉やリズムを考えながら、声に出して読むことができる。

評価規準

知識・技能	❶語のまとまりや言葉の響きなどに気を付けて音読している。（〔知識及び技能〕(1)ク）
思考・判断・表現	❷「読むこと」において場面の様子や登場人物の行動など、話の内容の大体を捉えている。（〔思考力・判断力・表現力〕Cイ） ❸「読むこと」において場面の様子に着目して、登場人物の行動を具体的に想像している。（〔思考力・判断力・表現力〕Cエ）
主体的に学習に取り組む態度	❹進んで場面の様子から登場人物の行動を具体的に想像し、学習の見通しをもって、想像したことや考えたことを音読で表現しようとしている。

単元の流れ

次	時	主な学習活動	評価
一	1	教師の範読後、全文を読み、物語の場面や登場人物や出てくる順番を確かめる。 初発の感想を書く。	
二	2	学習の見通しをもつ 初発の感想から、話の特徴やおもしろいところを共有し、学習課題を考える。 繰り返しの言葉を見つけ、その効果を考える。	❷
	3	かぶを抜こうとするときや助けを呼ぼうとするときの、登場人物の行動や気持ちを想像する。 繰り返し出てくる言葉の意味の違いを考え、音読の仕方を工夫する。	❶
	4	かぶが抜けないときやかぶを抜こうとするときの、登場人物の行動や気持ちを想像する。 つなぎ言葉の意味の違いを考え、音読の仕方を工夫する。 かぶが抜けた理由について話し合う。	❸
三	5・6	役割を決めて、音読の練習をする。 音読発表会をする。 学習を振り返る 学習の振り返りをする。	❹

おおきな　かぶ
202

単元の流れ

単元の目標や評価規準を押さえた上で、授業をどのように展開していくのかの大枠をここで押さえます。各展開例は学習活動ごとに構成し、それぞれに対応する評価をその右側の欄に対応させて示しています。

ここでは、「評価規準」で挙げた記録に残すための評価のみを取り上げていますが、本時案では必ずしも記録には残さない、指導に生かす評価も示しています。本時案での詳細かつ具体的な評価の記述と併せて確認することで、指導と評価の一体化を意識することが大切です。

また、学習の見通しをもつ　学習を振り返るという見出しが含まれる単元があります。見通しをもたせる場面と振り返りを行う場面を示すことで、教師が子供の学びに向かう姿を見取ったり、子供自身が自己評価を行う機会を保障したりすることに活用できるようにしています。

授業づくりのポイント

〈単元で育てたい資質・能力〉

本単元のねらいは、場面の様子から想像したことを音読で表現する力を育むことである。

そのために、登場人物の行動や会話に着目し、具体的に登場人物の様子や気持ちを想像できるようにする。想像したことを音読で表現することで、繰り返し出てくる言葉の意味やリズムのよさなどに気付くことができるようにする。

具体例

○おじいさんはかぶの種をまくときに、「あまい　あまい　かぶに　なれ。おおきな　おおきな　かぶに　なれ。」と言っている。「あまい　かぶに　なれ。」ではなく「あまい　あまい」や「おおきな　おおきな」と2回同じ言葉を繰り返している。このことから、このときのおじいさんの気持ちを考えさせたい。

〈教材・題材の特徴〉

「おおきな　かぶ」は、反復表現と登場人物が現れる順序が特徴的な話であり、その繰り返しの効果がおもしろさを引き出している教材である。

登場人物が次の登場人物を呼んでくる同じ展開の繰り返し、「うんとこしょ、どっこいしょ。」という同じ掛け声の繰り返し、「〇〇が□□をひっぱって」という行動描写の繰り返し、「それでも～ぬけません」「まだまだ～ぬけません」等の接続詞や副詞を使った同じ状況の繰り返しがある。言葉の繰り返しは、イメージと意味を強調する効果がある。

登場人物が現れる順序は、自分よりも力が弱いものを呼んでくる設定が繰り返される。大きなかぶを抜こうとしているのに対して、どんどん力が小さい登場人物が登場することで、かぶが抜けてほしいという思いと果たしてかぶは抜けるのかという緊張感があいまって、読み手は作品に引き込まれていく。最後に小さな力のねずみの参加でかぶが抜ける意外性とともに、みんなで協力することの大切さや小さな存在の大きな役割という価値も見いだすことができる。

具体例

○「うんとこしょ、どっこいしょ。」は6回繰り返される。1回ごとにかぶを引っ張る人数が増えるとともに、かぶを抜きたいという気持ちが強くなっていく。このことを踏まえ、どのように音読することがふさわしいのかと、表現方法を考えさせていく。

○「〇〇が□□をひっぱって」という表現が繰り返されることで、文章にリズムのよさが生まれる。登場人物の動作と会話のタイミングなどを具体的に想像させていく。

〈言語活動の工夫〉

話の繰り返される展開や繰り返し出てくる言葉に着目し、その効果のおもしろさを味わえるように言語活動を設定する。そのために、場面ごとに区切って読むのではなく、話全体を何度も通読することで、繰り返される言葉の意味の違いや効果を読み取り、音読の表現に生かせるようにする。また、繰り返される言葉が生み出す心地よいリズムによって、読み手は、自然と身体も動きだすであろう。動作化も取り入れながら、場面の様子を具体的に想像できるようにするとよい。

具体例

○話の世界を具体的に想像できるように、気持ちや会話を書き込めるようなワークシートを用意する。また、具体的に動作化できるように立体的なかぶを用意するなど工夫する。

○どのような音読表現がよいかについて、友達同士がアドバイスできる学習環境も整えたい。

203

授業づくりのポイント

ここでは、本単元の授業づくりのポイントを取り上げています。

全ての単元において〈単元で育てたい資質・能力〉を解説しています。単元で育てたい資質・能力を確実に身に付けさせるために、気を付けたいポイントや留意点に触れています。授業づくりに欠かせないポイントを押さえておきましょう。

他にも、単元や教材文の特性に合わせて〈教材・題材の特徴〉〈言語活動の工夫〉〈他教材や他教科との関連〉〈子供の作品やノート例〉〈並行読書リスト〉などの内容を適宜解説しています。これらの解説を参考にして、学級の実態を生かした工夫を図ることが大切です。各項目では解説に加え、具体例も挙げていますので、併せてご確認ください。

本書活用のポイント―本時案ページ―

単元の各時間の授業案は、板書のイメージを中心に、目標や評価、学習の進め方などを合わせて見開きで構成しています。各単元の本時案ページの活用のポイントは次のとおりです。

本時の目標

本時の目標を総括目標として示しています。単元冒頭ページとは異なり、各時間の内容により即した目標を示していますので、「授業の流れ」などと併せてご確認ください。

本時の主な評価

ここでは、各時間における評価について２種類に分類して示しています。それぞれの意味は次のとおりです。

○❶❷などの色付き丸数字が付いている評価

指導要録などの記録に残すための評価を表しています。単元冒頭ページにある「単元の流れ」の表に示された評価と対応しています。各時間の内容に即した形で示していますので、具体的な評価のポイントを確認することができます。

○「・」の付いている評価

必ずしも記録に残さない、指導に生かす評価を表しています。以降の指導に反映するための教師の見取りとして大切な視点です。指導との関連性を高めるためにご活用ください。

資料等の準備

ここでは、板書をつくる際に準備するとよいと思われる絵やカード等について、箇条書きで示しています。なお、💿の付いているものについては、本書付録の DVD にデータが収録されています。

本時案

おおきな　かぶ　1/6

本時の目標
・話の流れや登場人物を読み取ることができる。
・話を読んで、感想をもつことができる。

本時の主な評価
・話の流れを理解し、登場人物が出てくる順番を読み取っている。
・話のおもしろいところに気付き、感想を書くことができている。

資料等の準備
・挿絵
・登場人物のお面 💿17-01～07

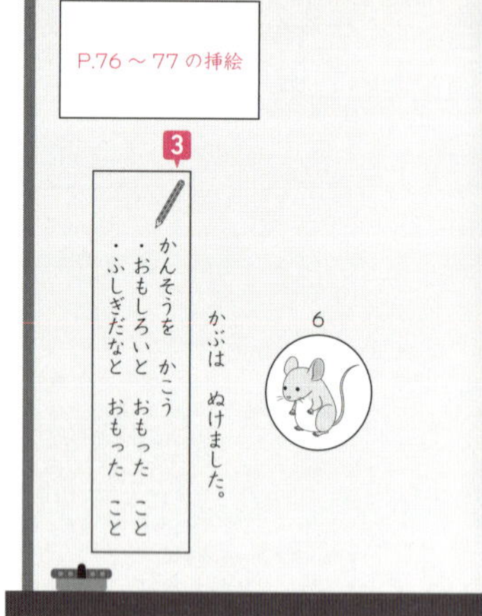

P.76～77の挿絵
3
6
かぶは　ぬけました。
かんそうを　かこう
・おもしろいと　おもった　こと
・ふしぎだなと　おもった　こと

授業の流れ ▷▷▷

1 「おおきな　かぶ」という題名から、どんな話か想起させ、教師の範読を聞く〈10分〉

○題名「おおきな　かぶ」や挿絵から話の内容を想像させ、話の内容に興味や期待感をもたせるようにする。
T 「おおきな　かぶ」はどんな話だと思いますか。
・大きなかぶの話。
・おじいさんがかぶを抜く話。
○範読を聞かせる際には、意識させたい観点を提示してから聞かせるようにする。
T どんな話か、登場人物は何人でてくるのかを考えながら聞きましょう。

2 物語の場面や登場人物を出てきた順番に確認する〈25分〉

○教師の後に続いて全文を音読する。
○音読する際には、地の文と会話文（「　」）があることを確認し、会話文を意識して音読できるようにする。
T 話の場面はどこですか。
・おじいさんの畑。
T どんな話でしたか。
・おじいさんが大きなかぶを育てた話。
・みんなで力を合わせてかぶを抜く話。
T 登場人物は何人いましたか。それは誰ですか。出てきた順番に言いましょう。
・６人。
・おじいさん、おばあさん、まご、いぬ、ねこ、ねずみ。

おおきな　かぶ
204

3 物語を読んだ感想を書く〈10分〉

○観点（おもしろいと思ったこと・不思議だなと思ったことなど）を示して感想を書かせるようにする。
・何回も「うんとこしょ、どっこいしょ。」と言っていておもしろい。
・なかなかかぶが抜けなくて、どきどきした。
・みんなでかぶを引っ張って、かぶが抜けてよかった。
・どうして、ねずみが引っ張ってかぶが抜けたのだろう。

よりよい授業へのステップアップ

範読の工夫

低学年の子供への教師の範読は、子供が話を理解したり、話の世界に浸ったりする手助けとなるため重要である。地の文と会話文の表現の違いが分かるように音読し、「誰が何をしたのか」「だれが何と言ったのか」など、登場人物の行動や話の展開を理解できるように工夫する。

掲示物の工夫

話の流れや登場人物の順番を理解できるように挿絵などの掲示物を効果的に使うようにしたい。

第1時
205

本時の板書例

子供たちの学びを活性化させ、授業の成果を視覚的に確認するための板書例を示しています。学習活動に関する項立てだけでなく、子供の発言例なども示すことで、板書全体の構成をつかみやすくなっています。

板書に示されている**1** **2**などの色付きの数字は､「授業の流れ」の各展開と対応しています。どのタイミングで何を提示していくのかを確認し､板書を効果的に活用することを心掛けましょう。

色付きの吹き出しは、板書をする際の留意点です。実際の板書では、テンポよくまとめる必要がある部分があったり、反対に子供の発言を丁寧に記していく必要がある部分があったりします。留意点を参考にすることで、メリハリをつけて板書を作ることができるようになります。

その他、色付きの文字で示された部分は実際の板書には反映されない部分です。黒板に貼る掲示物などが当たります。

これらの要素をしっかりと把握することで、授業展開と一体となった板書を作り上げることができます。

よりよい授業へのステップ

ここでは、本時の指導についてポイントを絞って解説しています。授業を行うに当たって、子供がつまずきやすいポイントやさらに深めたい内容について、各時間の内容に即して実践的に示しています。よりよい授業づくりのために必要な視点を押さえましょう。

授業の流れ

1時間の授業をどのように展開していくのかについて示しています。

各展開例について、主な学習活動とともに目安となる時間を示しています。導入に時間を割きすぎたり、主となる学習活動に時間を取れなかったりすることを避けるために、時間配分もしっかりと確認しておきましょう。

各展開は、T：教師の発問や指示等、・：予想される子供の反応例、〇：留意点等の３つの内容で構成されています。この展開例を参考に、各学級の実態に合わせてアレンジを加え、より効果的な授業展開を図ることが大切です。

板書で見る全単元の授業のすべて
国語 小学校３年下
もくじ

まえがき …… 001
本書活用のポイント …… 002

1 第３学年における授業づくりのポイント

「主体的・対話的で深い学び」を目指す授業づくりのポイント …… 010
「言葉による見方・考え方」を働かせる授業づくりのポイント …… 012
学習評価のポイント …… 014
板書づくりのポイント …… 016
〈第３学年及び第４学年　指導事項配列表／言語活動一覧表〉 …… 018
第３学年の指導内容と身に付けたい国語力 …… 020

2 第３学年の授業展開

1 場面をくらべながら読み、感じたことをまとめよう
ちいちゃんのかげおくり …… 026

言葉
修飾語を使って書こう …… 052

きせつの言葉３
秋のくらし …… 060

進行を考えながら話し合おう
はんで意見をまとめよう …… 066
漢字の広場④ …… 084

2 れいの書かれ方に気をつけて読み、それをいかして書こう
すがたをかえる大豆 …… 090
食べ物のひみつを教えます／［じょうほう］科学読み物での調べ方 …… 108

つたわる言葉
ことわざ・故事成語 …… 126

言葉
漢字の意味 …… 138

声に出して楽しもう
短歌を楽しもう …… 144
漢字の広場⑤ …… 148

3 組み立てをとらえて、民話をしょうかいしよう
三年とうげ …… 156

組み立てにそって、物語を書こう
たから島のぼうけん …… 174

きせつの言葉４
冬のくらし …… 190

詩の楽しみ方を見つけよう
詩のくふうを楽しもう …… 196
カンジーはかせの音訓かるた …… 208
漢字の広場⑥ …… 214

4 読んで感想をもち、つたえ合おう
ありの行列 …… 222

言葉について考えよう
つたわる言葉で表そう …… 238

しょうかいして、感想をつたえ合おう
これがわたしのお気に入り …… 252

言葉
コンピュータのローマ字入力 …… 268

つたえたいことを、理由をあげて話そう
わたしたちの学校じまん …… 274

5 登場人物について、話し合おう
モチモチの木 …… 294

監修者・編著者・執筆者紹介 …… 322

1

第3学年における授業づくりのポイント

「主体的・対話的で深い学び」を目指す授業づくりのポイント

1 国語科における「主体的・対話的で深い学び」の実現

平成29年告示の学習指導要領では、国語科の内容は育成を目指す資質・能力の３つの柱の整理を踏まえ、〔知識及び技能〕と〔思考力、判断力、表現力等〕から編成されている。これらの資質・能力は、国語科の場合は言語活動を通して育成される。

つまり、子供の取り組む言語活動が充実したものであれば、その活動を通して、教師の意図した資質・能力は効果的に身に付くということになる。逆に、子供にとって言語活動がつまらなかったり気が乗らなかったりすると、資質・能力も身に付きにくいということになる。

ただ、どんなに言語活動が魅力的であったとしても、あるいは子供が熱中して取り組んだとしても、それらを通して肝心の国語科としての資質・能力が身に付かなければ、本末転倒ということになってしまう。

このように、国語科における学習活動すなわち言語活動は、きわめて重要な役割を担っている。その言語活動の質を向上させていくための視点が、「主体的・対話的で深い学び」ということになる。学習指導要領の「指導計画作成上の配慮事項」では、次のように示されている。

> 単元など内容や時間のまとまりを見通して、その中で育む資質・能力の育成に向けて、児童の主体的・対話的で深い学びの実現を図るようにすること。その際、言葉による見方・考え方を働かせ、言語活動を通して、言葉の特徴や使い方などを理解し自分の思いや考えを深める学習の充実を図ること。

ここにあるように、「主体的・対話的で深い学び」の実現は、「資質・能力の育成に向けて」工夫されなければならない点を確認しておきたい。

2 主体的な学びを生み出す

例えば、「読むこと」の学習では、子供の読む力は、何度も文章を読むことを通して高まる。ただし、「読みましょう」と教師に指示されて読むよりも、「どうしてだろう」と問いをもって読んだり、「こんな点を考えてみよう」と目的をもって読んだりした方が、ずっと効果的である。問いや目的は、子供の自発的な読みを促してくれる。

教師からの「〇場面の人物の気持ちを考えましょう」という指示的な学習課題だけでは、こうした自発的な読みが生まれにくい。「〇場面の人物の気持ちは、前の場面と比べてどうか」「なぜ、変化したのか」「AとBと、どちらの気持ちだと考えられるか」など、子供の問いや目的につながる課題や発問を工夫することが、主体的な学びの実現へとつながる

この点は、「話すこと・聞くこと」や「書くこと」の授業でも同じである。「まず、こう書きましょう」「書けましたか。次はこう書きましょう」という指示の繰り返しで書かせていくと、活動がいつの間にか作業になってしまう。それだけではなく、「どう書けばいいと思う？」「前にどんな書き方を習った？」「どう工夫して書けばいい文章になるだろう？」などのように、子供に問いかけ、考えさせながら書かせていくことで、主体的な学びも生まれやすくなる。

3 対話的な学びを生み出す

対話的な学びとして、グループで話し合う活動を取り入れても、子供たちに話し合いたいことがなければ、形だけの活動になってしまう。活動そのものが大切なのではなく、何かを解決したり考えたりする際に、１人で取り組むだけではなく、近くの友達や教師などの様々な相手に、相談したり自分の考えを聞いてもらったりすることに意味がある。

そのためには、例えば、「疑問（〇〇って、どうなのだろうね？）」「共感や共有（ねえ、聞いてほしいんだけど……）」「目的（いっしょに、〇〇しよう！）」「相談（〇〇をどうしたらいいのかな）」などをもたせることが有用である。その上で、何分で話し合うのか（時間）、誰と話し合うのか（相手）、どのように話し合うのか（方法や形態）といったことを工夫するのである。

また、国語における対話的な学びでは、相手や対象に「耳を傾ける」ことが大切である。相手の言っていることにしっかり耳を傾け、「何を言おうとしているのか」という意図など考えながら聞くということである。

大人でもそうだが、思っていることや考えていることなど、頭の中の全てを言葉で言い表すことはできない。だからこそ、聞き手は、相手の言葉を手がかりにしながら、その人がうまく言葉にできていない思いや考え、意図を汲み取って聞くことが大切になってくる。

聞くとは、受け止めることであり、フォローすることである。聞き手がそのように受け止めてくれることで、話し手の方も、うまく言葉にできなくても口を開くことができる。対話的な学びとは、話し手と聞き手とが、互いの思いや考えをフォローし合いながら言語化する共同作業である。対話することを通して、思いや考えが言葉になり、そのことが思考を深めることにつながる。

国語における対話的な学びの場面では、こうした言葉の役割や対話をすることの意味などに気付いていくことも、言葉を学ぶ教科だからこそ、大切にしていきたい。

4 深い学びを生み出す

深い学びを実現するには、言葉による見方・考え方を働かせ、言語活動を通して国語科としての資質・能力を身に付けることが欠かせない（「言葉による見方・考え方」については、次ページを参照）。授業を通して、子供の中に、言葉や言葉の使い方についての発見や更新が生まれるということである。

国語の授業は、言語活動を通して行われるため、どうしても活動することが目的化しがちである。だからこそ、読むことでも書くことでも、「どのような言葉や言葉の使い方を学習するために、この活動を行っているのか」を、常に意識して授業を考えていくことが最も大切である。

そのためには、例えば、学習指導案の本時の目標と評価を、できる限り明確に書くようにすることが考えられる。「〇場面を読んで、人物の気持ちを想像する」という目標では、どのような語句や表現に着目し、どのように想像させるのかがはっきりしない。教材研究などを通して、この場面で深く考えさせたい叙述や表現はどこなのかを明確にすると、学習する内容も焦点化される。つまり、本時の場面の中で、どの語句や表現に時間をかけて学習すればよいかが見えてくる。全部は教えられないので、扱う内容の焦点化を図るのである。焦点化した内容について、課題の設定や言語活動を工夫して、子供の学びを深めていく。言葉や言葉の使い方についての、発見や更新を促していく。評価についても同様で、何がどのように読めればよいのかを、子供の姿で考えることでより具体的になる。

このように、授業のねらいが明確になり、扱う内容が焦点化されると、その部分の学習が難しい子供への手立ても、具体的に用意することができる。どのように助言したり、考え方を示したりすればその子供の学習が深まるのかを、個別に具体的に考えていくのである。

「言葉による見方・考え方」を働かせる授業づくりのポイント

1 「言葉を学ぶ」教科としての国語科の授業

国語科は「言葉を学ぶ」教科である。

物語を読んで登場人物の気持ちについて話し合っても、説明文を読んで分かったことを新聞にまとめても、その言語活動のさなかに、「言葉を学ぶ」ことが子供の中に起きていなければ、国語科の学習に取り組んだとは言いがたい。

「言葉を学ぶ」とは、普段は意識することのない「言葉」を学習の対象とすることであり、これもまたあまり意識することのない「言葉の使い方」(話したり聞いたり書いたり読んだりすること)について、意識的によりよい使い方を考えたり向上させたりしていくことである。

例えば、国語科で「ありの行列」という説明的文章を読むのは、アリの生態や体の仕組みについて詳しくなるためではない。その文章が、どのように書かれているかを学ぶために読む。だから、文章の構成を考えたり、説明の順序を表す接続語に着目したりする。あるいは、「問い」の部分と「答え」の部分を、文章全体から見付けたりする。

つまり、国語科の授業では、例えば、文章の内容を読み取るだけでなく、文章中の「言葉」の意味や使い方、効果などに着目しながら、筆者の書き方の工夫を考えたりすることなどが必要である。また、文章を書く際にも、構成や表現などを工夫し、試行錯誤しながら相手や目的に応じた文章を書き進めていくことなどが必要となってくる。

2 言葉による見方・考え方を働かせるとは

平成29年告示の学習指導要領では、小学校国語科の教科の目標として「言葉による見方・考え方を働かせ、言語活動を通して、国語で正確に理解し適切に表現する資質・能力を次のとおり育成することを目指す」とある。その「言葉による見方・考え方を働かせる」ということついて、『小学校学習指導要領解説　国語編』では、次のように説明されている。

> 言葉による見方・考え方を働かせるとは、児童が学習の中で、対象と言葉、言葉と言葉との関係を、言葉の意味、働き、使い方等に着目して捉えたり問い直したりして、言葉への自覚を高めることであると考えられる。様々な事象の内容を自然科学や社会科学等の視点から理解することを直接の学習目的としない国語科においては、言葉を通じた理解や表現及びそこで用いられる言葉そのものを学習対象としている。このため、「言葉による見方・考え方」を働かせることが、国語科において育成を目指す資質・能力をよりよく身に付けることにつながることとなる。

一言でいえば、言葉による見方・考え方を働かせるとは、「言葉」に着目し、読んだり書いたりする活動の中で、「言葉」の意味や働き、その使い方に目を向け、意識化していくことである。

前に述べたように、「ありの行列」という教材を読む場合、文章の内容の理解のみを授業のねらいとすると、理科の授業に近くなってしまう。もちろん、言葉を通して内容を正しく読み取ることは、国語科の学習として必要なことである。しかし、接続語に着目したり段落と段落の関係を考えたりと、文章中に様々に使われている「言葉」を捉え、その意味や働き、使い方などを検討していくことが、言葉による見方・考え方を働かせることにつながる。子供たちに、文章の内容への興味をもたせるとともに、書かれている「言葉」を意識させ、「言葉そのもの」に関心をもたせることが、国語科の授業では大切となる。

3 〔知識及び技能〕と〔思考力、判断力、表現力等〕

言葉による見方・考え方を働かせながら、文章を読んだり書いたりさせるためには、〔知識及び技能〕の事項と〔思考力、判断力、表現力等〕の事項とを組み合わせて、授業を構成していくことが必要となる。文章の内容ではなく、接続語の使い方や文末表現への着目、文章構成の工夫や比喩表現の効果など、文章の書き方に目を向けて考えていくためには、そもそもそういった種類の「言葉の知識」が必要である。それらは主に〔知識及び技能〕の事項として編成されている。

一方で、そうした知識は、ただ知っているだけでは、読んだり書いたりするときに生かされてこない。例えば、文章構成に関する知識を使って、今読んでいる文章について、構成に着目してその特徴や筆者の工夫を考えてみる。あるいは、これから書こうとしている文章について、様々な構成の仕方を検討し、相手や目的に合った書き方を工夫してみる。これらの「読むこと」や「書くこと」などの領域は、〔思考力、判断力、表現力等〕の事項として示されているので、どう読むか、どう書くかを考えたり判断したりする言語活動を組み込むことが求められている。

このように、言葉による見方・考え方を働かせながら読んだり書いたりするには、「言葉」に関する知識・技能と、それらをどう駆使して読んだり書いたりすればいいのかという思考力や判断力などの、両方の資質・能力が必要となる。単元においても、〔知識及び技能〕の事項と〔思考力、判断力、表現力等〕の事項とを両輪のように組み合わせて、目標／評価を考えていくことになる。先に引用した『解説』の最後に、「『言葉による見方・考え方』を働かせることが、国語科において育成を目指す資質・能力をよりよく身に付けることにつながる」としているのも、こうした理由からである。

4 他教科等の学習を深めるために

もう１つ大切なことは、言葉による見方・考え方を働かせることが、各教科等の学習にもつながってくる点である。一般的に、学習指導要領で使われている「見方・考え方」とは、その教科の学びの本質に当たるものであり、教科固有のものであるとして説明されている。ところが、言葉による見方・考え方は、他教科等の学習を深めることとも関係してくる。

これまで述べてきたように、国語科で文章を読むときには、書かれている内容だけでなく、どう書いてあるかという「言葉」の面にも着目して読んだり考えたりしていくことが大切であった。

この「言葉」に着目し、意味を深く考えたり、使い方について検討したりすることは、社会科や理科の教科書や資料集を読んでいく際にも、当然つながっていくものである。例えば、言葉による見方・考え方が働くということは、社会の資料集や理科の教科書を読んでいるときにも、「この言葉の意味は何だろう、何を表しているのだろう」と、言葉と対象の関係を考えようとしたり、「この用語と前に出てきた用語とは似ているが何が違うのだろう」と言葉どうしを比較して検討しようとしたりするということである。

教師が、「その言葉の意味を調べてみよう」「用語同士を比べてみよう」と言わなくても、子供自身が言葉による見方・考え方を働かせることで、そうした学びを自発的にスタートさせることができる。国語科で、言葉による見方・考え方を働かせながら学習を重ねてきた子供たちは、「言葉」を意識的に捉えられる「構え」が生まれている。それが他の教科の学習の際にも働くのである。

言語活動に取り組ませる際に、どんな「言葉」に着目させて、読ませたり書かせたりするのかを、教材研究などを通してしっかり捉えておくことが大切である。

1 国語科における評価の観点

各教科等における評価は、平成29年告示の学習指導要領に沿った授業づくりにおいても、観点別の目標準拠評価の方式である。学習指導要領に示される各教科等の目標や内容に照らして、子供の学習状況を評価するということであり、評価の在り方としてはこれまでと大きく変わることはない。

ただし、その学習指導要領そのものが、「知識及び技能」「思考力、判断力、表現力等」「学びに向かう力、人間性等」の資質・能力の3つの柱で、目標や内容が構成されている。そのため、観点別学習状況の評価についても、この3つの柱に基づいた観点で行われることとなる。

国語科の評価観点も、これまでの5観点から次の3観点へと変更される。

「(国語への)関心・意欲・態度」 「話す・聞く能力」 「書く能力」 「読む能力」 「(言語についての)知識・理解(・技能)」	→	「知識・技能」 「思考・判断・表現」 「主体的に学習に取り組む態度」

2 「知識・技能」「思考・判断・表現」の評価規準

国語科の評価観点のうち、「知識・技能」と「思考・判断・表現」については、それぞれ学習指導要領に示されている〔知識及び技能〕と〔思考力、判断力、表現力等〕と対応している。

例えば、低学年の「話すこと・聞くこと」の領域で、夏休みにあったことを紹介する単元があり、次の2つの指導事項を身に付けることになっていたとする。

・音節と文字との関係、アクセントによる語の意味の違いなどに気付くとともに、姿勢や口形、発声や発音に注意して話すこと。　〔知識及び技能〕(1)イ
・相手に伝わるように、行動したことや経験したことに基づいて、話す事柄の順序を考えること。　〔思考力、判断力、表現力等〕A話すこと・聞くことイ

この単元の学習評価を考えるには、これらの指導事項が身に付いた状態を示すことが必要である。したがって、評価規準は次のように設定される。

「知識・技能」	姿勢や口形、発声や発音に注意して話している。
「思考・判断・表現	「話すこと・聞くこと」において、相手に伝わるように、行動したことや経験したことに基づいて、話す事柄の順序を考えている。

このように、「知識・技能」と「思考・判断・表現」の評価については、単元で扱う指導事項の文末を「〜こと」から「〜している」として置き換えると、評価規準を作成することができる。その際、単元で育成したい資質・能力に照らして、指導事項の文言の一部を用いて評価規準を作成する場合もあることに気を付けたい。また、「思考・判断・表現」の評価を書くにあたっては、例のように、冒頭に「『話すこと・聞くこと』において」といった領域名を明記すること(「書くこと」「読む

こと」も同様）も必要である。

3 「主体的に学習に取り組む態度」の評価規準

一方で、「主体的に学習に取り組む態度」の評価については、指導事項の文言をそのまま使うということができない。学習指導要領では、「学びに向かう力、人間性等」については教科の目標や学年の目標に示されてはいるが、指導事項としては記載されていないからである。そこで、「主体的に学習に取り組む態度」の評価規準は、それぞれの単元で、育成する資質・能力と言語活動に応じて、次のように作成する必要がある。

「主体的に学習に取り組む態度」の評価規準は、次の①～④の内容で構成される（〈　〉内は当該内容の学習上の例示）。

①粘り強さ〈積極的に、進んで、粘り強く等〉
②自らの学習の調整〈学習の見通しをもって、学習課題に沿って、今までの学習を生かして等〉
③他の２観点において重点とする内容（特に、粘り強さを発揮してほしい内容）
④当該単元（や題材）の具体的な言語活動（自らの学習の調整が必要となる具体的な言語活動）

先の低学年の「話すこと・聞くこと」の単元の場合でいえば、この①～④の要素に当てはめてみると、例えば、①は「進んで」、②は「今までの学習を生かして」、③は「相手に伝わるように話す事柄の順序を考え」、④は「夏休みの出来事を紹介している」とすることができる。

この①～④の文言を、語順などを入れ替えて自然な文とすると、この単元での「主体的に学習に取り組む態度」の評価規準は、

「主体的に学習に取り組む態度」	進んで相手に伝わるように話す事柄の順序を考え、今までの学習を生かして、夏休みの出来事を紹介しようとしている。

と設定することができる。

4 評価の計画を工夫して

学習指導案を作る際には、「単元の指導計画」などの欄に、単元のどの時間にどのような言語活動を行い、どのような資質・能力の育成をして、どう評価するのかといったことを位置付けていく必要がある。評価規準に示した子供の姿を、単元のどの時間でどのように把握し記録に残すかを、計画段階から考えておかなければならない。

ただし、毎時間、全員の学習状況を把握して記録していくということは、現実的には難しい。そこで、ABC といった記録に残す評価活動をする場合と、記録には残さないが、子供の学習の様子を捉え指導に生かす評価活動をする場合との、二つの学習評価の在り方を考えるとよい。

記録に残す評価は、評価規準に示した子供の学習状況を、原則として言語活動のまとまりごとに評価していく。そのため、単元のどのタイミングで、どのような方法で評価するかを、あらかじめ計画しておく必要がある。一方、指導に生かす評価は、毎時間の授業の目標などに照らして、子供の学習の様子をそのつど把握し、日々の指導の工夫につなげていくことがポイントである。

こうした２つの学習評価の在り方をうまく使い分けながら、子供の学習の様子を捉えられるようにしたい。

板書づくりのポイント

1 縦書き板書の意義

国語科の板書のポイントの１つは、「縦書き」ということである。教科書も縦書き、ノートも縦書き、板書も縦書きが基本となる。

また、学習者が小学生であることから、板書が子供たちに与える影響が大きい点も見過ごすことができない。整わない板書、見にくい板書では子供たちもノートが取りにくい。また、子供の字は教師の字の書き方に似てくると言われることもある。

教師の側では、電子黒板やデジタル教科書を活用し、いわば「書かないで済む板書」の工夫ができるが、子供たちのノートは基本的に手書きである。教師の書く縦書きの板書は、子供たちにとっては縦書きで字を書いたりノートを作ったりするときの、欠かすことのできない手がかりとなる。

デジタル機器を上手に使いこなしながら、手書きで板書を構成することのよさを再確認したい。

2 板書の構成

基本的には、黒板の右側から書き始め、授業の展開とともに左向きに書き進め、左端に最後のまとめなどがくるように構成していく。板書は45分の授業を終えたときに、今日はどのような学習に取り組んだのかが、子供たちが一目で分かるように書き進めていくことが原則である。

黒板の右側　授業の始めに、学習日、単元名や教材名、本時の学習課題などを書く。学習課題は、色チョークで目立つように書く。

黒板の中央　授業の展開や学習内容に合わせて、レイアウトを工夫しながら書く。上下二段に分けて書いたり、教材文の拡大コピーや写真や挿絵のコピーも貼ったりしながら、原則として左に向かって書き進める。チョークの色を決めておいたり（白色を基本として、課題や大切な用語は赤色で、目立たせたい言葉は黄色で囲むなど）、矢印や囲みなども工夫したりして、視覚的にメリハリのある板書を構成していく。

黒板の左側　授業も終わりに近付き、まとめを書いたり、今日の学習の大切なところを確認したりする。

3 教具を使って

(1) 短冊など

画用紙などを縦長に切ってつなげ、学習課題や大切なポイント、キーワードとなる教材文の一部などを事前に用意しておくことができる。チョークで書かずに短冊を貼ることで、効率的に授業を進めることができる。ただ、子供たちが短冊をノートに書き写すのに時間がかかったりするなど、配慮が必要なこともあることを知っておきたい。

(2) ミニホワイトボード

グループで話し合ったことなどを、ミニホワイトボードに短く書かせて黒板に貼っていくと、それらを見ながら、意見を仲間分けをしたり新たな考えを生み出したりすることができる。専用のものでなくても、100円ショップなどに売っている家庭用ホワイトボードの裏に、板磁石を両面テープで貼るなどして作ることもできる。

⑶ 挿絵や写真など

物語や説明文を読む学習の際に、場面で使われている挿絵をコピーしたり、文章中に出てくる写真や図表を拡大したりして、黒板に貼っていく。物語の場面の展開を確かめたり、文章と図表との関係を考えたりと、いろいろな場面で活用できる。

⑷ ネーム磁石

クラス全体で話し合いをするときなど、子供の発言を教師が短くまとめ、板書していくことが多い。そのとき、板書した意見の上や下に、子供の名前を書いた磁石も一緒に貼っていく。そうすると、誰の意見かが一目で分かる。子供たちも「前に出た○○さんに付け加えだけど……」のように、黒板を見ながら発言をしたり、意見をつなげたりしやすくなる。

4 黒板の左右に

⑴ 単元の学習計画や本時の学習の流れ

単元の指導計画を子供向けに書き直したものを提示することで、この先、何のためにどのように学習を進めるのかという見通しを、子供たちももつことができる。また、今日の学習が全体の何時間目に当たるのかも、一目で分かる。本時の授業の進め方も、黒板の左右の端や、ミニホワイトボードなどに書いておくこともできる。

⑵ スクリーンや電子黒板

黒板の上に広げるロール状のスクリーンを使用する場合は、当然その分だけ、板書のスペースが少なくなる。電子黒板などがある場合には、教材文などは拡大してそちらに映し、黒板のほうは学習課題や子供の発言などを書いていくことができる。いずれも、黒板とスクリーン（電子黒板）という二つをどう使い分け、どちらにどのような役割をもたせるかなど、意図的に工夫すると互いをより効果的に使うことができる。

⑶ 教室掲示を工夫して

教材文を拡大コピーしてそこに書き込んだり、挿絵などをコピーしたりしたものは、その時間の学習の記録として、教室の背面や側面などに掲示していくことができる。前の時間にどんなことを勉強したのか、それらを見ると一目で振り返ることができる。また、いわゆる学習用語などは、そのつど色画用紙などに書いて掲示していくと、学習の中で子供たちが使える言葉が増えてくる。

5 上達に向けて

⑴ 板書計画を考える

本時の学習指導案を作るときには、板書計画も合わせて考えることが大切である。本時の学習内容や活動の進め方とどう連動しながら、どのように板書を構成していくのかを具体的にイメージすることができる。

⑵ 自分の板書を撮影しておく

自分の授業を記録に取るのは大変だが、「今日は、よい板書ができた」というときには、板書だけ写真に残しておくとよい。自分の記録になるとともに、印刷して次の授業のときに配れば、前時の学習を振り返る教材として活用することもできる。

⑶ 同僚の板書を参考にする

最初から板書をうまく構成することは、難しい。誰もが見よう見まねで始め、工夫しながら少しずつ上達していく。校内でできるだけ同僚の授業を見せてもらい、板書の工夫を学ばせてもらうとよい。時間が取れないときも、通りがかりに廊下から黒板を見させてもらうだけでも勉強になる。

〈第３学年及び第４学年　指導事項／言語活動一覧表〉

教科の目標

	言葉による見方・考え方を働かせ、言語活動を通して、国語で正確に理解し適切に表現する資質・能力を次のとおり育成することを目指す。
知識及び技能	(1)　日常生活に必要な国語について、その特質を理解し適切に使うことができるようにする。
思考力、判断力、表現力等	(2)　日常生活における人との関わりの中で伝え合う力を高め、思考力や想像力を養う。
学びに向かう力、人間性等	(3)　言葉がもつよさを認識するとともに、言語感覚を養い、国語の大切さを自覚し、国語を尊重してその能力の向上を図る態度を養う。

学年の目標

知識及び技能	(1)　日常生活に必要な国語の知識や技能を身に付けるとともに、我が国の言語文化に親しんだり理解したりすることができるようにする。
思考力、判断力、表現力等	(2)　筋道立てて考える力や豊かに感じたり想像したりする力を養い、日常生活における人との関わりの中で伝え合う力を高め、自分の思いや考えをまとめることができるようにする。
学びに向かう力、人間性等	(3)　言葉がもつよさに気付くとともに、幅広く読書をし、国語を大切にして、思いや考えを伝え合おうとする態度を養う。

〔知識及び技能〕
（１）言葉の特徴や使い方に関する事項

(1)　言葉の特徴や使い方に関する次の事項を身に付けることができるよう指導する。	
言葉の働き	ア　言葉には、考えたことや思ったことを表す働きがあることに気付くこと。
話し言葉と書き言葉	イ　相手を見て話したり聞いたりするとともに、言葉の抑揚や強弱、間の取り方などに注意して話すこと。 ウ　漢字と仮名を用いた表記、送り仮名の付け方、改行の仕方を理解して文や文章の中で使うとともに、句読点を適切に打つこと。また、第３学年においては、日常使われている簡単な単語について、ローマ字で表記されたものを読み、ローマ字で書くこと。
漢字	エ　第３学年及び第４学年の各学年においては、学年別漢字配当表*の当該学年までに配当されている漢字を読むこと。また、当該学年の前の学年までに配当されている漢字を書き、文や文章の中で使うとともに、当該学年に配当されている漢字を漸次書き、文や文章の中で使うこと。
語彙	オ　様子や行動、気持ちや性格を表す語句の量を増し、話や文章の中で使うとともに、言葉には性質や役割による語句のまとまりがあることを理解し、語彙を豊かにすること。
文や文章	カ　主語と述語との関係、修飾と被修飾との関係、指示する語句と接続する語句の役割、段落の役割について理解すること。
言葉遣い	キ　丁寧な言葉を使うとともに、敬体と常体との違いに注意しながら書くこと。
表現の技法	（第５学年及び第６学年に記載あり）
音読、朗読	ク　文章全体の構成や内容の大体を意識しながら音読すること。

＊…学年別漢字配当表は、『小学校学習指導要領（平成29年告示）』（文部科学省）を参照のこと

（２）情報の扱い方に関する事項

(2)　話や文章に含まれている情報の扱い方に関する次の事項を身に付けることができるよう指導する。	
情報と情報との関係	ア　考えとそれを支える理由や事例、全体と中心など情報と情報との関係について理解すること。
情報の整理	イ　比較や分類の仕方、必要な語句などの書き留め方、引用の仕方や出典の示し方、辞書や事典の使い方を理解し使うこと。

（３）我が国の言語文化に関する事項

(3)　我が国の言語文化に関する次の事項を身に付けることができるよう指導する。	
伝統的な言語文化	ア　易しい文語調の短歌や俳句を音読したり暗唱したりするなどして、言葉の響きやリズムに親しむこと。 イ　長い間使われてきたことわざや慣用句、故事成語などの意味を知り、使うこと。
言葉の由来や変化	ウ　漢字が、へんやつくりなどから構成されていることについて理解すること。
書写	エ　書写に関する次の事項を理解し使うこと。 (ア)文字の組立て方を理解し、形を整えて書くこと。 (イ)漢字や仮名の大きさ、配列に注意して書くこと。 (ウ)毛筆を使用して点画の書き方への理解を深め、筆圧などに注意して書くこと。
読書	オ　幅広く読書に親しみ、読書が、必要な知識や情報を得ることに役立つことに気付くこと。

〔思考力、判断力、表現力等〕
Ａ　話すこと・聞くこと

	(1)　話すこと・聞くことに関する次の事項を身に付けることができるよう指導する。

<table>
<tr><td rowspan="7">話すこと</td><td>話題の設定</td><td rowspan="3">ア　目的を意識して、日常生活の中から話題を決め、集めた材料を比較したり分類したりして、伝え合うために必要な事柄を選ぶこと。</td></tr>
<tr><td>情報の収集</td></tr>
<tr><td>内容の検討</td></tr>
<tr><td>構成の検討</td><td rowspan="2">イ　相手に伝わるように、理由や事例などを挙げながら、話の中心が明確になるよう話の構成を考えること。</td></tr>
<tr><td>考えの形成</td></tr>
<tr><td>表現</td><td rowspan="2">ウ　話の中心や話す場面を意識して、言葉の抑揚や強弱、間の取り方などを工夫すること。</td></tr>
<tr><td>共有</td></tr>
<tr><td rowspan="6">聞くこと</td><td>話題の設定</td><td rowspan="2">【再掲】ア　目的を意識して、日常生活の中から話題を決め、集めた材料を比較したり分類したりして、伝え合うために必要な事柄を選ぶこと。</td></tr>
<tr><td>情報の収集</td></tr>
<tr><td>構造と内容の把握</td><td rowspan="4">エ　必要なことを記録したり質問したりしながら聞き、話し手が伝えたいことや自分が聞きたいことの中心を捉え、自分の考えをもつこと。</td></tr>
<tr><td>精査・解釈</td></tr>
<tr><td>考えの形成</td></tr>
<tr><td>共有</td></tr>
<tr><td rowspan="6">話し合うこと</td><td>話題の設定</td><td rowspan="3">【再掲】ア　目的を意識して、日常生活の中から話題を決め、集めた材料を比較したり分類したりして、伝え合うために必要な事柄を選ぶこと。</td></tr>
<tr><td>情報の収集</td></tr>
<tr><td>内容の検討</td></tr>
<tr><td>話合いの進め方の検討</td><td rowspan="3">オ　目的や進め方を確認し、司会などの役割を果たしながら話し合い、互いの意見の共通点や相違点に着目して、考えをまとめること。</td></tr>
<tr><td>考えの形成</td></tr>
<tr><td>共有</td></tr>
<tr><td colspan="3">(2)　(1)に示す事項については、例えば、次のような言語活動を通して指導するものとする。</td></tr>
<tr><td></td><td>言語活動例</td><td>ア　説明や報告など調べたことを話したり、それらを聞いたりする活動。
イ　質問するなどして情報を集めたり、それらを発表したりする活動。
ウ　互いの考えを伝えるなどして、グループや学級全体で話し合う活動。</td></tr>
</table>

B　書くこと

<table>
<tr><td colspan="2">(1)　書くことに関する次の事項を身に付けることができるよう指導する。</td></tr>
<tr><td>題材の設定</td><td rowspan="3">ア　相手や目的を意識して、経験したことや想像したことなどから書くことを選び、集めた材料を比較したり分類したりして、伝えたいことを明確にすること。</td></tr>
<tr><td>情報の収集</td></tr>
<tr><td>内容の検討</td></tr>
<tr><td>構成の検討</td><td>イ　書く内容の中心を明確にし、内容のまとまりで段落をつくったり、段落相互の関係に注意したりして、文章の構成を考えること。</td></tr>
<tr><td>考えの形成</td><td rowspan="2">ウ　自分の考えとそれを支える理由や事例との関係を明確にして、書き表し方を工夫すること。</td></tr>
<tr><td>記述</td></tr>
<tr><td>推敲</td><td>エ　間違いを正したり、相手や目的を意識した表現になっているかを確かめたりして、文や文章を整えること。</td></tr>
<tr><td>共有</td><td>オ　書こうとしたことが明確になっているかなど、文章に対する感想や意見を伝え合い、自分の文章のよいところを見付けること。</td></tr>
<tr><td colspan="2">(2)　(1)に示す事項については、例えば、次のような言語活動を通して指導するものとする。</td></tr>
<tr><td>言語活動例</td><td>ア　調べたことをまとめて報告するなど、事実やそれを基に考えたことを書く活動。
イ　行事の案内やお礼の文章を書くなど、伝えたいことを手紙に書く活動。
ウ　詩や物語をつくるなど、感じたことや想像したことを書く活動。</td></tr>
</table>

C　読むこと

<table>
<tr><td colspan="2">(1)　読むことに関する次の事項を身に付けることができるよう指導する。</td></tr>
<tr><td>構造と内容の把握</td><td>ア　段落相互の関係に着目しながら、考えとそれを支える理由や事例との関係などについて、叙述を基に捉えること。
イ　登場人物の行動や気持ちなどについて、叙述を基に捉えること。</td></tr>
<tr><td>精査・解釈</td><td>ウ　目的を意識して、中心となる語や文を見付けて要約すること。
エ　登場人物の気持ちの変化や性格、情景について、場面の移り変わりと結び付けて具体的に想像すること。</td></tr>
<tr><td>考えの形成</td><td>オ　文章を読んで理解したことに基づいて、感想や考えをもつこと。</td></tr>
<tr><td>共有</td><td>カ　文章を読んで感じたことや考えたことを共有し、一人一人の感じ方などに違いがあることに気付くこと。</td></tr>
<tr><td colspan="2">(2)　(1)に示す事項については、例えば、次のような言語活動を通して指導するものとする。</td></tr>
<tr><td>言語活動例</td><td>ア　記録や報告などの文章を読み、文章の一部を引用して、分かったことや考えたことを説明したり、意見を述べたりする活動。
イ　詩や物語などを読み、内容を説明したり、考えたことなどを伝え合ったりする活動。
ウ　学校図書館などを利用し、事典や図鑑などから情報を得て、分かったことなどをまとめて説明する活動。</td></tr>
</table>

第３学年の指導内容と身に付けたい国語力

1　第３学年の国語力の特色

第３学年は、中学年の国語学習のスタートである。社会科や理科の学習も始まるということで、学習への意欲も高まっている時期でもある。また、読み書きの能力も急速に伸びていく時期なので、低学年の学習を充実させ、定着させながら、それを基盤として国語学力の中核となる基礎的・基本的な知識や技能、態度をしっかりと身に付けていかなければならない学年でもある。さらに、中学年では、学習の対象が学級学年から、異学年、学校全体、地域へと広がりをもつようになり、明確な相手意識・目的意識の元に、現実的・社会的な幅広い枠組みでの表現を考えたり工夫したりすることも必要になってくる。また、ICT機器の普及で情報活用能力や発信力も求められる学年となってきている。

第３学年及び第４学年の「知識及び技能」に関する目標は、「日常生活に必要な国語の知識や技能を身に付けるとともに、我が国の言語文化に親しんだり理解したりすることができるようにする。」とあるが、これは全学年を通して共通のものである。「思考力、判断力、表現力等」に関する目標は、「筋道を立てて考える力や豊かに感じたり想像したりする力を養い、日常生活における人との関わりの中で伝え合う力を高め、自分の思いや考えをまとめることができるようにする。」であり、特に第３学年以降では、筋道を立てて考える力の育成と自分の思いや考えをまとめることに重点が置かれている。「学びに向かう力、人間性等」に関する目標は、「言葉がもつよさに気付くとともに、幅広く読書をし、国語を大切にして、思いや考えを伝え合おうとする態度を養う。」であり、第３学年では、言葉がもつよさのに気付き、読書を幅広く行っていくことに重点が置かれている。

このように、学習指導要領では「⑴言葉の特徴や使い方に関する事項」「⑵情報の扱い方に関する事項」「⑶我が国の言語文化に関する事項」から構成されているが、「思考力、判断力、表現力等」と「知識及び技能」を個別に身に付けたり順序性をもたせたりするものではない。一方、「学びに向う力、人間性等」に関しては、「知識及び技能」と「思考力、判断力、表現力等」の育成を支えるものとして、併せて育成を図ることが大切である。

2　第３学年の学習指導内容

〔知識及び技能〕

⑴に関して、話し言葉と書き言葉は、漢字と仮名を用いた表記、送り仮名の付け方、改行の仕方、句読点の打ち方、主語と述語・修飾語・被修飾語の関係、指示する語句と接続する語句の役割、段落の役割、敬体と常体を理解することと、文や文章の中で適切に使えることが大切である。また、言葉の働きとして思考や感情を表出する働きと他者に伝える働きがあることに気付くことや一文一文というより全体で何が書かれているか、登場人物の行動や気持ちの変化を大筋で捉えたりする音読の仕方を取り入れたい。そして、第３学年で注目すべきは、ローマ字の読み書きの定着であり、ICT活用の面から重点が置かれ、様子や行動、気持ちや性格を表す語句の拡充とともに、言葉には性質や役割によってまとまりがあることの理解も求められている。

⑵に関しては、新設されたことで注目されているが、話や文章に含まれている情報を取り出して整理したり、その関係を捉えたりすることで、正確に理解することにつながる。また、自分のもつ情報を整理してその関係を分かりやすく明確にすることが、適正に表現することにつながる。そのために、「考えとそれを支える理由や事例」「全体と中心」などの情報と情報との関係を理解することが肝

要である。一方、情報の整理としては、比較や分類、引用というように、情報の取り出しや活用の仕方を取り上げている。

⑶に関しては、易しい文語調の短歌や俳句を暗唱したり、ことわざや慣用句、故事成語などの言葉の意味を知り、使ったりすることで、言葉への興味や関心を高めることである。一方、読書の幅を広げ多様な本や文章があることを知り、読み広げていくことに重点が置かれている。読書することで、疑問が解決したり新しい世界が広がったりする経験を、学習の中に取り入れたい。

〔思考力、判断力、表現力等〕

⑴話すこと・聞くこと

まずどのような目的で、話したり聞いたり話し合ったりするのかを明確にし、そのために集めた材料が目的に合致しているかの検討をしたり、共通点や相違点に着目しながら比べたり共通項を探したりして活動を始めさせたい。次に、話の中心が明確になるように理由や事例を挙げるなどの話の構成を考えることが大切である。その上で、言葉の抑揚や強弱、間の取り方を工夫させたい。その際に、ICT 機器を使い、実際の活動を振り返ることも効果的である。一方、聞くことでは、話し手の伝えたいことや自分が聞きたいことの中心を意識して、必要なことを記録したり質問したりして聞くことが大切である。その結果、自分の考えがもてるようになることまでを意識することが肝心である。このような話し手や聞き手が、話し合うことでも司会などの役割を担うことになる。司会や議長などの役割として、互いの意見の共通点や相違点に着目して考えをまとめていく意識が必要である。併せて、司会者、提案者、参加者の立場を理解し話し合いの流れに沿った発言ができているか、途中で判断しながら話し合いを進めていくことが評価の視点としても欠かせない。

⑵書くこと

相手意識、目的意識を明確にもち、経験したことや想像したことなどを書くことに重点が置かれている。そのために、まずは、集めた材料を比較分類したり中心を明確にし、内容のまとまりで段落を作ったり関係性に注意を払ったりして内容と構成を検討する。具体的には、中心に述べたいことを一つに絞り、中心とそれに関わる事柄とが明らかにし、まとまりごとに段落を作っていくことを意識させたい。次に、自分の考えとそれを支える理由や事例との関係を明確にして書き進める。そのためには、理由や事例を記述するための表現を用いるようにしたり、文末表現まで意識をしたりして書くことを指導したい。最後は、誤字脱字を確認し、相手や目的を意識できた表現となっているかを確かめて文章を仕上げるようにする。そのときには、主語と述語、修飾語と被修飾語の関係の明確さや長音、拗音、促音、撥音、助詞の表記の仕方の以外に、敬体と常体、断定や推量、疑問などの文末表現にも意識を向けた推敲させたい。また、相手や書く目的に照らして、構成や書き表し方が適切かどうかも判断させたい。そのためには、下書きと推敲後の文章を比べるなどして、よりよくなったことが実感できるように指導に当たることが重要である。

⑶読むこと

「書くこと」と同様、「読むこと」の説明的文章では、考えとそれを支える理由や事例との関係を把握し、話の中心となる語や文を見つけて、目的に応じた必要な情報を見つけることに重点が置かれている。そのためには、書き手の考えがどのような理由によって説明され、どのような事例によって具現化されようとしているのか、叙述を基に捉えていくことが求められる。その後、文章全体から目的に応じた要約を行うことで、必要な情報にたどり着いたり、発信するための土台がつくられたりするのである。

一方、文学的文章では、行動や会話、地の文などの叙述から登場人物の行動や気持ちを捉え、登場人物の気持ちの変化や性格、情景を具体的に想像して、書かれていることだけでなく書かれていないことまで、解釈していくことが求められている。そのためには、複数の場面の叙述を結び付けながら場面や登場人物の気持ちがどのように変化しているかを見いだし、具体的に想像することが大切である。その後は、文種問わず「構造と内容の把握」と「精査・解釈」で読んできたことを基に、自分の既有の知識や様々な体験と結び付け、感想や考えをもつことが求められる。その結果、一人一人の感じ方などには違いがあることに気付き、互いの考えを尊重し自分の考えを広げていくことへつながっていくことになる。そのために、説明的文章の場合、学校図書館などを利用して、複数の事例に当たったり他の情報と比較したりして、評価していくことが考えられる。一方、文学的文章の場合、同一文章を読んだにもかかわらず、文章のどこに着目するかによっても違い、どのような経験と結び付けたかによっても変わってくるため、他者の考えや感想を理解し、感じ方のよさに気付けるように、指導していくことが重要である。

3 第3学年における国語科の学習指導の工夫

以上の「国語力の特色」及び「学習指導内容」から、学習指導を工夫する際にいつも意識しておきたいキーワードとして、以下の5点を挙げておきたい。

「目的と相手」、「比較と分類」、「理由と事例」、「考えと中心」、「まとまりとつながり」

社会科、理科、総合的な学習の時間が始まる3年生。学習を通して新たな事象に出合い、多くの人に出会う。様々な資料を読み、地域の方や働いている人たちから話を聞き、書いたり話したりして自分の思いや考えを伝える場が豊富に用意されている。そんな3年生だからこそ、年間を通して上記のキーワードを意識して授業を工夫したい。以下、キーワードごとに授業の工夫点を簡単にまとめてみよう。

●**目的と相手**：目的と相手が変われば、内容と表現が変わる。多様な目的と相手を用意する。
●**比較と分類**：手に入れた材料を比較したり分類・整理したりする必要のある課題を設定する。
●**理由と事例**：複数の理由や事例を挙げると、考えが補強されることを実感できる場を設ける。
●**考えと中心**：聞く場、読む場でも、自分の考えとその中心を他者に表現する機会を生み出す。
●**まとまりとつながり**：内容をまとめたり、内容のつながりに目を向けたりする活動を取り入れる。

3年生は、粗削りな面が多々ある。だらだらと話したり書いたりし、的を射ないこともあるだろう。しかし、3年生だからこその自己表出の意欲を大切にしながら、上記のキーワードを意識した学習活動を展開したい。“自分”を伝えようとする子供の姿に教師がどれだけ寛容になれるか、が勝負となる。教師が焦らず、待つ姿勢を心がけることにより、子供は他者との様々な“ずれ”に気付くチャンスが生まれる。その気付きは、自ら対話を求め、対話を生み出す子供の姿へとつながっていく。ここからは、領域ごとに授業の工夫を紹介する。

(1)話すこと・聞くことにおける授業の工夫について

【実の場・繰り返し】
同じクラスや学年の友達だけでなく、下級生、保護者、地域の方など様々な**相手**や人数の場を用意する。それによって、相手や人数などが変われば、話したり聞いたりする際の言葉遣いや声の大きさ、視線に対する意識に変化が芽生えることを実感できるようにしたい。また、一度で終わらせず、

ICT 機器を使って録音や録画をすることで、話し方や聞き方を振り返り、再度話し、聞き、話し合う機会を設定するとよい。つい最初から上手な活動を求めてしまうが、活動→振り返り→活動という繰り返しを大切にし、まずはやってみるという発想をぜひもちたい。

【話し手：話題・情報・効果】
　話し手しか知らないこと、聞き手がつい質問したくなること、みんなで考えたくなること…子供の実態に応じた話題を吟味したい。また、自分の経験、他者から聞いたこと、本などで調べたことをはじめ情報（**事例**）が豊富に集まり、**比較・分類**できるかも大事な点である。最後に効果。例えば、相手を見て話すことは聞き手の注意を引き付け、話の内容が伝わっているか把握できる。型を示すだけで終わらせず、そのような効果を子供が理解できるよう声掛けを率先して行いたい。

【聞き手：質問・効果・変化】
　積極的な聞き手へといざなうため、「いつ・どこで・だれが・なにを・どのように・なぜ」といった質問の種類を増やすとよい。また、相手を見て聞くことには、話し手に反応（共感や反対、疑問など）を伝える効果があることなど、話すこと同様、聞くことでも子供にその大切さを知らせたい。話し合いでは、自分や他者の思いや考え、クラスや学年といった身の回りの生活環境の変化を意識する。話し合うと自分、他者、周囲などの何かが変化する。その気付きが次に話したり聞いたりする原動力となる。

⑵書くことにおける授業の工夫について

【まとめ、つなぐ】
　段落は一つの内容の**まとまり**である。各段落に小見出しを付けたり、キーワードを抜き出したり、重要な一文を決めたりする活動は、内容の**まとまり**に目を向けるきっかけとなる。次に、**つながり**。文章内のつなぎ言葉に線を引いてみる。段落の冒頭につなぎ言葉がない場合には、あえて入れてみる。段落の小見出しをつなげてもよい。つなぎ言葉があまりにも少ない、つなぎ言葉が入れられない、小見出しがつながらない。このような場合、**つながり**があいまいだと分かり、自ら段落構成を見直す刺激となる。

【観点と自信をもつ】
　主語と述語が分かりやすい、敬体と常体が統一されている、**考えと理由・事例**が区別されている、**考えとその中心**が明確になっているなど、既習を基に読み合う観点を設定する。それを基に友達のよいところ、自分が工夫したところを具体的に伝え合いたい。また、学級外の様々な人が読み、文章のよいところを見つけてもらう活動を設定すると、より自信が高まる。自信を積み重ね、最終的に自分の文章のよさ、工夫を進んで表現できる子供を目指したい。

【生かし、広げる】
　ミニ物語文を作る、教室にある物に使い方の説明書きを付けるなど、読むことで学んだ説明文や物語文の書き方を生かす短時間の活動を継続したい。また、他教科や領域で文章を書く際に、「国語で学んだ書き方を生かそう！」と投げ掛け、「学習した○○の書き方を生かしているね！」と価値付け、国語科の学びを他教科等に積極的に広げたい。そのためにも学んだ書き方が一目で共有できる掲示があるとよいだろう。

⑶読むことにおける授業の工夫について

【視点と書き手】

物語は心が動き、説明文は新たな発見に頭が動かされる。作者や筆者は伝えるプロであり、子供の心と頭に届くよう、たくさんの労力をさいている。多くの魅力がつまった文章だけに、つい内容に目が向くが、読む際の視点を共有することを忘れてはならない。物語文ならば例えば、語り手、色彩表現、情景、登場人物の性格など。説明文ならば、要点、要約、事例、理由などが挙げられる。また、３年生から少しずつ書き手の表現の工夫や**考え**に目を向ける発問をし、「作者の○○さんの～な表現が上手！」「筆者の○○さんの考えが～から伝わってくる」など、書き手の名前が飛び交う学習にしたい。物語も説明文も書き手の血が通う熱のこもった文章である。

【**まとまり**と**つながり**】

中学年になると文章が長くなる。そのため、何となく分かった気持ちになり、漠然と内容を理解している子供も多い。だからこそ、「はじめ、中、おわり」などの**まとまり**、場面の移り変わりや気持ちの変化などの**つながり**を意識したい。その際、心情曲線図や文章構成図、事例と考えの色分け、気持ちが分かる表現に線を引くなど目に見える活動を多くするとあいまいさも少なくなるだろう。

【**考え➡**“ずれ”】

「続き話を書くとしたら。」「その場面がなかったら。」「登場人物や筆者に手紙を書くとしたら。」、など子供が能動的に自分の**考え**をもち、表出する場を多く設定する。それを伝え合うと必ず友達と差異や“ずれ”が生じる。その“ずれ”を交流することで自分にはなかった視点や根拠が理解でき、考えは広がり、深まり、他者と共に学ぶよさの実感に結び付く。

⑷語彙指導や読書指導などにおける授業の工夫について

【語彙：たくさん知る、使ってみる】

中学年の「知識及び技能」では、様子や行動、気持ちや性格を表す言葉の量を増やし、使うことが明示された。言葉を知り適切に使うこと。この両方ができてこその語彙力である。気持ちや性格を表す言葉の一覧表を配布したり拡大して教室に掲示したりし、常に子供の目に入る環境をつくる。物語文の学習で生かすのはもちろん、スピーチや短歌・俳句作り、国語辞典の学習と関連させたクイズやかるた遊びなどの活動にも応用できる。国語科以外でも新たに出合う言葉は大量にある。それを短冊で掲示し、年間を通して増やしていくとかなりの量となり積み重ねを実感できる。その地道な取組が、言葉に立ち止まり、言葉に敏感な子供の姿に結び付いていく。

【読書：ジャンルならではの魅力】

手に取る本のジャンルが偏るのはどの学年でも課題である。大量に与えるだけでは、それぞれに飽きもきやすい。新たなジャンルに魅力を感じるには、そのジャンルの読み方を知る必要がある。３年生では「知らないことは図書館に行けば分かる」と実感できるよう、様々な学習で図書館を利用する機会を増やし、どこに着目するのか、どこを見ると便利かなど図鑑や科学読み物の読み方を知らせ、図鑑や科学読み物だから味わえる「へぇ！」「そうなんだ！」という発見の喜びや楽しさを伝え合いたい。

2

第 3 学年の授業展開

1 場面をくらべながら読み、感じたことをまとめよう

ちいちゃんのかげおくり （10時間扱い）

〔知識及び技能〕(1)オ　〔思考力、判断力、表現力等〕C読むことエ・オ　関連する言語活動例C(2)イ

単元の目標

・場面の移り変わりと結び付けて、ちいちゃんの気持ちの変化を具体的に想像することができる。
・場面や言葉の比較、他者との交流を通して物語の内容を捉え、理解したことに基づいて、感想や考えをもつことができる。

評価規準

知識・技能	❶様子や行動、気持ちや性格を表す語句の量を増し、語彙を豊かにしている。(〔知識及び技能〕(1)オ)
思考・判断・表現	❷「読むこと」において、登場人物の気持ちの変化や性格、情景について、場面の移り変わりと結び付けて具体的に想像している。(〔思考力、判断力、表現力等〕Cエ) ❸「読むこと」において、文章を読んで理解したことに基づいて、感想や考えをもっている。(〔思考力、判断力、表現力等〕Cオ)
主体的に学習に取り組む態度	❹登場人物の気持ちの変化や性格について、気持ちを表す語句や行動描写などの細かな表現に着目し、場面の移り変わりと結び付けて具体的に想像したり、文章を読んで感じたことや考えたことを進んで伝え合おうとしたりしている。

単元の流れ

次	時	主な学習活動	評価
一	1 2	題名「ちいちゃんのかげおくり」を読み、物語の時代や場所、登場人物などの設定を確かめる。全文を読んだ感想を「○○な話」と1文で表す。 感想を交流し、違いを比べる。学習課題を設定し、学習の見通しをもつ。	
二	3	1場面について、気持ちを表す表現を確認し、登場人物の気持ちを考え、話し合う。	❶
	4 5 6	2場面について、擬人法や繰り返しなどの表現からちいちゃんの気持ちを具体的に想像し、感想の根拠につながる言葉について考え、話し合う。 3場面について、2つの「うなずきました。」や、「食べる」と「かじる」という表現の違いを比べ、ちいちゃんの気持ちを具体的に想像し、感想の根拠を話し合う。 4場面について、複数の叙述を結び付けてちいちゃんの気持ちの変化を捉える。	❷
	7 8	1場面と4場面のかげおくりを比べ、ちいちゃんにとってのかげおくりを考える。 5場面を読み、戦争とその後の様子を比べ、5場面がある理由を考える。 これまでの学習を基に、再度物語を1文で表し、交流する。	❸
三	9 10	これまで学習したことを基に、物語を読んで感じたことを感想文にまとめる。 感想文を読み合い、自分との共通点や相違点を中心に、考えたことを伝え合う。	❸ ❹

授業づくりのポイント

〈単元で育てたい資質・能力〉

本単元のねらいは、場面ごとのちいちゃんの様子や気持ちを具体的に想像する力と、場面や人物、言葉をそれぞれ比較しながら読み、作品に対する感想や考えをもつ力を育むことである。

そのためには、行動や様子、気持ちなどを表す語句といった細かい言葉の表現に着目し、国語辞典を適切に使って言葉の意味を調べたり、言葉を比較・関連付けたりする力が必要となる。

具体例

○例えば、「つぶやく」「ぽつんと言う」「さけぶ」「よぶ」という言葉に着目すると、一見似たような言葉でも、人物の様子や気持ちに違いがあることに気付く。読み飛ばしがちな言葉に着目することで、人物の気持ちをより具体的に想像することができる。また、「空」という言葉に着目しても「家族四人でかげおくりができた空」「戦争によるこわい空」「家族と会える空」「何十年後の青い空」と、様々な「空」に気付き、それらを比較することで、様子や気持ちを読み取ることにつながる。

〈教材・題材の特徴〉

お父さん、お母さん、お兄ちゃんの４人で暮らしていた幼い少女ちいちゃんが、戦争によって家族、命を失う物語である。その過程での出来事や気持ちの変化を、ちいちゃんに寄り添いながら読んでいくことができる。「かげおくり」の比較、「深くうなずきました」「きらきらわらう」などの繰り返し、「空」という情景、ダッシュ、文末表現、緊迫感や臨場感を生む１文の短さなど、作者の巧みな表現を読むことで、人物の様子や気持ちを読み取るのに適した教材である。

具体例

○１場面と４場面のかげおくりを比較することで、「ふらふらする足をふみしめて」「見つめながら」といったちいちゃんの様子や会話から、家族への強い思いを具体的に想像することができる。

〈言語活動の工夫～物語を読んで感じたことを感想文にまとめ、交流する～〉

物語を読んで感想を書くことは、３年上巻『まいごのかぎ』で経験している。本単元では、既習を生かし、根拠や理由を明確にして感想を書き、他者との交流を通して考えを更新することを目指すようにする。そのためには、上記で述べたような細かい表現に着目して場面や気持ちの変化を読み取るとともに、新しく学んだ言葉や表現を教室に掲示したり、他者の考えを一覧表にして配付したりして学びの共有化を図る。また、交流会を行い、互いの感想や考えを共有することで自分と他者の違いに気付き、どうしてそういう読みをしたのかを話し合ったり、作品を読み直したりするなど、他者や作品との対話が見られるであろう。対話を通して、新たな読みの視点を獲得し、自分の読みを更新する姿が期待される。

具体例

○戦争文学を読む経験が少ない子供たちである。そこで、司書教諭や図書館と連携を図り、同じ作者の作品や似たテーマの作品を集めて教室に読書コーナーを設け、いつでも作品を読むことができる環境を整えるようにする。様々な作品を読むことで、家族や戦争、平和についての考えを深めるなど、読書経験を広げることにつながり、その読書経験が、感想文を書く際にも生きてくると考える。

本時案

ちいちゃんのかげおくり

1/10

本時の目標

・全文を読んで、登場人物やあらすじを捉えたうえで、感想を１文で表すことができる。

本時の主な評価

・登場人物やあらすじに着目し、物語の感想を１文で書いている。

資料等の準備

・１文書きワークシート 01-01
・写真またはタブレット端末（写真提示用）

知りたい言葉
・しょういだん
・ぼうくうごう

3 「ちいちゃんのかげおくり」を一文で表してみよう。

・切なくて悲しい物語。
↓せんそうで命を落としてしまうから。
・おそろしくてこわいけど、少しだけほっとする物語。
↓せんそうでちいちゃんは命を落としてしまうけど、きらきらわらうところがよかったから。

授業の流れ ▷▷▷

1 題名やリード文を読み、どのような物語か想像を広げる 〈10分〉

T　題名からどのような話だと思いますか。
・ちいちゃんは幼稚園ぐらいの子だと思います。
・かげおくりって何でしょうか。影をおくる遊びかな。
・題名にあるから、大切な遊びだと思います。
○読む前に問いや考えを出しておくと、範読を主体的に聞くことにつながる。
・あまんきみこさんの絵本読んだことがあります。「きつねのおきゃくさま」は、悲しいけれど、温かくなる話でした。
○作者を意識することで、今後の物語学習との関連付けや読書の広がりが期待できるため、あまんきみこ作品にこれまで出会ったことがある子供がいれば、発言させるようにする。

2 教師の範読を聞き、登場人物やあらすじを確かめる 〈20分〉

T　どんな登場人物が出てきましたか。
・「登場人物」→ちいちゃん、父、母、兄。
T　どんなお話でしたか。
・「いつの時代か」→戦争の時代
・「出来事」→父が戦争に行く。空襲でおそわれ、母と兄とはぐれる。命を失う。
・「どんな話か」→ちいちゃんが、戦争によって命をうばわれる話。家族とはぐれたちいちゃんが、かげおくりをして再会する話。
○難しい言葉を全員で確認し、焼夷弾や防空壕など想像しづらいものは写真を提示する。

場面をくらべながら読み、感じたことをまとめよう

「ちいちゃんのかげおくり」　あまん　きみこ

1

ようちえんぐらいの女の子。さし絵からこわいことが起こりそう。

かげ遊び？　おくるとは？　大切な遊び。

「きつねのおきゃくさま」の人。悲しいけれど、温かい話だった。

？　ぎもんに思ったこと
①ちいちゃんってどんな子？　何さいぐらい？
②かげおくりってどんな遊び？　何人でするの？
　ちいちゃんにとってどんなもの？
③ちいちゃんにどんなことが起こるのかな？

2

「ちいちゃんのかげおくり」はどんなお話だろう。

登場人物・・ちいちゃん・父・母・兄・おばさん
いつ・・・・せんそうの時だい
できごと・・くうしゅうで母と兄とはぐれる。
　　　　　命をうしなう。
あらすじ・・ちいちゃんが、せんそうによって命をうばわれる話。
かげおくり・・かげぼうしを空におくる遊び。
　　　　　ちいちゃんにとって大切な遊び。
　　　　　家族の記念（ねん）写真。

3 ちいちゃんのかげおくりを１文で表す〈15分〉

T　今日初めて「ちいちゃんのかげおくり」を読んで、どんなことを感じたか、感想を１文で書いてみましょう。

○１文で表すことが初めてなので、「ちいちゃんのかげおくりは、○○な話」といった、短い言葉で表すようにする。理由を書く際は、物語の中の言葉や場面、登場人物の行動や会話、気持ちなど、根拠を明確にして詳しく書くようにする。

○この活動で書いた感想を、教師が一覧表にしてまとめ、次時の活動へとつなげられるようにする。

よりよい授業へのステップアップ

感想を１文で表す

『まいごのかぎ』の学習で行ったように、「言葉のたから箱」に掲載されている語句や『まいごのかぎ』で集めた気持ちを表す語句を黒板横に掲示することで、１文書きの感想を書く際の参考にする。

掲示物の活用

語彙を豊かにするために、既習を生かし、言葉に立ち止まるようにしたい。そこで、これまでに学んだ学習用語だけでなく、授業で出された子供の意見の中できらりと光るものも短冊にして掲示し、活用できるようにする。

本時案

ちいちゃんのかげおくり

本時の目標

・登場人物や物語のあらすじについて確認しながら、前時に書いた感想を共有することができる。
・一人一人の感想を基に、ちいちゃんに視点を当てた学習課題を考えることができる。

本時の主な評価

・感想を共有することで、一人一人の感じ方などに違いがあることに気付いている。

資料等の準備

・前時に書いた感想の一覧表
・ネームマグネット

悲しくない

C
・暗いぼうくうごうの中で、たった一人で家族をずっとまっているちいちゃんの気持ちを考えると、悲しい気持ちになる。

B
・せんそうで命をうしなって悲しいけれど、家族と会えて、かげおくりができたから、悲しいだけじゃないんだよな。

A
・「きらきらわらう」から、ちいちゃんの家族に会えたよろこびがつたわるから。

4
？ 人によって、感じたことがちがうのはどうして？

・心にのこった言葉や場面をくらべてみよう。

授業の流れ ▷▷▷

1 友達の1文書きと自分のものとを比べる 〈10分〉

T　みなさんが書いた1文書きを一覧表にまとめました。自分と友達の感想を比べてみましょう。

○子供たちの1文書きを一覧表にして配付することで、自然と自分と友達の感想を比べるようになる。自分とのずれを感じた子供は、どうしてそのような感想を抱いたのかが気になり、聞いてみたいという意欲が高まる。一覧表は、名前順ではなく、比べやすいよう似た感想ごとにまとめる。

○気になる感想や詳しく聞いてみたい感想があればチェックを入れるように声を掛ける。そうすることで、次の交流がスムーズに行える。

2 話を聞いてみたい子供と自由に交流を行う 〈10分〉

T　友達の感想を読んで、どうしてそう書いたのか、聞いてみたくなったものはありますか。話を聞いてみたくなった人のところに行って交流しましょう。

・不思議な話。一人ぼっちになったはずのに、どうして、家族みんなでかげおくりができたのかが不思議で分からないから。
・悲しい話。戦争によって家族とはなればなれになったちいちゃんが、怖くつらい思いをして死んでしまうから。
・温かい話。「きらきらわらいだしました」と、優しい言葉でちいちゃんの死を表しているし、家族と会える終わり方だから。
・勇気が出る話。小さな女の子が1人でも頑張り続けるから。ぼくにはできないから。

場面をくらべながら読み、感じたことをまとめよう
「ちいちゃんのかげおくり」 あまん きみこ

1

自分と友だちの感想をくらべよう。

・こわい話……家族や家、命。大切なものをすべて、うばわれるから。
・ふしぎな話……一人のはずなのに、どうして家族四人でかげおくりができたのかがふしぎ。
・ゆうきが出る話…ひとりぼっちでもがんばるから。
・悲しい話……しあわせにくらしていたちいちゃんが、家族とはなればなれになり、こわくつらい思いをして死んでしまうから。
・切ない話……ひとりぼっちになり、大すきだった家族と会えずに、さいごには命を落とすから。

P25 小さな女の子の命が、空にきえました。

・温かい話……「空にすいこまれる」「空にきえる」「きらきらわらいだしました」のように、やさしい言葉でちいちゃんの死を表しているから。ちいちゃんの死をちょくせつ書いていないし、さいごに家族と会える終わり方だから、読んでいて、何だか温かくなる。

どうして、温かい話なの？

3

悲しい

D

・家族や家、命と、大切なものをたくさんうしなうから悲しい。

3 「悲しい」・「悲しくない」について、それぞれの考えを話す 〈15分〉

T　みなさんの感想が出てきましたが、少し感想にずれているところがありますね。特に、「悲しい」と「悲しくない」で、意見が多く出ていました。考えを話してください。

○ネームマグネットを使用して、子供たちの考えを可視化する。

悲しい

・大切なものをたくさん失うから悲しい。
・暗い防空壕の中で、たった１人で家族をずっと待っているちいちゃんの気持ちを考えると、悲しい気持ちになる。

悲しくない

・「きらきらわらう」から、ちいちゃんの家族に会えた喜びが伝わるからそこまで悲しくない。

4 話し合ったことを基に、今後の学習の見通しをもつ 〈10分〉

T　どんなことについて考えていきますか。今日の学習を振り返って、これからどのように学習を進めていきたいかを書きましょう。

○板書を参考にしながら、友達との考えのずれに着目させ、課題を考えられるようにする。

○本時の評価規準でもある、それぞれの感想の違いに気付くという部分に触れているか、また今後の学習に見通しをもつことができているかを見取れるようにする。

○次時以降、本時に書いた子供の問いや考えが扱えるように、ノートを見取り、それぞれの考えを把握しておく。短冊に書いて、教室に掲示しておくと、常に意識できる。

本時案

ちいちゃんのかげおくり

本時の目標

・登場人物の気持ちを読み取るために、どのような言葉や表現が使われているかを考えることができる。

本時の主な評価

❶様子や行動、気持ちや性格を表す語句の量を増し、登場人物の気持ちをノートに書いている。【知・技】

資料等の準備

・１場面の拡大文
・学習用語・読みのポイントを表す短冊

母・P16L3「ぽつんと言った」父がいなくなることがつらい。さみしい。ふあん。せんそうに対するふまん。

様子（まわりの様子・じょうけい）

・P16L9「広い空は、楽しい所ではなく、とてもこわい所にかわりました。」ふあん。おそろしい。

4

☆ふり返り

・「つぶやく」や「ぽつんと」から悲しさがつたわる。
・次の学習からは、人物の会話、行動、様子、じょうけいなどにちゅうもくする。

授業の流れ ▷▷▷

1 前時の学習を思い出しながら、１の場面を音読する 〈５分〉

T　感想を読むと、悲しい、切ない、こわい、温かいなど、様々な人がいましたね。そういう感想の違いがどこから生まれたか、みんなで探していきましょう。

・ちいちゃんに起こったことだけを考えているからでしょうか。

T　ちいちゃんや登場人物の気持ちが分かるところに線を引きながら読みましょう。

○「まいごのかぎ」で気持ちを表すことばの学習は行っているが、行動や様子、情景などから読み取れるということが十分定着しているとはいえない。よって、本時では、登場人物の気持ちを具体的に想像するためには、どのような部分に着目していけばいいかを掲示物や教科書等で振り返り、確認する。

2 気持ちを表す言葉や表現を文章から探し、人物の気持ちを捉える〈15分〉

○人物の気持ちを捉えるために、どの言葉・表現に着目してよいかを考え、確認する最初の時間であるため、個人とペア・グループの活動を十分保障する。「言葉のたから箱」やこれまでに集めた語句を基に、教科書やワークシートにその時々の登場人物の気持ちを考えて、書き込ませるようにする。

T　登場人物の気持ちを捉えるためには、どのような言葉に着目するとよいですか。隣の人やグループで話し合ってみましょう。

○個人⇒ペア・グループ⇒全体 とすることで、次時以降、登場人物の気持ちを読んでいく際に、全員が同じ理解度で今後考えられるようにする。本時で出たポイントを教室に掲示し、いつでも確認できるとよい。

ちいちゃんのかげおくり

1

物語の感想のちがいが、文章のどこから生まれたかをさがそう。

・悲しい　・切ない　・こわい　・温かい
・悲しいけど、温かい　・ゆうきが出る。

☆「ちいちゃん」について、読んでいる人が多い。
ちいちゃんや家族への思いを中心に読んでみよう。

⇦

登場人物の気持ちを読みとるには、どんなところにちゅうもくすればよいのだろう。

拡大文
1場面

2

登場人物の会話

ち：ちいちゃん

ち・P15L6「すごうい。」楽しい。おどろき。
父・P15L8「今日の記念写真だなあ。」
わすれないでほしい。家族がとても大切。

登場人物の行動

ち・P16L4「かげおくりをして遊ぶ」楽しい。お父さんと会いたい。早く帰ってきて、またかげおくりをしよう。
父・P12L5「つぶやきました。」つぶやく＝小さい声。さみしい。悲しい。子どものころを思い出した。

3 グループで考えたことを全体で共有する〈15分〉

T　それでは、どういう言葉に着目すればよいか、全体で共有していきましょう。

○拡大文を用意し、教科書のどの言葉に線を引き、どういった言葉から気持ちが読み取れるのかを確認する。その際、会話は赤、行動は黄色、様子は緑色、情景は青など、色を分けて書くようにする。

・「すごうい。」という言葉はただ「すごい。」というよりも楽しさやおどろきが伝わります。

4 本時の学習を振り返るとともに、今後の学習の見通しをもつ〈10分〉

○学習を振り返って、分かったことやこれからどのように学習を進めていくかを確認する。

・「つぶやく」や「ぽつんと言った」という行動から、お父さんやお母さんの悲しさやさみしさ、不安な気持ちが分かることを知りました。

・情景（空）から伝わることがあることを知ったので、次からも空にも注目して読みたい。

○本時の学習で得た読みの観点をこれからも活用していくために、振り返りでは、「人物の気持ちを捉えるポイント」として、自分の言葉でノートにまとめる。また、まとめたポイントは、学習用語・読みのポイントとして短冊に書き、教室に掲示しておく。

会話　行動　様子　情景

本時案

ちいちゃんのかげおくり 4/10

本時の目標

・こわさや悲しさを感じる根拠について、ちいちゃんの気持ちや作者の表現と関連付けて、考えることができる。

本時の主な評価

❷擬人法やくり返しなどの言葉に着目し、ちいちゃんの恐怖心や不安、孤独といった気持ちを具体的に想像している。【思・判・表】

資料等の準備

・２場面の拡大文
・炎のうずの写真
・学習用語・読みのポイントを表す短冊

くり返し　くり返すことで強調される。よりつたわる。
・P19L8「ちいちゃんは、ひとりぼっちになりました。」
↓たくさんの人がいても、家族とはなれてこどく。悲しい。
・はぐれたけいけん・・まいごになったとき、すごくこわかった。

4
☆ふり返り
・一文の長さが短いと、きんちょう感がつたわる。
・文まつが、げんざい形（ます）だと、その場にいる感じがする。

授業の流れ ▷▷▷

1 前時の学習を思い出しながら、２場面を音読する 〈５分〉

T 「悲しい話」「こわい話」という感想をもった人の理由の多くが、２の場面にありました。文章のどこからそう感じるのかを考えながら、音読しましょう。

○次のような言葉に気付かない子供が多い場合は、拡大文にしかけを行い、全員で読む。

例.「ダウトを探そう」で、黒板に貼る拡大文の言葉にダウトをしかけておく。

①×「ほのおのうずが追いかけてきました。」→○「ほのおのうずが追いかけてきます。」

②×「お母ちゃん」→○「お母ちゃん、お母ちゃん」

③×「よびました」→○「さけびました」

2 ２場面を読み、ちいちゃんの気持ちや感想の根拠を考える 〈10分〉

T ちいちゃんの気持ちに寄り添いながら、悲しさやこわさを感じる理由を、文章から探しましょう。見つけたら、線を引き、書き込みましょう。

○行動や様子、情景だけでなく、擬人法やくり返しといったものからも、登場人物の気持ちが読み取れることを理解するため、１人読みの時間を十分に取る。

ちいちゃんのかげおくり

1 こわさや悲しさを感じるわけを考えよう

× 「ほのおのうずが追いかけてきました。」
○ 「ほのおのうずが追いかけてきます。」
× 「お母ちゃん」 ○ 「お母ちゃん、お母ちゃん」
× 「よびました」 ○ 「さけびました」

拡大文
2場面

3 こわさ・悲しさ

・P16L12「くうしゅうけいほうのサイレンで・・・。」
→びっくりする。いきなりだから、こわい。きょうふ。
・P17L8「川の方ににげるんだ。」だれかのさけび声。
→さけぶ＝ひっしな時に大声で言う感じだから、こわい。
・前に急にさけび声が聞こえたとき、本当にこわかったよ。
・P17L10「ほのおのうずが追いかけてきます。」→きょうふ
・すごくあつそう・たつまきみたい。すごくはやそう。

ぎ人ほう　人間でないものを人間にたとえる表げん
追いかけられている感じやこわさがよくつたわる。
「追いぬかれたり、ぶつかったり――、」
――（ダッシュ）、『まいごのかぎ』でもあった。
つづきをそうぞうする。ひっしににげる人たち。
こわい。

・P18L7「お母ちゃん、お母ちゃん」さけびました。
・どうして、「お母ちゃん」じゃだめなのか？
→くり返すことで、ちいちゃんの不安な気持ちや
きょうふ、ひっしさがよりつたわる。

3 悲しさやこわさといった読後感を感じることばについて話し合う 〈20分〉

T　それでは、全体で共有していきましょう。

○「ほのおのうずが追いかけてきました。」という擬人法のイメージがつかない場合、写真を提示し、写真から感じるものを確認する。また、擬人法を使った表現と使っていない表現を比べ、擬人法を使うことによって臨場感・恐怖感を強めていることを押さえる。

○「お母ちゃん、お母ちゃん。」の部分について、くり返しの効果を確認する。

T　なぜ、「お母ちゃん」ではだめなのですか？

・ちいちゃんの不安な気持ちやこわさがあまりでていません。「お母ちゃん」をくり返すことで不安や恐怖がより伝わります。

4 本時の学習を振り返るとともに、今後の学習の見通しをもつ 〈10分〉

T　今日の学習を振り返って、分かったことや考えたことを書きましょう。

・くり返すことで、ちいちゃんのこわさや悲しい気持ちがよく伝わります。

・昔の話なのに、文末が「ます」になっているところがあり、その場にいる感じやきんちょう感が伝わることが分かりました。

○前時同様、「人物の気持ちを捉えるポイント」として、自分の言葉でノートにまとめる。まとめたポイントは、教室に掲示しておく。

擬人法　くり返し　ダッシュ
1文の長さ・文末表現

短い文の連続や現在形で書かれていることにより、緊迫感・臨場感を表している。

本時案

ちいちゃんのかげおくり 5/10

本時の目標

・悲しさや勇気を感じる根拠について、ちいちゃんの気持ちや作者の表現と関連付けて、考えることができる。

本時の主な評価

❷まちの様子や言動から、悲しみやさみしさを感じるちいちゃんの気持ちや、母や兄を信じて待つ強い気持ちを具体的に想像している。【思・判・表】

資料等の準備

・3場面の拡大文
・空襲後写真
・防空壕の写真
・ほしいいの写真
・学習用語・読みのポイントを表す短冊

・P21L7「また深くうなずきました。」
→自分に言い聞かせている。自分をはげましている。
ゆうきづけている。ぜったい会える。悲しさやさみしさとのたたかい。
「食べる」と「かじる」本当に少しだけ食べる。
→かじるから、食料を大切にする気持ち。
がまん。
かならず会いたい、会えるという強い思い。

ほしいいの写真

4
☆ふり返り
・ふつうは、読みとばしてしまう細かい言葉に着目して読むと、ちいちゃんの気持ちがよく分かる。

授業の流れ ▷▷▷

1 前時の学習を思い出しながら、3場面を音読する 〈5分〉

T 「悲しい話」「こわい話」の他に、「勇気を感じる話」という感想をもった人がいて、その理由が、3の場面にあるとのことです。文章のどこからそう感じるのかを考えながら、音読しましょう。

○次のような言葉に気付かない子供が多い場合は、拡大文にしかけを行い、みんなで読む。

例.「ダウトを探そう」で、黒板に貼る拡大文の言葉にダウトをしかけておく。

①×「うなずきました。」
→○「深くうなずきました。」
②×「ぼうくうごう」→○「暗いぼうくうごう」
③×「こらえて」→○「やっとこらえて」
④×「食べました」→○「かじりました」

2 3場面を読み、ちいちゃんの気持ちや読後感の根拠を考える 〈10分〉

T ちいちゃんの気持ちに寄り添いながら、悲しさや勇気を感じる理由を、文章から探しましょう。見つけたら、線を引き、書き込みましょう。

○行動や様子だけでなく、情景やくり返しなどからも、登場人物の気持ちが読み取れることを理解するため、1人読みの時間を十分に取る。

・「どこがうちなのか──。」というところで、どうしたらよいか分からない様子を感じます。

ちいちゃんのかげおくり

1

悲しさやつらさ、ゆうきを感じるわけを、ちいちゃんによりそいながら言葉に着目してさがそう。

拡大文
３場面

×「うなずきました。」
○「深くうなずきました。」
×「ぼうくうごう」　○「暗いぼうくうごう」
×「食べました」　○「かじりました」

3

悲しさ・さみしさ・つらさ

・P19 L12「けむりがのこっています。どこがうちなのか――。」→どうしていいか分からない。けむり・・まだのこるこわさ。
・P20 L12「ここがお兄ちゃんとあたしの部屋。」→大切な家・部屋がなくなってつらい。大切な場所。

空襲後の写真

・P21 L9「こわれかかった暗いぼうくうごう」→ちいちゃんの暗い気持ち。さみしい。不安。

ゆうき・ちいちゃんの強さ

・P20 L4「なくのをやっとこらえて言いました。」→ひっしで悲しみやつらさをこらえている。家族に会いたい。さみしさやつらさに負けない強い気持ち。
・自分なら・・ないちゃう。動けない。ちいちゃんすごい。
・P21 L4「深くうなずきました。」→お母ちゃんはぜったいに来る。しんじている。しんじていたい。

3 悲しさや勇気を感じる文章について話し合う 〈20分〉

T　それでは、全体で確認していきましょう。

○空襲や防空壕、ほしいいなどの写真を提示し、イメージの共有や写真から感じるものを確認する。

○２つの「深くうなずきました。」を取り上げ、家族を待つちいちゃんの気持ちを押さえる。

○自分に言い聞かせている場面はどういうときか、経験に引きつけて考えさせたい。

○「深く」「暗い」といった言葉があることで感じが変わるか、また、「やけ落ちる」「かじる」という意味でちいちゃんの気持ちに違いが出るかについても確認する。

4 本時の学習を振り返るとともに、今後の学習の見通しをもつ 〈10分〉

T　今日の学習を振り返って、分かったことや考えたことを書きましょう。

・細かい言葉に着目して読むと、ちいちゃんの気持ちがよく分かります。これからは、細かい言葉も注意して読んでみたいです。

○本時の学習で得た読みの観点をこれからも活用していくために、振り返りでは、「人物の気持ちをとらえるポイント」として、自分の言葉でノートにまとめる。また、まとめたポイントは、学習用語・読みのポイントとして短冊に書き、教室に掲示しておく。

くり返し　ダッシュ
細かい表現を読む　なくてもいい言葉
「やっと」「深く」「暗い」「かじる」

本時案

ちいちゃんのかげおくり

本時の目標

・悲しさや温かさを感じる根拠について、ちいちゃんの気持ちや作者の表現と関連付けて、考えることができる。

本時の主な評価

❷言動や様子、情景などから、ちいちゃんの気持ちの変化を具体的に想像している。【思・判・表】

資料等の準備

・４場面の拡大文

・P25L6「小さな女の子の命が、空にきえました。」

Q　どうして、ちいちゃんではなく、女の子なのか。

→ちいちゃんいがいにもたくさんの人がなくなっている。

Q　かげおくりが、くり返して出てきている意味は何かな。

Q　題名「ちいちゃんのかげおくり」の意味は何だろう。

Q　どうして、ちいちゃんが出ない５場面があるのかな。

4

①二つのかげおくりをくらべる。

②ちいちゃんにとってのかげおくりを考える。

③作者が第五場面を書いた理由を考える。

授業の流れ ▷▷▷

1　前時の学習を思い出しながら、４場面を音読する〈５分〉

T　「悲しい話」と「温かさを感じる話」といった反対な感想が出た根拠がこの場面にあります。文章のどこからそう感じるのかを考えながら、音読しましょう。

○次のような言葉に気付かない子供が多い場合は、拡大文にしかけを行い、みんなで読む。

例.「ダウトを探そう」で、黒板に貼る拡大文の言葉にダウトをしかけておく。

①×「声が聞こえました。」

→○「声が～ふってきました。」

②×「一つ」→○「たった一つ」

③×「ちいちゃんの命」→○「小さな女の子の命」

2　ちいちゃんの気持ちの変化や読後感の根拠を考える〈10分〉

T　ちいちゃんの気持ちに寄り添いながら、悲しさや温かさを感じる理由を、文章から探しましょう。見つけたら、線を引き、書き込みましょう。

○ちいちゃんの気持ちの変化が表れた山場の場面であるため、「ふみしめて」「たった」「女の子」など、細やかな言葉にも着目するため、１人読みの時間を十分に取る。

ちいちゃんのかげおくり

1 悲しさや温かさを感じるわけを、考えよう

○声が〜ふってきました。
○たった一つ
○小さな女の子の命

拡大文
4場面

・P22L6「のどがかわいて」→弱っている。
・P22L7「いつのまにか、太陽は、高く上がっていました。」
→気をうしなっていた。
・P22L9「かげおくりのよくできそうな空だなあ。」
お父さんの声が、青い空からふってきました。
・P22L11「ね。今、みんなでやってみましょうよ。」
お母さんの声も、青い空からふってきました。
・P23L1「たった一つのかげぼうし」
→まぼろし。家族の死。

3 悲しい、さみしい
くるしい、つらい
⇦ 一人のかげおくり ⇦ うれしい、しあわせ
やすらぎ、安心

・P23L1「ふらふらする足をふみしめて立ち上がると」
→今にもたおれそう。家族に会いたい強い気持ち。
・P24L1「お父ちゃん。」ちいちゃんはよびました。
→さけぶでなく、よぶ。
→ふあんやこわさがなくなる。家族に会えてうれしい。
・P24L6「一面の空の色」「空色の花ばたけ」
きれいな場所、げんじつではない世界。天国。
→ちいちゃんのやすらぎ、へいわ。
・P25L4「きらきらわらいだしました。」
→家族に会えてすごくうれしい。

3 悲しさや温かさを感じる根拠について話し合う 〈20分〉

T　それでは、全体で確認していきましょう。

○「声が〜ふってきました。」「そのとき、体がすうっとすきとおって」などの言葉に着目し、事実ではないことを確認する。

○「一面の空の色」「空色の花ばたけ」という情景から、ちいちゃんのやすらぎや安心感など、苦しみからの解放を捉えさせるとよい。

T　どうして、「ちいちゃんの命」ではなく、「小さな女の子の命」なのでしょうか。

○ちいちゃんの命ではなく、女の子の命なのかを問うことで、戦争ではたくさんの子供の命が失われたことを捉えさせたい。作者の願いにも目を向けられるとよい。

4 学習を振り返るとともに、今後の学習の見通しをもつ 〈10分〉

T　今日の学習を振り返って、分かったことやこれからどのように学習を進めていきたいかを書きましょう。

・最初は、悲しい話と思っていたけど、ちいちゃんの家族に対する思いや頑張りを読んできて、最後にきらきら笑って終わるところからほっとして、温かさを感じるのが分かりました。

・「小さな女の子」と書かれていることで、ちいちゃん以外にも多くの子供がなくなったことが分かります。戦争がなければみんな幸せでした。

・「ちいちゃんのかげおくり」という題名にした意味や、ちいちゃんがいない5の場面があるわけを、みんなで考えたいです。

本時案

ちいちゃんのかげおくり

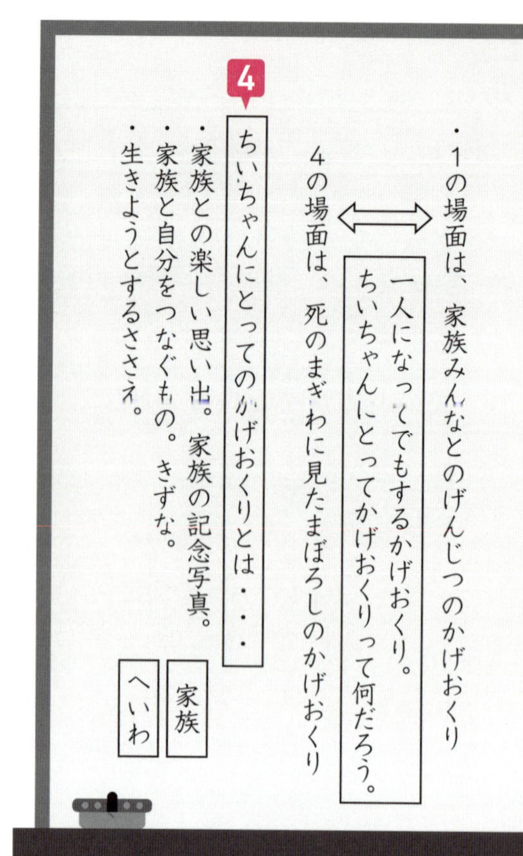

本時の目標

・2つのかげおくりの場面を比べ、共通点や相違点について考えることができる。

本時の主な評価

❸2つのかげおくりを比べ、その違いを読み取り、ちいちゃんにとってのかげおくりの意味を考えている。【思・判・表】

資料等の準備

・2つのかげおくりの場面が対比できるワークシート 💿 01-02
・1場面と4場面の拡大文

授業の流れ ▷▷▷

1 1場面と4場面を読み、2つのかげおくりを比べる 〈15分〉

T　2つのかげおくりについて比べ、同じところや違うところを探しましょう。

○同じところは赤色、ちがうところは青色で線を引くなどして、2つのかげおくりの違いを捉えるようにする。

同じところ

・数え　・4つのかげ（ちいちゃん視点）

違うところ

・時：父の出征前と空襲でおそわれた後
・声：父の現実の声とまぼろしの声
・かげおくり：家族みんなの楽しいかげおくりと1人のさみしいかげおくり

○どのようなかげおくりか、特徴を確認してから学習を始めるようにする。

2 2つのかげおくりについて確認する 〈15分〉

T　空の様子について、1の場面と4の場面から読み取ったことを発表しましょう。

○文章のどこに線を引いたかが分かるようにするため、拡大した教材文を用意して、子供と確認しながら読み比べていく。

	1の場面	4の場面
・空の様子	青い空	暗い→青い
・声	現実の声	ふってきた声（まぼろし）
・ちいちゃん	元気	ふらふら
・数え方	父から	ちいちゃんから

○数え方の違いが出た際は、実際に役割を分担し、声に出して確認する。そうすることで、かげおくりの違いを実際に捉えることができる。

ちいちゃんのかげおくり

1 二つのかげおくりをくらべよう。

1場面
拡大文

こんきょとなる言葉に線を引く

4場面
拡大文

2

	1の場面	4の場面
空の様子	青い空　青＝平和	暗い空→青い空
時	はかまいりの帰り道	くうしゅうでおそわれた後
人	家族四人生きている	ちいちゃん一人だけ
声	げんじつの声	空からふってきた
数え方	父→母→兄・ちいちゃん	ちいちゃん→父→母→兄
ちいちゃん	元気。明るい。楽しい。	ふらふらする足をふみしめて今にもたおれそう
どのようなかげおくりか。	白い四つのかげぼうし すうっと空に上がる。家族の記念写真	たった一つのかげぼうし。 ちいちゃんには　見える四つの白いかげ →ねがい・まぼろし 体がすうっとすきとおって空にすいこまれていく。

3 くらべて分かったこと・考えたこと

・ふらふらする足をふみしめてかげおくり
家族に会いたいという強い気持ち

3 2つのかげおくりを比べて分かったことや考えたことを発表する 〈10分〉

T　2つのかげおくりを比べて分かったことや考えたことを話しましょう。

・たった1人になっても、ふらふらになってもかげおくりをするちいちゃん。家族に会いたいという気持ちがすごく伝わります。
・1の場面は、家族との現実のかげおくりで、4の場面は、まぼろしのかげおくりです。
・まぼろしを見るほどのかげおくり。ちいちゃんにとって、かげおくりって何でしょうか。

4 ちいちゃんにとって、かげおくりは何かを考える 〈5分〉

T　ちいちゃんにとってのかげおくりとは何かを考えましょう。

○作品の主題にもつながるかげおくりの象徴性を考える場面だが、初めての学習となるので、【家族】【平和】といったキーワードで押さえる程度にとどめる。色を使って表示したり、紙に書いて教室に掲示するなどし、いつでも振り返られるようにする。

・家族との大切で楽しい思い出です。
・家族と自分をつなぐものです。

家族　きずな　平和

本時案

ちいちゃんのかげおくり

8/10

本時の目標

・５場面を読み、戦争とその後の様子を比べ、５場面がある意味を考えることができる。
・これまでの学習を基に、物語を１文で表すことができる。

本時の主な評価

❸５場面がある意味について、４場面と比べながら考えている。文章中の言葉や他者の考えなど、様々な情報を根拠として自分の考えをもち、物語を１文で書き表している。【思・判・表】

資料等の準備

・４場面と５場面の拡大文
・最初に書いた１文の一覧表

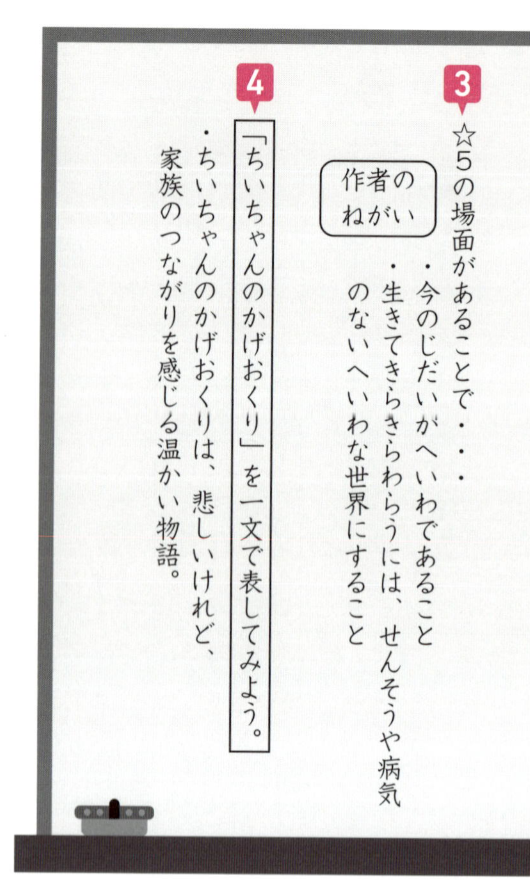

3
☆５の場面があることで・・・
作者のねがい
・今のじだいがへいわであること
・生きてきらきらわらうには、せんそうや病気のないへいわな世界にすること
4
「ちいちゃんのかげおくり」を一文で表してみよう。
・ちいちゃんのかげおくりは、悲しいけれど、家族のつながりを感じる温かい物語。

授業の流れ ▷▷▷

1 ５場面を読み、４場面までと比べて、違うところを考える 〈10分〉

T　５の場面は、いつ、どこで、だれが、何を、どのようにしている場面ですか。なぜ５の場面があるか考えましょう。

○４場面と比較し、ちいちゃんがいないことやまちの様子の違い、青い空という点に気付かせるよう、黒板でまとめる。

・いつ……何十年後、せんそうがない時代
・どこ……小さな公園
　ちいちゃんがさいごにいた場所
・だれ……おにいちゃんやちいちゃんぐらいの子供たち
・何を……きらきらわらい声をあげて遊んでいる。
・空………青い空が同じ。つながっている。

2 ２つの「きらきらわらう」について、違いを考える 〈10分〉

T　「きらきらわらう」は、同じ意味か、違うかを考えましょう。

○「きらきらわらう」という表現に着目させ、それをきっかけに、５の場面の意味を考えるようにうながす。

同じ
・両方ともすごくうれしい。
・１人じゃないから幸せ。

違う
・ちいちゃんの「きらきらわらう」は、まぼろし。死んでしまった。
・ちいちゃんの「きらきらわらう」は、死によって生まれるものだから、悲しい。

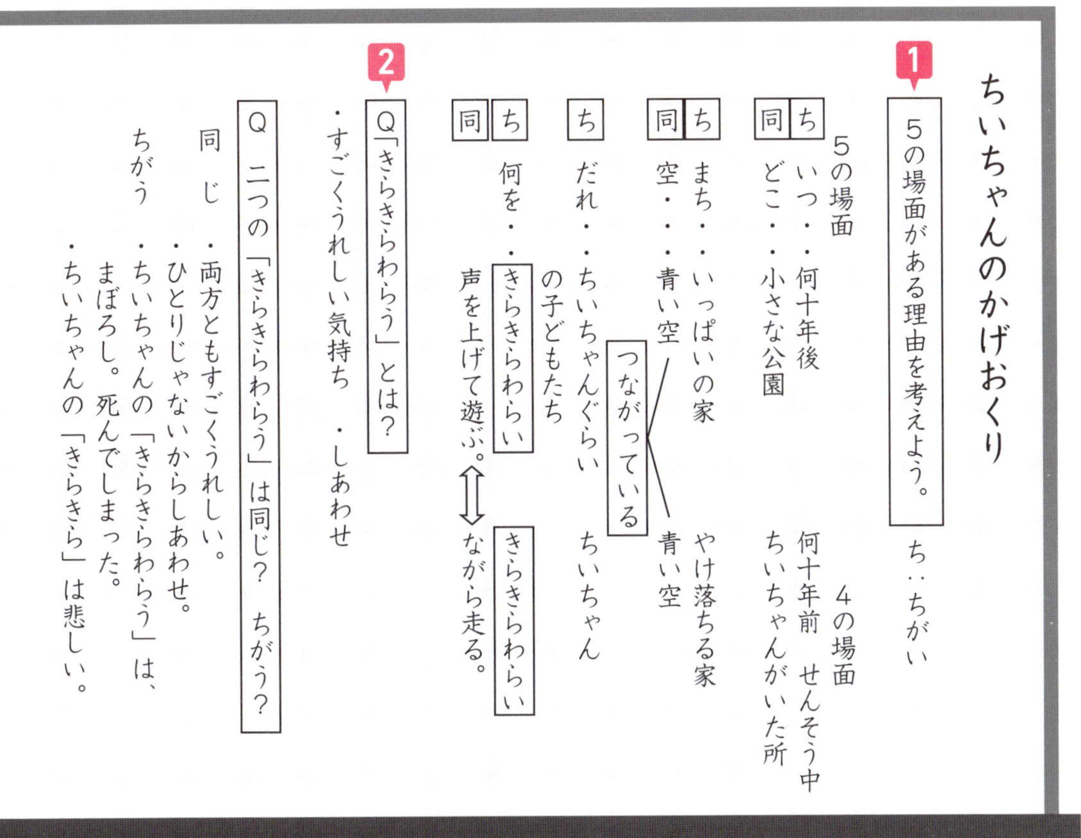

3 5場面がある理由について考え、話し合う 〈15分〉

T ちいちゃんがいない5の場面ですが、この場面があるわけを考え、話し合いましょう。

○ペアやグループで話し合う時間を取る。

○個別の支援が必要な子供には、今の公園の様子をちいちゃんが見たらどう思うか、ちいちゃんの立場で考えるよう声を掛ける。

・第5場面があることで、ちいちゃんのころと比べることができ、戦争の怖さや悲しさ、今の時代が平和であることがよく分かります。

・「きらきらわらう」には、戦争や病気のない平和で安全な世界にすることが大切です。

・あまんさんは、戦争がなくなり、平和な世界になることを願って5の場面を書いたんだと思います。

4 これまでの学習を基に感じたことを1文書きで表す 〈10分〉

T 学習を振り返り、この物語を1文で表してみましょう。そう考えた理由も書きましょう。

○学習のまとめとなり、自分の読みを振り返る時間であるため、書く時間を十分に保障する。交流する時間がない場合は、子供が書いた1文を一覧表にして次時に配付する。また、最初に書いた1文の一覧表を掲示しておくと、読みの変容を自覚化することができるとともに、他者との考えの違いに気付くことにもつながる。

・ちいちゃんのかげおくりは、悲しいけれど、家族のつながりを感じる温かい物語。

・ちいちゃんのかげおくりは、やっぱり悲しい、悲しい物語。

本時案

ちいちゃんのかげおくり 9/10

本時の目標

・これまで学習してきたことを基に考えをもち、根拠や理由を明確にして感想を書くことができる。

本時の主な評価

❸ちいちゃんの気持ちの変化や、言葉や場面の比較など、これまで学習してきたことに基づいて考えをもち、根拠や理由を明確にして感想を書いている。【思・判・表】

資料等の準備

・ワークシート 01-03
・前時に書いた感想の一覧表
(以下、読み広げを行う際に使用)
・戦争文学作品リスト 01-04
・読書カード 01-05

こんきょ

・P25L4「きらきらわらう」
・P25L6「小さな女の子の命が、空にきえました。」

理由

・自分が死んだことに気づかず、きらきらわらうちいちゃんが、切なくて悲しいから。『おはじきの木』もそうだけど、せんそうで小さい子どもがなくなるのがつらいから。

・P25L11「青い空の下、今日も・・きらきらわらい声を上げて、遊んでいます。」

・ぼくたちも4・5月は外に出られなくて、遊びや学校などの当たり前のことができなくなった。当たり前のことができることの大切さ、へいわのすばらしさを感じたから。

授業の流れ ▷▷▷

1 「ちいちゃんのかげおくり」を読んで感じたことを、話し合う 〈10分〉

T これまでちいちゃんの気持ちに寄り添い、言葉や場面、出来事などを比べて読んできました。読み終えて感じていることを周りの友達と話し合いましょう。

○書き始める前に、ペアやグループで話し合う時間を設けることで、考えが整理され、より書きやすくなる。また、教科書の叙述を根拠にし、理由を明確にしてまとめているかを確認できる場ともなる。

・怖さと悲しさを感じる話。
・家族の大切さを感じる温かい話。
・戦争の怖さと安全で平和な世界の大切さを感じる話。

2 根拠と理由を明確にして、感想を書く 〈25分〉

T 「ちいちゃんのかげおくり」を読んで感じたことを、根拠と理由をはっきりとさせて感想を書いてみましょう。

○教科書 P.27❸の「まとめ方のれい」を参考にし、根拠(叙述)と理由を明確にして書くことを確認する。自分の経験(生活経験や読書経験)を踏まえて書けるとよい。

○書くことに苦手意識を抱く子供には、「感想や気持ちを表す言葉」や1文で書き表した一覧表を参考にするよう声を掛けたりする。また、いくつかの例文を提示し、どの文章がよいかを検討し、書き方のポイントを自分で発見できるようにする。さらに、個別の対話を通して、どの叙述からそう感じたのかを引き出すようにする。

ちいちゃんのかげおくり

1

「ちいちゃんのかげおくり」を読んで感じたことを文章にまとめよう。

「ちいちゃんのかげおくり」を読んで感じたこと

・こわさと悲しさ
家族に会うために、一生けんめいがんばって生きるちいちゃんの命をうばうせんそうのこわさと悲しさを感じた。

・家族の大切さ
出征する前の家族4人のかげおくりやさいごにちいちゃんが見る家族の場面から、家族のやさしさや思いがつたわるから。

2

☆書くときのポイント
①書き出しは、「○○な話だと感じました。」ではじめる。
②こんきょ（文章中の言葉）と理由をはっきりと書く。
③自分とくらべたり、けいけんを入れて書く。
④終わりには、作品を読んで考えたことや学んだことを書く。

例文①
例文②
例文③

②は、自分とくらべている。
③は、さいごに学んだことが書かれている。

○○な話

切なくて悲しく、むねがいたくなる話

ゆうきやへいわの大切さを感じる話。

3 ポイントを意識して文章を見直し、修正する 〈10分〉

T 書き終えた人は読み返して、根拠と理由が書かれているか、見直しましょう。

○書いたものを音読したり、友達と読み合ったりすると、直すべきところに気付きやすい。観点を板書しておくと意識して読む。

1 読書リスト 例

（1）あまんきみこ作品
『おはじきの木』『すずかけ通り三丁目』
（2）戦争・平和・家族に関係する作品
『まちんと』松谷みよ子　『原爆の火』岩崎京子
『えんぴつびな』長崎源之助　『よっちゃんのビー玉』児玉辰春
『おとなになれなかった弟たちに…』米倉斉加年
『世界一美しいぼくの村』小林豊

2 読書カード

あまんきみこ作品・戦争作品の読書カード

題名	感想	おすすめ度
おはじきの木	ちいちゃんとにていて悲しいけど、家族の温かさを感じるすてきな話	★★★
まちんと		☆☆☆
		☆☆☆

よりよい授業へのステップアップ

感想文を書くために、読書経験を広げる工夫

戦争文学を読んだ経験のある子供は少ないと思われる。そこで、図書館司書と連携を図り、あまんきみこ作品や戦争・平和・家族などに関する本を集め、教室に読書コーナーを設ける。そうすることで、休み時間にも自ら手を伸ばして読書をする姿が期待できる。読書カードに読んだ感想を書くことで、感想文を書く際に役立つであろう。

左に示した表の例を資料編に入れたので、読み広げる際には活用してほしい。

本時案

ちいちゃんのかげおくり 10/10

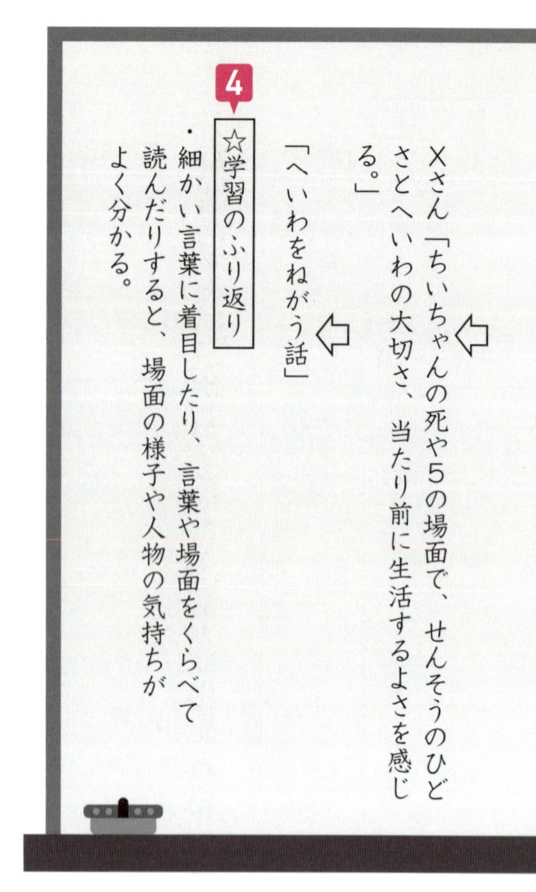

本時の目標

・文章を読み合い、感じたことを共有し、自分と他者の感じ方に違いがあることに気付くことができる。

本時の主な評価

❹文章を読んで感じたことや考えたことを進んで伝え合っている。【態度】
・文章を読み合い、感じたことを共有し、一人一人の感じ方に違いがあることに気付き、自分の考えを広げている。

資料等の準備

・子供の感想文一覧
・付箋紙
（以下、読み広げを行う際に使用）
・戦争文学作品リスト 01-04
・読書カード 01-05

授業の流れ ▷▷▷

1 グループになって感想を読み合い、感じたことを伝え合う〈20分〉

T グループになり、感じ方や理由など、自分の考えと似ているところや違うところを意識して文章を読み合いましょう。
○最初は、似た感じ方の子供3、4人でグループとなって交流する。その後、感じ方が違う子供でグループをつくって読み合うようにする。
○前時で書いた子供の感想を一覧表にして配付することで、全員の考えを把握することができ、活動が円滑に進む。
○交流の際は、気付いたことや感じたことを付箋紙に書いて相手に渡すようにすると、ノートに残り、今後の学習に生かそうとする。

2 交流を通しての感想を発表する〈10分〉

T 友達との交流を通して、感じたことやなるほどと思ったことなどを教えてください。
○感想を簡単に板書する。
・感じ方は似ているけれど、自分とは違う場面や言葉を根拠にしていました。
・同じ部分（4場面）を根拠にしていたけれど、感じ方が違いました。
・同じ作者の『おはじきの木』を読んだYさんは、ぼくが気付かなかった「家族の絆・愛情」というかげおくりとの共通点に気付いていてすごい。同じ作者の本を読むと分かることもあるんだと思いました。

ちいちゃんのかげおくり

1

感想を読み合い、自分の考えと友だちの考えをくらべ、気づいたことをつたえ合おう。

☆グループで感想を読み合う。

①考えがにているグループで読み合う。

A：悲しい話・切ない話　B：へいわを感じる話

C：温かさを感じる話・家族の大切さを感じる話

②考えがちがうグループで読み合う。

2

☆感想のくらべ方

感じ方や理由、こんきょをくらべて、にているところやちがうところを見つける。

☆友だちの感想を読んでみて・・・

・感じ方はにているけれど、自分とはちがう場面や言葉をこんきょにしていた。

・同じ部分（四場面）をこんきょにしていたけれど、感じ方がちがった。

・同じ作者の『おはじきの木』を読んだYさんは、「家族のきずな・あいじょう」というかげおくりとのきょうつう点に気づいていてすごい。

・同じ作者の本を読むと分かることもある。

3

☆友だちの感想を読んで、かわったところ

・ちいちゃんが1人で命を落とすつらくて悲しい話

ちいちゃんの死になっとくできない

3　友達の文章を読んで、考えが変わったところを発表する　〈10分〉

T　友達の文章を読んで、考えが変わったところがあれば、話してください。

○交流を通して考えが広がったことを子供が自覚する機会である。誰のどのような考えを受けて考えが変わったかを具体的に発表させ、板書する。時間があればノートに書いた後にペアで話し合う時間を設けたい。

・最初は、ちいちゃんが１人で命を落とす悲しい話で、ちいちゃんの死に納得できないでいました。でも、Xさんの「ちいちゃんの死や５場面によって、戦争のひどさと平和の大切さ、当たり前に生活するよさを感じることができる」という感想を読んで、納得し、平和を願う話だと感じるようになった。

4　学習を振り返る　〈５分〉

T　学習を通して感じたことや考えたことをノートに書きましょう。

・友達の考えを聞いて、１人では気付けなかったことを知り、考えが変わりました。

○教科書 P.27「ふりかえろう」を基に、本単元で学んだことを自分の言葉でノートにまとめると、次の読みに生かすことができる。

・くり返しや文末表現、情景といった細かい言葉に着目したり、言葉や場面をくらべて読んだりすると、場面の様子や人物の気持ちがよく分かります。

○時間があれば、P.28「この本、読もう」に触れ、戦争文学の読み広げに関心をもたせるようにする。

資料

1 第1時資料　1文書きワークシート 01-01

「ちいちゃんのかげおくり」ワークシート

年　組　名前（　　　　）

物語のせっていをかくにんしよう。

①登場人物・・・

②時・場所・・・・

③場面・・・・・・・

④できごと・・・

⑤あらすじ・・・

「ちいちゃんのかげおくり」を1文で表そう。

☆ちいちゃんのかげおくりは、

物語だと思います。

☆その理由は、

2 第7時資料　ワークシート 01-02

「ちいちゃんのかげおくり」ワークシート

年　組　名前（　　　　）

☆二つのかげおくりをくらべよう。

	空の様子	時	人	声	数え方	ちいちゃん	どのようなかげおくりか。
1の場面							
4の場面							

3 第7時資料　ワークシート記入例

「ちいちゃんのかげおくり」ワークシート

年　組　名前（　　　　）

☆二つのかげおくりをくらべよう。

	1の場面	4の場面
空の様子	青い空　青＝平和	暗い空→青い空
時	父が出征する前　はかまいりの帰り道	くうしゅうでおそわれた後　ぼうくうごう
人	家族四人生きている	ちいちゃんだけ一人だけ
声	げんじつの声	空からふってきた
数え方	父→母→兄・ちいちゃん	ちいちゃん→父→母→兄
ちいちゃん	元気。明るい。楽しい。	ふらふらする足をふみしめて　今にもたおれそう
どのようなかげおくりか。	白い四つのかげぼうし　ちいちゃんには　見える四つの白いかげ　すうっと空に上がる。げんじつのかげおくり　家族の記念写真	たった一つのかげぼうし。→ねがい・まぼろし　体がすうっとすきとおって空にすいこまれていく。まぼろしのかげおくり　花ばたけで家族と会う。

4 第9時資料　ワークシート　01-03

「ちいちゃんのかげおくり」感想文シート

年　組　名前（　　　　）

☆書くときのポイント

①書き出しは、「〇〇な話だと感じました。」ではじめよう。

②こんきょ（文章中の言葉）と理由をはっきりと書こう。

③自分とくらべたり、けいけんを入れたりして書こう。

④終わりには、作品を読んで考えたことや学んだことを書こう。

5 第9時資料　感想文（例）

「ちいちゃんのかげおくり」感想文シート

年　組　名前（　　　　　　　　）

☆書くときのポイント

①書き出しは、「〇〇な話だと感じました。」ではじめよう。

②こんきょ（文章中の言葉）と理由をはっきりと書こう。

③自分とくらべたり、けいけんを入れたりして書こう。

④終わりには、作品を読んで考えたことや学んだことを書こう。

　わたしは、『ちいちゃんのかげおくり』は、悲しいけれど、ゆうきを感じる話だと思います。

　その理由は、家族に会うために一生けんめい生きるちいちゃんのすがたにゆうきを感じたからです。せんそうによって家族や家がうばわれて悲しくてこわいはずなのに、ちいちゃんはなかずにふらふらになるまで家族をまちつづけました。わたしだったらぜったいむりで、ないておばさんをたよってしまいます。家族を大切に思うちいちゃんのすがたから、こわさに立ち向かうゆうきをもらいました。

「ちいちゃんのかげおくり」感想文シート

年　組　名前（　　　　　　　　）

☆書くときのポイント

①書き出しは、「〇〇な話だと感じました。」ではじめよう。

②こんきょ（文章中の言葉）と理由をはっきりと書こう。

③自分とくらべたり、けいけんを入れたりして書こう。

④終わりには、作品を読んで考えたことや学んだことを書こう。

　ぼくは、『ちいちゃんのかげおくり』は、くらしの大切さを感じる話だと考えます。

　その理由は、P25 L11「青い空の下、今日も、きらきらわらい声を上げて、遊んでいます。」という文章を読んで、今当たり前に遊べるくらしの大切さやありがたさを感じたからです。ぼくたちも4月は外に出れなくて、学校に行くことや友だちと遊ぶなど、当たり前のことができなくなりました。ちいちゃんも同じように、ある日、せんそうによって家族とくらす当たり前の生活がうばわれてしまいました。ちいちゃんの死やまぼろしでも家族とさいかいする場面から、安全な世の中で家族やみんなと生活することのよろこびやくらしの大切さを感じました。

6 第9時資料　戦争文学作品リスト　01-04

①『おはじきの木』②『すずかけ通り三丁目』③『どんぐりふたつ』
あまんきみこ作品

④『えんぴつびな』長崎源之助　⑤『ひろしまのエノキ』長崎源之助

⑥『かわいそうなぞう』つちやゆきお　⑦『おかあさんの木』大川悦生

⑧『かあさんのうた』大野　允子　⑨『手紙』宮本　輝

⑩『よっちゃんのビー玉』児玉辰春　⑪『まっ黒なおべんとう』児玉辰春

⑫『おとなになれなかった弟たちに・・・』米倉斉加年　⑬『まちんと』松谷みよ子

⑭『絵本　おこりじぞう』山口勇子・沼田曜一　⑮『ひろしまのピカ』丸木俊

⑯『原爆の火』岩崎京子　⑰『世界一美しいぼくの村』小林豊

⑱『世界一美しい村へ帰る』小林豊

⑲『絵本　火垂るの墓』野坂昭如　⑳『小さなポケット』菊畑茂久馬

㉑『ヒロシマのピアノ』指田和子　㉒『おかあちゃんごめんね』早乙女勝元

8 第９時資料　読書カード記入例　01-05

あまんきみこ作品・せんそう作品の読書カード　　名前【　　　　　　　】

題名・作者	感想	おすすめ度

9 第９時資料　読書カード記入例

あまんきみこ作品・せんそう作品の読書カード　　名前【　　　　　　　】

題名・作者	感想	おすすめ度
おはじきの木 あまんきみこ	ちいちゃんとにていて悲しいけど、家族の温かさを感じるすてきな話。かなこをうしなったげんさんのつめたいなみだは悲しいけれど、女の子のお母さんのやさしさやあいじょうがすごくよくつたわる。	★★★
世界一美しいぼくの村 小林豊	ヤモや家族のやさしさ、村の美しさがとてもよくつたわるいい話。さいごが「村は戦争ではかいされ、今はもうありません。」ときゅうに終わるから、どうなったのかつづきが気になる。	★★☆

修飾語を使って書こう　（2時間扱い）

〔知識及び技能〕(1)カ　〔思考力、判断力、表現力等〕―　関連する言語活動例―

単元の目標

・修飾・被修飾語の関係など、文の構成について理解することができる。

評価規準

知識・技能	❶主語と述語との関係、修飾と被修飾との関係、指示する語句と接続する語句の役割、段落の役割について理解すること。（〔知識及び技能〕(1)カ）
主体的に学習に取り組む態度	❷積極的に今までの学習を生かして修飾語の働きを理解しようとしている。

単元の流れ

時	主な学習活動	評価
1	「文の意味を詳しくするためどうすればよいか」という課題を通して、修飾語によって伝えたい内容が詳しくなることを理解する。	❶
2	修飾語について理解したことを活用する。	❷

授業づくりのポイント

〈単元で育てたい資質・能力〉

本単元のねらいは、修飾と被修飾の関係について理解し、文の構成について考える力を育むことである。そのためには、知識を覚えるような学習ではなく、実際に文章を読んだり、表現したりする活動の中で語句と語句の相互の関係について考えるような学習が大切である。また、「修飾語」について理解することで自分の体験や考えをより詳しく相手に伝えることができるという価値を子供が感じることも大切である。「読むこと」や「書くこと」と関連付けて学習を進めることで、子供たちが「修飾語」をより深く理解したり、有用感を感じたりして、今後も活用していけるようにする。

具体例

○導入では、教科書に示された「花が、さきました。」について、子供たちに「もっと詳しく知りたいことはありますか」と問えば、「何の花」「どんな花」など、情報を扱う際の修飾語の役割の大切さを感じることにつながり、主体的な学習意欲を高められる。「書くこと」では、写真やイラストを見て、主語、述語、修飾語がある文作りをする。また、互いの文を見合うことで語彙を広げる。「読むこと」では、教師の例示した文の語句の役割について考える。倒置法を使った文や過去形の文など様々な文を例示すると、幅広く活用する力へとつなげることができる。

〈言語活動の工夫〉

子供が楽しく修飾語に親しむことができるように、修飾語を使ったゲームもある。単元の導入やまとめなどで取り扱うと子供の興味を高めることができる。また、モジュール授業などの短い時間で、日常的な活動として継続していくこともできる。

具体例

○本書では、教科書の写真や別のイラストを使用して、それらを説明する文章をつくる流れにした。ほかにも、よりゲームの要素を強くするやり方がある。資料編で触れている「カード合体ゲーム」では、主語、述語、修飾語で分割した様々な言葉を書いたカードを用意し、グループで文作りをする。短冊を用意する「どんな文になるでしょうゲーム」は、「だれが、いつ、どこで、何をした」について各グループ１人ずつに担当を割り当て、思い思いに考えた単語を組み合わせたときの文を楽しみ、修飾語の大切さに気付くきっかけとすることができる。

〈他領域との関連〉

修飾語の授業では、「話すこと・聞くこと」「書くこと」「読むこと」と関連させて指導することが大切である。学習指導要領では、「書くこと」の推敲で、修飾や被修飾の関係についても使い方を注意することが求められている。「読むこと」でも、修飾語に着目することで内容を深く理解することができる。物語文では、行動を修飾する言葉がたくさん出てくる。それらの働きに着目することは登場人物の心情を理解する力へとつながる。

具体例

○「書くこと」の記述では、ジャンルや内容に合わせて使えそうな修飾語の語彙表など進んで使いたくなるものを用意すると学習効率が高まる。推敲では、グループやペアで分からないことを質問し合うと、何かを伝える際の修飾語の必要性について体感することができる。「読むこと」では、既習の教材文から修飾語を探すことで、過去にも修飾語に着目して読んだ経験を再認識し、その働きについてより深く理解することができる。

本時案

修飾語を使って書こう

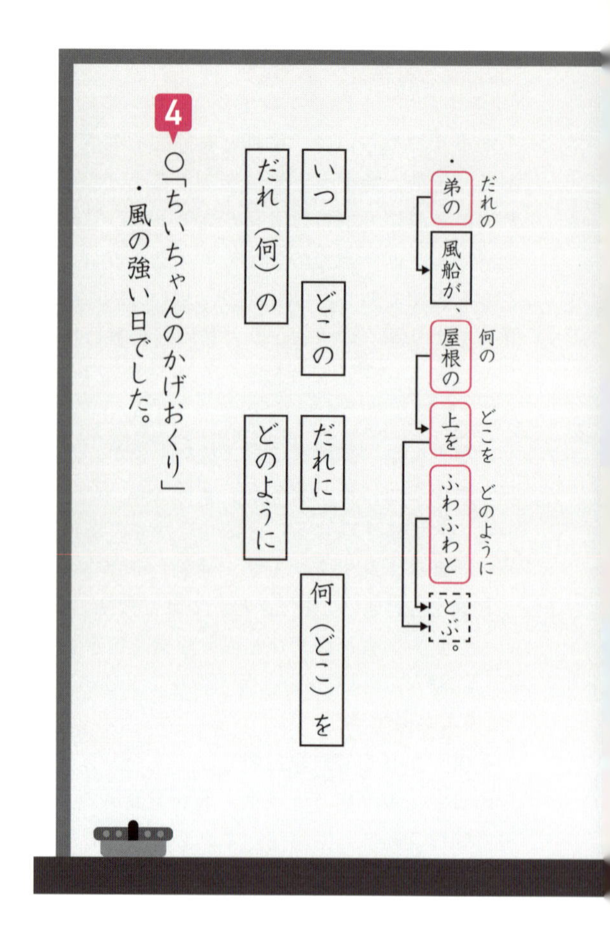

本時の目標

・主語と述語との関係、修飾と被修飾との関係について理解することができる。

本時の主な評価

❶文を詳しくしたり意味を定めたりするという修飾語の働きを理解している。【知・技】

資料等の準備

・チューリップ、ひまわりのイラスト 02-01〜03
・教科書 P.30の花の挿絵
・修飾語の語彙表 02-04

授業の流れ ▷▷▷

1 例文とイラストを見て、本時の課題を把握する 〈10分〉

T 「花が、さきました。」これで、A〜C のどの花が咲いたか分かりますか。
・もっと詳しいことが書いていないと分かりません。
T どんなことを書けば詳しくなるでしょうか。この文を書いた人に質問したいことはありますか。
・何の花ですか。 ・何色ですか。
・どのくらい咲いていますか。
T 「花が」のような「誰が、何が」という言葉は主語と言いました。「さきました」のように「どうした」という言葉は述語と言いました。みなさんの言ったような文を詳しくする言葉を修飾語と言います。覚えておきましょう。

2 イラストを見て、例文を詳しくする 〈15分〉

T 実は先ほどの文章は、A の挿絵のことを言っていました。どうしたら相手に伝わる文になりますか。みなさん「花が、さきました。」の文に修飾語を入れてください。
・チューリップの花が、咲きました。
・赤い花が、咲きました。
・赤い花が、たくさん咲きました。
T 「赤い花が、たくさんさきました。」の主語と述語と修飾語はどれですか。
・「花が」は主語です。
・「さきました」が述語です。
・「赤い」と「たくさん」が修飾語です。

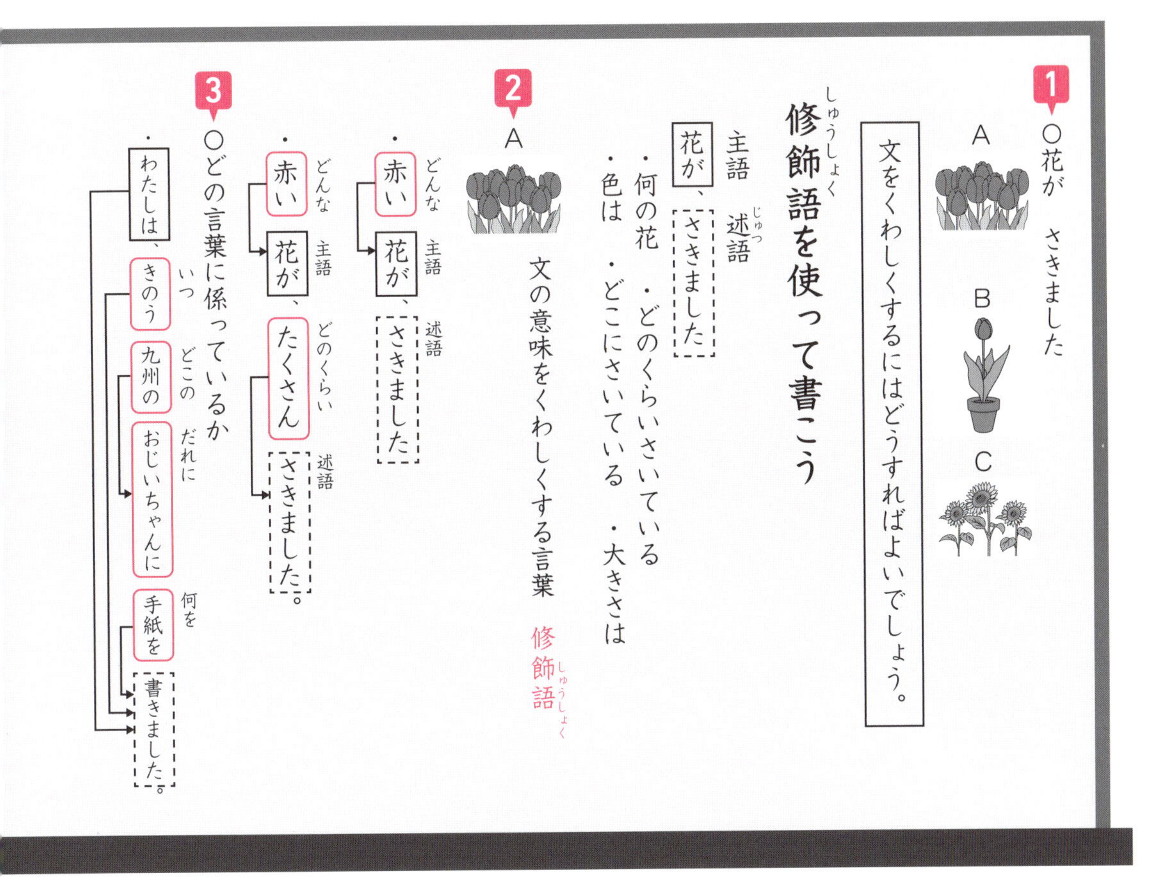

3 それぞれの言葉が、どの言葉に係っているか考える 〈10分〉

T 「赤い」は、主語の「花が」に係っています。「たくさん」は、述語の「さきました」に係っています。

○どの言葉を詳しくする関係にあるかということを「係る」と表現することを説明する。

T 教科書 P. 31の**1**を読み、赤色の□がどの言葉に係っているか考えましょう。

・「きのう」は、昨日書いたから「書きました」に係っているね。

・「九州の」はどこに係っているのかなあ。

・「屋根の」は「上を」に係り、「上を」は「とぶ」に係っています。

T このように「いつ」「どこで」「どのように」「誰に」なども修飾語です。

4 既習の物語を改めて読み、次の活動を知る 〈10分〉

T 「ちいちゃんのかげおくり」を読んで修飾語を探しましょう。

・風の強い日でした。

・ちいちゃんをだき上げて走りました。

・ちいちゃんが空を見上げると、

○子供の見つけた修飾語を「いつ」「どこで」などの項目で分類して表にすると活用しやすくなる。

T 修飾語は文章を伝えるために大事ですね。次の時間は実際に使って文章を書いてみましょう。

本時案

修飾語を使って書こう

本時の目標

・言葉の役割について積極的に考えたり、普段使っている言葉を捉え直したりして、修飾と被修飾の関係について理解しようとすることができる。

本時の主な評価

❷積極的に今までの学習を生かして修飾語の働きを理解しようとしている。【態】

資料等の準備

・教科書 P. 31の写真
・山のぼり、教室のイラスト 02-05、06
（以下、任意で）
・ワークシート 02-07
・カード合体ゲーム 02-08

教科書 P.31 の写真

・青い大きなみずうみで、男の子がさかなをつっている。
・小さな犬がおとなしく見ている。
・はやそうな自てん車がとなりにおいてある。

4 ふり返り
修飾語があると様子をくわしくつたえることができる。

授業の流れ ▷▷▷

1 例文を見て、本時の課題を把握する 〈10分〉

T　前回、修飾語について勉強しました。修飾語には何を詳しくするものがありましたか。
・時間（いつ）
・様子（どのように）
・場所（どこに）
T　今日は、修飾語を使って、様子を詳しく表す文を書きましょう。まずは、「水が、流れる。」という文を詳しくしましょう。
・冷たい水が、流れる。
・今日の朝、水が、いきおいよく流れる。
・山の上から水が、流れる。
〇前時の「何が」「どのように」などの修飾語を短冊にしておいて振り返る。

2 修飾語を使って、例文を様子が詳しく伝わる文にする 〈15分〉

T　教科書 P. 31❷の文に、修飾語を加えて、詳しくしましょう。ノートに書きましょう。
・ひっこしの荷物が、おもい。
・山田君は、友達をいっしょうけんめい守った。
・白いかえるは、めずらしい生き物だ。
〇戸惑っている子供には、主語に係る言葉、述語に係る言葉を決めてから言葉を考えるように声を掛ける。
T　作った文を発表しましょう。友達の文でよいと思ったものはノートに写しましょう。

修飾語（しゅうしょくご）を使って書こう

1

いつ　どこの　だれに　何（どこ）を

だれ（何）の　どのように

修飾語を使って、様子をくわしく表す文を書こう

○文をくわしくしましょう。

・水が、流れる。

冷たい水が、流れる。（どのような）

今日の朝、水が、いきおいよく流れる。（いつ・どのように）

山の上から水が、流れる。（どこから）

2

・荷物が、おもい。

・山田君は、守った。

・かえるは、生き物だ。

3

○写真や絵の様子を、修飾語を使ってくわしく書きましょう。

3 写真や挿絵の様子を修飾語を使って詳しく書く〈15分〉

T　写真や挿絵の様子を、修飾語を使って詳しく書きましょう。

・青い大きなみずうみで、男の子が魚をつっている。

・男の人が、いっしょうけんめいに山を登っている。

○主語と述語を決めてから修飾語を考えるように声を掛ける。

○書きやすい写真や挿絵を選んで取り組むように声を掛ける。

T　グループで発表しましょう。よいと思った文はノートに写しましょう。

○写真や挿絵を数枚用意すれば、文を読んでから、どの写真や挿絵を選んだのか当てるようなクイズ形式にする方法もできる。

4 振り返りをする〈5分〉

T　修飾語の勉強をして気付いたことや思ったことを書きましょう。

・修飾語があると様子をくわしく伝えることができます。

よりよい授業へのステップアップ

今後の学習につなげる

修飾語は、継続して意識させたいため、本単元で見つけた修飾語を表にして掲示しておくなどの工夫が必要である。文章を書いたり、読んだりしたときに掲示を振り返ることで活用の意識を高めることができる。

資料

1 第１時　修飾語の語彙表　02-04

修飾語を使って書こう（しゅうしょく）

修飾語の語い表

年　組　名前（　　）

こう目	言葉
いつ	今日、きのう、〜年前、〜年後、春、〜の時、〜まで、〜から、年、月、日 毎日、たまに、〜間、朝、昼、夕、ばん、雨の日、晴れた日
どこ	場所（公園）、部分（頭）、国（日本）、たて物（学校）、お店、〜近く、〇m先、 方向（上下左右、前後）、空、地面、うちゅう、地下
だれ	家族（お父さん）、ちいきの人（商店がいの〇〇さん）、友だち（〇〇さん） 有名人、本を書いた人、昔の人、しゅざいした人、手本にした人
どんな	大きい、小さい、楽しい、やさしい、悲しい、うれしい、きれい、うつくしい、 いさましい、おいしい、まちどおしい、力強い、はげしい、あやしい、すばらしい、 古い、新しい、めずらしい、赤い、長い、短い、かたい、さまざまな、きちょうな、いだいな
どのように	いっしょうけんめい、ちゅうい深く、ふわふわと、いばる、ひっし、ていねいに、 大切に、あやふやに、〜みたいに、〜のように、うきうきする、こまる、すばやく、 まっすぐに、車で、歩いて、ゆっくり、重そうに、たいへんそうに、細かく、 どうどうと、ひたむきに、まじめに、
どのくらい	十分、とても、ひじょうに、かなり、かんぜんに、とくべつ、たくさん、 すこし、〜ぐらい、〜ほど、〜ていど、多くの、山ほど、

2 第２時（任意）　ワークシート　02-07

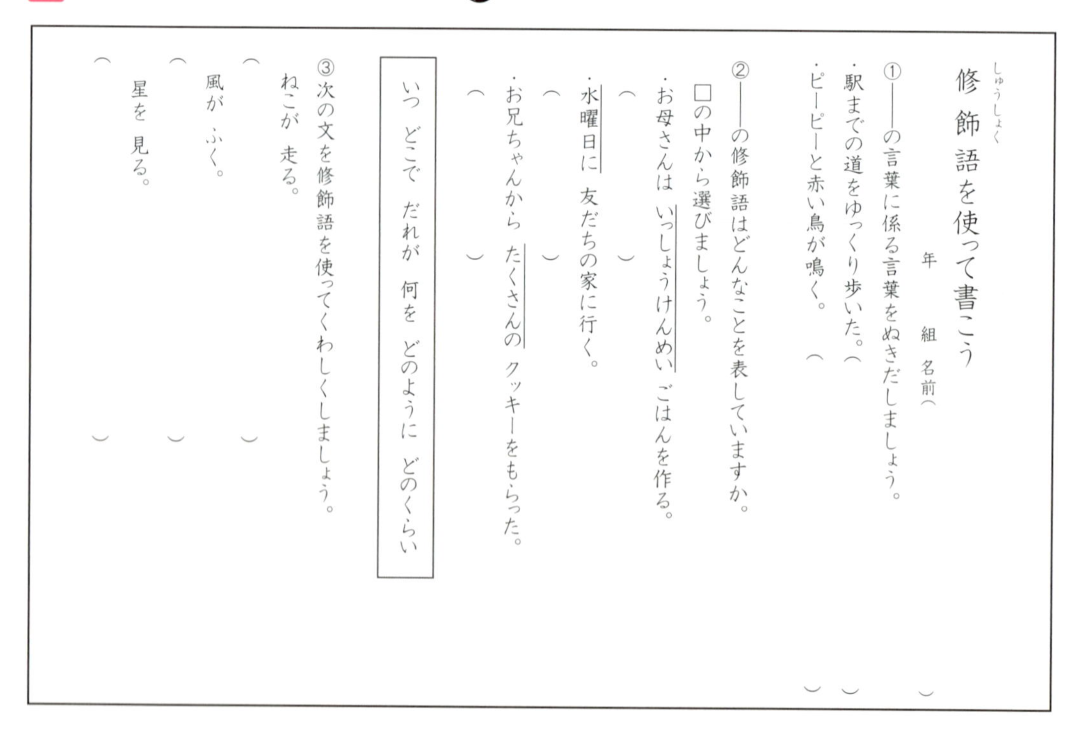
修飾語を使って書こう（しゅうしょく）

年　組　名前（　　）

① ――の言葉に係る言葉をぬきだしましょう。

・ピーピーと赤い鳥が鳴く。（　　）

・駅までの道をゆっくり歩いた。（　　）

② ――の修飾語はどんなことを表していますか。□の中から選びましょう。

・お母さんは　いっしょうけんめい　ごはんを作る。（　　）

・水曜日に　友だちの家に行く。（　　）

・お兄ちゃんから　たくさんの　クッキーをもらった。（　　）

いつ　どこで　だれが　何を　どのように　どのくらい

③ 次の文を修飾語を使ってくわしくしましょう。

ねこが　走る。（　　）

風が　ふく。（　　）

星を　見る。（　　）

3 第２時（任意） カード合体ゲーム 02-08

主語・述語・修飾語が書かれたカードを複数用意する。このカードの中から、主語１枚、述語１枚、修飾語１～２枚選んで文を作り、友達と作った文を交流する。

友達が作った主語と述語の文に、修飾語をあてはめる活動もできる。

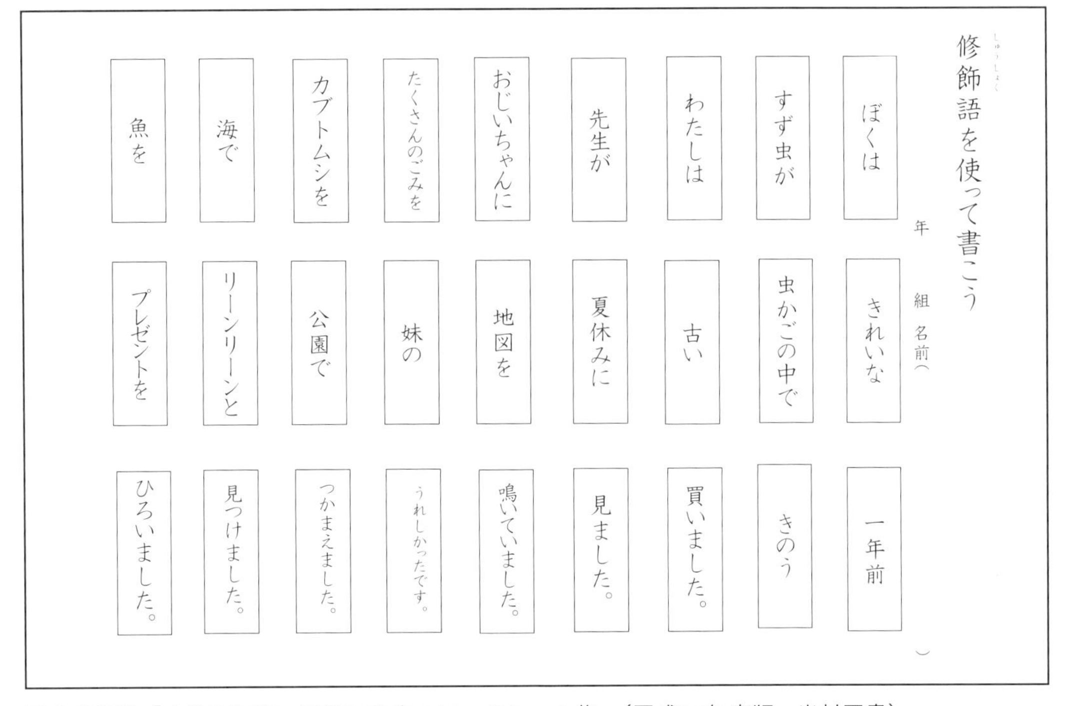
修飾語を使って書こう

年　組　名前（　　　　）

ぼくは
すず虫が
わたしは
先生が
おじいちゃんに
たくさんのごみを
カブトムシを
海で
魚を

きれいな
虫かごの中で
古い
夏休みに
地図を
妹の
公園で
リーンリーンと
プレゼントを

一年前
きのう
買いました。
見ました。
鳴いていました。
うれしかったです。
つかまえました。
見つけました。
ひろいました。

※参考資料『小学校国語　授業に役立つワークシート集』（平成14年度版、光村図書）

きせつの言葉 3

秋のくらし　2時間扱い

〔知識及び技能〕(1)オ　〔思考力、判断力、表現力等〕B書くことア　関連する言語活動例―

単元の目標

・秋を感じるものを考えることで、秋に関する言葉への理解を深めることができる。

評価規準

知識・技能	❶様子を表す語句の量を増し、文章の中で使っているとともに、言葉には性質による語句のまとまりがあることを理解し、語彙を豊かにしている。(〔知識及び技能〕(1)オ)
思考・判断・表現	❷「書くこと」において、相手や目的を意識して、経験したことや想像したことなどから書くことを選び、集めた材料を比較したり分類したりして、伝えたいことを明確にしている。(〔思考力、判断力、表現力等〕Bア)
主体的に学習に取り組む態度	❸進んで身の回りの物事や経験したことの中から、秋に関する言葉を見つけ、学習課題に沿って詩や短文を作ろうとしている。

単元の流れ

時	主な学習活動	評価
1	教材に示されている秋に関する唱歌や事柄を参考に、秋を感じるものを考える。	❶
2	自分たちが考えた秋に関する言葉を使い、詩や短文を作る。	❷❸

授業づくりのポイント

〈単元で育てたい資質・能力〉

本単元を通して、秋に関する物事を考え、出し合うことで多くの言葉に触れ、それらを用いて短い文にすることで、子供のもつ語彙を量と質の両面から充実させることをねらいとする。

子供は自身の生活の中で秋に関する物事を見たり聞いたりしている。また、自分でも言葉として用いている。しかし、そのことに意識を向けることはあまりないと思われる。そこで本単元を通し、改めて秋に関する多くの言葉に触れ、「書くこと」と関わらせて表現することで語彙の充実を図っていきたい。

具体例

身近な山々が紅葉している様子を見たり、秋刀魚や柿などの秋の実りを口にしたりすることを多くの子供は経験している。それらに意識を向け、他に秋を感じる物事を考えることで、自身のもつ言葉に気付くことができる。それぞれが考えた秋を感じる物事を出し合い、それらを用いて詩や短文作りを行うことで、子供のもつ語彙を充実させることができる。

〈教材・題材の特徴〉

文部省唱歌である「虫の声」が用いられていることが大きな特徴である。また、秋を感じる物事を「○○の秋」や秋の食べ物という形で分けて示していることにより、言葉には性質によるまとまりがあることを捉えることができる。

秋を感じるものが絵とともに提示されており、それらを参考に秋を感じるものを考えることができる。さらに用いられている短文の内容も分かりやすく、生き生きと書かれているため、言葉を用いた短文作りに生かせるものである。

具体例

「虫の声」（文部省唱歌）を歌ったことのない子供がいることは考えられるが、聞いたことのある子供は多いと思われる。歌ったり聞いたりすることを通し、歌詞に注目することで秋を感じる言葉に気付くことができる。また、「○○の秋」という言葉も一度は聞いたことがある言葉であり、自身の経験を基にして「○○の秋」を考えることもできる。

〈言語活動の工夫〉

「虫の声」（文部省唱歌）だけでなく、秋を題材にした歌はたくさんある。子供たちに身近な歌の歌詞を読み、そこに用いられている秋に関する言葉を探すだけでなく、導入で曲を流したり一緒に歌ったりすることで、学習への興味・関心を高めることができる。その後、改めて歌詞に注目したり、教材として提示されている言葉を用いたりすることで、秋を感じるものを考えることができるようにする。また、スポーツの秋や芸術の秋といった言葉をきっかけに、子供が秋についての経験を「○○の秋」として表現する。なぜその言葉にしたのか、その理由を書くときに、授業で取り上げられた秋に関する言葉を用いて書くことで、語彙の充実を図るようにする。

具体例

「虫の声」（文部省唱歌）を聞いたり歌ったりすることから学習を始め、その後教材として提示されている言葉に着目したり、身近に見られる紅葉や秋刀魚などの写真を提示したりすることで、子供が秋を感じるものを考えられるようにする。また、各自の経験を基に、それを「○○の秋」として表現する。その理由の中に学習で取り上げた秋を感じる言葉を用いるようにする。

本時案

秋のくらし

本時の目標

・秋に関する唱歌や事柄を参考に、秋を感じるものを考えることができる。

本時の主な評価

❶秋に関する語彙の量を増し、文章の中で使うとともに、言葉には性質による語句のまとまりがあることを理解し、語彙を豊かにしている。【知・技】

資料等の準備

・BGM（秋に関する唱歌が収録されているもの）
・秋に関する挿絵（子供から出されると考えられるもの） 03-01〜07

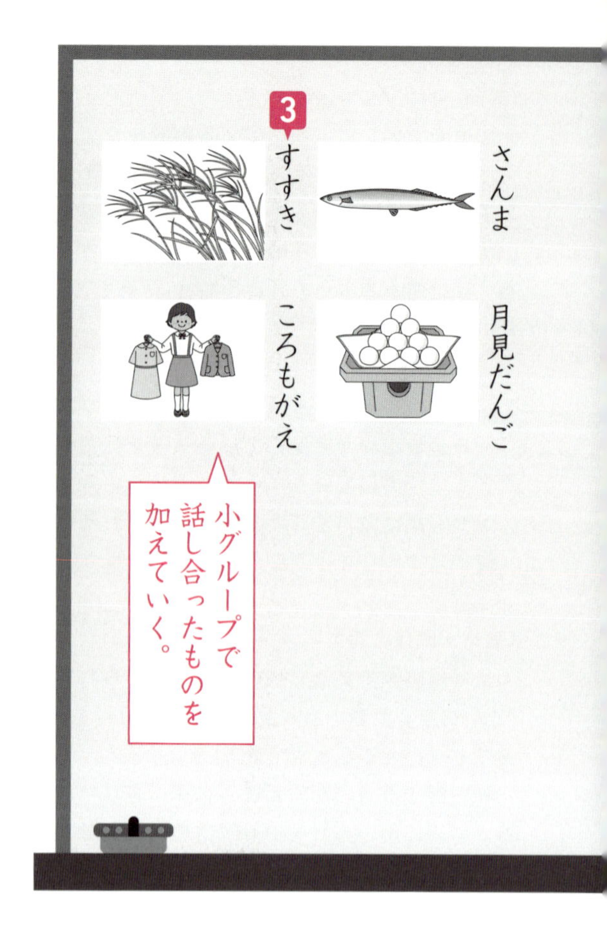

授業の流れ ▷▷▷

1 教材を参考に、秋を感じるものを考える 〈10分〉

○秋に関する唱歌を授業開始とともに流す（流す唱歌は「虫の声」以外に「もみじ」「赤とんぼ」など）。

T 歌の中には何が出てきましたか。また、これらに共通することは何ですか（歌詞を掲示）。

・松虫、赤とんぼ、鈴虫
・秋です。

T 身近にあるものや生活の中で秋を感じるものを考えましょう。

○子供から出されると考えられる挿絵はできる限り用意しておく。

2 互いに考えた秋を感じるものを発表し合う 〈15分〉

○互いに考えたものをペアや小グループで発表し合う。

T 秋を感じるものをペアや小グループの中で発表し合いましょう。

○どのような考えが出されたか、全体で発表し合う。

T どのような考えが出されましたか。

・紅葉、秋刀魚、お月見、月見だんご

○子供から出されたものは、分類しながら板書していく。

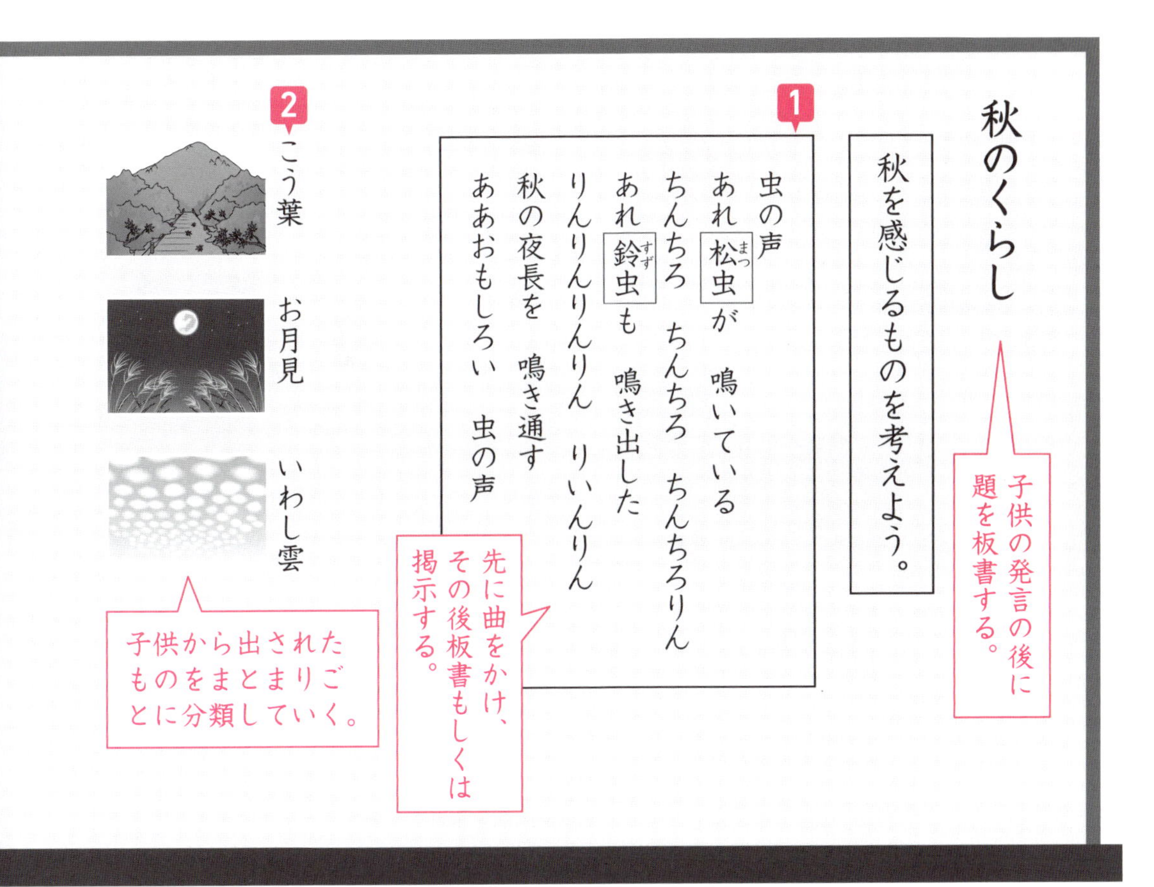

3 小グループごとに、秋を感じるものを考える 〈20分〉

○板書されたものを確認した後、小グループで話し合いながら、さらに秋を感じるものを考えていく。

T グループで協力して、秋を感じるものをさらに増やしていきましょう。

・いわし雲、運動会、衣替え、すすき

○学校や家での日常生活だけでなく、旅行先や祖父母の家での経験など、子供が様々な視点から考えられるようにする。また、新しい意見を出すことができたことを積極的に認めていく。

よりよい授業へのステップアップ

唱歌の生かし方

導入時に子供の興味・関心を高めたり、個人で秋を感じるものを考える際にも流したりし、秋の雰囲気をつくることができる。

画像の生かし方

子供からなかなか意見が出ない場合に、事前に用意した画像を提示することで、発言につなげることができる。

グループでの活動

語句のまとまりごとに分類された板書と関わらせ、食べ物グループや自然グループなどのように分担して考えることもできる。

本時案

秋のくらし 2/2

本時の目標

・秋に関する言葉を用いて、自分の伝えたいことを明確にすることができる。

本時の主な評価

❷相手や目的を意識して、経験したことや想像したことなどから秋を感じるものを考え、集めた材料を比較したり分類したりして、伝えたいことを明確にしている。【思・判・表】

❸進んで身の回りや経験したことの中から、秋に関する言葉を見つけ、学習課題に沿って詩や短文を作ろうとしている。【態度】

資料等の準備

・前時で子供が考えた秋に関する言葉をまとめたもの

・挿絵のコピー（拡大したもの）

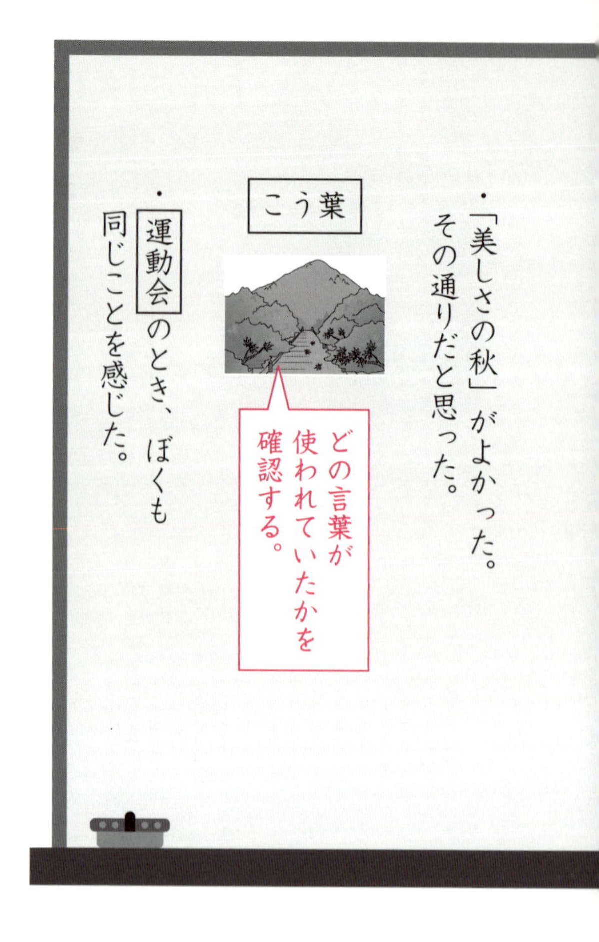

・「美しさの秋」がよかった。その通りだと思った。
こう葉
どの言葉が使われていたかを確認する。
・運動会のとき、ぼくも同じことを感じた。

授業の流れ ▷▷▷

1 教材を基に、「○○の秋」や短文作りに興味をもつ 〈10分〉

○教材として用いられている短文を読んだり、「○○の秋」という言い方を確認したりする。

T　教科書にある文章を読みましょう。同じ経験がありますか。また、「○○の秋」という言い方を聞いたことがありますか。

・新米を食べたことがある。おいしい。

・食欲の秋は知ってる。

○示されている「○○の秋」以外に聞いたことがある「○○の秋」について聞いたり、秋の経験について振り返ったりする。

T　他に「○○の秋」という言い方を聞いたことがありますか。

・学問の秋、読書の秋

2 秋に関する言葉を用いて詩や短文作りを行う 〈20分〉

○前時に出された秋に関する言葉を振り返り、各自で詩や「○○の秋」を使った短文作りを行う。

T　秋を感じるたくさんの言葉を考えました。これらの言葉を使い、みなさんも自分の感じたことを詩や文章にしたり「○○の秋」という言い方にしたりしましょう。

・毎年紅葉狩りに行きます。きれいな葉がたくさん落ちているのでどれにするか迷ってしまいます。

・ほのおの秋です。運動会があり、みんなで勝つためにもえるようにがんばっているからです。

○「○○の秋」という言い方にするだけでなく、なぜそのように考えたのかを、秋に関する言葉を用いて書くようにする。

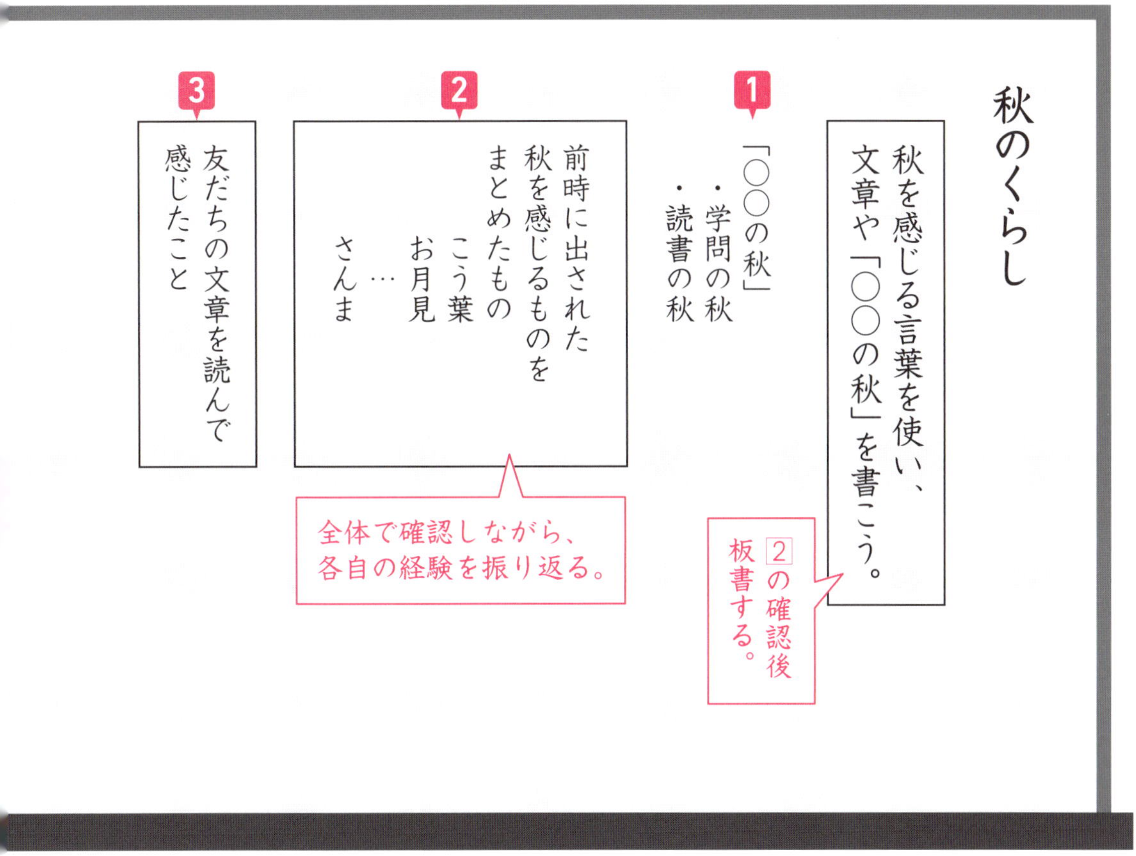

秋のくらし

秋を感じる言葉を使い、文章や「○○の秋」を書こう。

1

「○○の秋」
・学問の秋
・読書の秋

2の確認後板書する。

2

前時に出された秋を感じるものをまとめたもの
こう葉
お月見
…
さんま

全体で確認しながら、各自の経験を振り返る。

3

友だちの文章を読んで感じたこと

3 考えた文章を交流する〈15分〉

○各自の考えた文章を、ペアや小グループなど様々な形態で交流し、その後全体で交流する。

T 自分の考えた詩や文章、「○○の秋」を、より多くの友達に発表しましょう。聞いた後には、どこがよかったか感想も伝えましょう。

・ぼくは「収穫の秋」にしました。理由はさつまいもや栗など、多くの食べ物を収穫できるからです。

・確かに、秋になると、おいしいものがたくさんあります。私もさつまいもを食べてみたくなりました。

○全体で発表する際には、必ずどの言葉を用いたのか確かめる。

よりよい授業へのステップアップ

短文作りにおける工夫

書くという活動には個人差が生じやすい。そこで、1つ作り終えた子供には、さらに作ってよいこととしたり、気に入ったものを画用紙に絵も入れて書いたりすると、多くの子供が意欲的に活動できる。

「○○の秋」という表現

子供がなかなか思いつかないような場合には、教材として用いられているものをそのまま発表してもよいこととする。その際は、発表した理由の中で、自分の思いついた秋に関する言葉を用いるようにする。

進行を考えながら話し合おう

はんで意見をまとめよう

8時間扱い

〔知識及び技能〕(1)オ　〔思考力、判断力、表現力等〕A話すこと・聞くことア・オ　関連する言語活動例A(2)ウ

単元の目標

・目的を設定したり役割を分担したりし、グループで話し合いをまとめることができる。
・根拠を明らかにして自分の考えを述べたり、自分の考えと比較しながら友達の意見を聞いたりすることができる。

評価規準

知識・技能	❶様子や行動、気持ちや性格を表す語句の量を増し、話や文章の中で使い、言葉には性質や役割による語句のまとまりがあることを理解し、語彙を豊かにしている。（〔知識及び技能〕(1)オ）
思考・判断・表現	❷「話すこと・聞くこと」において、目的を意識して、日常生活の中から話題を決め、友達の意見を比較したり分類したりして、伝え合うために必要な事柄を選んでいる。（〔思考力、判断力、表現力等〕Aア） ❸「話すこと・聞くこと」において、目的や進め方を確認し、司会などの役割を果たしながら話し合い、互いの意見の共通点や相違点に着目して、考えをまとめている。（〔思考力、判断力、表現力等〕Aオ）
主体的に学習に取り組む態度	❹進んで目的を意識し、学習の見通しをもってグループで話し合い、互いの意見の共通点や相違点に着目して、考えをまとめようとしている。

単元の流れ

次	時	主な学習活動	評価
一	1	学習の見通しをもつ 話し合いの大切さを考え、学習の進め方を確認する。	
二	2	話し合いに向けて、役割を確認し、話し合いの整理の仕方を考える。	❶
	3	聞き手にも注目しながら話し合いのポイントを確認し、話し合いに向けて自分の考えをまとめる。	❸
	4	班ごとに1年生に読み聞かせる本について話し合い、話し合いの様子を振り返る。	❷
	5	話し合いの仕方でよかったところや改善すべき点を伝え合い、話し合いの仕方のイメージを広げ、共有する。	❹
三	6 7	ペア班をつくって2回目の話し合いを行い、互いの話し合いの様子を見合う。 ペア班ごとに話し合いの様子を振り返り、よかった点や改善すべき点などについて話し合う。	❸❹
	8	学習を振り返る 学習を振り返り、今後の話し合いに生かすことをまとめる。	❶

授業づくりのポイント

〈単元で育てたい資質・能力〉

本単元のねらいは、グループでの話し合い活動を通して、意見をまとめる力を育むことである。自分の考えを的確に伝えたり、友達の意見を理解したりする中で合意形成を図るための話し合いの進め方と、一人一人の役割の果たし方を学んでいく。また、話し合いにおける様々な役割の意義を理解することで、司会の進行力だけに頼らず、全体で話し合いを進め、まとめることができるようにする。

具体例

○話すときは、理由を明らかにして自分の考えを述べることや、聞くときは、自分の考えとの共通点や相違点を意識しながら友達の意見に耳を傾けることの大切さを活動の中で気付けるよう工夫したい。分からないことは進んで質問して確認することや、意見を引き下げる勇気も大切である。

○様々な役割を経験させることで、それぞれの役割の意義を理解できるようにし、みんなで話し合いをまとめるという意識を育む。役割ごとの発言の仕方をまとめ、掲示する。

〈教材・題材の特徴〉

グループでの話し合いの仕方を学ぶことは、学級全体で話し合いを進められるようになるための重要なステップであるとともに、学級会や他教科等にも生かすことができるという点で、３年生にとって意義のある学習である。しかし、教科書の例のように話し合いを進めることは、３年生にとってはかなり難しい。教科書の例を基にした話し合いの経験と指導の積み重ねにより、話し合いの仕方を全体で学んでいくことができる。

具体例

○教科書の例を基に話し合いの仕方を学ぶ。話し合いを２回設定することで、１回目で学んだことを２回目に生かせるようにする。話し合いの後には必ず振り返りを行い、課題や改善点を全員で共有する。また、様々な立場を経験できるよう、２回目の話し合いはグループ編成を変えるなど、工夫して行う。

〈言語活動の工夫〉

話し合いは付箋紙を使って行う。自分の意見を書いた付箋紙を表に貼り、話し合いを通して移動したり意見を書き込んだりすることにより、話し合いの様子を視覚化したり、記録として残したりすることができる。また、話し合いがねらいからそれず、振り返りにも生かすことができる。教科書の例に縛られずに、別の目的や相手を設定して話し合いを行うという取り組みも有効である。学校行事との関連や子供の実態に合わせ、独自に目的や相手を設定することでより話し合いに必然性が生まれ、実践的な学習となる。

具体例

○座標軸形式の表（縦軸：時間、横軸：おもしろさ）上で自由に付箋紙を移動したり、意見を書き込んだりできるようにする。

○「きょうだい学年の友達ともっと仲よくなるためのお楽しみ会を行う」「２年生のために３年生での学習を紹介する」「祖父母参観での交流内容を決める」など、相手意識を高める目的を設定する。

本時案

はんで意見をまとめよう

1/8

本時の目標

・学習課題を確認し、単元を通しての学習への見通しをもつことができる。

本時の主な評価

・話し合うことへの関心を高め、意欲的に学習課題や学習の進め方を確認している。

資料等の準備

・学習課題を掲示する用紙

3

役わり…一回目と二回目で交たい
○司会…話し合いを進める。
○きろく…意見を黒板に書く。
・ふく司会…意見を聞く。
（今回はつくらない）
○時間…時間を計り、つたえる。

模造紙などにまとめ、提示する。

4

学習のすすめ方
・話し合いの方法を学ぶ
・話し合いを行う（２回）
・ふりかえる

授業の流れ ▷▷▷

1 話し合って意見をまとめる必要性を確認する 〈10分〉

○子供たちが意欲をもって単元を通しての学習に取り組めるように、話し合うことへの関心を高めたい。まずは教科書を使わず、子供たちが話し合う必然性のあるテーマを投げかけ、自由に意見を述べさせる。

T　１年生に絵本の読み聞かせをするとしたら、どんな本を読んでみたいですか。

T　時間に制限があり、相手が１年生なので本の選び方には気を付けることもありそうです。どうしたらよいでしょう。

○子供たちの口から「話し合う」という言葉を引き出したい。話し合いの必然性を生じさせたうえで、学習課題の設定に導いていく。

2 目的と決めることを確認し、学習の見通しをもつ 〈10分〉

○全員で話し合って決めることの意義を確認した上で、学習課題を設定する。

T　多数決ではなく、みんなで話し合って決めることのよさは何でしょうか。

・みんながなっとくして決めたことに取り組めます。

○学習課題を設定した上で、教科書を基に、「意見をまとめる話し合いの仕方を考える」という単元のねらいを押さえる。

T　多数決ではなく、みんなの意見で決める話し合いの仕方を学びましょう。みんながやってみようという気持ちになれる取り組みを話し合い、協力して会を成功させましょう。

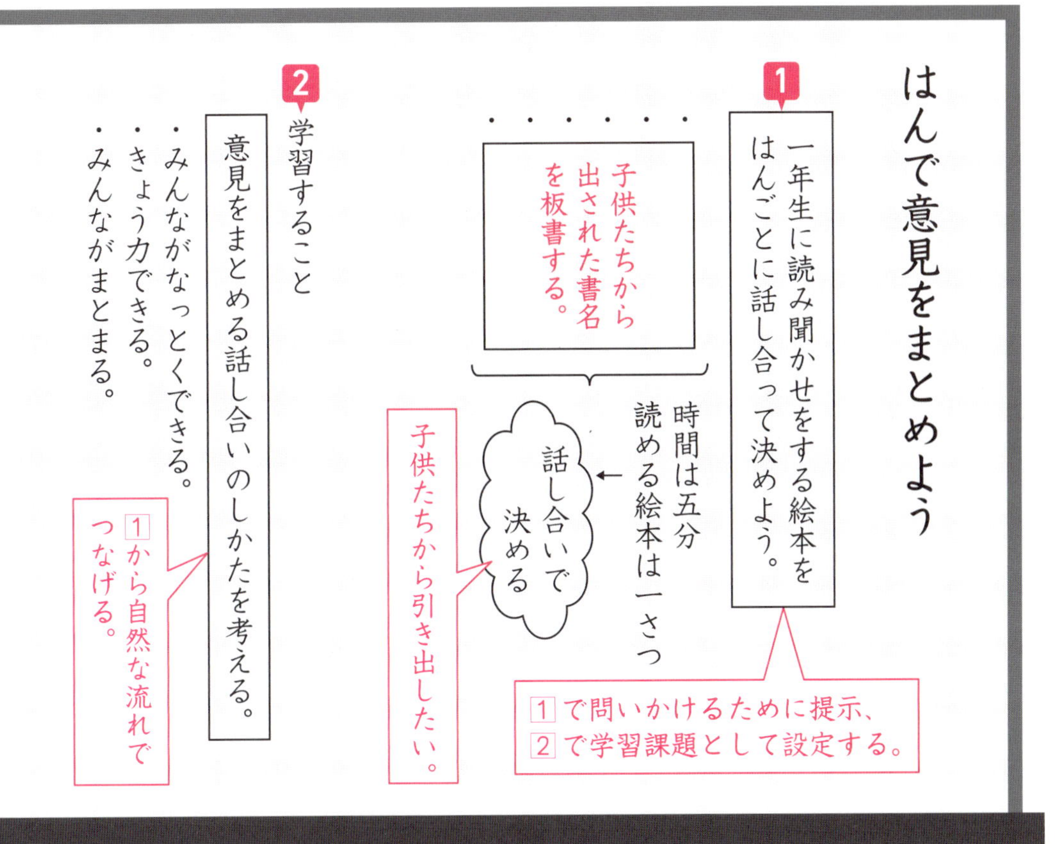

3 話し合いの役割を確認する〈15分〉

○教科書 P.35を読み、話し合いの際にどんな役割があるか確認する。

T　どんな役割がありますか？

・話をまとめる司会がいると思います。
・意見を言う人も大事ですが、その意見を書き止める大事だと思います。

○模造紙などにまとめると、以降の時間でもすぐに見返すことができる。

4 学習の進め方を確認する〈10分〉

○教科書「学習の進め方」を基に、学習計画を立てる。話し合いは2回行う。1回目の話し合いは合意形成を図るために「話し合いの仕方を学ぶ」という目的で行い、2回目の話し合いは「学んだことを生かす」目的で、実践的な取り組みとする。

T　1回目の話し合いで、話し合いの仕方を練習しましょう。そこで学んだことを2回目の話し合いに生かし、決定します。話し合いは班ごとに行います。いろいろな役割にも挑戦しましょう。

○子供が主体的に学習に取り組めるように、問いかけながら、一緒に計画を立てていく。話し合いの仕方は一度で身に付くものではない。可能な限り経験を積ませたい。

本時案

はんで意見をまとめよう

本時の目標

・話し合いに向けて、目的と決めること、役割と進め方を確認し、自分の考えをまとめることができる。

本時の主な評価

❶考えとそれを支える理由や事例、全体と中心など情報と情報との関係について理解している。【知・技】
・話し合いの目的や条件に合わせ、自分の考えをまとめている。

資料等の準備

・話し合いの「目的」や「決めること」を書きこむ掲示用用紙（4時で再利用する）
・各役割の仕事内容を具体的にまとめる掲示用用紙

・付せん紙を使う
○5分で読める？
読める
三びきのやぎのがらがらどん
これはのみのぴこ
読めない
ないたあかおに
手ぶくろを買いに
・ざひょうじくをつかう
三びきのやぎのがらがらどん
これはのみのぴこ
時間
おもしろさ

授業の流れ ▷▷▷

1 話し合いの様子を音声で聞き、イメージをもつ 〈15分〉

○教科書の話し合い例には、すでに話し合いのポイントが記載されている。話し合いは音声言語を中心として行うことと、主体的に学習に臨ませるために、まずは音声のみで話し合いのポイントを考えさせたい。
T　今日はどのように話し合いを進めればよいか考えます。まずは話し合いの様子を聞いて、意見をまとめるための話し合いの進め方について、まずは前回まとめた役割ごとに大切なことを考えてみましょう。
・司会がみんなの意見を整理していました。
・聞いている人は分からないことを、質問していました。
・時間を計っている人もいます。
○役割についてまとめる。

2 教科書の話し合い例を基に、ポイントを確認する 〈20分〉

○音声では聞き取れなかったポイントについて、教科書の話し合い例を基に確認する。
T　教科書を読んで話し合いの様子を確認します。発言する人について、大切なことをまとめましょう。
・発言するときは、考えと理由に分けて言うといいですね。
・友達の意見と同じところや違うところに気を付けて聞くといいですね。
・付箋紙を使うと、意見をまとめやすそうですね。

はんで意見をまとめよう

話し合いの目的、決めること、役わり、進め方をたしかめよう。

1

役わり…一回目と二回目で交たい
○司会…話し合いを進める。
○きろく…意見を黒板に書く。
・ふく司会…意見を聞く。
(今回はつくらない)
○時間…時間を計り、つたえる。

司会以外の人はすすんで話し合いにさんかする。

2

話し合いのポイント(発言するとき)
・考える理由を分けて言う
・意見の同じところとちがうところをはっきりさせて、しつもんする。

教科書の例で確かめる。

3

話し合いの整理の仕方

3 付箋紙と座標軸を用いた話し合いの整理の仕方を学ぶ 〈10分〉

T 意見がたくさん出たときは、付箋紙を使って整理する方法があります。

○P.36の例を確認する。

T ほかにも矢印を2つ使った座標軸という方法があります。おもしろければ右に、時間が短ければ上に、と2つの視点から整理できます。

○第3学年の算数では棒グラフまでしか習わないので、無理には扱わない。

・意見が見えると整理しやすそうです。

T 今日は話すときの注意点と意見の整理の仕方を考えました。次は聞くときや質問の仕方を考えましょう。

よりよい授業へのステップアップ

よりよい話し方に気付かせる

話し合いの様子を聞く際は、進め方だけでなく、話し方そのものにも意識を向けたい。話す内容が相手に伝わらないことには、話し合いは成立しない。声の大きさ、話す速さ、はきはきと話すことの大切さ等に気付かせたい。

役割ごとの発言の仕方に気付く工夫

授業の流れ2では、役割を分担して実際に教科書を読むことにより、役割ごとの発言の仕方を学ぶことができる。役割を変えて数回読んだり、苦手とする役を読んだりすることで、それぞれの役割の果たし方に気付かせたい。

本時案

はんで意見をまとめよう

本時の目標

・教科書の例を基に話し合いの仕方について考え、話し合いの際に気を付けるべきことや役割ごとの働きについて理解することができる。

本時の主な評価

❸話し合いの流れや役割ごとの働きに着目し、話し合いの進め方やまとめ方について考えている。【思・判・表】

資料等の準備

・話し合いのポイントを書き込む模造紙
・音声 CD

3

進め方
①意見を出し合う。
←（みんなの考えを聞く）
②意見をくらべる。
←（しつもんする、意見を整理する）
③意見をまとめる。
（目的に合わせ、決める）

いつでも確認できるよう、掲示できる形でまとめる。

授業の流れ ▷▷▷

1 もう一度教科書の話し合いを聞き、聞き手のポイントを考える〈20分〉

T　前の時間は役割や話し方を考えました。聞く人も気をつけることがありますね。
・話してない人に発言をうながすことです。
・話がそれたら注意します。
○音声を聞き、P.36、37の下段を参照しながら表にまとめていく。前回出た意見と共に、進行役と話し合いに参加する側に分けると見やすくなる。掲示できるように模造紙に書くとよい。

2 その他に、話し合いで大切なことを考える〈10分〉

○教科書の例以外にも、大切なことが考えられる。子供たちが主体的に学習に取り組めるように、子供たちの経験からも話し合いで大切なことを引き出したい。
T　教科書で説明されていることの他にも、話し合いで大切にしたいことはありませんか。
・実物の本があると分かりやすいと思います。
・話すだけだと忘れたり分からなかったりするので、何か書き込めるものがあるといいです。
・意見が出ないときは、隣の人と相談する時間があるといいです。
○教科書に書かれていることが全てではない。子供たちの考えを積極的に取り入れながら授業を構築したい。

はんで意見をまとめよう

意見をまとめるために、どのように話し合えばよいのか考えよう。

話し合いのポイント

進行（司会、きろく、時間）	話し合う人
1 ・決まっていることを、たしかめる。 ・発言をうながす。 ・意見を整理する。 ・きろく係はふせんを整理。 ・時間係は時間をたしかめる。 2 ・話がそれたらちゅう意する。 ・決まったことをたしかめる。	・「考え」と「理由」に分けて話す。 ・さんせいかはんたいかはっきりさせる。 ・分からないことはしつもん。
・そうだんタイムをつくる。 ・大切なことを書く。	・実物があるとよい。 ・大きな声 ・はきはきと ・ゆっくり

教科書の例で確かめる。

3 進め方をまとめ、次時の話し合いに向けた自分の考えをまとめる　〈15分〉

T　進め方の順番を確認します。

・まず意見を出し合い、付箋紙を使ってくらべます。

・最後に意見をまとめます。

T　では、次の時間にいよいよ話し合いをしてもらいます。その前に「1年生に読み聞かせをする本」について自分は何がよいかと、その意見を考えノートに書いておきましょう。

・「三びきのやぎのがらがらどん」がいいです。最後にやぎが立ち向かうシーンが1年生にもワクワクしてもらえそうだからです。

よりよい授業へのステップアップ

話し合いの柱となることを1つに絞る

ある程度条件を整理しておかないと話し合いが拡散し、時間内にまとめることは難しい。話し合うことは「どの本を読むか」の1点に絞り、「どのような本」「時間」「場所」などはあらかじめ決めておくとよい。

2回の話し合いで役割を分担する

司会や記録は向いている子供とそうでない子供がいるし、やりたくても主張できない子供もいるであろう。「1回目の話し合いは練習」ということを確認して、ハードルを下げることでそれぞれのやる気を引き出せる。

本時案

はんで意見をまとめよう

本時の目標

・目的や話し合いのポイントや自分の役割を意識して話し合うことができる。

本時の主な評価

❷話し合いの目的や自分の役割、めあてを意識したり、意見を比べたりしながら話し合っている。【思・判・表】
・話し合いを振り返り、よかった点やうまくいかなかった点について気付いている。

資料等の準備

・話し合いのポイント表
・めあてと振り返り用紙
・司会の進行計画表 04-01
・付箋紙と付箋紙を貼る用紙
・デジタルカメラ

学習の流れ
1　はんごとに話し合う（二十分）
↓
2　ふりかえり①（自分で）（五分）
・話し合いの進め方について
・自分の役わりについて
↓
3　ふりかえり②（はんで）（十分）
・友だちのがんばりについて
・よかったこと、うまくいかなかったことについて

授業の流れ ▷▷▷

1 話し合いのポイントを確認し、班ごとに役割を決めて自分のめあてを立てる〈10分〉

○話し合いに入る前に、前時までに確認した話し合いのポイントを再度確認し、役割を決める。その上で役割ごとに話し合いに臨む際の自分のめあてを立てさせる。

T　話し合いで意見をまとめるために、どのようなことに気を付けますか。自分の役割を考えてめあてを立てましょう。

・目的からそれないように進行します。
・みんなの意見を分かりやすく整理します。
・大きな声で、はきはきと話します。

○目的意識をはっきりさせて話し合いに臨ませることは、充実した振り返りにつながる。

2 各班ごとに話し合いを行う〈20分〉

○各班に分かれて話し合いを行う。話し合いの目的と決めること、あらかじめ決まっていることなどは黒板に掲示し、話し合いの最中に確認できるようにする。

T　それでは各班での話し合いを始めましょう。これまで学習してきたことや、自分のめあてを意識して取り組みましょう。

○話し合いは一斉に行うため、教師が全ての班の様子を観察することは難しい。学習の流れを提示して、振り返りの中で他者評価を行うように伝えておくとよい。

○可能であればいくつかの班の話し合いの様子を録画しておくとよい。次時に映像を基に確認し、改善につなげることができる。

はんで意見をまとめよう

話し合いのポイントや自分の役わりに気をつけて、話し合いをしよう。

話し合いのポイント

1 話し合いのポイント表　３時間目で作成

2 学習課題　意見をまとめる話し合いの仕方を考える

目的　一年生が本はおもしろいと思うような読み聞かせをする

決めること　どの本を読むか

掲示し、話し合いの中で常に意識できるようにする。

3 話し合いの振り返りを行う〈15分〉

○個人→班の順に振り返りを行う。全体的な進行と役割ごとのよかった点などについてまとめられるようにする。

T　自分のめあてどおりに話し合いができましたか。友達のよかった点はありますか。

・司会が意見を整理してくれたので、話し合いやすかったです。

・○さんが意見を比べて発言していました。

○個人の振り返りを基に、班ごとに振り返りをする。次時の全体での振り返りで共有する。

○初めての話し合いである。まとまらなくてもその原因やがんばりを受け入れられるようにフォローを心掛ける。

よりよい授業へのステップアップ

進行計画表の作成と活用

司会が安心して役割に取り組むことができるよう、進行の計画表を作成する。話し合いについては、意見を「出し合う→比べる→まとめる」の流れで行い、話し合いがそれた時は「目的」に立ち返ることを意識させるとよい。

座標軸形式の表の活用

話し合いで付箋紙を使う際、座標軸形式の表（縦軸：時間、横軸：おもしろさ）を使うと意見を整理しやすい。話し合いを通して付箋紙を動かしたり、自由に書き足したりできる。意見をまとめる際に有効である。

本時案

はんで意見をまとめよう

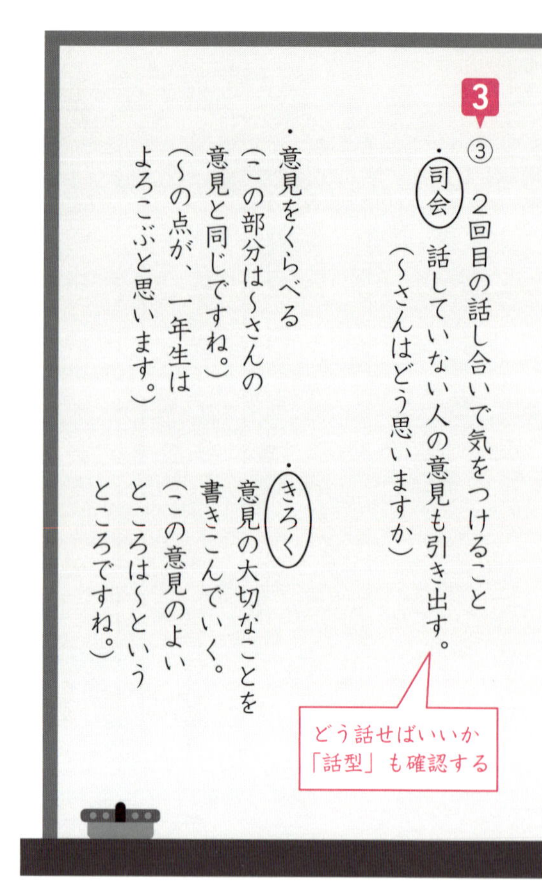

本時の目標

・話し合いの様子を振り返り、意見をまとめる際や役割ごとの留意点を理解することができる。

本時の主な評価

❹話し合いを振り返り、話し合いの仕方や役割ごとに意見をまとめるために大切なことについて考えをまとめようとしている。【態度】

資料等の準備

・話し合い学習シート 04-02
・(用意できれば) 前時の話し合いの VTR

授業の流れ ▷▷▷

1 班ごとに話し合いの振り返りを紹介する 〈10分〉

○前時の各班ごとの話し合いの様子を全体で共有するために、班ごとに振り返りをしたことを紹介し合う。

T 他の班の話し合いはどうだったのでしょうか。班ごとの振り返りを聞いてみましょう。

・司会が意見をうまく整理してくれました。
・どの意見も目的に合っていて、決めることができませんでした。
・途中で意見が出なくなり、話し合いが進みませんでした。

○うまくできた点、できなかった点、全てを全体で共有するために、自由に振り返りを述べさせる。全体的な進行についてと、各役割ごとに分けて板書する。

2 話し合いの課題について、全体で改善策を考える 〈20分〉

○授業の流れ1で出された課題について、どうしたらよかったのか自由に意見を述べ合う。よかった点については各班の課題に生かせないか問いかける。

T 出された課題について、どうしたらうまく話し合いがまとまったか考えましょう。

・出された意見の似ている点と違う点を考え、比べてみるといいですよ。
・○さんは自分の意見を引き下げていたので、勇気があると思いました。

○前時の VTR を活用したり、教師側からポイントとなる場面を紹介したりしながら、具体的に考えさせたい。そのためにも、前時の個々の振り返りにはしっかりと目を通しておく。

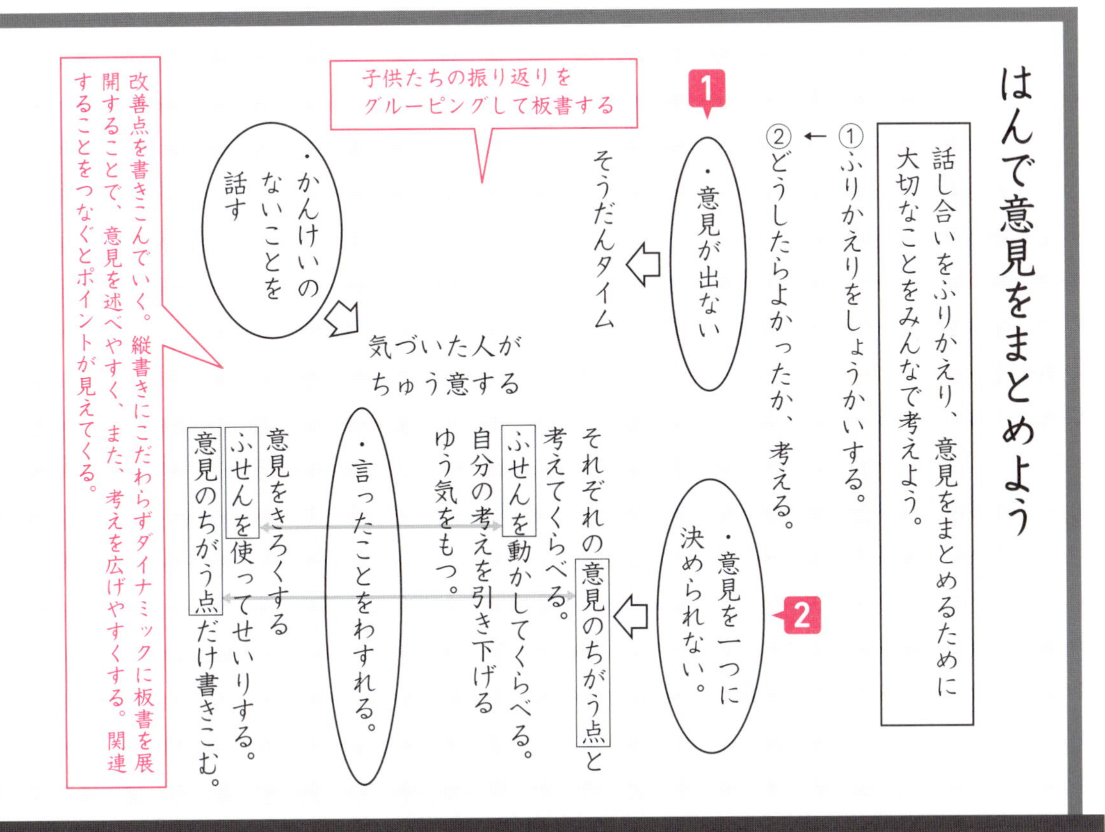

3 話し合いや役割ごとのポイントをまとめる 〈15分〉

○授業の流れ2で話し合ったことを基に、話し合いにおける留意点や、役割ごとの効果的な話し方をまとめる。

T 役割ごとに効果的な話し方があるようですね。どんな時にどんな話し方ができるかまとめてみましょう。

○役割ごとの話し方を整理し、まとめることにより、自分がその立場になったときに役割を意識し、自信をもって話し合いに臨むことができる。掲示物としてまとめるのもよいであろう。ただ、「型」にばかり気をとられることのないよう、あくまでも話し合いの「目的」を意識させることが大切である。

よりよい授業へのステップアップ

改善策を導き出すために

3年生段階では、有効な改善策を導き出すことは難しいであろう。教師側から話し合いの様子でよかった点を紹介したり、ヒントを与えたりすることで、子供たちで改善策を考えられるように導きたい。

話し合いで決まったことを生かす

1回目の話し合いは練習扱いだが、話し合いがまとまった班の考えは読み聞かせを2回実施するなどして、実現するようにしたい。話し合いがまとまらなかった班には本時のまとめを基に再度話し合う時間を設けたい。

本時案

はんで意見をまとめよう 6・7/8

本時の目標

・話し合いのポイントや、役割ごとの働きに気を付け、目的を意識して話し合うとともに、それらを意識して話し合うことができたか振り返ることができる。

本時の主な評価

❸意見の共通点や相違点を意識し、役割を果たしながら目的に沿って話し合いを進め、自分の考えをまとめている。【思・判・表】
❹自分のめあてや役割を意識して進んで話し合いに参加し、よかった点や問題点を考えをまとめようとしている。【態度】

資料等の準備

・話し合い学習シート 04-02
・付箋紙と付箋紙を貼る用紙
・司会の進行計画表 04-01

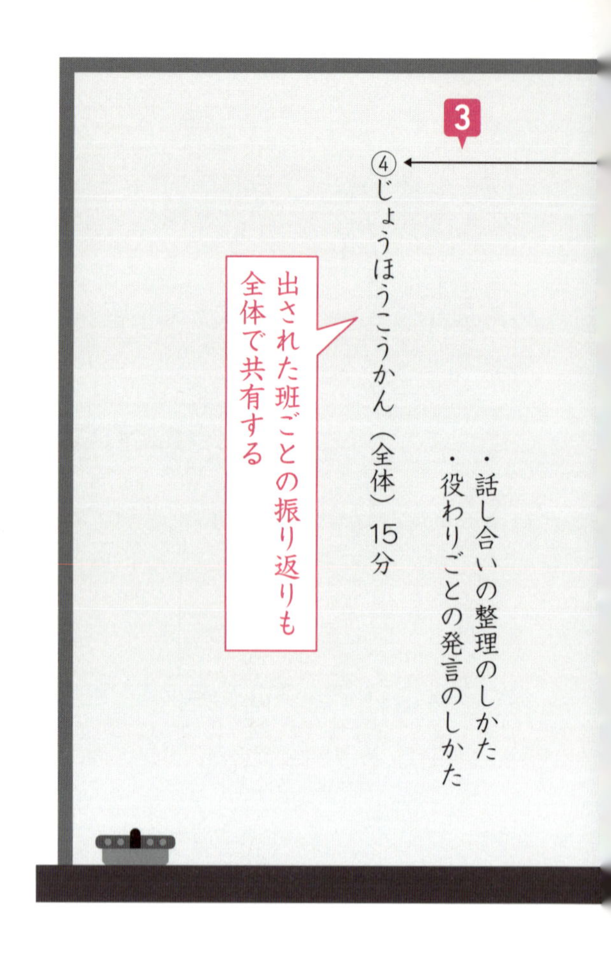

3
④じょうほうこうかん（全体）15分
・話し合いの整理のしかた
・役わりごとの発言のしかた
出された班ごとの振り返りも全体で共有する

授業の流れ ▷▷▷

1 2回目の話し合いの目的と決めることなどを確認する 〈15分〉

○2回目の話し合いは、役割や班編成を変えて行う。各自の考えも1回目の話し合いを経て洗練されているので、これまで学習したことを生かすことを意識させる。

T　2回目の話し合いに向けてめあてを立てましょう。自分の役割を考えて、具体的に考えます。

・みんなが話し合いに参加できるよう、発言の少ない人の意見を引き出そう。
・みんなの意見の違う点に気を付けて、話し合いに取り組もう。

○班編成は事前に決めておく。可能な限り役割は変え、いろいろな役に取り組ませたい。

2 2回目の話し合いを前・後半に分けて行う 〈45分〉

○2回目の話し合いではペア班を編成し、それぞれを見合うこととする。話し合いの様子を客観的に観察することで、どうしたら意見がまとまるか、どのように発言したらよいか考えさせる。

T　2回目の話し合いを行います。話し合いをする班は自分のめあてを意識して、観察する班はそれぞれがどのように役割を果たしているか注目しましょう。

○話し合いを観察する際は、話し合いの整理の仕方だけでなく、役割ごとの発言の仕方にも目を向けさせる。自分と同じ役割の働きや、発言の仕方などに意識を向けることで観察の際の視点が定まり、集中して観察できるであろう。

はんで意見をまとめよう

話し合いのポイントや自分の役わりに気をつけて話し合い、一年生に読み聞かせる絵本を決めよう。

1

目的　2時間目で確認、作成

決めること　2時間目で確認、作成

2回目の話し合いで気をつけること
5時間目で確認

これまでの学習で学んできたことを基に
2回目の話し合いにおけるめあてを立てる

学習の流れ
①話し合い（一回目）(20分) かんさつ
1・3・5はん→2・4・6はん
②話し合い（二回目）(20分)
2・4・6はん→1・3・5はん
③ふりかえり
・自分で　5分
・ペアはんで　10分

2

◎よかったよ
◎こうするとよかったよ

・話し合いの進め方は？
・役わりごとのはたらきは？
・発言のしかたは？

3 2回目の話し合いの振り返りを行う〈30分〉

○個人→ペア班の順で振り返りを行う。どのように役割を果たしていたか、自分だけでなく友達についても具体的に評価する。ペア班での振り返りでは、よかった点やこうすればよかったと思うことなどを伝え合うようにする。

○最後に各班ごとの振り返りを全体で共有する。情報交換程度にとどめるが、改善策については子供たち自身に考えさせるとよい。教師側からも気付いたことや注意すべきポイントは積極的に投げかける。「どの場面でどうすればよかったか」具体的に示すと理解しやすい。

よりよい授業へのステップアップ

班編成の工夫

第2時にも書いたが、いろいろな役割を担うことで学級全体の話し合いのレベルが高まる。進行役の力量は大切だが、意見をまとめるには参加者の考え方や意見の述べ方が重要である。本人の希望も参考に、バランスよく班編成や役割を考えたい。

観察や振り返りのポイント

観察や振り返りの際は、役割ごとにどのように発言していたかに着目させるとよい。簡単なチェック表を使うことで、様々な役割における発言の仕方にも意識を向けることができる。

本時案

はんで意見をまとめよう

8/8

本時の目標

・単元を通して話し合いの仕方で学んだことを振り返り、意見をまとめるための留意点について理解し、今後に生かそうとすることができる。

本時の主な評価

❶様子や行動、気持ちを表す語句の量を増やし、話や文章の中で使い、言葉には性質や役割による語句のまとまりがあることを理解し、語彙を豊かにしている。【知・技】
・学んだことを今後の話し合いに生かそうとしている。

資料等の準備

・話し合い学習シート 04-02

気をつけたこと（役わりごと）
・理由をはっきりさせる（司・参）
・意見のにているところとちがうところをくらべる（司・き・参）
・分からないところはしつもんする（司・参）
みんなが分かるようにする

3 意見をまとめるために気をつけたいことは…

授業の流れ ▷▷▷

1 話し合いの仕方について振り返り、伝え合う 〈20分〉

○単元を通しての学習の振り返りを行う。「意見をまとめる話し合いのしかたについて考える。」という学習のめあてを確かめ、教科書P.39の「ふりかえろう」を基に振り返る。

T　どんな言葉を使うと、話し合いがうまく進みましたか。

・「詳しく説明してください」と聞いて、理由をはっきりさせることが大切だと分かりました。
・「話し合いの目的に合っている」と言われてから、私も友達の考えのよいところを明らかにするように、話し合いを進めました。

○自分のことやよかったことに限定せず、自由に、そして具体的に振り返るよう確認する。

2 話し合いをするときに大切なことを確認する 〈15分〉

○授業の流れ1で出された子供たちの振り返りを、ポイントごとに意識して整理し、板書にまとめていく。

T　たくさんの振り返りが出されましたが、話し合いで意見をまとめるときに大切なのはどんなことでしょう。

○子供たちの気付きが浅い場合、教科書 P.39「たいせつ」を基に、詳しく考えさせるとよい。

○話し合いのポイントはなるべく子供たちの気付きや言葉でまとめるようにコーディネートしていく。自分たちの力でやり遂げたという達成感を感じさせたい。

はんで意見をまとめよう

話し合いで意見をまとめるために
大切なことをまとめよう

1 ふりかえろう

黒板上段に話し方を整理していく

話し合いをうまく進める言葉

・理由を教えてください。（司）
・〜について、くわしくせつめいしてください。（司、き、参）
・○○さんはこのことについてどう考えますか。（司）
・〜のように考えますが、みなさんはどう思いますか。（参）
・意見が○つにしぼられました。（司）
・意見の同じところとちがうところを整理しましょう。（司）
・〜の部分が話し合いの目的に合っていると思います。（参）

2 意見を聞く　意見を引き出す　意見をくらべる

下段には確認したポイントをまとめていく

3 今後の話し合いで意見をまとめるために気を付けたいことをまとめる　〈10分〉

○学んだことをこれからどのように話し合いに生かしていきたいか、それぞれで考えをまとめる。今後の学校生活や学習に生かせるようにする。

T　学校生活の中では、係や当番活動、学習など、みんなで話し合って決める場面がたくさんあります。どのようなことを生かしていきたいですか。

・自分の意見だけ押し通さず、友達の意見のよいところを考えたいです。
・みんなの考えを書いて、整理します。
・話し合いに必要な役割を考え、分担して話し合っていきます。

よりよい授業へのステップアップ

今後の学習につなげるための工夫

本単元のねらいは子供たちのさまざまな活動に直結するもので、今後に生かしたい。話し合いのポイント（話し合いの進め方や意見の聞き方など）や、司会や参加者ごとの発言例などをまとめて掲示し、常に意識できるようにするとよい。

決めたことは実行する

実際に活動することで、子供たちが「話し合ってよかった」「話し合いって大切なんだ」と感じることができるように、決まったことを実行し、今後の話し合いへの関心をさらに高めたい。

1 第１時資料　進行計画表 04-01（適宜修正してご利用ください）

話し合い　進行計画表（　　　）はん

たしかめる	目的	一年生が本はおもしろいと思う、読み聞かせをする。	2分
	決めること	一年生にどの本を読むか。	
	決まっていること ○はんごとに読み聞かせをする。　○時間は五分。 ○場所は図書室。　○おもしろい本をえらぶ。 ○読み聞かせをする本は「読み物」だけ。学習まんがや図かんは使わない。		
話し合う	意見を出し合う ○まず、一年生に読み聞かせしたい本をみんなに発表してもらう。 ・一年生に読み聞かせしたい本を、理由も合わせて発表してください。 ○きろく係は、きろく表の上にふせんをならべていく。		16分
	意見をくらべる ○どれがいいか意見を言ってもらう。 ・どの本がいいと思いますか。意見を言ってください。 ○きろく係は、表に大切なことを書きこんだり、ふせんを移動したりする。 ○考えのよいところやにているところを整理する。		
まとめる	意見をまとめる ○どの考えがいいか、意見を言ってもらう。 ・どの本を読み聞かせするといいと思いますか。 ○どの考えがみんなにみとめられているかたしかめる。 ・みなさんは〜という理由から〇〇〇を読み聞かせするといいと考えているようですね。 決める ○みんながみとめている考えに決めていいか、同意をえる。 ・それでは、一年生に読み聞かせをする本は、〇〇〇に決めていいですか。 ○決まったことをたしかめる。 ・〇はんは、一年生で〇〇〇を読み聞かせすることに決まりました。		2分

話し合い学習シート

年　　組　　名前（　　　　　　　　　　）

目的	
決めること	
考え	
理由	
めあて	
ふりかえり	○話し合いでよかったことやうまくできたこと。 ○話し合いでうまくできなかったことや、むずかしかったこと。 ○がんばっていた友だち。友だちのここがよかったというところ。

他のはんの話し合いをかんさつして気づいたこと

次の話し合いでがんばりたいことや、気をつけたいこと

漢字の広場④　2時間扱い

〔知識及び技能〕(1)エ　〔思考力、判断力、表現力等〕―　関連する言語活動例―

単元の目標

・2年生までに配当されている漢字を使って正しい文を作ることができる。
・文章の間違いを見つけて直したり、目的を意識した表現にしたりして、文章を整えることができる。

評価規準

知識・技能	❶前学年までに配当されている漢字を文や文章の中で使っている。(〔知識及び技能〕(1)エ)
主体的に学習に取り組む態度	❷積極的に言葉には性質や役割による語句のまとまりがあることを理解し、今までの学習を生かして自分が歩いた道順が分かるように書こうとしている。

単元の流れ

時	主な学習活動	評価
1	絵の中にある漢字の読み方や書き方、意味を確認し、絵の中の町の住人になったつもりで、町の様子を説明する文を書く。	❶
2	自分が歩いた道順を表した文を作る。文を読み合い、地図のどの道順を歩いたか考える。	❷

授業づくりのポイント

〈単元で育てたい資質・能力〉

2年生の漢字を用いて町の様子を説明する文を書き、漢字の理解の定着を図ることを学習のねらいとしている。本単元は、非言語テクストである「絵」の特徴を活かして、町に関連する漢字が配置されており、場面を想像しやすいように工夫されている。漢字の読み書きのみに終始することなく、文の中で漢字を使い、日常の中でも使っていく意欲を高めていきたい。

具体例

○絵から読み取れることをたくさん発言したり、ノートに書いたりして、これまでの学習で多くの言葉を漢字で書くことができるようになっていることを実感させ、漢字への抵抗感を減らしてから学習に取り組むようにする。

〈教材・題材の特徴〉

町の絵の中から、中心となる建物や人物を決め、その様子やその周りの様子を説明する。東西南北の方位が書かれているため、町のどの方角に位置している場所のことかを明らかにして表現することも大切である。より詳しく説明する文にするためには、「どこにある」「何をしている」などと問いかけるとよい。

また、「路」「動」「所」と3年生の漢字も登場する。熟語の語彙を増やすことで、短く的確に文章を書く力を養いたい。

具体例

○漢字の確かな習得がねらいであるため、「場」「園」「線」等、子供が間違いやすい字に注意させ、自分がどういう字を間違いやすいか考えるように促したい。東西南北など国語の授業だけでなく、理科、社会科でも頻出する漢字は、ノートにまとめるときに位置関係や漢字の表記に間違いがないか留意する。

○全員で漢字の読み方を確かめ、漢字の意味を考える。そのときに、平仮名で書かれるよりも漢字で書かれていたほうが意味が分かりやすいということに気付かせ、日常の中でも使っていく意識を高める。

〈言語活動の工夫〉

ゲームをして友達と関わりながら学習を進める。互いに読み合う必然性が生まれれば、自分が思い付かなかった表現に気付いて、自身の言葉も豊かになる。「活気」や「天文台」、「市場」のように普段の生活で子供に馴染みのない言葉も載っているため、新しく使ってみようとする意欲につなげたい。

具体例

○自分がどう歩いたのかが分かるように、歩いた道順を示した短文を作る。友達の文を読んで、方角、建物の位置を基に、地図を見ながらどのような道順で歩いたか当てるゲームをする。

○道順を表す文を書く場合、ヒントとなる建物やそこから見えるものを、俯瞰して考えなければならない。始めに地図上に消しゴムを置いて動かすことで、楽しみながら文を組み立てられるだろう。

本時案

漢字の広場④

1/2

本時の目標

・2年生までに配当されている漢字を正しく書き、町の様子を説明する文を作ることができる。

本時の主な評価

❶前学年までに配当されている漢字を文や文章の中で使っている。【知・技】

資料等の準備

・教科書 P.40の挿絵の拡大コピー

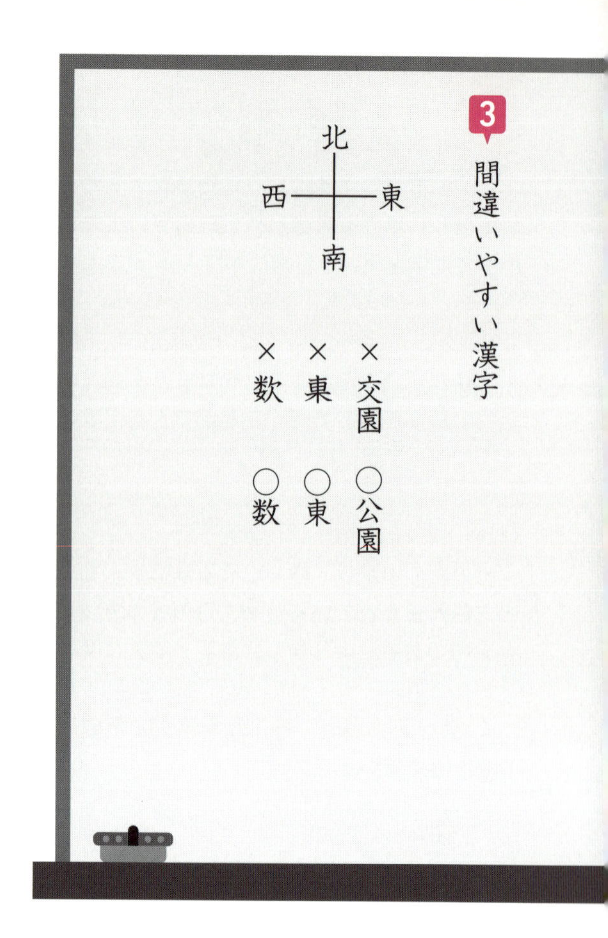

授業の流れ ▷▷▷

1 2年生の漢字を復習する 〈10分〉

T　町の様子が描かれていますね。どんな言葉があるか読んでみましょう。

○1文字ずつ漢字の読み方を確かめ、ノートに視写する。適宜部首の名前や間違いやすい箇所を伝える。

○例文を読み、絵のどこの部分を説明しているか見つけ、中心になっている建物の位置や周りの様子を説明していくことを知らせる。

2 例文を参考にして、短文を作る 〈25分〉

○ペアや班で、中心となる場所を決め、町の様子を説明する文を作る。絵から想像を広げて文を詳しくしている子供を褒める。

〈例1〉わたしの家の前には、市場があります。市場は、町の東にあります。活気があり、いつも人がたくさん集まっています。

〈例2〉町の北の方には、天文台があります。休みの日に星空を見るイベントもあって、たくさんの親子が自動車に乗って遊びに行きます。

○中心となる建物や様子を決めたら、その周辺の説明も付け加え、漢字を多く使って書くように促す。

○字を間違えないように、大きくはっきり、一画一画を意識して書くように声がけする。

漢字の広場④

絵の中の町に住んでいるつもりで、町の様子をせつめいする文を書こう

1

漢字の読み書きをかくにんしよう

家　活気　市場　自動車　東　寺　古い
公園　線路　南　走る　広場　点数　交番
西　新しい　近所　天文台　北

町の様子をせつめいしましょう。

〈れい〉
わたしの家は、町の北の方にあります。近所に、犬をかっている家があります。

2

わたしの家の前には、市場があります。市場は、町の東にあります。活気があり、いつも人がたくさん集まっています。

教科書 P.40 の挿絵

3 間違いやすい漢字を確かめ、学習を振り返る〈10分〉

○「東西南北」「前後左右」「新しい⇔古い」のように漢字の関係性を取り上げながら、理解の定着を促す。

○「公園」を「交園」と書く、「東」を「車」にはらいをつける、「南」の上が「商」と同じになる、「数」の「攵」を「欠」にする等、間違いやすい字が多い。書いた文を読み直すときに、授業の最初に確かめた間違いやすい字と比べるようにする。

○誤りがなく書けている文を発表させたり、教師が読み上げたりして取り上げることで子供の意欲を高める。

よりよい授業へのステップアップ

漢字を好きになるために

3年生の後半になり、漢字も多く学んできた。3年生で学ぶ漢字は200字であり、漢字を覚えることに苦手意識をもつ子供もいるだろう。普段の新出漢字の学習から、漢字同士の関係性や似ている部分、へんの意味などに気付く活動を習慣化したい。

本時案

漢字の広場④

本時の目標

・地図の中の道順を考えて文を書くことができる。

本時の主な評価

❷積極的に言葉には性質や役割による語句のまとまりがあることを理解し、今までの学習を生かして自分が歩いた道順が分かるように書こうとしている。【態度】

資料等の準備

・教科書 P.40の挿絵の拡大コピー
・スタートとゴールの例で示す教科書 P.40の駅と病院の絵

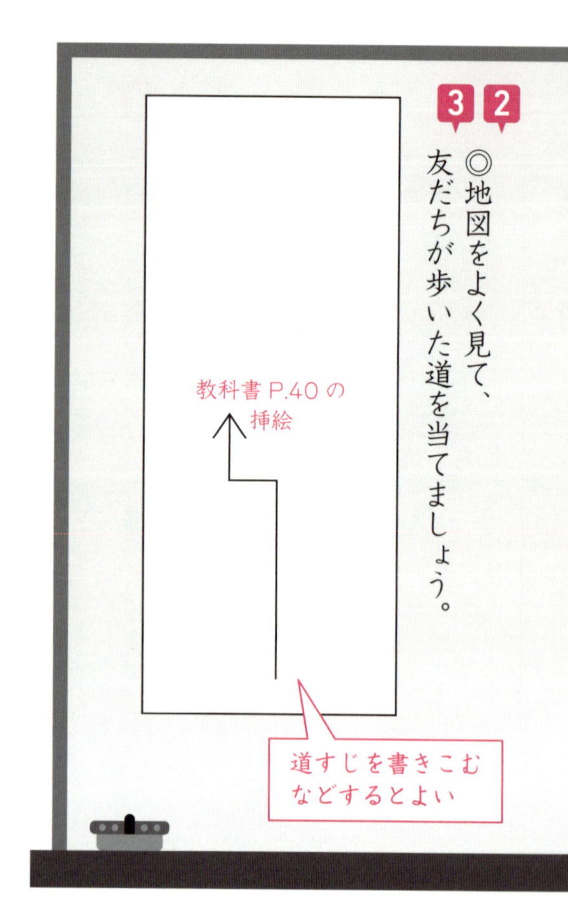

3
2
◎地図をよく見て、
友だちが歩いた道を当てましょう。
教科書 P.40 の挿絵
道すじを書きこむなどするとよい

授業の流れ ▷▷▷

1 自分が歩いた道順を表した文章を作る 〈15分〉

○自分が絵にある町を歩いたつもりで、歩いた道が分かるように文章を作る。消しゴムを置いて動かすなど、どの道順にするか考える。
○例として、スタートを駅、ゴールを病院にして全体で道順を考えてみる。
〈文を作る手順〉スタートとゴール、どの道を通るかを決める。目印になる建物を考える。その際最短経路でなくてよいことを伝える。
T 1日の流れで行動を考えてもいいですね。
・近所の友達の家に行って、広場で遊んで、市場でおつかいをするとしたら、どんな文章になるかな。
T 難しい場合は建物の特徴を考えてから、文章を作るといいです。

2 文を読み合い、地図のどの道順を通ったか当てる 〈15分〉

T 班で順番に作った文を読んでみましょう。読んだ文章を基に、どの道を通ったか当ててみましょう。
〈例〉町の南の駅から北に向かって歩きます。とちゅうで、古いお寺が右に見えます。交番のある交さ点で西にまがって、新しくできた病院に行きました。
○教科書の絵には、3年生の漢字「病院」「駅」「すな場」はないが、説明する上で使いたい。漢字を進んで使っている子供を褒める。

1

漢字の広場④

町を歩く道じゅんを考えて、文を書きましょう

・スタートとゴールを決める。
・どの道を通るか決める。
・めじるしになるたてものを考える。

〈たてもののとくちょう〉　考えるヒント

教科書 P.40 の駅の絵

南にある
北に向かって道がある
えき前に広場がある

教科書 P.40 の病院の絵

新しい
ちゅう車場がある
西にある
交番の前

3 さらに文を作り、問題を出し合った後、学習の振り返りをする 〈15分〉

○書いた文を読み合う際、声に出して音読をすることが大切である。
○特徴を丁寧に表しているグループを見つけ、問題を出させ、全体で道順を考える。
T　習った漢字をたくさん使っていましたね。町の方位や歩く方向、見える建物を入れて文を作ると、歩いた道順が分かりますね。
○習った漢字を多く使っているか、説明時に町の方位を入れているかを振り返る。

よりよい授業へのステップアップ

漢字の知識理解の定着に向けて

漢字を楽しみながら使えるようになるために、漢字を使ったゲームを取り入れる。絵の中には「犬」や「木」など名前が明記されていない多くの情報がある。道順を考え、それを当てるゲームのようにやる気が高まる仕掛けを工夫していく。

学習指導上の工夫として、地図の上で消しゴムを動かし、歩いた道順を視覚化するという方法も考えられる。あらためて絵の中の情報に触れ、要所の漢字についてを確認する機会になる。

2 れいの書かれ方に気をつけて読み、それをいかして書こう

すがたをかえる大豆 （7時間扱い）

〔知識及び技能〕(2)ア 〔思考力、表現力、判断力〕C読むことア、オ 関連する言語活動例C(2)ウ

単元の目標

・段落相互の関係に着目しながら、内容を分かりやすく伝えるための筆者の説明の工夫を考えることができる。

評価規準

知識・技能	❶全体と中心など情報と情報との関係について理解している。（〔知識及び技能〕(2)ア）
思考・判断・表現	❷「読むこと」において、段落相互の関係に着目しながら、考えとそれを支える理由や事例との関係などについて叙述を基に捉えている。（〔思考力・判断力・表現力等〕Cア） ❸「読むこと」において、文章を読んで理解したことに基づいて、感想や考えをもっている。（〔思考力・判断力・表現力等〕Cオ）
主体的に学習に取り組む態度	❹粘り強く文章を読んで理解したことに基づいて、感想や考えをもとうとし、学習の見通しをもって、分かったことをまとめようとしている。

単元の流れ

次	時	主な学習活動	評価
一	1	**学習の見通しをもつ** 「すがたをかえる大豆」という題名から説明文の内容を想像する。 全文を通読して、初めて読んで分かったことや感想を書く。	
	2	感想を共有しながら、学習課題を設定し、学習計画を立てる。	
二	3	文章中で、大豆がどんな食べ物に姿を変えていたかを捉え、段落の分け方を理解する。	❷
	4	「はじめ－中－終わり」の三段構成を確認する。 問いがないことに気付き、「はじめ」に入れる問いの文を考える。	❷
	5	「中」の段落を読み、段落の中心や要点を捉えながら、工夫と食品の関係を整理する。	❶
	6	「中」の事例の順番の意味を考え、筆者の説明の工夫を考える。	❸
三	7	**学習を振り返る** 分かりやすい説明の仕方をまとめ、単元で学んだことや感想を書く。 他に姿を変えている食べ物がないかを考え、交流する。 （※この単元はP.51の「食べ物のひみつを教えます」を学習する際に必要な単元である。2教材をセットとして考え、時数については弾力的に扱っていく。）	❹

授業づくりのポイント

〈単元で育てたい資質・能力〉

子供は前単元にて、２つの説明的文章を通して「問い」と問いに対応する「答え」があることや、文のまとまりが「段落」であることを学習した。前単元の教材は、１事例につき１段落という形式であったが、本教材は、おいしく食べる工夫に応じてまとまり（段落）を形成し、食品が整理されており、５段落の中に９食品が説明されている。よって、段落がどのような観点で整理されているか、中心となる語や文に着目しながら捉えられるようにしたい。また、段落同士にどのような関係があり、全体の中でどのような順番で説明されているのかを考えることを通して、筆者の構成の意図に迫る力を養うことが、今後の学習にも大きくつながっていく。

具体例

例えば、出てきた食品の種類を確認する中で、「中」が５段落で整理されているわけを考えさせることで、筆者の意図に迫ることができる。また、段落同士の関係を考える際には、「例の順番を入れ替えられるんじゃないかな？」と投げかけるとよい。そこで立ち止まって「筆者にはこの順番にした意味があるはずだ」という筆者の構成の意図を考える場を作るとよいだろう。筆者の構成の意図をしっかりと捉えることができたうえで、「他にどんな並べ方ができるか」や「自分だったらどのような順番で並べるか」を考えることは、セット教材である次単元「食べ物のひみつを教えます」で、書き手になった際にも、読んだ経験が生きてくる学習となる。

〈教材・題材の特徴〉

本教材は、大豆や加工食品について書かれた説明的文章である。日頃見かけたり、食べたりしているものが、全て同じ大豆からできているという事実は、多くの子供に驚きをもたらすだろう。また、読み手である３年生に分かりやすく伝えるために、形式面でも多くの工夫がされている説明的文章である。特に接続語の使い方、段落の中心（要点）を各段落の最初の１文で示している点や、文章だけで分かりづらい部分を、写真を適切に使うことで補っている点は特徴的である。

具体例

初めて文章と出会うときに、筆者の説明の仕方を意識させるとよい。読み終わった後に、筆者の説明の仕方を問うと、「分かりやすい」という声が多く聞こえてくるはずである。そこで、単元を通した学習問題を「筆者の説明の分かりやすさのわけを探していこう」と設定することで、子供が見通しをもって学習に取り組んでいくことができる。単元の最後には、筆者の説明で分かりやすかった点をまとめ、学んだことを次単元以降で生かすことができるようにしたい。

〈語彙指導のための学習活動〉

本教材は、食品加工についての説明的文章だからこそ、子供にとって聞きなじみのある言葉が多く使われている。例えば「加える」「にる」などである。また「やせた土地」という表現もあるが、この場合の「やせる」というのは、子供がイメージする「やせる」とは異なる意味である。このように、子供にとって耳にしたことのある言葉と使われ方が異なる言葉と多く出会うことができる説明文である。

具体例

例えば４段落の「ひいて食べる」という言葉と５段落の「すりつぶす」という記述を比較し、違いを説明させてみるとよい。そういった言葉が他にもないか、簡単そうだけれど、実は使われ方が普段と違う言葉がないかに着目させ、語彙量を増やしていきたい。

本時案

すがたをかえる大豆

本時の目標

・「すがたをかえる大豆」の本文を読み、初めて読んで分かったことや感想を書くことができる。

本時の主な評価

・大豆が様々な食品に姿を変えていることを捉え、大豆を使った食品に興味をもち、読んで分かったことや感想を書いている。

資料等の準備

・教科書で使用されている食品の写真

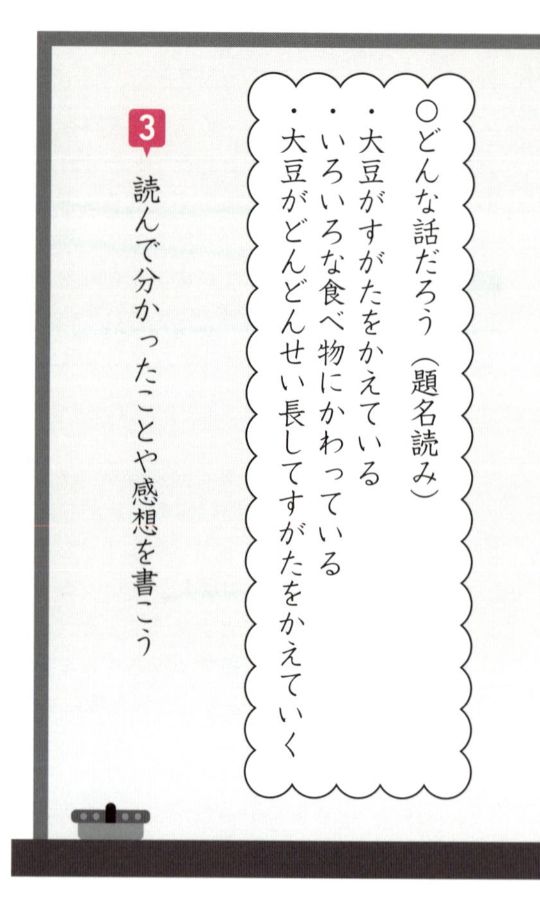

○どんな話だろう（題名読み）
・大豆がすがたをかえている
・いろいろな食べ物にかわっている
・大豆がどんどんせい長してすがたをかえていく
3
読んで分かったことや感想を書こう

授業の流れ ▷▷▷

1 食べ物クイズに取り組み、食材や食品について興味をもつ 〈10分〉

T　これから、食べ物についての説明文を読みます。その前に、みんながどれぐらい食べ物について知っているか、クイズをします。

T　ヨーグルトは何からできていますか。

・牛乳です。

T　食パンは何からできていますか。

・小麦です。

T　マヨネーズは何からできていますか。

・卵です。

T　共通点はありますか。

・食べ物が変身しています。

○教師のほうでいくつか用意しておき、子供で詳しい子がいたら出題させてもよいだろう。食べ物への興味・関心を一層高めたい。

2 「すがたをかえる大豆」という題名から本文の内容を想像する 〈15分〉

T　これから「すがたをかえる大豆」という説明文を学習します。どんなことが書いてあると思いますか。

・大豆がいろいろな食べ物に変わっていることを説明していると思います。

・「すがたをかえる」ってことは、大豆がどんどん成長して、姿を変えていることを説明していると思います。

・大豆が姿をかえていろいろな人に食べられていることを説明していると思います。

○題名から考えられることや疑問に思ったことを自由に出させて、目的をもって本文を読ませたい。

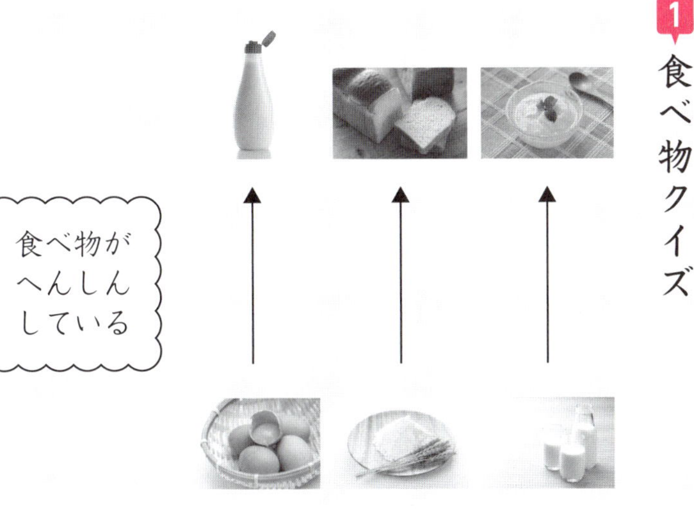

1
食べ物クイズ
食べ物がへんしんしている
2
「すがたをかえる大豆」国分牧衛
学習のめあて
読んで分かったことや感想を書こう

3 本文を音読し、読んで分かったことや感想を書く 〈20分〉

T　それでは、本文を音読してみましょう。読み終わったら、ノートに読んで分かったことや感想を書きましょう。

・普段食べている食べ物が、同じ大豆からできていることが分かりました。
・こんなにたくさんの食品に姿を変えられる大豆がすごいと思いました。
・たくさん食品が紹介されていたけれど、とても分かりやすかったです。内容がよく分かりました。

○多くの子供が内容に着目した感想を書くことが予想されるが、筆者の説明の仕方についての感想を書いている子供も注目しておきたい。

よりよい授業へのステップアップ

食べ物について書かれた本を置いておく

単元の導入前に、教室の学級文庫や棚などに、食べ物について書かれた本を置いておくとよい。本の存在に気付いた子が、関連して発言をすることを期待したい。

給食の献立などを導入として活用する

その日やその週の給食の献立と関連付けて、導入で興味をもたせて本文と出会わせるとよいだろう。「これから読む説明文は、今日みんなが今週３回給食で食べたある食べ物に関する説明文です」などと言うと、より興味をもち、文章を読むことができるだろう。

本時案

すがたをかえる大豆

本時の目標

・課題を設定し、計画を立てながら、学習の見通しをもつことができる。

本時の主な評価

・食べ物の秘密を分かりやすく伝えるために必要な学習を進めていくための計画を考え、学習の見通しをもっている。

資料等の準備

・前時で子供が書いた感想

3

学習のめあて

食べ物のひみつを分かりやすくつたえる文章を書くためにひつような学習の計画を考えよう！

①「すがたをかえる大豆」の読み取り
→どうやったら分かりやすくせつめいできるか。
　どんなことを書くとよいか。
②何について書くか決める。
③食べ物について調べる。（図書室）
④下書き→直し→清書

授業の流れ ▷▷▷

1 「すがたをかえる大豆」を読んで分かったことや感想を共有する 〈15分〉

T　前の時間に「すがたをかえる大豆」を初めて読みました。分かったことや感想を発表してください。

・昔の人が大豆をおいしく食べる工夫をしていたというのがすごいと思いました。
・普段食べている食べ物が大豆からできていることを知って、びっくりしました。
・筆者は大豆の食品の写真を使って説明していたので分かりやすかったです。
・大豆以外にも姿を変えているものがないのかなと思いました。

○第１時で行ったクイズとつなげて、大豆以外にも姿を変えている食べ物への関心を広げていきたい。

2 学習課題を確認する 〈10分〉

T　今回は大豆が姿を変えていることについての説明文です。みんなは他にどんな食べ物がどんな食品に姿を変えているか知っていることはありますか。

・とうもろこしがコーンスープになっています。
・お米がもちに姿を変えています。

T　よく知っていますね。この説明文を読んだ後、みんなも自分で何か１つ食べ物を決めて、どんな食品に姿を変えているかの秘密を伝える文章を書いてみましょう。

○なるべく子供の書いてみたい！　という意欲を高めながら課題設定できるようにしたい。

「すがたをかえる大豆」国分牧衛（こくぶんまきえ）

1

初めて読んだ感想

・こんなにたくさんの食べ物にすがたをかえていて大豆ってすごい！
・ふだん食べている食べ物が大豆からできていたなんて…びっくり！
・考えた昔の人のちえ…すごい！
・せつめいがとても分かりやすい！
・他にすがたをかえている食べ物はないかな。

2

・とうもろこし→コーンスープ
・お米→おもち

これからの学習

自分で食べ物を決めて、どんな食べ物にすがたをかえているかひみつをつたえる文章を書こう！

3 食べ物の秘密を分かりやすく伝えるために必要な学習計画を考える〈20分〉

T　それでは、食べ物の秘密を分かりやすく伝える文章を書くために、どのように学習を進めていくか、大まかな計画を考えていきましょう。

・どうやったら分かりやすい説明になるかを学びたいです。
・どんなことを書くとよいかを学びたいです。
・何について書くか決めておいたほうがいいと思います。食べ物について調べ学習も必要だと思います。

○目的意識を持って「すがたをかえる大豆」を読み、単元の大まかな計画を立てることで、見通しをもって学習に取り組めるとよい。

よりよい授業へのステップアップ

子供の感想一覧を配布する

1の活動で、1時間目で書いた初発の感想を全員分発表するということは難しい。しかし、書いた感想を集めておいて、それを一覧にして全員に配布することで、全員分の感想を共有することができる。手間はかかるが、子供の書いた文章を全員分打ちこみ、配布するやり方がある。または、感想を付箋等に書かせ、大きな紙に貼って一覧にしたものをコピーして配布してもよい。書かれた全員分の感想を読み合いながら、単元の学習課題や学習計画をともにつくっていけるとよい。

本時案

すがたをかえる大豆

本時の目標

・大豆が様々な食べ物に姿を変えていることを捉え、段落が食べ物の工夫のされ方によって分けられていることを理解することができる。

本時の主な評価

❷大豆が様々な食べ物に姿を変えていることを捉え、段落が食べ物の工夫のされ方によって分けられていることを理解している。【思・判・表】

資料等の準備

・教科書で使用されている食品の写真

2

学習のめあて
筆者がどのように段落を分けているか考えよう

・にたものどうしで分けている
・作り方がにているものどうし
・おいしく食べるためのくふうがにている

P.43 11行目
につながる

3

学習をふり返ろう

授業の流れ ▷▷▷

1 大豆が何に姿を変えていたのかを確認する〈10分〉

T　前に「すがたをかえる大豆」を読みました。大豆はいろいろな食べ物に姿を変えていましたね。どんな食べ物に姿を変えていましたか。

・豆まきに使う豆です。
・に豆です。
・きなこです。

○教科書を見返しながらでもよいので、事例として、食べ物が９つ紹介されていたことを押さえ、黒板に写真を貼っていく。板書ではランダムに食べ物の写真を貼っていくとよいだろう。

2 ９つの食品が５つの段落に分けられていることを理解する〈25分〉

T　では、９つの食べ物は「中」の部分でいくつの段落に分けられていましたか。

・５つの段落です。
・豆まきに使う豆とに豆は同じ段落です。
・きなこは１つの段落で説明していました。

T　１つの段落で２つか３つの食べ物を説明している段落と、１つしか説明していない段落がありますね。筆者はどのように段落を分けているのか、考えてみましょう。

・筆者はおいしく食べるためのくふうの仕方でまとめて説明しているからだと思います。

○ここでは、筆者が９つの食べ物を、５つの段落に分けていることとその理由を確実に押さえたい。

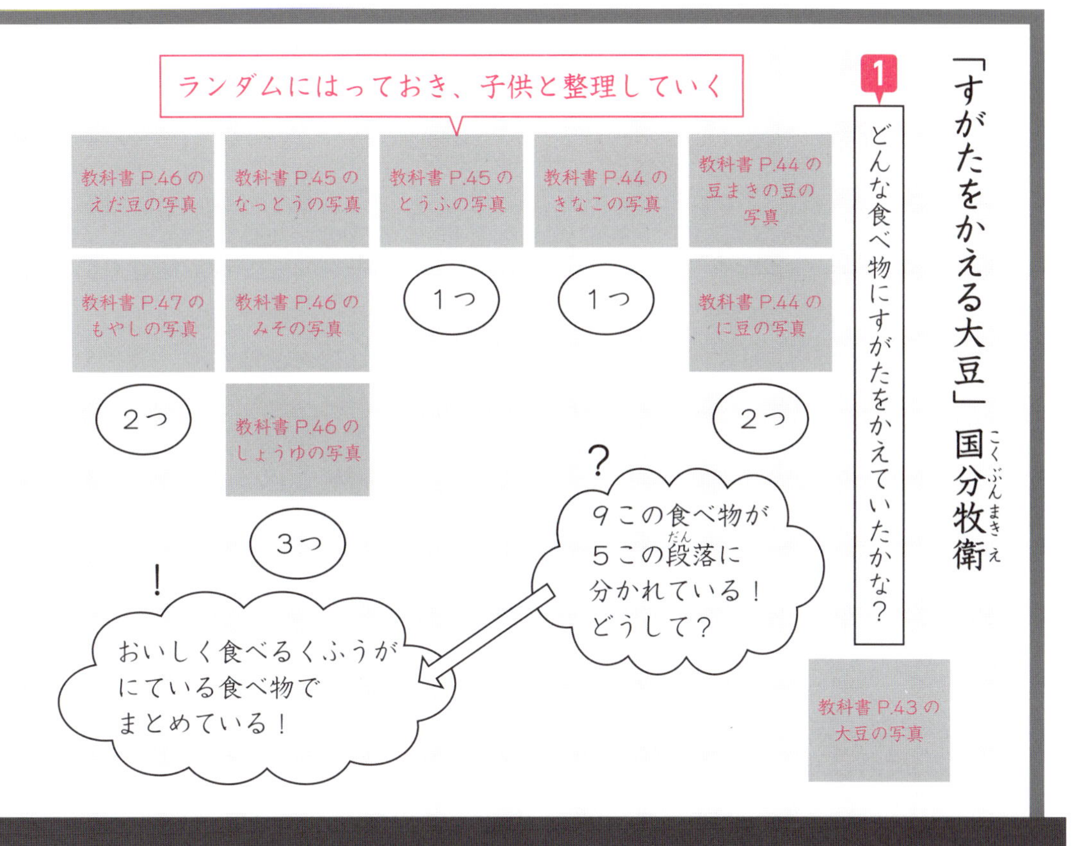

3 今日の授業で分かったことを振り返る〈10分〉

T　今日の授業で分かったことをまとめましょう。

・筆者は、9つの食べ物を工夫の仕方で5つの段落に分けていたことが分かりました。

○これまでに子供が読んできた説明文は、1事例につき、1段落で説明された文章であったので、複数の事例でも、内容のまとまりに応じて1段落になることを子供の言葉でまとめさせたい。

T　そうですね。でもこの文章は全部で何段落ですか。

・全部で8段落です。

T　次の授業は、その8つの段落を「はじめ―中―終わり」でどう分けるか考えていきましょう。

よりよい授業へのステップアップ

これまでの説明文の学習を振り返る

本時は、段落に関する着実な理解が求められる。段落という学習用語を初めて学習した「言葉で遊ぼう」や「こまを楽しむ」の学習を振り返り、意味も確認するとよい。また、2の学習活動の際には、子供の実態に応じて「1学期に読んだ説明文では、1つの段落に、1つの例が説明されていたよ」と促したり、「これまでに読んだ説明文との違いはなんだろう。」と違いを比べさせたりしながら、学習の理解が一層深まるよう工夫するとよい。

本時案

すがたをかえる大豆 4/7

本時の目標

・文章全体を「はじめ」「中」「終わり」に分け、初めに入る問いの文を考えることができる。

本時の主な評価

❷文章全体を「はじめ」「中」「終わり」に分け、「はじめ」に入る問いの文を考えている。【思・判・表】

資料等の準備

・ワークシート 06-01
・問いを書き込む短冊

・この前のじゅぎょうで分けた五つの段落
→「おいしく食べるくふう」で分かれている

終わり ⑧
「このように」→まとめている
文章全体、今までのれいのまとめ

3 学習をふり返ろう

授業の流れ ▷▷▷

1 文章全体を「はじめ」「中」「終わり」に分け、その理由も考える〈20分〉

T　前の授業では、どんなことを学びましたか。
・９つの食べ物が、工夫のされ方によって５つの段落に分けられていることです。
T　そうでしたね。文章全体は８段落でした。今日は「はじめ」「中」「終わり」に分けてみましょう。また、分けた理由も考えてみましょう。
・１・２段落で大豆がいろいろな姿に変えていることの説明があるので「はじめ」です。
・３〜７段落で、前の時間でやったように食べ物を説明しているので、「中」だと思います。
・８段落は「このように」という言葉で、今までの例全体をまとめているので「終わり」になります。

2 「はじめ」に書かれている内容を読み取り、入る問いを考える〈20分〉

T　では、「はじめ」に書いてある内容をもう一度確認しましょう。どんなことが書いてありましたか。
・大豆がいろいろな食べ物に姿を変えていることです。
・題名につながることが説明されています。
T　「はじめ」の中で、これまでの説明文にあって、この説明文にないものはなんでしょう。
・「問い」です。この説明文にはありません。
T　入れるとしたらどんな問いを入れますか。
・大豆は、どのような食べ物に姿を変えているでしょうか。
・では、大豆をおいしく食べるために、どんな工夫をしてきたのでしょうか。
○短冊等に書かせて、発表させるとよいだろう。

「すがたをかえる大豆」国分牧衛（こくぶんまきえ）

1 学習のめあて
文章を「はじめ」「中」「終わり」に分けて理由も考えよう

はじめ ①、②

2 大豆がいろいろなすがたにかわっていることをせつめい
→題名とつながりがある。

でもこの文には「問い」がない！
→「はじめ」に入れるとすると…？

今までは「はじめ」にあったのに…

大豆は、どんな食べ物にすがたをかえているでしょう。

では、おいしく食べるためにどんなくふうをしてきたでしょう。

P.43のさいごに入る！

中 ③④⑤⑥⑦
・すがたをかえている食べ物のせつめい
・れいをせつめいしている

3 今日の授業で分かったことを振り返る 〈5分〉

T　今日の授業で分かったことを振り返りましょう。
・問いがない文章があっても、自分で考えて入れられることが分かりました。
・問いがあると分かりやすいけれど、なくても読めることが分かりました。
○今回ははっきりとした問いの形で書かれてはいないが、中学年の説明文では、全体を貫く大きな問いが、「はじめ」で明らかにされているものが多い。問いがあることで、読み手にとって何が説明されるか分かりやすいなど、メリットにも触れられるとよいだろう。

よりよい授業へのステップアップ

「はじめ」「中」「終わり」の役割の確認

1の学習活動で、文章全体を3つに分ける前に、それぞれが全体の中でどんな役割をしているのかを確認して取り組むとよい。「はじめ」は、これからする説明に関係すること（話題）や問いがあること、「中」では例の詳しい説明、「終わり」は全体のまとめ、ということを確認して学習に取り組むと、より多くの子が自力で分けることができる。加えて、分けた理由の共有がしやすい、問いがないことにも多くの子供が気付くことができるといったメリットが考えられる。

本時案

すがたをかえる大豆

本時の目標

・段落の中心や要点を捉えながら、「中」の段落の内容を読み取ることができる。

本時の主な評価

❶段落の中心や要点を捉えながら、全体と中心など情報と情報との関係について理解している。【知・技】

資料等の準備

・ワークシート 06–02
・教科書で使用されている食品の写真

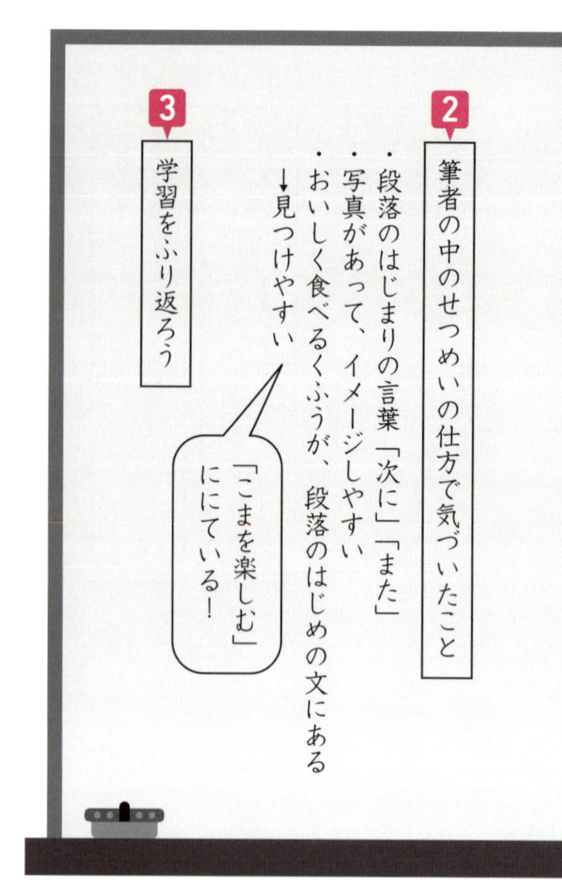

授業の流れ ▷▷▷

1 「中」を読んで、おいしく食べる工夫と食べ物を読み取り、まとめる 〈20分〉

T　前の授業では、「はじめ」の部分を読みましたね。今日は「中」の部分を詳しく読んでいきましょう。「中」は説明でしたね。なんの説明でしたか。

・どんな食べ物に姿を変えているかです。

・おいしく食べるために、どんな工夫をしているかです。

T　それでは、「中」の段落を読んで、おいしく食べるための工夫と食べ物を読み取り、ワークシートにまとめてみましょう。

○ワークシートでなくても、学級みんなで表を埋めるなど、学級の実態に応じた方法を相談して進めていくとよいだろう。

2 まとめたことを確認し、筆者の説明の仕方を考える 〈20分〉

T　では、読み取ったことを確認していきましょう。

・目に見えない小さな生物の力をかりて、ちがう食品にする工夫をしているのが、なっとう・みそ・しょうゆです。

T　「中」の部分の筆者の説明の仕方で、分かりやすいと思ったことはありましたか。

・段落の始まりの言葉が「次に」や「また」などで始まっているのが分かりやすかったです。

・段落の最初の文章に、おいしく食べる工夫が書いてあって、その後に詳しい説明がされているので分かりやすかったです。

○接続詞の使い方、段落の中での中心となる文の構成、写真の使い方には着目させたい。

「すがたをかえる大豆」 国分牧衛

九つの食べ物

「中」の五つの段落の分かれ方

→おいしく食べるためのくふう

1

学習のめあて

「中」をくわしく読んで、おいしく食べるためのくふうと食べ物をまとめよう

	3	4	5	6	7
おいしく食べるくふう	その形のまま、いったり、にたりして、やわらかくする	こなにひく	大豆にふくまれる大切なえいようだけを取り出して、ちがう食品にする	目に見えない小さな生物の力をかりて、ちがう食品にする	とり入れる時期や育て方をくふうする
食べ物	・豆まきの豆 ・に豆	・きなこ	・とうふ	・なっとう ・みそ ・しょうゆ	・えだ豆 ・もやし

近くに写真を貼ると見やすい

3 今日の授業を振り返る 〈5分〉

T 今日の授業を振り返りましょう。

・ぼくたちが読んで、分かりやすいと思ったのは、筆者のいろいろな工夫があったからだと思いました。

・1学期に学んだ「全体と中心」の学習がつながっていると思いました。最初に大事なことがあると分かりやすかったです。

・どうして筆者は、この順番で食品を説明しているのかなと思いました。

○次時では、「中」の事例の順序のわけを考える学習に取り組む。本時の最後に「この食べ物の順番は入れ替えても読むことができるのにどうして筆者はこの順番で説明したのだろう」などと触れておいてもよいだろう。

よりよい授業へのステップアップ

国語辞典を活用し、意味を着実に理解する

「中」の段落では、様々なおいしく食べるための調理法が説明されている。大人にとっては当たり前のような言葉でも、子供にとっては初めて耳にするような言葉もあるだろう。今後の展開を考えても、また語彙指導という観点からも、辞書を積極的に活用して、おいしく食べるための調理法や工夫の理解を確実なものにしたい。

特に着目させたい言葉

「いる」「にる」「ひく」「ひたす」「くわえる」

本時案

すがたをかえる大豆

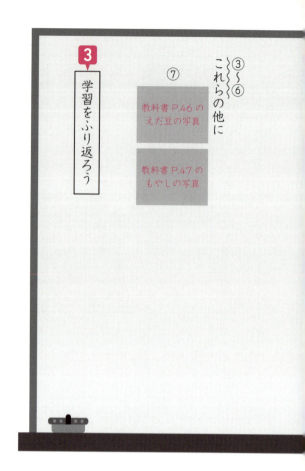

本時の目標

・「中」で説明されている食べ物の事例の順番を考えることを通して、筆者の説明の仕方について理解することができる。

本時の主な評価

❸「中」で説明されている食べ物の事例の順番を考えることを通して、筆者の説明の仕方について感想や考えをもっている。【思・判・表】

資料等の準備

・教科書で使用されている食品の写真

授業の流れ ▷▷▷

1 前時の学習を振り返り、本時の課題を確認し、自分の考えをもつ〈15分〉

T　前の授業では、「中」で説明されている食べ物と、おいしく食べるための工夫を整理しました。今日は、どうして筆者がこの食べ物の並べ方にしたのかを考えてみましょう。
・難しいな。
・みんなが知っている順番に説明していると思います。
・手がかからない順に並べていると思います。
○自分で考えることが難しい子供がいる場合には、近くの子供と話し合って考えてもよいこととする。振り返りも兼ねて、導入で写真を用いて工夫と食べ物を確認していくとよい。

2 それぞれが考えたことを発表し合い、筆者の事例の説明の順番を理解する〈25分〉

T　では、筆者がどうしてこの順番にしたのかを確認していきましょう。
・「形が残っている順番」だと思います。理由は…
・でも、なっとうに近いから違う気がします。
・私はみんなが知っている順番だと思います。「いちばん分かりやすいのは…」っていう言葉があるから…
・だったら、きなこは後ろのほうじゃないかなぁ。
・ぼくは、手間がかからない順番だと思います。どんどん作業が増えているからです。
・もやしやえだまめはどうなるんですか。
・「これらの他に」という言葉がありますよね。「これら」は、今までの食べ物のことで…
○段落の始まりの言葉や8段落の筆者の文に着目させたい。

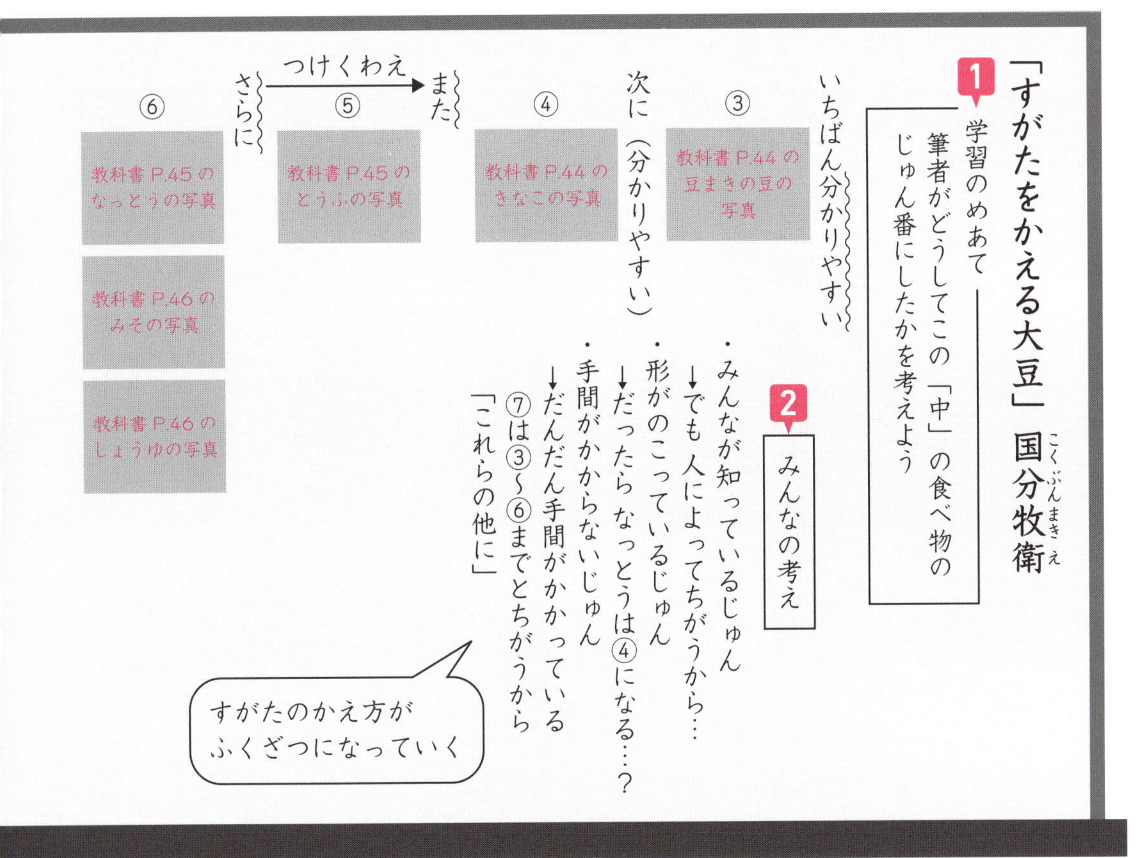

3 今日の授業を振り返る 〈5分〉

T 今日の授業を振り返りましょう。

・筆者は例の説明の順番まで工夫していてすごいなあと思いました。
・筆者は、手間がかからない順番で説明していることに納得しました。
・段落の初めの言葉に注目していくことが大事だと思いました。
・自分だったら、みんなが知っている順番にすると思いました。

○次単元では、自分だったらどのような順番で説明するかという学習に取り組む。本時の最後に「自分が筆者ならどんな順番で説明しますか」などと触れておいてもよい。

よりよい授業へのステップアップ

「中」の各段落の、食べ物の作り方を示している文章に線を引く

「中」で、各食品は、手間がかからない食品から説明されていることを子供にも気付かせたい。その1つの手立てとして、「中」の各段落で、食べ物の作り方が説明されている文章に線を引かせてみるとよい。後半に進むにつれて、その文章量が増えていることに気付くだろう。最終的には、手間をかけてでも、栄養のある大豆をおいしく食べようとしてきた「昔の人々のちえにおどろかされます」という筆者の最後の1文ともつなげて考えさせたい。

本時案

すがたをかえる大豆

本時の目標

・「すがたをかえる大豆」で学んだ分かりやすい説明についてまとめ、学習を振り返ることができる。
・他に姿を変えている食べ物について考え、興味・関心をもつことができる。

本時の主な評価

❹「すがたをかえる大豆」で学んだ分かりやすい説明についてまとめ、学習を振り返っている。【態度】
・他に姿を変えている食べ物について考え、興味・関心をもっている。

資料等の準備

・ワークシート 💿 06-03
・大豆以外の食べ物に関する本があるとよい

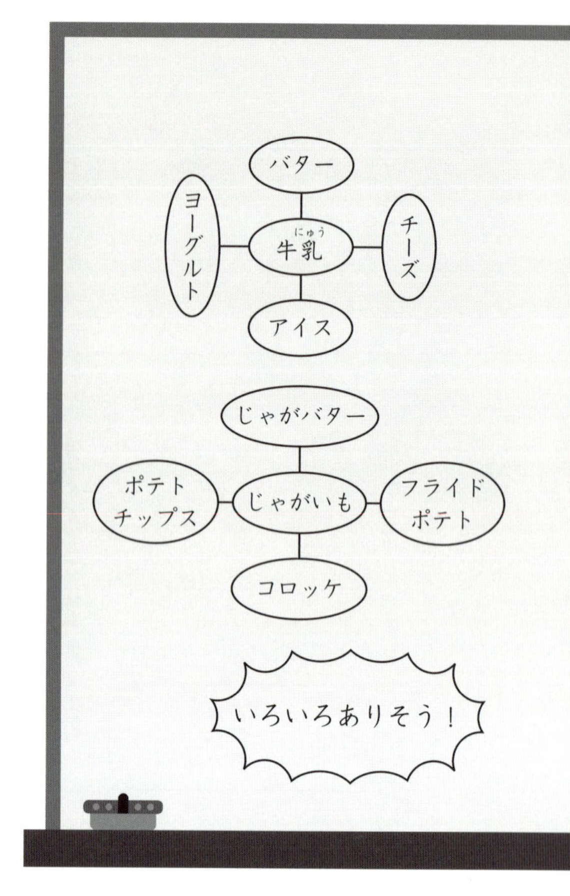

授業の流れ ▷▷▷

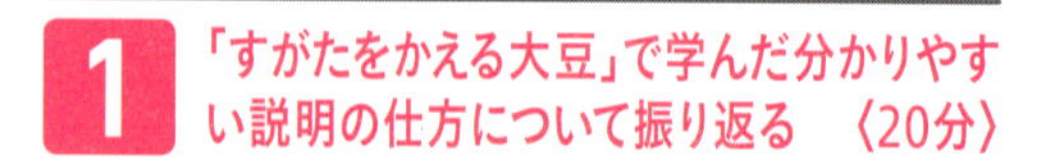

1 「すがたをかえる大豆」で学んだ分かりやすい説明の仕方について振り返る 〈20分〉

T　みんながこれから食べ物の秘密を伝えていくために、「すがたをかえる大豆」を読んで学習を進めてきました。これまでの学習を振り返りながら、分かりやすい説明の仕方をまとめていきましょう。
・「はじめ」「中」「終わり」がはっきり分かるように書いているところが分かりやすかったです。
・おいしく食べる工夫によって、段落を分けていたので分かりやすかったです。
・段落の始まりの文に工夫が書いてあったので、読みやすかったです。
○ノートやワークシートを見ながら、学んだことを振り返りたい。

2 学習した感想や学習したことを振り返る 〈15分〉

T　それでは、「すがたをかえる大豆」を学んでの感想や、学習したことを振り返りましょう。
・写真を使って説明すると、読んだことがない人もイメージしやすいので大事だなと思いました。
・この文は問いがなくてびっくりしたけれど、自分たちで考えたので楽しかったです。
・早く他の食べ物について調べてみたいと思いました。
○１や２で子供が発言したことやノートに書いたことは、今後の活動のためにも見える形で残していけるとよい。

「すがたをかえる大豆」国分牧衛（こくぶんまきえ）

1
学習のめあて
学んできた「分かりやすいせつめい」をふり返り、まとめよう

・「はじめ」「中」「終わり」がはっきり書いてある
→読みやすい
・おいしく食べるくふうで段落（だん）を分けている
・写真を使って食べ物をせつめいしている
→イメージしやすい
・段落のはじまりの言葉が大事
→つなぐ言葉
「また」「さらに」「他にも」
・段落のはじめに、中心となるせつめいがある
→とらえやすい
・れいのじゅんばん、まとまりもくふうしている

2
「すがたをかえる大豆」を学んで…
・大豆もすごかったけど、筆者もすごかった。
・分かりやすくせつめいするくふうが学べた。
・他の食べ物も調べてみたい！

3
○食品の「へんしんマップ」をつくろう

3 他に姿を変えている食べ物がないかを考え、話し合う 〈10分〉

T 今回は「大豆」について書かれた説明文でしたが、他にいろいろな食べ物に姿を変えている食べ物を知っていますか。すがたを変えて食品になる飲み物でもよいです。みんなで考えて「へんしんマップ」を作りましょう。
・牛乳がバターやチーズ、ヨーグルトに姿を変えています。
・じゃがいもは、フライドポテトやコロッケ、ポテトチップスに姿を変えています。
○イメージマップのような形でまとめていけると、子供にとってもイメージしやすいだろう。
T いろいろあるんですね。ぜひ自分が興味をもったものを調べていけるとよいですね。

よりよい授業へのステップアップ

大豆の他の加工品を紹介する

文章中でも様々なおいしく食べる工夫が分かりやすく紹介されているが、これ以外にも、大豆の加工方法は存在している。大豆を絞れば豆乳やおからになったり、大豆から油を抽出すれば、大豆油として利用したりすることもできる。「大豆もまだ姿を変えているんだよ」という情報を与えることで、子供にとっては「まだまだ知らないことがたくさんあるから、調べてみたい」という意欲をもつことにつながることも期待できる。

資料

1 第4時 ワークシート 06-01

すがたをかえる大豆

年 組 名前（ ）

めあて
文章全体を「はじめ」「中」「終わり」に分けて、理由も考えよう。

	はじめ	中	終わり
段落番号			
理由			

☆

今日の学習をふり返って

2 第5時 ワークシート 06-02

すがたをかえる大豆

年 組 名前（ ）

めあて
「中」をくわしく読んで、おいしく食べるためのくふうと食べ物をまとめよう。

段落	3	4	5	6	7
おいしく食べるためのくふう					
食べ物					

筆者の中のせつめいの仕方で気づいたこと

今日の学習をふり返って

3 第7時　ワークシート 06-03

すがたをかえる大豆

年　組　名前（　　　　　　　　　　　）

めあて
学んできた「分かりやすいせつめい」をふり返り、まとめよう。

「すがたをかえる大豆」で学んだ「分かりやすいせつめいのしかた」をふり返ろう。

「すがたをかえる大豆」を学んだ感想やできるようになったことをふり返ろう。

へんしんマップを作ろう

れいの書かれ方に気をつけて読み、それをいかして書こう

食べ物のひみつを教えます／科学読み物での調べ方

8時間扱い

〔知識及び技能〕⑵イ 〔思考力、表現力、判断力〕B書くことイ、ウ 関連する言語活動例B⑵ア

単元の目標

・事例の順番や関係性を明確にしながら、書き表し方を工夫し、説明する文章を書くことができる。

評価規準

知識・技能	❶比較や分類の仕方、必要な語句などの書き留め方、引用の仕方や出典の示し方、辞書や辞典の使い方を理解し、使っている。(〔知識及び技能〕⑵イ)
思考・判断・表現	❷「書くこと」において、書く内容の中心を明確にし、内容のまとまりで段落を作ったり、段落相互の関係に注意したりして、文章の構成を考えている。(〔思考力・判断力・表現力等〕Bイ) ❸「書くこと」において、自分の考えとそれを支える理由や事例との関係を明確にして、書き表し方を工夫している。(〔思考力・判断力・表現力等〕Bウ)
主体的に学習に取り組む態度	❹粘り強く書き表し方を工夫し、学習の見通しをもって、説明する文章を書こうとしている。

単元の流れ

次	時	主な学習活動	評価
一	1	・「すがたをかえる大豆」の学習で学んだことや、前時で考えた、他にすがたを変えている食品を振り返る。 **学習の見通しをもつ** ・姿を変えている食品を紹介する文章を書くための学習計画を立てる。	
二	2 3	調べたい材料を決め、科学読み物での調べ方を学ぶ。図書室等で調べ、調べたことを整理する。	❶
三	4	全体の組み立てと事例の書き方を考える。	❷
	5	考えた組み立てや事例の並び方を友達と助言し合う。	❷
	6 7	組み立てに沿って、下書きを書く。下書きを声に出して読み返して推敲し、清書する。	❸
四	8	友達と文章を読み合い、感想や分かりやすいところ、文章のよいところを伝え合う。 **学習を振り返る** 学習の振り返りをする。	❹

授業づくりのポイント

〈単元で育てたい資質・能力〉

子供は前単元「すがたをかえる大豆」において、昔の人が栄養価の高い大豆をおいしく食べるために、どのような食材に変化させ、どのように工夫してきたのかを読み取ってきた。また、筆者の事例の並べ方や分かりやすい説明についても学習した。本単元は、説明的文章で学習し、習得したものを活用する位置付けである。そこで、自分が説明する食べ物を決め、姿を変えている適切な事例を挙げながら、内容のまとまりに応じて段落を構成し、段落同士をどのような順番で説明するかなどを考えられる力を養いたい。また、資料編に児童の作品例を3点挙げたので参照されたい。

具体例

単元の導入として、「すがたをかえる大豆」で学習したことを振り返り、確認をするとよい。また「大豆のように、他に姿を変えている食べ物ってあるかな？」と問うことで、本単元が「『すがたをかえる大豆』で学習したことを生かすものである」ということを意識化させたい。文章を書く前には、学習計画を子供とともに立てていくことを大事にするとよいだろう。その中で、情報を収集するために図書館を活用することや、文章を書く前に構成を考えるとよいこと、さらに文章をよりよくするために互いで助言し合う機会を設けるとよいことなどにも気付かせていきたい。

〈読み手を意識した指導〉

文章には読み手が存在する。書き手は、その読み手を意識しながら文章を考え、読み手に応じた書き方をすることが重要である。本単元では「読み手を意識して、分かりやすく説明する」ということを子供に意識させながら指導したい。そのうえで、この文章を読むのは誰なのかを、子供が明確に意識しながら取り組ませるとよいだろう。その中で言い回しを工夫したり、収集した情報を取捨選択したりする必要が生じることは、子供にとっては大きな学びになるはずである。

具体例

本単元では、読む相手を「クラスの友達」として設定して取り組むこととするが、他学年の子供に読んでもらうように設定することもできるだろう。下級生であれば「下級生が知らないような食べ物のひみつを教えよう」などの学習展開が考えられる。また、保護者に協力を仰ぎ、「おうちの人がびっくりするような食べ物のひみつを教えよう」という学習展開も考えられる。子供にどんな力を付けたいかに応じて、読み手を設定するとよいだろう。

〈栄養教諭や保護者との連携を進める〉

本単元は、子供が自力で学習を進めるということは難しい。何らかの形で情報を収集する必要があり、今回は「学校図書室での情報収集」の機会を設定している。場合によっては、並行して身近な大人から情報を収集するような経験もさせられるとよい。

具体例

子供に「図書室以外で自分に必要な情報を得るためには、どんな人に協力してもらうとよい」か問うとよいだろう。すると、多くの子供が生活をともにしている保護者等を挙げるだろう。そこから、「学校の中にはいないかな？」と問い返し、栄養教諭の名前が挙がってくることを期待したい。こういった場合も、教師が場や人物を一方的に設定するのではなく、子供自らが気付き、考えるような展開になるよう工夫していくとよい。

本時案

食べ物のひみつを教えます 1/8

本時の目標

・「すがたをかえる大豆」で学んだことを振り返り、自分で興味をもった食べ物を紹介する文章を書くための見通しをもつことができる。

本時の主な評価

・「すがたをかえる大豆」で学んだことを振り返り、自分で興味をもった食べ物を紹介する文章を書くための見通しをもっている。

資料等の準備

・食べ物についての本（教科書 P.49参照）
（・教師が作成した例示用の紹介文 06-04）

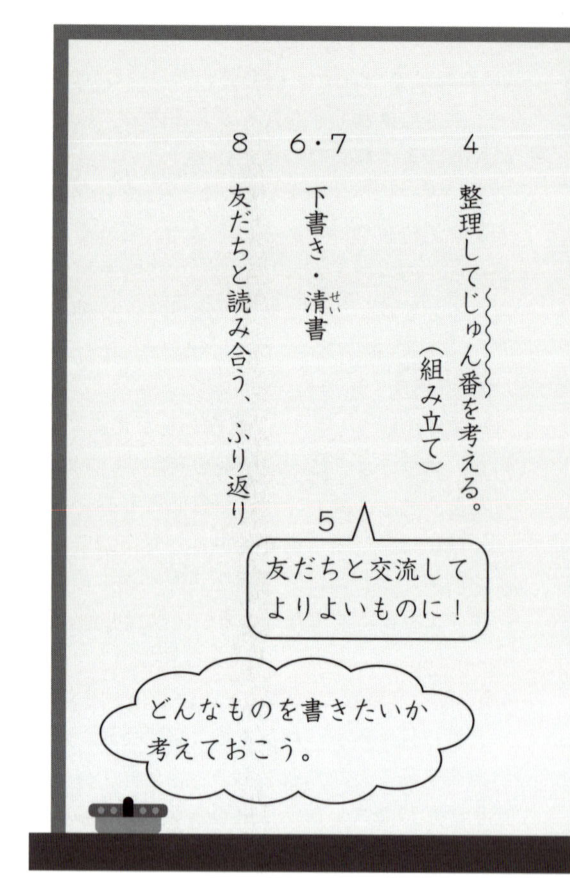

授業の流れ ▷▷▷

1 単元の学習内容を確認する 〈10分〉

T 「すがたをかえる大豆」の単元の最後では、他に姿を変えて食品になる材料があるかを考えました。どんなものがありましたか。
・牛乳やじゃがいもがありました。
・お米も姿を変えていることが分かりました。
T そうですね。今回は、大豆の他に、いろいろな形で姿を変えている食べ物を紹介する文章を書いていきましょう。
○「すがたをかえる大豆」の最後に取り組んだことを生かした導入を心掛け、単元がつながっていることを意識させたい。

2 文章を書くときに気を付けることを確認する 〈10分〉

T それでは、これから文章を書いていくときに、「すがたをかえる大豆」の学習で分かったように、どんなことに気を付けて書いていくとよいでしょうか。
・「はじめ」・「中」・「終わり」をしっかりと分けて書くと、分かりやすいと思います。
・「はじめ」で「この材料を書きます」ということが分かるように書くといいと思います。
・「すがたをかえる大豆」で学んだことを生かして書くと、分かりやすくなると思います。
T そうですね。「すがたをかえる大豆」で学んだことを生かして、みなさんも書いていきましょう。
○ノートを振り返るなどして確認を促す。

すがたをかえる大豆

1

他にすがたをかえるざいりょうは？

牛乳、じゃがいも、お米

まだありそう！

すがたをかえているざいりょうをしょうかいする文章を書こう！

2

「食べ物のひみつを教えます」

書くときに気をつけること

・「はじめ」、「中」、「終わり」に分けて書く。
・「はじめ」で何について書くか分かるように。
・写真や絵を使って書く。

「すがたをかえる大豆」で学んだことを生かして書く。

3

学習のめあて

文を書くための学習計画を立てよう。

（これから7時間）

2・3 ｛書くざいりょうを決める。調べる→図書室で

3 文章を書くための学習計画を立てる〈25分〉

T　では、これから文章を書いていくための計画を立てていきましょう。どんなことから取り組んでいくとよいでしょうか。

・まず何について書くか決めないといけないと思います。
・決まったらその材料について調べたいです。
・調べたことを整理して、どんな順番で書いていくか考えてから、下書きをしたほうがいいと思います。

T　では、この計画に沿って、実際に文章を書いていきましょう。

○学習計画を立てる際には、教科書 P.51を参考にしながら考えるのもよいだろう。

よりよい授業へのステップアップ

教師が書いたものを例示する

2の学習活動の際には、教師が実際に書いてみたものを１つの例として示してみるとよい。その際に、１つのモデル例のような形で示すことも考えられるが、意図的に分かりづらい文章にして、子供が文章を書く際に、押さえるべきポイントを再確認できるようにすることも１つの手立てとして考えられる。手間はかかるが、子供は意欲的に学習に取り組むことができるだろう。

本時案

食べ物のひみつを教えます 2・3/8

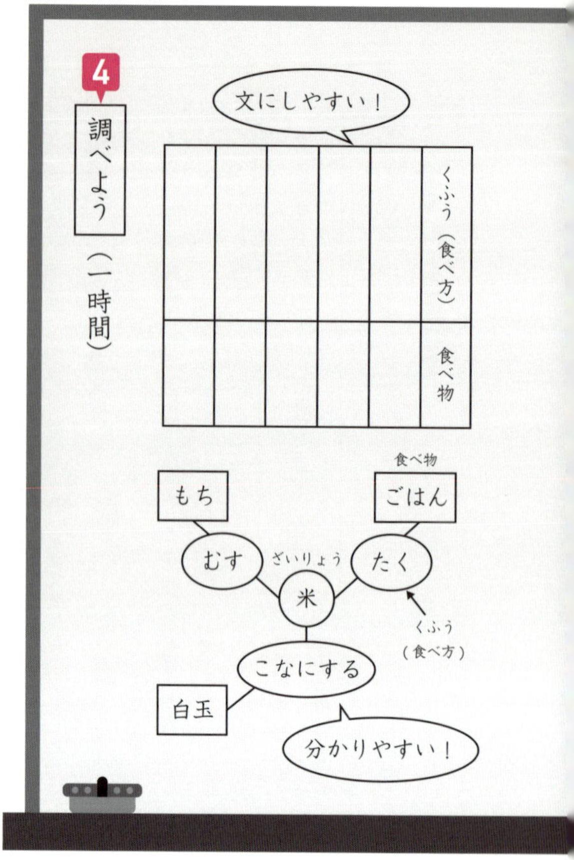

本時の目標

・科学読み物の調べ方を学び、自分に必要な情報を見つけることができる。
・自分が調べたい材料を決め、調べたことを分かりやすくまとめることができる。

本時の主な評価

❶科学読み物から、自分に必要な情報を見つけたり、まとめたりする調べ方を学び、実際に調べている。【知・技】
・自分が調べたい材料を決め、調べたことを分かりやすくまとめている。

資料等の準備

・学校の図書室の本等
・教科書 P.50「奥付のれい」を拡大したもの
・ワークシート 06-05

4 調べよう（一時間）

文にしやすい！

食べ物	くふう（食べ方）

食べ物
ごはん
もち
むす
ざいりょう
米
たく
くふう（食べ方）
こなにする
白玉
分かりやすい！

授業の流れ ▷▷▷

1 学習課題を確認し、自分が調べる材料を仮決定する 〈10分〉

T　それでは、前の時間にみんなで考えた学習計画に沿って、学習を進めていきましょう。今日は、自分で文章を書くのに必要なことを図書室で調べてみましょう。調べる材料は決まりましたか。
・ぼくはお米を調べてみたいです。
・私はとうもろこしにしようか、魚にしようか、迷っています。
○ここでは、ある程度の意思決定をさせる程度でよいだろう。時間的な制限もあるので、2つ程度までに絞らせておくとよい。

2 科学読み物を使った調べ方を学ぶ 〈15分〉

T　これから図書室で調べ学習を進めていきます。そのときに使うような本を科学読み物と言います。調べるときには、まずどこを見るとよいですか。
・目次で探したい内容がありそうなページを見つけます。
T　そうですね。まずは目次をよく見てみましょう。また、たくさんの情報が書いてあるので、まとめるときは、書いてあることを全て書くのではなく、必要なところを考えてみましょう。例えば、教科書50ページでは……
○教科書 P.50の本であれば、どんな情報を書き出すとよいか考えてみるとよい。奥付についても指導する。

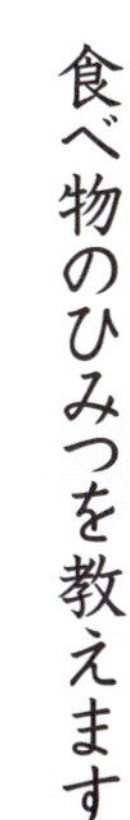

1 学習のめあて

調べたいざいりょうを決めて
調べ方を学び、まとめ方を考えよう

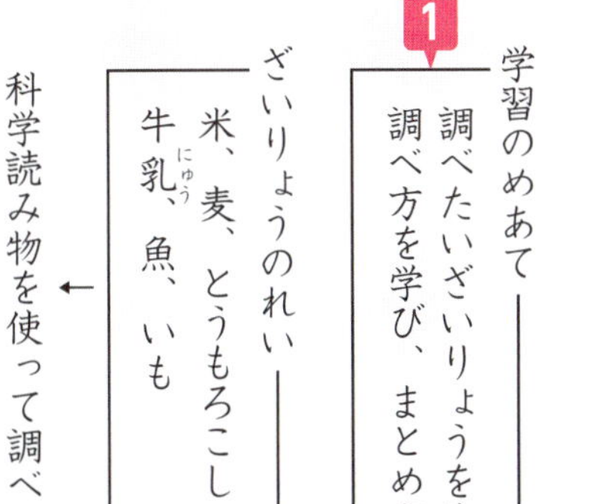

ざいりょうのれい
米、麦、とうもろこし
牛乳、魚、いも
← 科学読み物を使って調べる

かり決定しよう

2 科学読み物の調べ方

①目次、さくいん
②ひつようなところをメモする。
→食べ物・作り方、りょうりの仕方
③どんな本から調べたかきろくする。

教科書 P.50
「奥付のれい」
拡大コピー

3 まとめ方 なるべく短くまとめよう。

・表でまとめる
・図でまとめる

3 調べたことをまとめる方法を考える 〈20分〉〈２時間目〉

T　本を使って調べて分かったことは、どのように整理していくとよいかを考えてみましょう。

・「すがたをかえる大豆」で工夫と食品をまとめたときのように、表を使ってまとめていくと分かりやすいと思います。

・図を使ってまとめたこともありました。材料となる食べ物を中心にして、図を使っても分かりやすいと思います。

T　そうですね。それでは、自分がまとめやすいと思う方法でまとめていきましょう。

○「おいしく食べるくふう」と「食べ物」という２つの観点を設定することで、まとめ方も考えやすくなるだろう。

4 図書館等で科学読み物を使って調べてみる 〈45分〉〈３時間目〉

T　それでは、実際に調べてみましょう。調べて分かったことは、どんどんまとめていきましょう。

○分からない語句があったときには、後で調べるよう促すとよい。

○基本的には、図書室等で本を使って調べることが望ましい。しかし、栄養士さんや調理師さん、地域の方などに話を聞いたり、インタビューをしたりという活動も考えられる。実態に応じた活動が展開できるとよい。

・種類にもよりますが、白いご飯ももちも白玉も全部米でできているのですね。

本時案

食べ物のひみつを教えます

本時の目標

・選んだ食材について調べたことを基に、「はじめ」「中」「終わり」に分けて構成を考えたり、事例の順序に注意したりして、組み立てを考えることができる。

本時の主な評価

❷選んだ食材について調べたことを基に、「はじめ」「中」「終わり」に分けて構成を考えたり、事例の順序に注意したりして、組み立てを考えている。【思・判・表】

資料等の準備

・組み立て表（ワークシート） 06-06
・子供が前時で調べ、まとめた図や表
（・付箋紙）

3 学習をふり返ろう

・むずかしかった。
・もう少し調べたい→調べておこう!
・どうやって食べ物をならべよう。
・もう書けそう。

自分の組み立て表を友だちにせつめいしてよりよいものにしていこう!

次

授業の流れ ▷▷▷

1 本時の課題を確認する 〈10分〉

T この前の時間は、自分が書くために必要なことを調べて、まとめる時間でしたね。調べることができましたか。

・私は魚を調べました。魚は、捕って新せんなうちにさばくと、おさしみになります。焼くと、焼き魚になります。

T 今、２つのおいしく食べる工夫を紹介してくれましたね。

・「さばく」と「焼く」です。

T そうですね。今日は調べたことを読む人に分かりやすく読んでもらうための組み立てを考えていきましょう。

2 文章構成表を使って、文章の組み立てを考える 〈30分〉

T 教科書54ページを見てください。これからみんなにはこういう文章を書いてもらいます。この人は、53ページにあるような組み立て表を考えてから書きました。組み立て表を見て、気付いたことがありますか。

・どこに、何を書くか考えています。

・「中」では、おいしく食べる工夫をどういう順番で書くかを考えています。

T 54ページの清書が家なら、53ページの組み立て表は、その設計図です。「すがたをかえる大豆」で学習したことも生かしながら、分かりやすい文章を書くための組み立てを考えてみましょう。

○特に、「中」の事例の並べ方や段落の作り方を工夫するよう促したい。

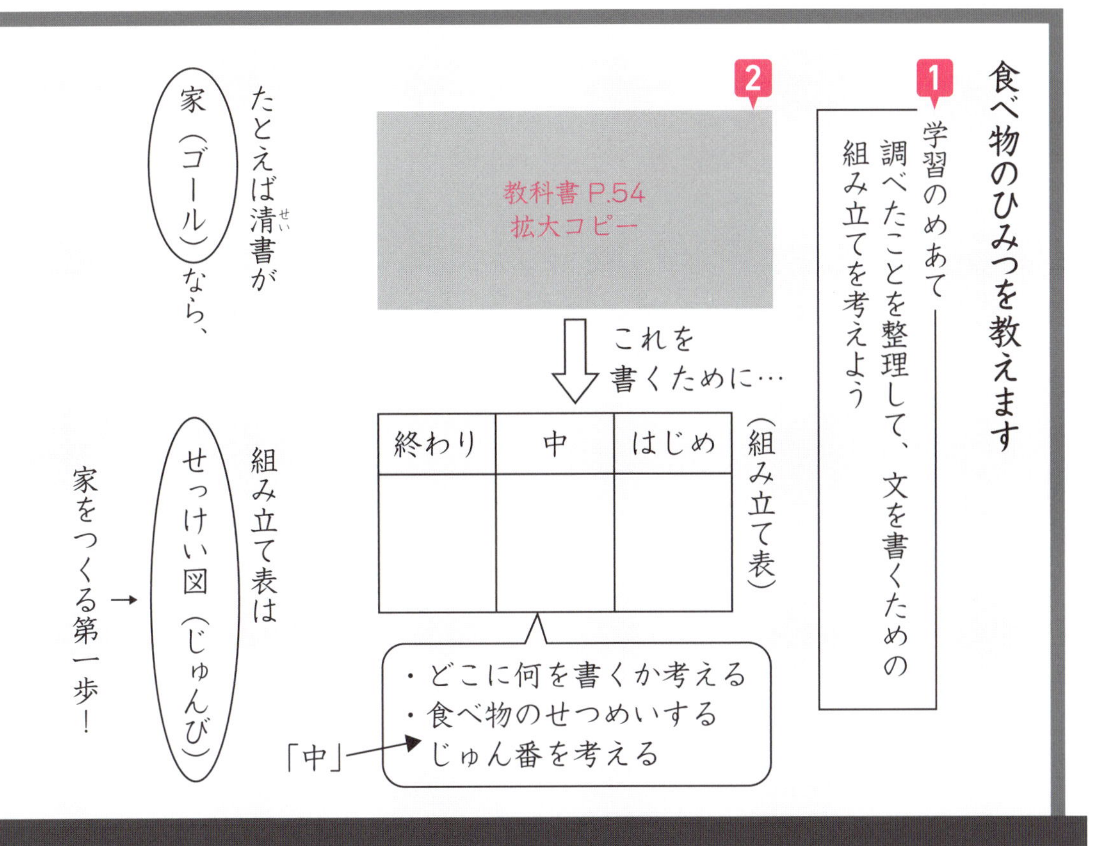

3 本時の学習を振り返る 〈5分〉

T 組み立ては考えられましたか。まだ途中の人もいるかもしれませんが、今日の授業を振り返りましょう。

・「すがたをかえる大豆」で学んだことを生かして、組み立てを考えることができました。早く書きたいです。
・どうやって例を並べたらいいか、迷ってしまいました。
・組み立てを考えていたら、もう少し工夫を調べたほうがいいと思いました。

○子供の早く書きたい！　という意欲や子供の困り事を引き出し、次時には自分の組み立て表を友達に説明する活動に取り組むことを伝える。

よりよい授業へのステップアップ

付箋紙を活用する

実際に組み立てを考える際には、付箋紙を活用するとよい。組み立て表に、どのようなまとまりを作って説明していくか、どのような順番で事例を並べていくか考える際に有効である。書いたり消したりを繰り返すのではなく、事前に姿を変えた食べ物を付箋紙に書き出すように指示しておく。それを貼ったり剥がしたりして活用することで、時間短縮になるだけではなく、次時で友達と交流する際にも有効なツールとなるだろう。

本時案

食べ物のひみつを教えます

本時の目標

・組み立て表を基に、自分の考えを説明したり、助言をもらったりする中で、さらに分かりやすい文章を書くための組み立て表を考えることができる。

本時の主な評価

❷組み立て表を基に、自分の考えを説明したり、助言をもらったりする中で、さらに分かりやすい文章を書くための組み立て表を考えている。【思・判・表】

資料等の準備

・組み立て表（ワークシート） 06-06
（・付箋紙）

・うまくせつめいできなかった。
↓もう少し調べておけば…。
・同じざいりょうをえらんだ子の話を聞いてみたい。

どういうじゅん番でせつめいしているのだろう？

次は下書き！ 自分の組み立て表を見つめ直し、さらによりよい組み立て表を考えよう！

授業の流れ ▷▷▷

1 本時の課題を確認する 〈5分〉

T　この前の時間は、それぞれで組み立て表を考えてみました。前の時間の振り返りを見ていると、難しかったという子が何人かいました。どんなことが難しかったですか。

・どうやって例を並べるかです。

・おいしく食べる工夫を短くまとめることが難しかったです。

T　今日は、自分がどんなことを考えて組み立て表を作ったかを友達に説明したり、友達からアドバイスをもらったりしながら、さらに分かりやすい組み立て表を目指していきましょう。

○前時の振り返りにはよく目を通しておき、学びの必然性を生みたい。

2 グループごとに交流する 〈30分〉

T　それでは、グループごとに交流しましょう。発表する人は、立って、何について説明するのか、なぜその順番で説明するのかなどを発表していきましょう。聞いていた人は質問したり、感想を伝えたりしましょう。1人7～8分程度で次の人に交代しましょう。

・ぼくはとうもろこしを説明します。「中」では手間がかからない順で説明します。まず、ゆでたり、焼いたりして食べる工夫から説明します。次に、スープにする工夫です。

・スープにするのは、手間がかかるので後ろのほうにしたほうがいいと思いました。

○グループの様子を見て回り、残り時間を伝えたり、よい姿を価値付けたりしたい。

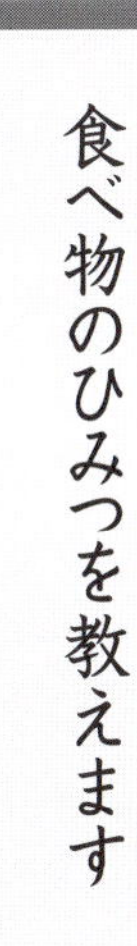

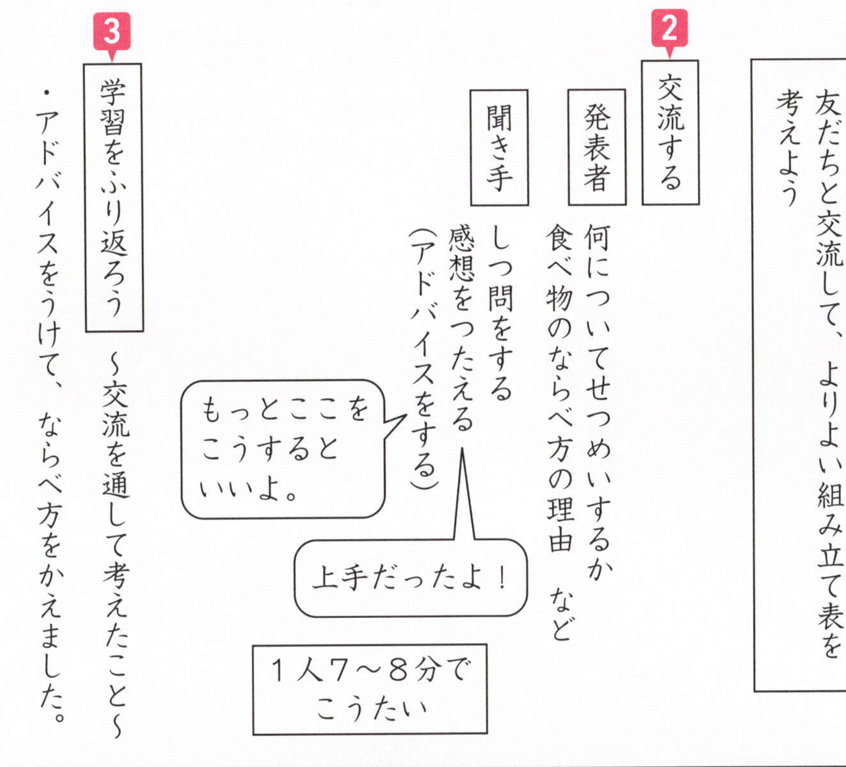

3 本時の学習を振り返る 〈10分〉

T 友達に説明をしたり、友達から質問をされたりする中で、自分でもっとこうしよう！ということが見えてきた子もいるかもしれません。今日の学習を振り返りながら、自分の組み立て表を見つめ直してみましょう。

・友達に説明をすると、うまく説明できなかったので、「形がざいりょうに近いじゅん」にしてみようかなと思いました。

・○○さんが、コーン油も例として説明をしていたので、私ももう少し調べてみようと思いました。

○次時では、下書きに取り組むことも伝え、そのために必要な準備もさせたい。

よりよい授業へのステップアップ

グループ構成を工夫する

グループ構成のパターンは、同じ食材をテーマにしているもの、違う食材をテーマとしているものが考えられる。それぞれによさがあるので、子供の実態やねらいに応じて工夫するとよい。

付箋紙を使って交流する

2の活動のときに、感想を伝え合うという形で交流することも１つだが、感想や意見は付箋紙に書かせるのもよい。発表者にとっても、目に見える形で感想や意見が残るので、振り返る際にも有効な手立てとなる。

本時案

食べ物のひみつを教えます

本時の目標

・自分で選んだ食材について、組み立て表を基にしながら、事例を挙げ、表現を工夫して文章を書くことができる。

本時の主な評価

❸自分で選んだ食材について、組み立て表を基にしながら、事例を挙げて表現を工夫して文章を書いている。【思・判・表】

・粘り強く書き表し方を工夫し、文章を書こうとしている。

資料等の準備

・組み立て表（ワークシート）06-06
・原稿用紙（下書き用・清書用）
・チェックシート（拡大掲示、任意で配付）06-07

□□□□
一つの段落に一つのくふう。
文の終わり方がそろえている。
習った漢字を使っている。
ご字だつ字がない。

↓読み返してみよう ⇩ 清書へ

落ち着いて

ていねいに

授業の流れ ▷▷▷

1 本時の課題を確認する 〈5分〉

T 今日は、前の時間で友達からもらったアドバイスを生かして、下書きをしてみましょう。文章を書くときには、どんなことに気を付けて書くとよいですか。

・「はじめ」「中」「終わり」に分けて書くことです。
・段落のまとまりを意識することです。
・「すがたをかえる大豆」で学んだ「分かりやすいせつめいの仕方」を使って書くことです。

○「すがたをかえる大豆」でまとめたときの掲示物等があれば、それを基に確認できるようにしておくとよい。

2 組み立て表に沿って、文章の下書きを書く 〈40分〉（6時間目）

T それでは、組み立て表に沿って、下書きをしてみましょう。書き終わったら、チェックシートを基に読み返して、確かめてみましょう。

○行間や余白を広めにとった原稿用紙を用意しておくと、後で推敲する際に、書き足すことができる。

○自力で文章を書くことが難しい子供は、教科書P.54の例の形式に沿って書くよう、声を掛ける。文章を書き終えた子供には、チェックシートを用いて文章を読み返し、声に出して読んでみるよう促したい。

○７時間目の前に子供の下書きを読み、よい点や改善点を共有することもできる。

食べ物のひみつを教えます

1
学習のめあて
組み立て表をもとにせつめいする文章を書こう

下書きのときに気をつけること

☆「すがたをかえる大豆」第7時で出たもの

・「はじめ」「中」「終わり」がはっきり書いてある。
→読みやすい。
・おいしく食べるくふうで段落を分ける。
・写真を使って食べ物をせつめいしている。
→イメージしやすい
・段落のはじまりの言葉が大事
→せつぞく語
「また」「さらに」「他にも」
・段落のはじめに、中心となるせつめいがある。
→とらえやすい。
・れいのじゅんばん、まとまりもくふうしている。

2
書き終わったら…

○チェックシート
□「はじめ」「中」「終わり」に分けている。
□せつぞく語をつかっている。

3 清書に取り組む 〈45分〉〈7時間目〉

T　下書きが終わって、チェック・直しが終わった子から清書に取り組んでいきましょう。清書する前に、どこにどんな絵を描くかイメージしてから清書するようにしましょう。

T　清書が終わった子は、文章を書いてみての感想を書いて学習を振り返りましょう。

・清書をするまでに、何度も下書きをしたり、直しをしたりして大変でしたが、完成してよかったです。

○清書を急がせてしまうと、内容や書き方で漏れが生まれる可能性が高まるので、一つ一つの作業を丁寧に、落ち着いて取り組ませるように心掛けたい。

よりよい授業へのステップアップ

「はじめ」「中」「終わり」で紙を分ける

「はじめ」「中」「終わり」の三部構成をより明確に意識させるために、それぞれで原稿用紙を1枚ずつ使わせて、計3枚の原稿用紙で文章を書かせるとよい。子供も分かりやすく、文章を加筆・修正する際にも有効だろう。

書き終わった子供同士で推敲する

書く学習は、子供によって差が生じる活動である。また、チェックシートを用いて確認をしていても、自分では間違いに気付かないこともあるので、清書前に、書き終わった子供同士でペアを組ませて、推敲させるとよい。

本時案

食べ物のひみつを教えます 8/8

本時の目標

・完成した文章を読み合い、互いの文章の感想やよいところを伝え合うことを通して、自分の文章を見つめ直し、学んだことを振り返ることができる。

本時の主な評価

❹学習の課題の沿って粘り強く、書き表し方の工夫して書こうとしている。【態度】
・文章の感想やよいところを伝え合うことを通して、自分の文章のよいところを見つけ、学んだことを振り返っている。

資料等の準備

・完成した作品
・ワークシート 06-08

学習をふり返ろう
~どんなことができるようになった?~
学んだことをどんな場面で生かしたい?

授業の流れ ▷▷▷

1 本時の課題を確認する 〈5分〉

T この前の時間は、清書をしましたね。今日は、書いた文章を読み合って、感想やよいところを伝え合いましょう。そのときには、書き方と内容、どちらのよいところも見つけられるとよいですね。
○実際に1名の子供の作品を代表例として挙げ、よいところを複数人に発表させると、着眼点も全員に共有することができるだろう。

2 文章を読み合い、感想やよいところを伝え合う 〈25分〉

T それでは、お互いの文章を読み合いましょう。読み合いが終わったら、友達からコメントをもらっての感想も書きましょう。
・題名がとてもくふうされていて読みたくなりました。
・せつめいするじゅん番が分かりやすくて、すがたをかえていることがよく分かりました。
・段落のはじまりの言葉がせつぞく語だったのでつながりが分かりやすかったです。
・絵が上手だったので、初めて聞いた食べ物もイメージしやすかったです。
○時間も限られているので、3人組程度で互いの文章を読み合う活動がよいだろう。

食べ物のひみつを教えます

1

学習のめあて
おたがいの文章を読み合ってよいところを見つけ、学習したことをふり返ろう

代表の子供の作品例

・せつぞく語が上手に使えている。
・「はじめ」「中」「終わり」に分かれている。
・調べたことがくわしく書いてある。
・写真の使い方が上手。

2

☆読んだ感想やよいところを見つけて教えてあげよう。

3

おたがいの文章を読み合って…

〈友だちの文章〉
・段落（だん）のじゅん番をくふうしていたので、とても分かりやすかった。
〈自分の文章〉
・自分がくふうしたことがつたわってよかった。
・題名のつけ方をくふうすればよかった。

3 単元の学習を振り返る 〈15分〉

T お互いのよいところを見つけて、交流できていましたね。何人か感想を教えてください。
・段落のじゅん番をくふうしていたので、とても分かりやすいと思いました。
・友達の文章を読んで、題名の付け方をもう少しくふうすればよかったと思いました。
T これで「食べ物のひみつを教えます」の単元の学習は終わりです。今回どんなことができるようになりましたか。また、今回学んだことをどんな場面で生かしたいですか。
○身に付けた力については、各自での振り返りになるが、今後の活用場面等はグループ等で考えさせてもよいだろう。

よりよい授業へのステップアップ

様々な読み手を設定する

書いた文章は、読まれることが非常に重要である。独りよがりの文章ではなく、より多くの人に分かりやすい文章であることに越したことはない。本来であれば、読み手を明確に設定したうえで、その読み手を対象とした内容を考えていくことが望ましい。実際に文章を書いた後に、昨年以前に同様の学習に取り組んだ上級生や、ともに学習を進めてきた栄養教諭、司書の先生や地域の方々などに読んでいただき、コメントもいただくことができれば、一層励みになるだろう。

資料

4 第１時　例示用紹介文 06-04

はじめに、とうもろこしのたねを、フライパンにそのまま入れてかねつするくふうがあります。たねがはじけたら、ポップコーンになります。ぼくは、映画を見ながら、よくポップコーンを食べています。

次に、他のざいりょうをかりておいしく食べるくふうがあります。コーンと牛乳（にゅう）をよくかきまぜ、ザルでこし、かねつして、コンソメとしおをくわえて、火でふやかします。生クリームをくわえ、火でふっとうさせないように温めます。すると、コーンクリームスープができます。コーンクリームスープは、スーパーなどで買うことができます。

ぼくが一番すきな食べ方は、バターコーンにして食べる食べ方です。バターコーンは、水気を切ったコーンを入れて、いためます。しおとこしょうを入れ、さいごにしょうゆを回して入れるとバターコーンの出来上がりです。だれでもかんたんにできるのでおすすめです。

とうもろこしは、家でもかんたんに育てられておいしいので、みなさんもぜひ食べてみてください。

5 第２・３時　ワークシート 06-05

食べ物のひみつを教えます

年　組　名前（　　　）

めあて
科学読み物を使って調べ学習をして、調べたことをまとめよう

表でまとめる

くふう（食べ方）	食べ物

図でまとめる

6 第4〜7時　組み立て表（ワークシート） 06-06

食べ物のひみつを教えます

年　組　名前（　　　　）

めあて
調べたことを整理して、文を書くための組み立て表を考えよう

組み立て表

はじめ	中	終わり

今日の学習をふり返ろう

7 第6・7時　チェックシート 06-07

食べ物のひみつを教えます

年　組　名前（　　　　）

文を書き終わったら、チェックしながら読み返してみましょう。

チェックすること

□「はじめ」「中」「終わり」に分けている。
□せつぞく語をつかっている。
□一つの段落（だん）に、一つのくふうを書いている。
□文の終わり方をそろえている。
□習った漢字をつかっている。
□ご字だつ字がない。

↓読み返して、すべてできていたら、ていねいに清書（せい）しましょう。

8 第8時 ワークシート 06-08

食べ物のひみつを教えます

年　組　名前（　　　　　）

めあて

おたがいの文章を読み合って、よいところを見つけ、学習したことをふり返ろう

読んだ感想やよいところを見つけて、教えてあげよう

今回の単元（たんげん）の学習をふり返ろう

友だちの名前	読んだ感想やよいところ

〜どんなことができるようになりましたか？

〜学んだことをこれからどんな場面で生かしたいと思いますか？

9 児童の作品例①

おさかな大へんしん！

私はおさし身がすきなので、魚について発表しようと思います。

まず、生のまま食べるくふうがあります。それが、さし身やおすしです。マグロ、サーモン、イカ、イクラなどいろいろな魚を食べることができます。

次に、やいたりにたりして食べるくふうがあります。やき魚に、しおやきやさいきょうやきなどがあります。にたりほしたりするのは、魚をほぞんするためで、昔からのやり方だそうです。だいひょうてきなのは、アジの開きやスルメイカなどです。

さらに、かこうして食べるくふうもあります。魚肉をすりつぶしてすり身にします。それをむすと、かまぼこになり、やくとちくわになり、油であげるとさつまあげになります。それらはそのままでも食べられますが、おでんのようにそれらをざいりょうにしてもおいしく食べられます。シーチキンのようにかんづめにされているものもあります。

さいごに、かんそうさせてこまかくけずり、だしをとり、みそしるのようにいろいろなりょうりに使う食べ方もあります。

このように、魚はいろいろとすがたをかえながらおいしく食べられているのです。

10 児童の作品例②

身近なミルク

ぼくたちが、毎日のきゅうしょくでのんでいる牛乳（にゅう）には、いろいろな食べ方があります。

まず、牛乳をそのままのむくふうがあります。牛からしぼったのが牛乳です。

次に、牛乳にさとうとたまごを入れてまぜて食べるくふうがあります。それがクリームです。クリームはケーキやおかしによく使われています。

また、牛乳に乳さんきんを入れてかためるくふうがあります。それがみんなもよく食べているヨーグルトです。

さらに、牛乳を発こうさせてかためて作った食べ物はナチュラルチーズです。また、それをかねつしてとかし、乳化ざいをくわえてかためたものがプロセスチーズです。

このように、牛乳はくふうされていろいろなすがたになって食べられているのです。

11 児童の作品例③

すごいぞ、とうもろこし！

とうもろこしには、いろいろな食べ方のくふうがあります。また、食べ物いがいにも使われています。

一番分かりやすいのは、そのままゆでたり、やいたりして食べるくふうです。

次に、かんそうさせてこなにして食べるくふうがあります。こなはコーンスターチとよばれ、パンやクッキー、スナックがしに使われています。

また、油にするくふうがあります。とうもろこしのはいがから取れる油で、ドレッシング、マヨネーズ、天ぷら油になります。

さらに、とうもろこしをかんそうさせて、いって、お茶としてのむ工夫があります。とうもろこしのひげからお茶を作ることもあります。

これらの他には、とうもろこしをねんりょうにかえるくふうがあります。とうもろこしを発こうさせ、じょうりゅうして作るバイオエタノールは、ガソリンのかわりになります。

このように、とうもろこしはいろいろなすがたにへんしんし、食べられているだけではなく、ガソリンとしても使われているすごい食べ物なのです。

つたわる言葉

ことわざ・故事成語 （4時間扱い）

〔知識及び技能〕(3)イ 〔思考力、判断力、表現力等〕B書くことア 関連する言語活動例B(2)ア

単元の目標

・長い間使われてきたことわざや故事成語について知り、国語辞典やことわざ・故事成語の本を使って調べる。
・ことわざや故事成語について調べて分かったことを基にして、グループで「ことわざ・故事成語ブック」を作る。

評価規準

知識・技能	❶長い間使われてきたことわざ、故事成語などの意味を知り、使っている。(〔知識及び技能〕(3)イ)
思考・判断・表現	❷「書くこと」において、目的を意識して、伝えたいことを明確にしている。(〔思考力、判断力、表現力等〕B(1)ア)
主体的に学習に取り組む態度	❸ことわざや故事成語の意味を知り、調べたことを基にして「ことわざ・故事成語ブック」に進んでまとめようとしている。

単元の流れ

時	主な学習活動	評価
1	ことわざについて知り、その意味や特徴について理解する。	❶
2	故事成語について知り、その意味や特徴について理解する。	❶
3	グループで、どんな本にするか話し合い、ことわざや故事成語を国語辞典や本で調べて、ワークシートに記録する。	❷
4	集めたことわざや故事成語を基にして、「ことわざ・故事成語ブック」を作る。	❸

授業づくりのポイント

〈単元で育てたい資質・能力〉

本単元では、先人たちが見いだし伝えてきた、物事の道理、教訓、人の本質などが込められた「ことわざ」と「故事成語」を扱う。これらの言葉の意味を知り、使うことができるようになることは、言葉のもつよさを感じるとともに、言語感覚を豊かにすることへつながっていくと言える。「ことわざ」や「故事成語」には、実際の出来事ではなく、例えとしてユーモアや皮肉などを込めて表現されたものもある。国語辞典や本などを調べていく中で、表現の工夫やおもしろさに着目し、先人たちが短い言葉や言い回しの中で伝えてきたものを感じさせていきたい。

具体例

○例えば、「さるも木から落ちる」ということわざは、「木登りが上手なさるでも時には誤って落ちる」が直接的な意味ではあるが、そこから転じて「その道にすぐれた者でも失敗することがある」という意味となる。また、似たようなことわざとして、「河童の川流れ」や「弘法も筆の誤り」がある。しかし、日常生活の中で、言葉として使うときに相手に対して失礼にあたるものも多い。言語感覚を豊かにするという視点からも、場や相手に応じて使い分けることが必要であることも、例文を考える中などで感じさせたい。

〈教材・題材の特徴〉

「ことわざ」は、主に日本の先人たちによって伝えられてきた言葉であり、「故事成語」は古くから日本と文化的につながりのある中国に伝わる出来事や物語が元になってできた言葉である。現代では意味が通りにくいものや間違った解釈も広がってしまっているものがある。学習を進める際には、国語辞典や本などの確実な手段によって情報を集めて、整理してまとめさせることが大切である。

具体例

○間違った解釈が見られる例として、「情けは人のためならず」や「転んでもただでは起きない」などがある。これらの「ことわざ」は、本来とは逆の意味で誤用してしまうケースが見られる。また、「馬子にも衣装」を「孫にも衣装」のように「読み」による意味の取り違えもある。このように、分かった気になって使ってしまっている言葉が多いのも本教材の特徴といえる。

〈言語活動の工夫〉

本単元では、自分が気になった「ことわざ」や「故事成語」を国語辞典や本などを使って調べる活動の後に、「ことわざ・故事成語ブック」を作る。その際必要な情報を序盤に確認しておくことで、より主体的な学習へとつなげることができる。少人数のグループで取り組むことにより、調べた情報を交換し合ったり、推敲し合ったりすることで対話的に学習を進めることができるだろう。

具体例

○まとめる際にのせる内容として、「意味」「例文」「由来」「似た意味のことわざ・故事成語」「反対の意味をもつことわざ・故事成語」「事例の絵」などが考えられる。また、作成したページのまとめ方も、「五十音順」・「ジャンル（動物・食べ物・数字など）」など工夫できる。

本時案

ことわざ・故事成語

本時の目標

・ことわざについて知り、その意味や特徴について理解することができる。

本時の主な評価

❶ことわざについて知り、その成り立ちや意味について調べて理解している。【知・技】

資料等の準備

・黒板掲示用の短冊 07-01
・教科書 P.57のことわざの挿絵

②・余計なことをしていたい目に合う（むかし）
・思い切って何かをすると幸せがくる（いま）
③早く起きるといいことがある
④何回失敗してもあきらめずに立ち上がる

3
○ことわざを見て気づいたこと
・動物が使われていることわざがある。
・数字を使っていることわざもある。
・短い言葉を使って、昔の人の教えをつたえている

授業の流れ ▷▷▷

1 ことわざ空欄クイズをしよう 〈10分〉

T　今日は、日本で昔から伝わっている言い回しについて考えていきましょう。括弧に入る言葉は何でしょうか。
・①は「さるも木から落ちる」ですね。
・②は「犬」じゃないでしょうか。
・③は「早起きは三文のとく」です。
・④は「七転び□起き」。わからないです。
・どこかで聞いたことがある言葉がたくさんありますね。
○短冊を黒板に貼り、みんなで確認する。
T　このように、日本で昔から伝わる、生きていく上の知恵を短い言葉や言い回しで表したものを「ことわざ」と言います。これから、いろいろなことわざについて学習していきましょう。

2 ことわざについて知る 〈15分〉

T　黒板に貼ったことわざの意味は分かりますか。まずは、「さるも木から落ちる」はどんな意味か考えてみましょう。
・「さるが木から落ちる」ってことですね。
・でも、「さるも木から落ちる」って変ですね。さるは木登りが上手なのにな。
・「さるも」だから、木登りが上手なさるも木から落ちることがあるっていうことじゃないでしょうか。
・そこから、「得意なことでも、時には失敗することがある」っていう意味になるのだって。
○子供たちに、ことわざを表した絵なども示しながら意味を想像させ、表現の工夫やおもしろさにも気付かせていきたい。

つたわる言葉「ことわざ」

1

ことわざのとくちょうについて知ろう

○ことわざ
昔から日本につたわる、生きていくうえのちえや教えを短い言葉や言い回しで表したもの

○（　　）に入る言葉は何か考えよう

①（　　　）も木から落ちる

②（　　　）も歩けばぼうに当たる

③早起きは（　　）文のとく

④七転び（　　）起き

2 短冊にして掲示し、みんなで考えられるようにする。

○意味を考えよう
①とく意なことでも、時には失敗することがある

教科書 P.57 の
ことわざの挿絵

絵を手がかりにして、ことわざの意味を考えられるようにする。

3 ことわざについて調べる　〈20分〉

T　黒板に貼ったことわざを見て気が付いたことはありますか。
・①と②は、両方動物が入っていますね。
・「猫の手も借りたい」ということわざも聞いたことがありますよ。
・③と④は、両方数字が入っていますね。
・ことわざもグループ分けできるのかな。
・他にはどんなことわざがあるのでしょうね。
T　教科書57ページを見てみましょう。他にも知っていることわざがありますか。知らないことわざや意味の分からないことわざは国語辞典で調べて、ノートに書きましょう。
○第３時以後で、「ことわざ・故事成語ブック」を作る際に活用できるようにする。

よりよい授業へのステップアップ

ことわざにより親しむために

本時では、昔から日本に伝わってきたことわざについて学習をする。ことわざについて、子供たちは、何となく聞いたことがあったり、意味を知っていたりするものもあるだろう。より身近なものとしていくには、授業に入る前から日常的な学習環境として、教室に「ことわざ」や「故事成語」の本を準備しておいたり、朝自習の時間などを活用して「いろはかるた」に取り組ませたりするなど、子供たちがより身近に感じられる環境づくりが大切である。

本時案

ことわざ・故事成語 2/4

本時の目標

・故事成語について知り、その意味や特徴について理解することができる。

本時の主な評価

❶故事成語について知り、その成り立ちや意味について調べて理解している。【知・技】

資料等の準備

・教科書 P.58と P.147の「蛇足」、「五十歩百歩」を描いた絵

3
○ことわざや故事成語を使ったれい文を作ってみよう。
・さるも木から落ちる
かれがとびばこをしっぱいするなんて、さるも木から落ちるだね。
・矛盾（むじゅん）
べんきょうしなきゃと言っていたのにゲームしているなんて、言っていることとやっていることが矛盾しているよ。

授業の流れ ▷▷▷

1 ことわざについて確認する 〈5分〉

T　前の時間に学習した「ことわざ」について確認しましょう。「ことわざ」にはどのようなものがありましたか。

・「さるも木から落ちる」をはじめにやりました。

・上手な人も失敗することがあるという例えで使うのですよね。

・他にも「七転び八起き」や「石橋をたたいてわたる」ということわざがありましたよ。

T　では、「ことわざ」にはどんな特徴がありましたか。

・昔から日本に伝わっている言葉のことです。

・「動物」や「数字」に関係する言葉がありましたね。

2 故事成語について知る 〈25分〉

T　昔から伝わる言葉として「故事成語」というものもあります。これは、中国に伝わる出来事や物語などが元になった言葉です。例えば、「蛇足」という故事成語があります。どんな意味だと思いますか。ちなみに「蛇(だ)」は「へび」という意味ですよ。

・「蛇足」だから「蛇の足」ってことですね。

・でも、「蛇」に足はないよね。何か変です。

・「蛇」に足があるってどういうことだろう。

○子供たちに、言葉や絵から想像をさせてから、意味を調べたり、意味を伝えたりするようにしたい。

T　教科書にある「故事成語」についてみんなで調べてみましょう。146ページと147ページにも故事成語は載っています。

つたわる言葉「故事成語」

2 故事成語のとくちょうについて知ろう

○故事成語
中国につたわる古い出来事や物語が元になってできた言葉

○故事成語の意味を考えてみよう

① 蛇足

教科書 P.147 上段の挿絵

② 五十歩百歩

教科書 P.58 の挿絵

①いらないつけたし。
②小さな差はあるが、大して変わらないこと

絵を手がかりにして、故事成語の意味を考えられるようにする。

3 ことわざや故事成語を使った文を作る〈15分〉

T 「ことわざ」や「故事成語」を使った場面を想像して、文を作ってみましょう。

・お客さんがいつもの2倍も来て、ねこの手もかりたいくらいだ。
・かれがとびばこをしっぱいするなんて、さるも木から落ちるだね。
・べんきょうしなきゃと言っていたのにゲームしているなんて、言っていることとやっていることが矛盾していますよ。

○文を作るという活動は、難しい場合もあるので、グループで取り組ませたり、国語辞典や「ことわざ」、「故事成語」の本などから例文を探して参考にしたりするなど、子供の実態に応じて取り組ませたい。

よりよい授業へのステップアップ

言語感覚の育成を意識して

「ことわざ」や「故事成語」の中には、現代にそぐわないものや使い方によっては失礼にあたるものもある。また、誤った意味で理解し、使われているものも多い。本時では、「文を作る」活動を取り入れているが、その中で「猿も木から落ちる」と同じ意味をもつ「弘法も筆の誤り」を取り上げ、目上の人に使う場合はどちらがよいかを考えるなど、日常生活でも使える言葉として学習していくことが大切である。

本時案

ことわざ・故事成語

本時の目標

・「ことわざ」や「故事成語」について、目的に応じて調べ、ワークシートに記録することができる。

本時の主な評価

❷グループで、どんな本にするか話し合い、必要な「ことわざ」や「故事成語」について国語辞典や本で調べて、伝えたいことを明確にしている。【思・判・表】

資料等の準備

・「ことわざ・故事成語ブック」ワークシート 07-02（縦）or 03（横）
・「ことわざ・故事成語ブック」ワークシートの拡大図

ことわざ・故事成語
意味
れい文
（　　）
（　　）

授業の流れ ▷▷▷

1 「ことわざ・故事成語ブック」について知る 〈5分〉

T　今日から、「ことわざ」や「故事成語」について調べて、グループでまとめましょう。みんなに「ことわざ」や「故事成語」をより知ってもらうには、どんなことを調べて、書くとよいでしょうか。
・やっぱり、意味は分かりやすく書きたいですね。
・どうしてその言葉ができたか由来を載せてもおもしろいですね。
・この間、ことわざを使った文を書いたから、例文を載せてもいいですね。
・絵もあると分かりやすかったですね。
○似た意味のことわざがあることや反対の意味のことわざがあることにも触れ、いろいろな視点で調べることができるようにしたい。

2 「ことわざ・故事成語ブック」にまとめる計画を立てる 〈10分〉

T　各グループでどのような「ことわざ・故事成語ブック」にまとめるか計画を立てましょう。
・「ことわざ」についてまとめたいです。
・意味と例文以外にはどの情報が必要でしょうか。
・動物に関することわざだけを集めたらおもしろいかもしれないですね。
○グループで「ことわざ」か「故事成語」どちらかにしぼってまとめるようにする。
○調べる視点についても、意味と例文については必ず載せることとして、その他の項目は1～2項目としたほうが多くの「ことわざ」や「故事成語」を取り上げることができる。

つたわる言葉「ことわざ・故事成語」

1
ことわざや故事成語についてくわしく調べて、「ことわざ・故事成語ブック」を作ろう

2
○ことわざや故事成語をみんなに知ってもらうために、どんなことを調べるとよいだろうか。
・意味
・由来・成り立ち
・れい文
・さし絵
・にていることわざ、反対のことわざ

3
○ことわざや故事成語について調べよう

残りの２つの枠については、グループで選ばせる。また、実際に例を挙げながら板書上で表を整理してから、個人で調べる活動をさせてもよい。

どのような視点で調べるとよいか、箇条書きで示し、確認できるようにする。

3 「ことわざ」や「故事成語」について調べる〈30分〉

T 「ことわざ」や「故事成語」について、国語辞典やことわざ・故事成語の本を使って調べて、ワークシートにまとめましょう。
・動物のことわざがたくさん見つかりました。
・反対の意味のことわざがありました。
・故事成語の成り立ちがおもしろいです。
○調べることわざの数については、クラスの実態に応じて決めるようにする。
T ワークシートに書くことができた人は、見直しをしましょう。次の時間には、グループで調べたことを見せ合って、まとめていきましょう。

よりよい授業へのステップアップ

相手意識を持つための工夫

本単元では、言語活動として「ことわざ・故事成語ブック」の作成にグループで取り組む。大切なのは、読み手を意識して、情報を選ぶことである。前時までに、「ことわざ」や「故事成語」について様々な視点から学んでおくことで、自分たちが「書き手」として「読み手」に何を伝えるとよいか考えることができる。本時では、「どの情報を載せるとよいか」という視点で計画を立て、目的意識を持って調べ、「ことわざ・故事成語ブック」を作るという活動へとつなげていきたい。

本時案

ことわざ・故事成語

本時の目標

・「ことわざ・故事成語ブック」を作り、昔から伝わることわざや故事成語のよさやおもしろさに気付くことができる。

本時の主な評価

❸ことわざや故事成語の意味を知り、調べたことを基にして、「ことわざ・故事成語ブック」に進んでまとめようとしている。【態度】

資料等の準備

・「ことわざ・故事成語ブック」ワークシート 07-02 or 03
・「ことわざ・故事成語ブック」ワークシートの拡大図

授業の流れ ▷▷▷

1 グループで調べたことを確認する 〈10分〉

T まずは、どのように「ことわざ・故事成語ブック」にまとめるか確認しましょう。
○板書で流れを示しながら説明をする。
T では、前の時間に調べた「ことわざ」と「故事成語」をお互いに見せ合い、気になることがあれば伝えてあげましょう。
・例文での使い方が違うような気がします。
・この例文の書き方はとっても分かりやすいですね。
・この２つのことわざの意味は似ていて、おもしろいですね。
○よい点と改善点について、付箋紙なども活用しながら伝え合い、よりよい表現となるように、工夫させたい。

2 「ことわざ・故事成語ブック」を完成させる 〈20分〉

T みんなのワークシートをどんな順番で並べて「ことわざ・故事成語ブック」を完成させるか考えましょう。
・あいうえお順がわかりやすいでしょうか。
・「動物」、「数字」、「食べ物」、「身の回りの道具」みたいに種類ごとに分けましょう。
T では、「ことわざ・故事成語ブック」を完成させましょう。
○内容を付け足したり、修正をしたりしてよりよいものになるように声かけをする。
○形式については、ワークシートを参照。余剰時間があれば、グループで構成などについても話し合わせ、自由に取り組ませてもよいだろう。

つたわる言葉「ことわざ・故事成語」

1 グループで「ことわざ・故事成語ブック」にまとめよう

○「ことわざ・故事成語ブック」をまとめる手順をかくにんしよう。

①グループでそれぞれが調べたことを見せ合う。
　みんなでかくにんすること
　・字のまちがいがないか。
　・意味や文におかしいところがないか。
　・かさなっていることわざ・故事成語がないか。

どのような視点で推敲するとよいか、箇条書きで端的に示す。

2 ②並べる順番を考えて「ことわざ・故事成語ブック」を完成させる。
　・あいうえお順
　・種類ごとに並べる

3 ③「ことわざ・故事成語ブック」を見せ合う。

3 学習を振り返り、感想を共有する〈15分〉

T 完成した「ことわざ・故事成語ブック」を見せ合い、学習を振り返りましょう。

・文を短くしてまとめると読みやすいね。
・種類ごとに分けることで、読み手にとって分かりやすい本になるね。
・たくさんのことわざや故事成語を作った昔の人達ってすごいな。
・ことわざや故事成語のおもしろさがわかったよ。これからも使ってみたいな。

○「ことわざ・故事成語ブック」作りの振り返りだけではなく、「ことわざ」「故事成語」のおもしろさや、これらの言葉を生み出した先人たちの偉大さについても触れたい。

よりよい授業へのステップアップ

日常生活を意識して

学習指導要領では、ことわざや故事成語について、言葉の意味を知り、「日常生活で用いるようにすること」が大切であるとされている。調べたり、まとめたりする中で、どんな場面で使うのかイメージしながら例文等を書かせたい。また、作成した「ことわざ・故事成語ブック」をみんなで見せ合ったり、「いろはかるた」などに取り組んだりすることを通して、継続して「ことわざ」や「故事成語」に触れる環境を設定することが大切である。

資料

1 第3、4時 「ことわざ・故事成語ブック」ワークシート（縦） 07-02

「ことわざ・故事成語ブック」ワークシート

年　組　名前（　　　　）

ことわざ・故事成語	意味	れい文	（　）	（　）

「ことわざ・故事成語ブック」ワークシート

年　組　名前（　　　　　　　　　　）

ことわざ・故事成語	
意味	
れい文	

（　　　　　　　）	（　　　　　　　）

言葉

漢字の意味　（2時間扱い）

〔知識及び技能〕(1)ウ　〔思考力、判断力、表現力等〕－　関連する言語活動例－

単元の目標

・漢字と仮名を用いた表記を理解して文や文章の中で使うことができる。

評価規準

知識・技能	❶漢字と仮名を用いた表記を理解して文や文章の中で使っている。（〔知識及び技能〕(1)ウ）
主体的に学習に取り組む態度	❷意味による漢字の使い分けなどに進んで興味をもち、漢字と仮名を用いた表記を理解して適切に使おうとしている。

単元の流れ

時	主な学習活動	評価
1	同じ発音でも、意味が違えば使われる漢字が違うことを知る。	❶
2	今までに習った漢字の中から、同じ読み方で意味の異なる漢字を見つけて、ノートに書く。	❷

授業づくりのポイント

〈単元で育てたい資質・能力〉

本単元のねらいは、漢字にはそれぞれ意味があり、意味によって使い分けがなされていることを、子供が理解し、実際の場面に合わせて活用する力を育むことである。このことは、表意文字としての漢字の役割に気付くことにつながる。そのためには、文脈から判断し、正しい言葉を選ぶ経験が大切であり、様々な同音異義語を知ることで漢字の理解を深めることができる。加えて、国語辞典を活用して、同音異義語を集める習慣をつくっていくと、継続して語彙を豊かにすることができる。

具体例

○同音異義語の理解では、子供の言語生活の中に見られる身近な場面を例として提示したり、子供に知っている同音異義語を発表させたりして、言葉への興味をもつことができるようにする。「はがきれい。」などのいくつかの平仮名で書かれた文を見て文脈から漢字や語の意味を考えて適切な漢字に直して、文中で漢字の意味を考えるという経験を重ねて同音異義語の理解の定着を図る。

〈言語活動の工夫〉

漢字一つ一つには固有の意味があり、意味によって使い分けがなされていることを、様々な事例に触れながら、理解を深めていく。初めは教師が事例を提示するが、学習が進むにつれて子供が自分で事例を探すようにする。活用の場面では、「カード作り」や「クイズ作り」「かるた作り」などの楽しい活動を通して学ぶことができるようにしたい。

具体例

○「カード作り」では、「漢字、意味、例文」が書ける短冊を用意し、国語辞典や巻末のこれまでに習った漢字を活用して同音異義語を調べてグループで発表し合うことで語彙を広げる。「クイズ作り」では、同じように国語辞典を使って同音異義語を調べ、短い平仮名の文を使い、問題を作る。友達と互いに問題を解き合うことで楽しく理解を定着させることができる。「かるた作り」は、同音異義語を１つ書いた札と意味を表す絵札をグループで作り楽しむ活動である。

〈他教材との関わり〉

漢字の指導などの「言語」の学習の際に、同音異義語が出てくることがある。その都度、本単元の学習を振り返るなどして、長期的な視点で繰り返し練習に取り組むことが必要である。また、「まるい」など、同音異義語の学習のときも、ここで学んだことと関連させて学ぶことができる。

具体例

○３年生の「ローマ字」の学習では、パソコンを使ってローマ字を打ち込む活動がある。パソコンでは、文字を入れただけでたくさんの同音異義語が表示される。この機能を短い文作りにつなげることもできる。また、日常の漢字の学習の際にも、同音異義語が出たときに学習を振り返ることが大切である。

本時案

漢字の意味

本時の目標

・漢字と仮名を用いた表記を理解して文や文章の中で使うことができる。

本時の主な評価

❶漢字と仮名を用いた表記を理解して文や文章の中で使っている。【知・技】

資料等の準備

・教科書 P.60の挿絵

○どんな意味かな？
　はははははじょうぶです。
　母は歯はじょうぶです。
　漢字とかなを交ぜて書くことで、意味が分かり、文が読みやすくなります。

4
○同じ読み方で意味がちがう漢字を使って文を作ろう。
・おかしを食べたので歯をよくみがく。
・マリーゴールドの葉の形はおもしろい。

授業の流れ▷▷▷

1 絵を見て、読み方が同じでも意味が違う字があることを知る 〈5分〉

T 「人形にはなをつける。」は、どちらの絵でしょうか。

・分かりません。

・漢字にすれば分かります。

T どんな漢字を入れればよいですか。

・上はお花の花です。

・下は顔にある鼻です。

T 漢字が違えば、文の意味も変わってしまいますね。今日は、漢字の意味に気を付けて、漢字を使ってみましょう。

○国語辞典を準備しておき、いつでも字の意味を調べられるようにしておく。

2 絵に合う字を発表する 〈10分〉

T では、挿絵にはどんな漢字が当てはまると思いますか。隣の人と話し合ってみましょう。

・①の上は、口の中にある歯です。下は、葉っぱの葉です。

・②の上は、燃える火だと思います。下は、日光の日だと思います。

○平仮名では、意味の区別がつかない文も、漢字にすると区別がつくことや、漢字には意味がある（表意性）ことを伝える。

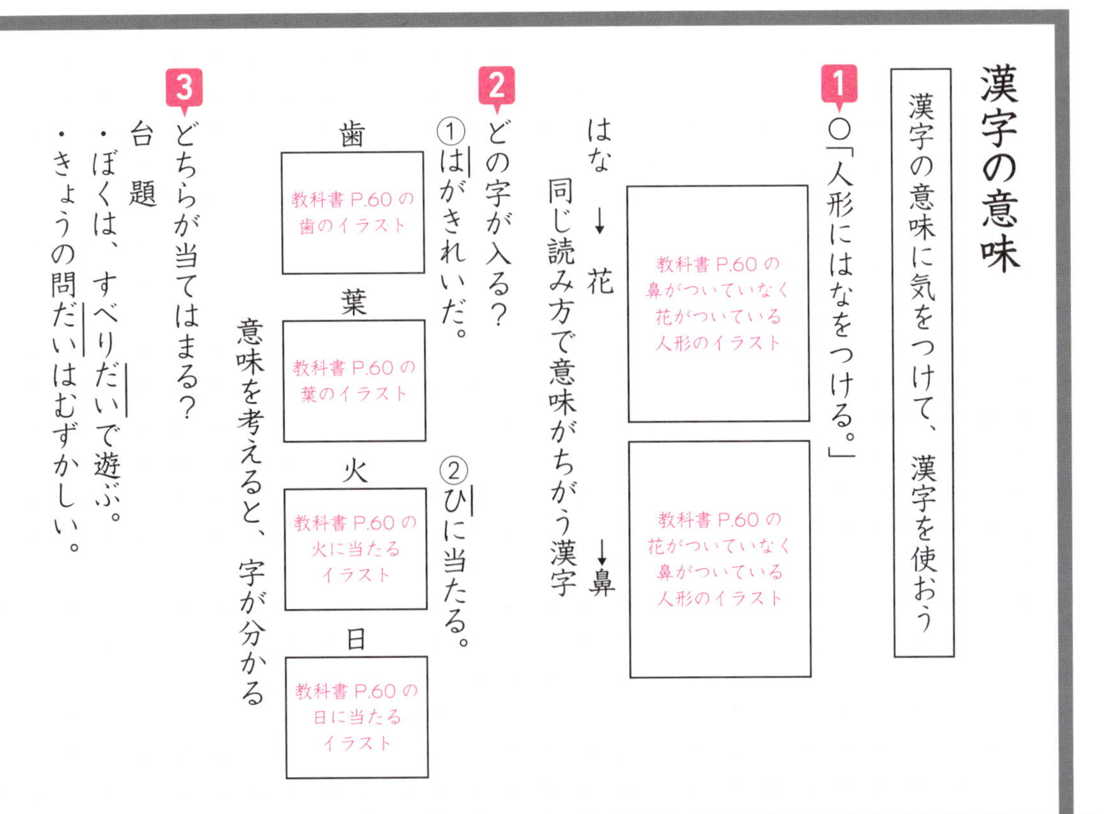

漢字の意味
漢字の意味に気をつけて、漢字を使おう
1
○「人形にはなをつける。」
教科書P.60の鼻がついていなく花がついている人形のイラスト
教科書P.60の花がついていなく鼻がついている人形のイラスト
はな → 花 → 鼻
同じ読み方で意味がちがう漢字
2
どの字が入る？
①はがきれいだ。
②ひに当たる。
歯
教科書P.60の歯のイラスト
葉
教科書P.60の葉のイラスト
火
教科書P.60の火に当たるイラスト
日
教科書P.60の日に当たるイラスト
意味を考えると、字が分かる
3
どちらが当てはまる？
台　題
・ぼくは、すべりだいで遊ぶ。
・きょうの問だいはむずかしい。

3 文の意味に合う漢字を当てはめる〈15分〉

T 「台」と「題」、２つの文に当てはまる字を選びましょう。

・すべり「台」だから、台所の台です。
・問題のだいは、題名の題だと思います。
・文章の意味を考えたので分かりました。

T 黒板の文を音読しましょう。意味が分かりますか。意味が分かるように漢字を入れてノートに書いてみましょう。

T 隣の人と話し合ってみましょう。

・「ははは」は「母は」じゃないでしょうか。
・「葉」もどこかに入ると思いましたが違いました。

○「にわにはにわにわとりがいた」「くさくさくさくらさく」などの例もある。

4 同音異義語を使って文を作り、学習を振り返る〈15分〉

T 「歯、葉」「切、着」などの字を使って文を書きましょう。意味を間違えないように気を付けましょう。

○文が思い浮かばない子供には、国語辞典で調べてもよいことを伝える。

T どんな文ができましたか。発表しましょう。

・おかしを食べたので歯をよくみがく。
・マリーゴールドの葉の形はおもしろい。

T 今日の勉強で、正しく漢字を使うためにどんなことが大切だと思いましたか。今日の勉強で分かったことや難しいと思ったことを書きましょう。

・一つ一つの漢字の意味を考えることで、正しく使うことができます。

本時案

漢字の意味

本時の目標

・漢字と仮名を用いた表記を理解して適切に使うことができる。

本時の主な評価

❷意味による漢字の使い分けなどに興味をもち、漢字と仮名を用いた表記を理解して積極的に文や文章に使おうとしている。【態度】

資料等の準備

・短冊

（　　）
・先生は、校庭（こうてい）に大きなえんをかく。
・わたしは、日曜日に動物えんに行く。

4 ○クイズを出し合おう。

会　員
・わたしは、海でかいを拾った。
・お母さんが、ほご者かいに出た。

授業の流れ▷▷▷

1 クイズ作りの見通しをもつ〈5分〉

T　今日は同じ読み方でも意味の違う漢字を使ってクイズを作ります。では、先生の作ったものをみんなで解いてみてください。

・①は、親切だから「親」が入ります。
・②は、新学期だから「新」が入ります。

2 同じ読み方で、意味の違う漢字を集める〈10分〉

T　同じ読み方で意味の違う漢字を集めてノートに書きましょう。教科書 P.148の「これまでに習った漢字」や、国語辞典を使って見つけて書きましょう。音でも訓でもどちらでもよいです。熟語もよいです。たくさん集めましょう。

・「ち」は、「地」と「池」があります。
・「か」は、たくさんあります。

○まず、全員で P.148を見て、見つけた子供に発表させる。4文字程度見つけたら個人で探すようにする。

○見つけられない子供には「か」「こ」「し」の列を探すとたくさん載っていることを伝える。

○熟語なども発表させると語彙が広がる。

漢字の意味

1 同じ読み方の漢字を使ってクイズを作ろう。

親　新

①わたしの友だちは、□切です。
②今日から、□学期。

2 ○同じ読み方で、意味のちがう漢字を集めよう。

ち　地　池　（地下鉄　電池）
うん　運　雲　（運動　暗雲）
てん　点　店　（百点　商店）
えん　円　園　（千円　遊園地）
きしゃ　汽車　記者

3 ○クイズを作ろう。

・ぼくは、ち下鉄（かてつ）がすき。
・ぼくはゲームをしすぎて電（でん）ちがなくなる。

3 漢字クイズを作る 〈10分〉

T　それでは、クイズを作りましょう。用意した短冊に書いてください。さきほど出してもらった漢字を使ってクイズを作れそうな人いますか。

・ぼくは、ち下鉄がすき。
・ゲームをしすぎて電ちがなくなる。

T　クイズが思いついた人は短冊に書きましょう。（短冊を配る）

○子供と一緒にいくつか例文を作ってから取り組ませると書きやすくなる。
○短冊は、何枚書いてもよいことを伝える。
○できるだけ主語、述語だけの文でなく、修飾語も使うように声を掛ける。

4 友達とクイズを出し合い、発表する 〈20分〉

T　それでは、クイズ大会をしましょう。これからたくさんの人とクイズを出し合ってください。答えは自分のノートに書きましょう。書けたら友達に答えを聞いてください。

○答えをノートに書くことで語彙を増やすようにする。

T　作ったクイズを発表しましょう。

・わたしは、海でかいを拾った。
・お母さんが、保護者かいに出た。

○でき上がった短冊を掲示して休み時間などに交流できるようにする。

T　今日の学習で学んだことを発表してください。

・同じ読み方で意味の違う字を、たくさん知ることができました。

短歌を楽しもう　（1時間扱い）

〔知識及び技能〕(3)ア 〔思考力、判断力、表現力等〕― 関連する言語活動例―

単元の目標

・知っている言葉を手がかりにして情景を想像し、音読して文語調の言葉の響きやリズムに親しむことができる。

評価規準

知識・技能	❶易しい文語調の短歌を音読して、言葉の響きやリズムに親しんでいる。（〔知識及び技能〕(3)ア）
主体的に学習に取り組む態度	❷知っている言葉を手掛かりにして情景を想像し、繰り返し音読することを通して、文語調の言葉の響きやリズムに親しもうとしている。

単元の流れ

時	主な学習活動	評価
1	短歌について知り、知っている言葉を手掛かりにして情景を想像する。 気に入った作品を1首選び、繰り返し音読して短歌に親しむ。	❶ ❷

授業づくりのポイント

〈単元で育てたい資質・能力〉

本単元は、学習指導要領において「我が国の言語文化」に関する事項として位置付けられている。取り上げられている4首の短歌を教材として、昔の人々が日々の日常生活や季節の変化などをどのように感じていたのか、知っている言葉を手掛かりにしながら情景を想像していく。その中で、現在、私たちが使っている言葉との違いや昔の人々の思いを感じさせていきたい。

また、繰り返し音読することを通して、文語における五・七調のリズムや言葉の響きに親しむことが大切である。短歌に親しみ、今後の古典学習へとつなげていくことを大切にしたい。

具体例

○「むし」「秋」「風の音」「紅葉」「鹿」などの名詞は、現在の言葉とイメージが変わらず想像しやすいと考えられる。一方で「来ぬ」「おどろかれ」「出でし」などの動詞、「すくなに」「悲しき」などの形容詞は、現代で使われる品詞の形とは少し違うものもあるため、短歌を読んだ際に、意味が想像できる言葉に線を引かせて、前後の文や言葉などから情景を想像していく。

〈教材の特徴をつかむための工夫〉

本単元では、文語の五・七調のリズムや言葉の響きに親しみ、声に出して楽しむことを目指していく。文語調のリズムや現代と異なる意味の助詞・助動詞など、子供がイメージすることが難しい表現もある。朗読や映像などICT機器を補助的に活用することも有効である。

具体例

○短歌の朗読を聞きながら、どこで区切っているかを確認することで五音と七音のリズムを感じることができる。その際に、横線を引きながら、どこで区切るのか視覚化することで、音読のときにも、五音・七音のリズムや間など意識することができる。

〈短歌により親しむための工夫〉

本単元では、自分が選んだ短歌のどこに着目したのか理由を書く活動を取り入れている。子供たちは「内容」「形式」「リズム」「言葉」「現代との違い」など、様々な理由から自分の気に入った短歌を選ぶと考えられる。それぞれが選ぶときの視点は、これから短歌などの古典に親しんでいくきっかけとなっていく。さらに古典に親しんだり、昔の人々の考え方に触れたりするには、以下のような活動に取り組んでもよい。

具体例

○本単元の教材として、教科書では、百人一首から2首取り上げられている。発展的な扱いとして、朝自習などで百人一首かるたに取り組むのもよい。教科書では秋を題材とした短歌が複数取り上げられているので、詠み手による感じ方の違いなどにも着目してもよい。百人一首には、秋の歌として以下のようなものもある。

1　秋の田の　かりほの庵の　苫をあらみ　我が衣手は　露にぬれつつ　（天智天皇）
17　ちはやぶる　神代もきかず　竜田川　からくれなゐに　水くくるとは　（在原業平）
22　吹くからに　秋の草木の　しをるれば　むべ山風を　嵐といふらむ　（文屋康秀）

○選んだ短歌を短冊などに視写し、短歌から想像した絵を描くといった学習も考えられる。

本時案

短歌を楽しもう

本時の目標

・短歌の特徴を知り、情景を想像しながら音読して文語調の言葉の響きやリズムに親しむことができる。

本時の主な評価

❶短歌を音読し、文語調の言葉の響きやリズムに気付き、親しんでいる。【知・技】
❷知っている言葉を手がかりにして情景を想像し、繰り返し音読することを通して、文語調の言葉の響きやリズムに親しもうとしている。【態度】

資料等の準備

・短歌を書いた短冊の拡大図

天の原｜振りさけ見れば｜春日なる｜三笠の山に｜出でし月かも
（安倍仲麿）

どうしてその短歌を選んだのか、そのよさを自覚できるようにする。

3
○すきな短歌を一首えらんで読む練習をしよう。
（えらんだ理由）
・リズムよく読めるところ。
・秋になってさみしい様子がよくわかる。
・今あまり使わない言葉がたくさんあっておもしろい。

授業の流れ ▷▷▷

1 短歌の特徴について知る〈10分〉

T　今日は短歌について学習します。まずは、１首みんなで読んでみましょう。（良寛の短歌を貼り読む）
T　前に学習した「俳句」と比べてみましょう。似ているところ、違うところはどこでしょうか。
・「俳句」よりも長いです。
・「俳句」と同じで、五音と七音のリズムではないでしょうか。
・「短歌」にも、季節を表す言葉があるのでしょうか。
○五音と七音のリズムにより、合計三十一音で作られた、日本の独特の短い詩であることを確認する。他の短歌も掲示し、横線で五音・七音ごとに区切り、短歌のリズムを知る。

2 短歌を聞いて情景を想像する〈20分〉

T　いろいろな短歌を読んで、短歌の世界を味わいましょう。まずは短歌の中で、知っている言葉に波線を引き、短歌で読まれた様子を想像してみましょう。
例　良寛の短歌の場合
・「むし」「のこり」「かぜ」「さむく」は、そのまま意味が分かります。「むしのね」は鳴き声かな。
・「のこりすくな」は「のこりすくなくなった」ということではないかな。
・「よなよな」は「夜」のことだと思います。
・きっと、「虫の声が少なくなってきた。夜の風が寒くなるから」ということじゃないかな。
○子供たちから出た言葉や気付きを結び付けて、イメージを膨らませていきたい。

短歌を楽しもう

1 短歌を声に出して読み、言葉の調子やひびきを楽しもう。

○短歌　五・七・五・七・七（三十一音）で作られた短い詩
数は一首・二首…と数える。

短冊を貼り、五音・七音の分かれ目を横線で区切ったり、知っている言葉に縦波線を引いたりすることで、視覚的にも分かりやすくする。

2 むしのねも／のこりすくなに／なりにけり／よなよなかぜの／さむくしなれば（良寛）

秋来ぬと／目にはさやかに／見えねども／風の音にぞ／おどろかれぬる（藤原敏行）

奥山に／紅葉踏み分け／鳴く鹿の／声聞く時ぞ／秋は悲しき（猿丸大夫）

3 短歌を読む練習する 〈15分〉

T　短歌を声に出して読む練習をしましょう。

○声に出して読む際には、五音・七音のリズムを意識して、言葉の響きや間を意識させたい。

T　好きな短歌を１首選び、音読する練習をしましょう。どうしてその短歌を選んだのか理由を発表しましょう。

・とても、リズムがよく読みやすい気がします。

・「けり」という今はあまり使わない言葉がいいなと思いました。

・短歌の意味を想像して、寂しい感じがいいなと思いました。

○なぜその短歌を選んだのか、そのよさを自覚できるような交流にしたい。

よりよい授業へのステップアップ

短歌をより楽しむための工夫

本単元では、五音・七音の独特のリズムなどに触れ、子供たちの興味・関心を高めていきたい。2の活動で、子供たちは知っている言葉や文の前後関係などから、短歌の意味を楽しみながら想像していく。より具体的にイメージをもたせるのであれば、「虫」「紅葉」「月」などの絵を見せたり、短歌から想像できる絵を描いたりしてもよい。また、前ページでも紹介したが、百人一首には、秋の短歌が多く取り上げられている。子供の興味・関心に応じて紹介してもよいだろう。

漢字の広場⑤　2時間扱い

〔知識及び技能〕(1)エ、オ　〔思考力、判断力、表現力等〕―関連する言語活動例―

単元の目標

・2年生までに配当されている漢字を使って正しい文を作ることができる。
・文章の間違いを見つけて直したり、目的を意識した表現にしたりして、文章を整えることができる。

評価規準

知識・技能	❶前学年までに配当されている漢字を文や文章の中で使っている。(〔知識及び技能〕(1)エ)
主体的に学習に取り組む態度	❷積極的に言葉には性質や役割による語句のまとまりがあることを理解し、今まで学習した漢字を積極的に使い、文を作ろうとしている。

単元の流れ

時	主な学習活動	評価
1	絵の中にある漢字の読み方や書き方、意味を確認し、学校でどんなことをしているかについて、日記を付けるように表現しながら、文を作る。	❶
2	曜日を決めて時間割に即した文を作り、何曜日の時間割か当てるクイズをする。	❷

授業づくりのポイント

〈単元で育てたい資質・能力〉

本単元では、既習内容である修飾語も使いながら、学校生活に関連した２年生の漢字を思い出し、文の中で正確に使っていくことを目指す。例には日記の文があり、普段の生活を想起しながら漢字を書く力を養いたい。

日記を書くように文を作るため、「いつ」「どこで」「誰が」「何を」「どのように」「した」かが分かるように書く。修飾語が既習内容にあるため、詳しく書いた子供を褒め、豊かな表現につなげる。

具体例

○絵をじっくりと見て、想像して文や文章を作る学習は、子供にとっても楽しく取り組めることである。６つの教科と学校生活の場面が示されているため、班ごとに場面を分担して文を作ってもよい。文を書いてそのままにするのではなく、時間割を作るなど、楽しく取り組めるようにしたい。

〈教材・題材の特徴〉

子供にとって身近な学校での生活を振り返り、日記の体裁で文を書く。絵があることで学習の様子が想像できるように配慮されている。しかし、絵の内容をただ文にするのではなく、自分や友達、先生の様子をじっくりと観察し、日常生活で使う言葉を増やすきっかけにしたい。

具体例

○各教科等の絵が描かれ、名詞や動詞の言葉が記載されている。考えることが難しい場合、授業当日の様子を思い浮かべられるように「今日の図工では○○をしたね」と具体的に話し、想像を膨らます機会をつくる。

○朝の会で国語の学習の予告をし、１日の様子を意識させたうえで、午後に国語を行うのもよい。気付いたことをメモしたり、１日の学習の中で先生が短冊に書き留めておいたりしたい。また、漢字を使うことで情報が伝わりやすくなることも実感させていきたい。

〈言語活動の工夫〉

現実的な内容だけでなく、想像を膨らませることも言葉を使うことの楽しさである。漢字を扱う際、どうしても堅苦しく、覚えなければという思いが先行してしまう。楽しみながら文を書き、漢字を多く使いたい。ただし、その言葉を正しく使えているのか、もっと適切な言葉はないかを振り返る時間を充分にとる。言葉の感覚を大切にして、日常でも使っていくことができるようにする。

具体例

○語彙を増やすためにも、言葉の使い方に目を向け、場合によっては、「言う」「話す」という言葉よりも「発言する」を使ったほうが「改まった感じがする」「その場面や状況にふさわしい」というように、言葉を使ったときの感じ方を大切にするようにしたい。

本時案

漢字の広場⑤

本時の目標

・２年生までに配当されている漢字を正しく書き、日記形式の文を整えることができる。

本時の主な評価

❶前学年までに配当されている漢字を書くとともに、第３学年に配当されている漢字を漸次書き、文や文章の中で使う。【知・技】

資料等の準備

・教科書 P.64の挿絵を拡大表示
・ワークシート 10-01

算数…計算の仕方を教えてもらった。
理科…かん電池と豆電球をつなぐ回路をつくった。
社会…今日の新聞を読んで、社会のことを考えた。
図画工作…画用紙を切って、はり合わせる絵を作った。

3 今日の学習をふり返って、日記ふうに文を書こう

授業の流れ ▷▷▷

1 P.64の漢字の読み方を確かめる〈10分〉

T 64ページを開きましょう。何の絵が描かれていますか。学校での様子が描かれていますね。

○学習のめあてを確かめる。
○２年生で習った漢字の読み方を確認する。
○読み方を教科書に書き込ませてもよい。

2 P.64の絵の様子を文にする〈20分〉

T 教科書の絵を文にしてみましょう。

・国語の時間には、話し合いをした。よく考えて発言した。話を聞くときには、しずかに聞いた。

○読書、日直、黒板も載っているため、休み時間の様子にも着目して漢字を使って文を作るよう促す。

漢字の広場⑤

学校でしていることを、
日記をつけるように書こう

1 漢字の読み書きを確認しよう

国語　聞く　発言　話し合い　社会　知る
考える　新聞　音楽　歌声　算数　教える
答える　計算　図画工作　絵　切る　画用紙
理科　回路　かん電池　読書　黒板　日直

2 学校でのことを日記をつけるように書こう

〈れい〉
理科の時間に、かん電池を使って、
じっけんをした。

○○の時間に、…をして、
〜をした。

国語…話し合いをした。
よく考えて発言した。
しずかに話を聞いた。
音読した。

3 今日の時間割に即して、短文を作る〈15分〉

T　教科書にある漢字を使って、今日の学校での学習の様子が分かるように短文を書きましょう。

○時間割に合わせて書くようにしてもよい。例えば、「1時間目は社会の学習をしました。新聞を読んでニュースを知りました。2時間目は算数で、……。」のように書く。

○日記をつけるように書くため、どの教科でどんな学習をしているのかを全体で挙げていく。

○想像力を豊かに書くことができれば、載っている漢字の別の読み方で文を書いてもよい。「知る→知しき」

よりよい授業へのステップアップ

漢字の意味の共通性を実感する授業づくり

毎日の宿題で漢字の練習も出ているだろうが、漢字のノートに書く際、ただ同じ字を機械的に何十回書いても非効率である。本時で「国語の授業」に使う言葉には「ごんべん」が付いている漢字が多いなど、1文字ずつの漢字の成り立ち、意味を捉えながら漢字を使う習慣を身に付けさせていきたい。

本時案

漢字の広場⑤

本時の目標

・絵や日常生活から想像したことを基に、2年生までの漢字を積極的に使い、正しい文を書くことができる。

本時の主な評価

❷今まで学習した漢字を積極的に使い、文を作ろうとしている。【態度】

資料等の準備

・教科書 P.64の挿絵を拡大表示
・ワークシート 10-01
・前時で作ったワークシート

2
友だちの文を読んで、何曜日の時間わりか当てよう

3
○友だちの文を読んで、あらためて文を作りましょう。

授業の流れ ▷▷▷

1 曜日を決めて、その日の時間割に合わせて日記ふうに書く 〈5分〉

T 前の時間に書いた文とは別の曜日を決めます。教科書にある漢字を使って、その日の時間割に合わせて、学校での学習の様子が分かるように短文を書きましょう。
○載っている漢字の別の読み方で文を書いてもよい。「知る→知しき」
○ただ事柄を羅列するのではなく、「今日は、一番楽しい曜日です。」のように、書き出しを工夫して書いてもおもしろい。
・図画工作がある木曜日の時間割で書いてみよう。私は絵を描くことが好きだから、そのときの気持ちも書いてみます。
○もっと作ってみたい子供には、1週間分の時間割を作ってみるよう促す。

2 作った文を読み合い、どの曜日の時間割か当てるクイズをする〈20分〉

○作った文を読んで、何曜日の時間割か考える。
〈例文〉 1時間目は、理科の学習をしました。かん電池を使っておもちゃを作りました。回路は、電気の通り道のことだと分かりました。
 2時間目は国語でした。～さんが話し合いでしかいをしてくれました。みんなの発言をじっくりと聞くことができました。

漢字の広場⑤

1 学校で学習していることを、日記のように書こう

教科書 P.64 の挿絵

〇〇の時間に、…をして、~をした。

〈れい〉
一時間目は、理科の学習をしました。かん電池を使っておもちゃを作りました。回路は、電気の通り道のことだと分かりました。
二時間目は国語でした。~さんが話し合いでしかいをしてくれました。みんなの発言をじっくりと聞くことができました。

3 友達の文を読んで、自分になかった語彙を振り返る 〈25分〉

○文の中で工夫しているか、より多くの漢字を使っているか等、評価の観点を示しておく。

T 友達の文でいいと思う表現はありましたか。自分になかった言葉や表現を加えて文を作りましょう。

〈例文〉 1・2時間目は理科でした。実けんは楽しいです。かん電池を使って回路の学習をしました。分かったことを友だちと話し合いました。3・4時間目は図画工作です。画用紙をはさみで切って、車を作りました。上手な友だちに作り方を教えてもらいました。

○使った漢字を見直し、学習の振り返りをする。

よりよい授業へのステップアップ

1行日記

普段から、漢字を使う機会を増やしていきたい。連絡帳に1行日記を書くのもよいだろう。1日の学校生活の中で特に心に残った学習の場面や出来事を書く。習った漢字を使ったら○を付け、○の数を競うのも意欲を高める。毎日だと負担感が増すため、「漢字週間」として1週間続ける、毎週金曜日はその週を振り返って一行日記を書くというように、習慣化するための工夫を続けたい。

1 第1、2時　ワークシート 10-01

「漢字の広場⑤」ワークシート

年　組　名前（　　　　　　）

学校でどんなことをしているか、日記をつけるように書きましょう。

1時間目	
2時間目	
3時間目	
4時間目	
5時間目	

2 第1、2時　ワークシート記入例　10-02

「漢字の広場⑤」ワークシート

年　　組　　名前（　　　　　　　　　　　　　）

学校でどんなことをしているか、日記をつけるように書きましょう。

1時間目	国語　1年生に読み聞かせる絵本について話し合いをしました。よく考えて発言しました。本番も楽しみです。
2時間目	算数　小数の計算の仕方を教えてもらいました。むずかしかったけれど、生活の役に立ちそうなので、がんばってできるようになりたいです。
3時間目	理科　かん電池と豆でんきゅうをつなぐ回路を作りました。見えない電気が見える光になるのはふしぎで、楽しかったです。
4時間目	社会　今日の新聞を読んで、社会のことを考えました。世界中で病気がはやっていて、悲しい。早くちりょう方ほうが見つかってほしいです。
5時間目	図画工作　画用紙を切って、はり合わせる絵を作りました。手がべたべたになりましたが、うまくさくらがちる様子を表せました。

3 組み立てをとらえて、民話をしょうかいしよう

三年とうげ　（6時間扱い）

〔知識及び技能〕(1)オ　〔思考力、判断力、表現力等〕C 読むことイ・エ　関連する言語活動例 C(2)イ

単元の目標

・登場人物の気持ちの変化について、場面の移り変わりと結びつけて具体的に想像することができる。
・民話の物語の組み立てを捉え、「民話紹介カード」に考えをまとめることができる。

評価規準

知識・技能	❶様子や行動を表す語句について理解を深めている。(〔知識及び技能〕(1)オ)
思考・判断・表現	❷登場人物の行動や気持ちについて、叙述を基に考えている。(〔思考力、判断力、表現力等〕C イ) ❸登場人物の気持ちの変化について、場面の移り変わりと結びつけて想像している。(〔思考力、判断力、表現力等〕C エ)
主体的に学習に取り組む態度	❹物語の組み立てや登場人物の気持ちの変化に着目しながら、民話のおもしろさについて進んで考えたり、紹介したりしようとしている。

単元の流れ

次	時	主な学習活動	評価
一	1	**学習の見通しをもつ** 民話について知り、物語の組み立てはどのようなものかを捉え、これからの学習のおおよその見通しをもつ。	
二	2	「三年とうげ」の全文を読み、おもしろいと感じたところを伝え合い、物語の組み立てを確認する。 (どんな人物がいるのか、どんな出来事があったのか、どのように解決したのか) (①始まり　②出来事が起こる　③出来事が解決する　④結び)	❶
	3	登場人物の行動や様子を表す言葉に着目し、おじいさんの気持ちを想像する。	❷
	4	おじいさんの気持ちの変化について、場面の移り変わりと結び付けて想像し、「三年とうげ」のおもしろさについて考える。	❸
三	5	自分で選んだ民話のおもしろさを「民話紹介カード」にまとめる。	❸
	6	「民話紹介カード」を基に紹介し合う。 **学習を振り返る** 学習を振り返り、感想を書く。	❹

授業づくりのポイント

〈単元で育てたい資質・能力〉

本単元のねらいは、民話のおもしろさに触れる中で、場面の移り変わりにともなって変化する登場人物の気持ちを、具体的に想像する力を育むことである。そのためには、文章中の場面の出来事や様子、登場人物の行動、心情などを表す語句に着目しながら理解する力が必要となる。

心情などを表す語句に着目する際には、その言葉がある場合とない場合との捉え方の違いに気付き、一つ一つの言葉を手がかりに、登場人物の気持ちの変化を具体的に想像できるようにする。

具体例

○例えば、「おじいさんはおいおい泣きました」というおじいさんの行動に着目させる。その際に、「おじいさんは泣きました」という文章だった場合と比較し、おいおい泣くときの気持ちを想像できるようにする。また、国語辞典を使って意味を調べることなどもできる（おいおいとは声を上げて泣くさま）。そうすることによって、言葉に着目しながら、登場人物の気持ちを具体的に想像できるようにする。

〈教材・題材の特徴〉

民話の主な特徴として、①始まり（時、場所、登場人物の紹介）②出来事（事件）が起こる（登場人物が困るなど）③出来事（事件）が解決する④結び（その後どうなったのか）という場面の移り変わりがはっきりしていることが挙げられる。その展開に伴って、登場人物の気持ちも変化していく。

この「三年とうげ」は、韓国の民話である。読書経験を振り返ると読んだ経験のある話の展開であることに気付くこともある。それは、民話は日本、韓国だけでなく、様々な国、地域で語り継がれてきた話が基になっているからである。民話の特徴として、物語の展開に合わせて、登場人物の気持ちが大きく変化していくおもしろさがある。民話の典型的な組み立てのおもしろさに気付ける教材である。

また、この後の単元「たから島のぼうけん」では、物語を書く言語活動がメーンである。その際に本単元で学んだ民話の場面の移り変わりと登場人物の気持ちの変化の表し方などを活用していきたい。

具体例

○世界の様々な場所で民話が残されている。もともと語り継がれてきた物語であるため、共通点も多い。民話は、昔話・伝説・世間話などに分類されるが、今回は全てを含んで民話として扱う。特に、昔話は幼少期から馴染み深いものになっていると考えられる。民話をいくつか集め、子供たちに親しませることもできる。資料編に地図にまとめたので、参照されたい。

〈言語活動の工夫〉

民話の場面の移り変わりと登場人物の気持ちの変化を基に、おもしろさについての考えをまとめていく。感想を伝え合うことを通して、民話のおもしろさを探りたいという思いを引き立てる。そうすることで主体的に学習に取り組めるようにする。

また、登場人物の気持ちの変化に着目して読み深めていく時間や場面の移り変わりを捉えていく時間は、互いに読み取ったことを共有しながら対話的に学習を進められるようにする。

具体例

○民話のおもしろさについて登場人物の気持ちの変化と場面の移り変わりに着目して、「民話紹介カード」としてまとめる。

本時案

三年とうげ

本時の目標

・民話について知り、おもしろさについて考え、これからの学習のおおよその見通しをもつことができる。

本時の主な評価

・民話について知り、今まで読んできた話のおもしろさと組み立ての関係を捉え、これからの学習のおおよその見通しをもっている。

資料等の準備

・「おおきな　かぶ」（光村図書小学１年上）の拡大コピー

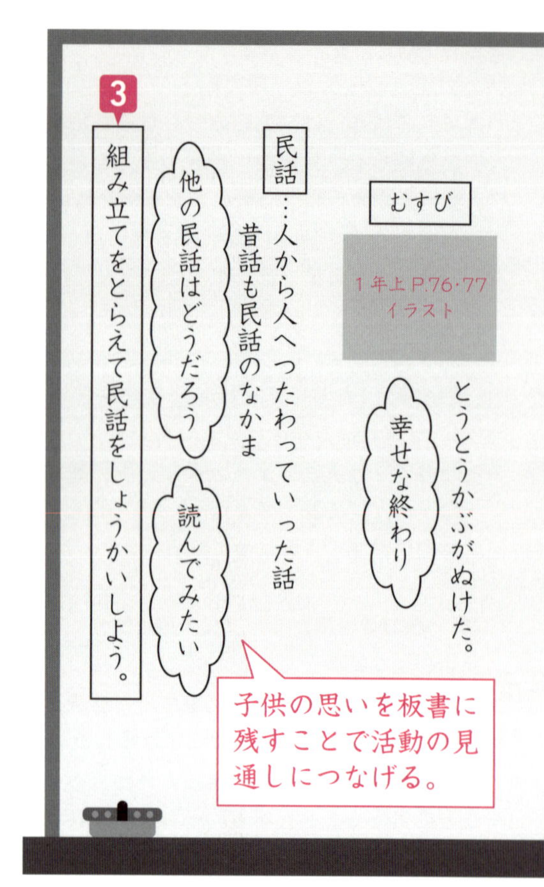

授業の流れ ▷▷▷

1 既習を基に物語のおもしろさについて振り返る 〈10分〉

○今までの読書経験を基に、物語のおもしろさを確認していけるようにしたい。

T　１年生の時、「おおきな　かぶ」を読みました。どのようなところがおもしろかったですか。

・いろいろな登場人物が出てくるのがおもしろかったです。

・なかなか抜けなかったかぶが、みんなの力が合わさって抜けるところがおもしろかったです。

○導入として、おもしろさが分かりやすい既習の文章を扱うのがよい。そのため、「おおきな　かぶ」のように組み立てが分かりやすいものを取り上げるとよい。

2 既習の物語が「民話」であることを知る 〈20分〉

○「おおきな　かぶ」を読み、出来事を基に民話の典型的な展開について考える。

T　「おおきな　かぶ」はどのような出来事がありましたか。

・かぶの種を植えているところから始まります。

・かぶが抜けないから困ってしまいます。

・かぶを抜くためにいろいろと手助けを呼んできます。

・かぶが抜けて物語が終わります。

○挿絵を基にあらすじを確認する。

T　「おおきな　かぶ」のようなお話を民話と言います。民話は昔の人が伝えてきたお話です。ですので、昔話も民話の仲間です。

○民話について知らせる。

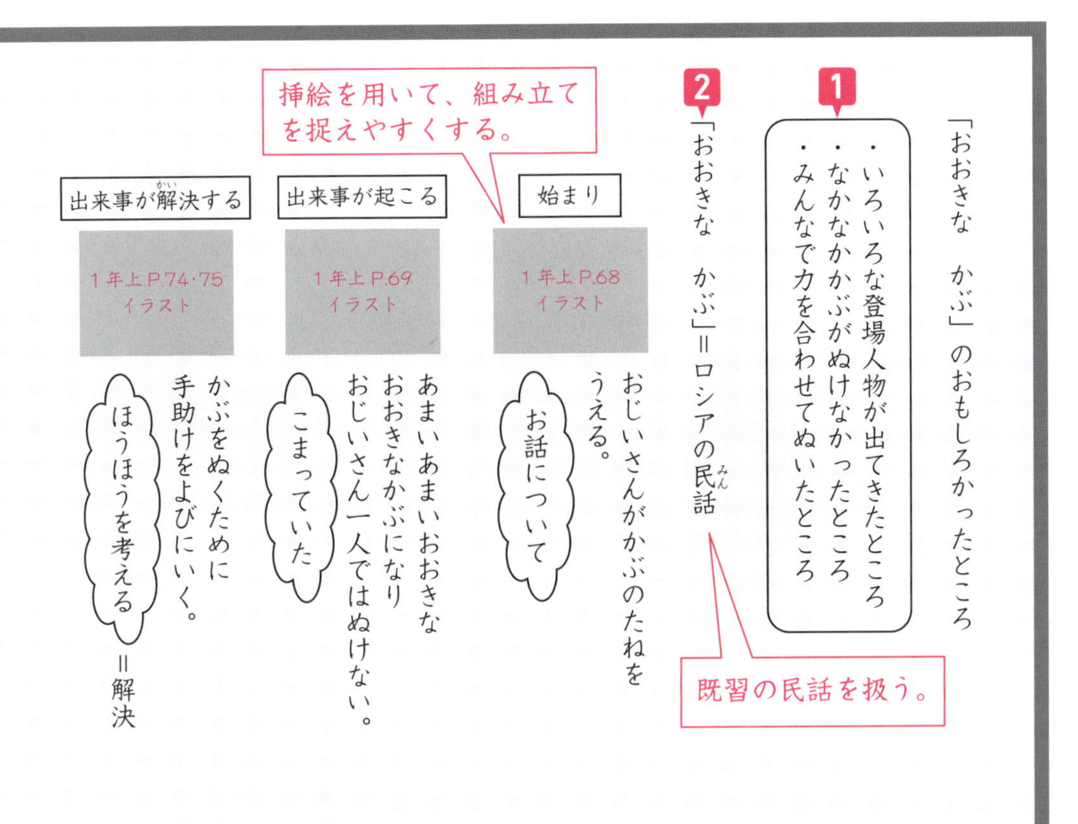

3 民話の組み立てを理解し、学習の見通しをもつ〈15分〉

○「おおきな　かぶ」の組み立てについて挿絵とあらすじを基に捉えるようにする。

T　「おおきな　かぶ」のような民話には組み立ての秘密があります。

○①始まり②出来事（事件）が起こる③出来事（事件）が解決する④結びの流れを伝える。

○「民話」にはある程度共通した組み立てがあることを知り、他の民話でも確かめたいと興味をもてるようにする。

T　組み立てを捉えて、民話を紹介し合いましょう。

○単元の目標を確認する。

○単元の終末に紹介したい民話を1人1冊準備できるように読書を始める。

よりよい授業へのステップアップ

既習の教材を振り返る

民話がどのような物語なのかを知るのと同時に、今までの読書経験を振り返る。教科書教材にも、1年生の「おおきな　かぶ」2年生の「スーホの白い馬」がある。その話の内容のおもしろさを振り返り、民話の組み立てと照らし合わせながら考えるようにしたい。

読む時間の確保

授業時間内で読むのは難しい。そのため、朝読書などの時間を使って民話を親しめるようにする。読書カードを作るなど紹介したいと思える本を選びやすいようにしておくとよい。

本時案

三年とうげ

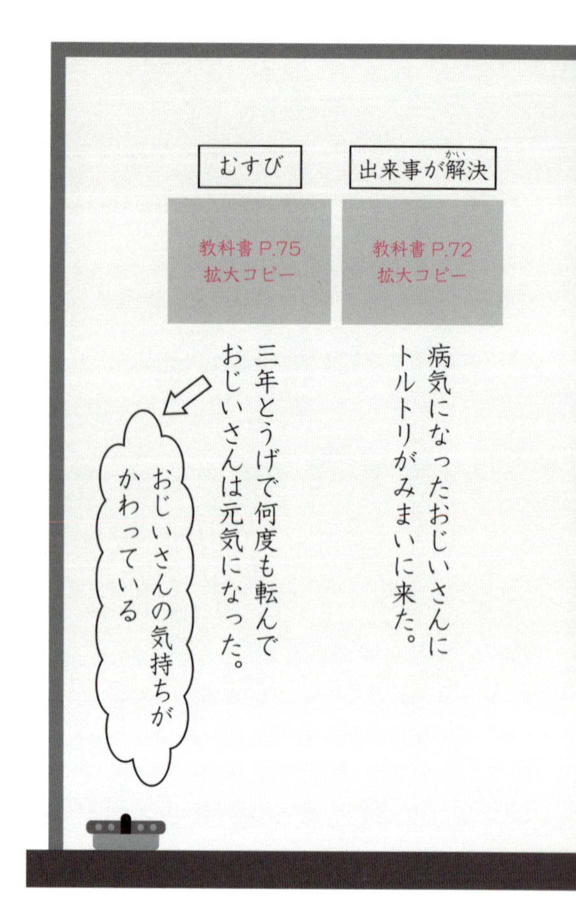

本時の目標

・「三年とうげ」の全文を読み、おもしろいと感じたところを伝え合い、物語の組み立てを確認することができる。

本時の主な評価

❶様子や行動を表す語句について理解を深めている。【知・技】

資料等の準備

・教科書 P.68・71・72・75の拡大コピー

授業の流れ ▷▷▷

1 「三年とうげ」の全文を読み、おもしろいと感じたところを伝え合う〈20分〉

T 「三年とうげ」を読んでおもしろいと感じたところはどこですか。

・おじいさんが、三年とうげで転んでしまって寝込んでしまうところ。→出来事

・おじいさんが、トルトリのアドバイスで元気を取り戻すところ。→登場人物の変化

・おじいさんが「おいおい泣く」などの言葉。→言葉

○全文を読んで、おもしろいと感じたことを互いに共有し合うことで、登場人物・物語の設定・組み立てを確認することにつなげたい。

2 「三年とうげ」の物語の設定・登場人物を確かめる〈10分〉

○おもしろさを感じる理由を考えるために、「三年とうげ」の物語の設定・登場人物を確認する。

T 「三年とうげ」はどんな所ですか。

・三年とうげは転んだら、三年しか生きられない所です。

T 「三年とうげ」にはどんな登場人物が出てきますか。

・おじいさんとおばあさんが出てきます。

・トルトリという水車屋が出てきます。

○組み立てを捉える際に、物語の設定、登場人物を確認しておくことで、挿絵の並び替えなどの活動につながりやすくなる。

三年とうげ　かん国朝せんの民話

1
おもしろいと感じたところ
・おじいさんが三年とうげで転んだところ
・トルトリの言葉で元気になるところ
・「おいおい泣く」などの言葉
・歌を歌うところ

2
三年とうげのおもしろさについて考えよう

「三年とうげ」はどんな所
転んでしまったら、三年しか生きられなくなってしまうという所

登場人物
おじいさん　おばあさん　水車屋のトルトリ

設定と登場人物を確認する。

物語の組み立て＝「おおきな　かぶ」と同じ

3
始まり
教科書 P.68 拡大コピー
おじいさんが三年とうげの美しいながめにうっとりしていた。

出来事の起こり
教科書 P.71 拡大コピー
おじいさんが三年とうげで転んでしまった。

挿絵を使って、組み立てを捉えやすくする。

3 「三年とうげ」の組み立てを捉える〈15分〉

T 物語の組み立てはどうなっていますか。挿絵を並び替えてあらすじを確認しましょう。
・おじいさんが景色にうっとりしていました。
・おじいさんが三年とうげで転んでしまうという出来事が起きます。
・トルトリのアドバイスを受けて、おじいさんが起き上がります。
・おじいさんが何度も転んで元気になります。
○①始まり②出来事が起こる③出来事が解決する④結びに合わせた挿絵を用意し、物語の組み立てを捉えやすくする。
○おもしろさの要素の中に、登場人物の心情の変化が関わっていることに気付かせ、次回からの見通しをもたせる。

よりよい授業へのステップアップ

今までの読書経験を振り返る

「三年とうげ」では、おじいさんがトルトリの助言で出来事を解決していく。トルトリが言葉をうまく解釈する形がほかのとんち話の展開と同じである。そのため、今までの読書経験を振り返らせると似ている話が出されるかもしれない。日本のとんち話としては「吉四六さん」（大分の民話、資料編参照）などが挙げられる。共通点や微妙な違いを取り上げられれば、民話のおもしろさに迫ることにつながる。

本時案

三年とうげ

本時の目標

・登場人物の気持ちの変化を考えるために行動や様子を表す言葉に着目し、おじいさんの気持ちについて想像することができる。

本時の主な評価

❷登場人物の行動や気持ちについて、叙述を基に考えている。【思・判・表】
・様子や行動を表す語句について理解を深めている。【知・技】

資料等の準備

・教科書 P.68・71・72・75の拡大コピー

むすび

教科書 P.75
拡大コピー

元気
とてもうれしい

P74 八行目 おじいさんは、すっかりうれしくなりました。
P75 五行目 あんまりうれしくなったので、
十二行目 にこにこわらいました。
P76 一行目 すっかり元気になり、

3 出来事の起こりからむすびで気持ちが大きく変化

授業の流れ ▷▷▷

1 登場人物の気持ちの変化を考えるために、行動や様子を表す言葉に気付く〈10分〉

○おじいさんの気持ちの変化を考えるために、行動や様子を表す言葉を取り上げ、その言葉による感じ方を伝え合う。

T 「おじいさんは真っ青になり、がたがたふるえました。」という文からどんな気持ちが想像できますか。

・真っ青というところから大きなショックを受けています。
・「がたがた」とはどういう泣き方でしょうか。

○辞書を使って言葉を調べたり、副詞がない文章と比較したりして、より言葉に着目できるようにする。

T 「真っ青」や「がたがた」という言葉があることでよりおじいさんの気持ちが伝わってくるね。本文からもっと探してみよう。

2 行動や様子を表す言葉に着目し、おじいさんの気持ちを想像する〈20分〉

○本文中の行動や様子を表す言葉に着目し、おじいさんの気持ちを想像する。

T おじいさんがどんな気持ちか分かる言葉はどこにありますか。どんな気持ちだと考えましたか。

・「おいおいなきました」からすごくショックを受けていると思います。
・「ごはんも食べられず」からすごく悲しくなっています。
・「ふとんからはね起きる」とあるから、何かひらめいたのだと思います。

○子供が見つけた文章を場面ごとに板書し、おじいさんの気持ちが変化していることに気付きやすくする。

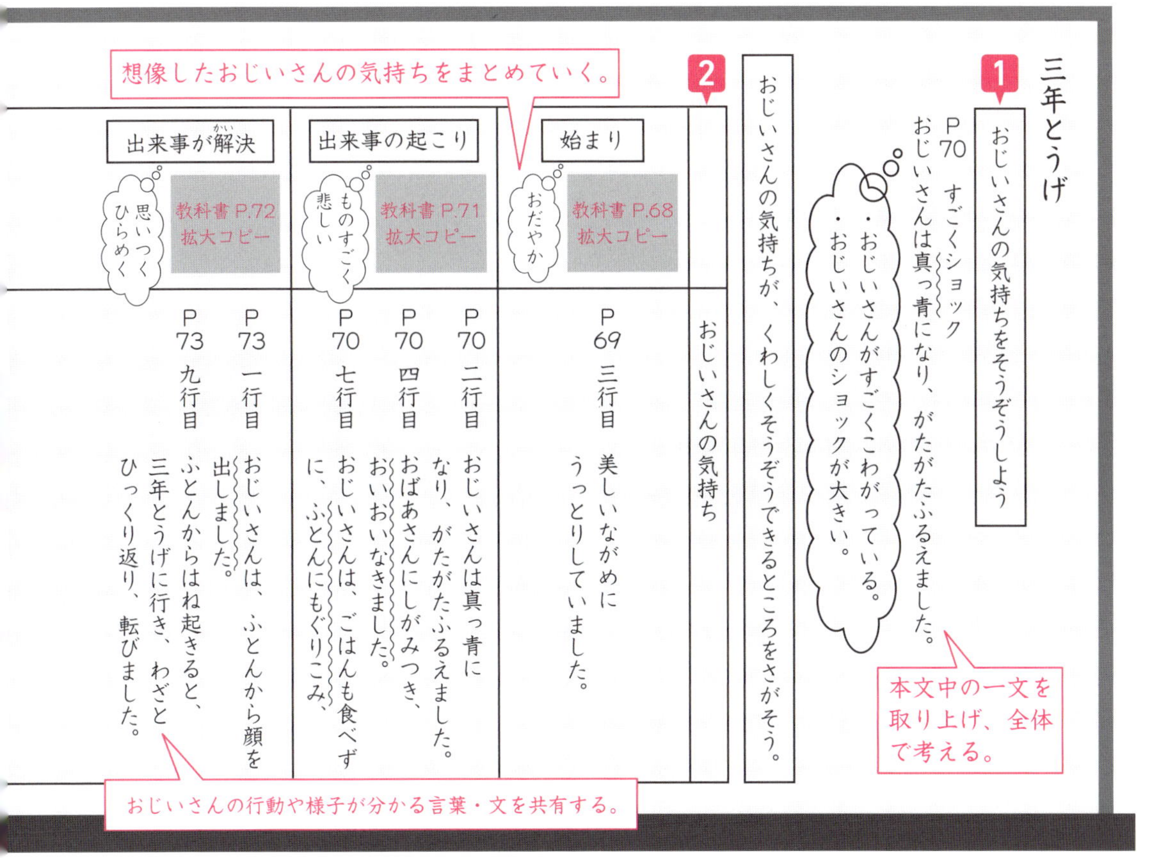

3 おじいさんの気持ちが、はじめと終わりに大きく変化していることに気付く〈15分〉

○おじいさんの気持ちが場面ごとに違っていることに注目する。

T　おじいさんの気持ちはいろいろと想像できますね。場面ごとに想像してみると、おじいさんの気持ちはどうなっていますか。

・それぞれ場面によって気持ちが違います。
・悲しいときもあれば、元気なときもあります。
・三年とうげで転んだときは大きなショックを受けているけど、最後は元気になっています。
・おじいさんの気持ちは場面によって大きく変わっているみたいです。

○おじいさんの気持ちが、場面の移り変わりの中で変化していることに気付かせる。

よりよい授業へのステップアップ

行動や様子を表す言葉に着目するために

例えば、「おじいさんはおいおい泣きました」というおじいさんの行動がある。その際に、「おじいさんは泣きました」という文章だった場合との比較することで、おいおい泣くときの気持ちを想像できるようにする。また、国語辞典を使って意味を調べることなどもできる。言葉の効果に関して、実感をもてるような経験をできるとよい。この意識は高学年にもつながっていく。

本時案

三年とうげ

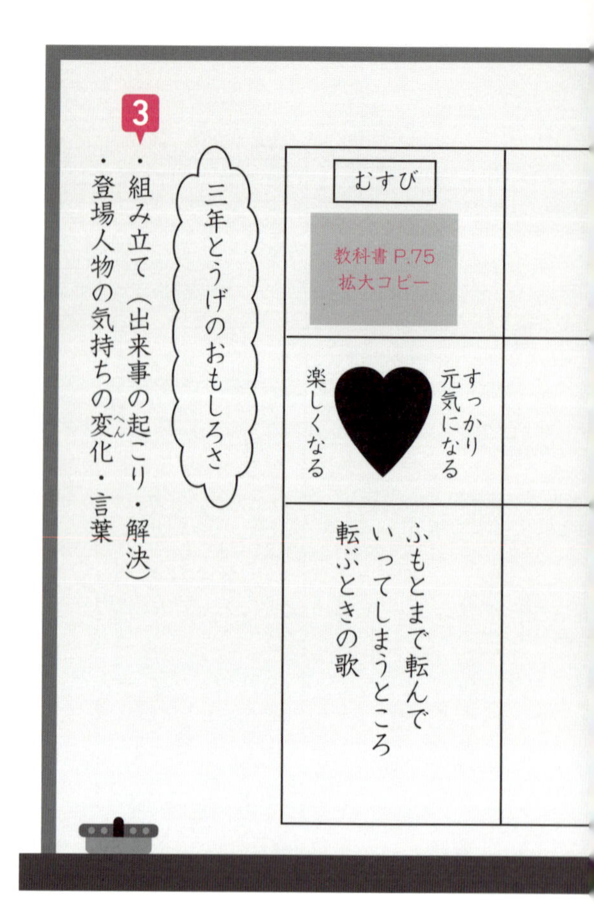

本時の目標

・おじいさんの気持ちの変化について場面の移り変わりと結びつけて想像し、「三年とうげ」のおもしろさについて考えることができる。

本時の主な評価

❸登場人物の気持ちの変化について場面の移り変わりと結び付けて想像している。【思・判・表】

資料等の準備

・教科書 P.68・71・72・75拡大コピー

授業の流れ ▷▷▷

1 「三年とうげ」の場面と、おじいさんの気持ちの変化を合わせて読む 〈15分〉

○前時までの学習を基に、場面とおじいさんの気持ちを合わせて読むようにする。

T 場面が４つに分かれていました。おじいさんの気持ちはどのように変化していますか。

・はじめは美しい景色を見ておだやかでした。
・三年とうげで転んでしまって、すごく悲しくなっています。
・トルトリの言葉で、少し元気を取り戻します。
・最後は、何回も転んで元気になります。

T 場面の移り変わりに合わせて、おじいさんの気持ちが変化しているのが分かりますね。

○おじいさんの気持ちをハートの色をぬるなどして、可視化する。

○物語の組み立てと登場人物の変化の関係について興味をもてるようにする。

2 「三年とうげ」のおもしろさをもう一度考える 〈20分〉

○物語の組み立てとおじいさんの気持ちの変化を合わせて、自分が感じるおもしろさをまとめる。

T 今までの学習を振り返って「三年とうげ」のおもしろさをまとめ、発表しましょう。

・出来事の起こりでおじいさんがショックを受けているところがおもしろいと感じました。
・出来事が解決する場面で急におじいさんが行動するところにおもしろさを感じました。
・最後、元気に暮らしているところがおもしろいと感じました。

○「三年とうげ」を初めて読んだときに感じたおもしろさと比べてまとめるようにする。

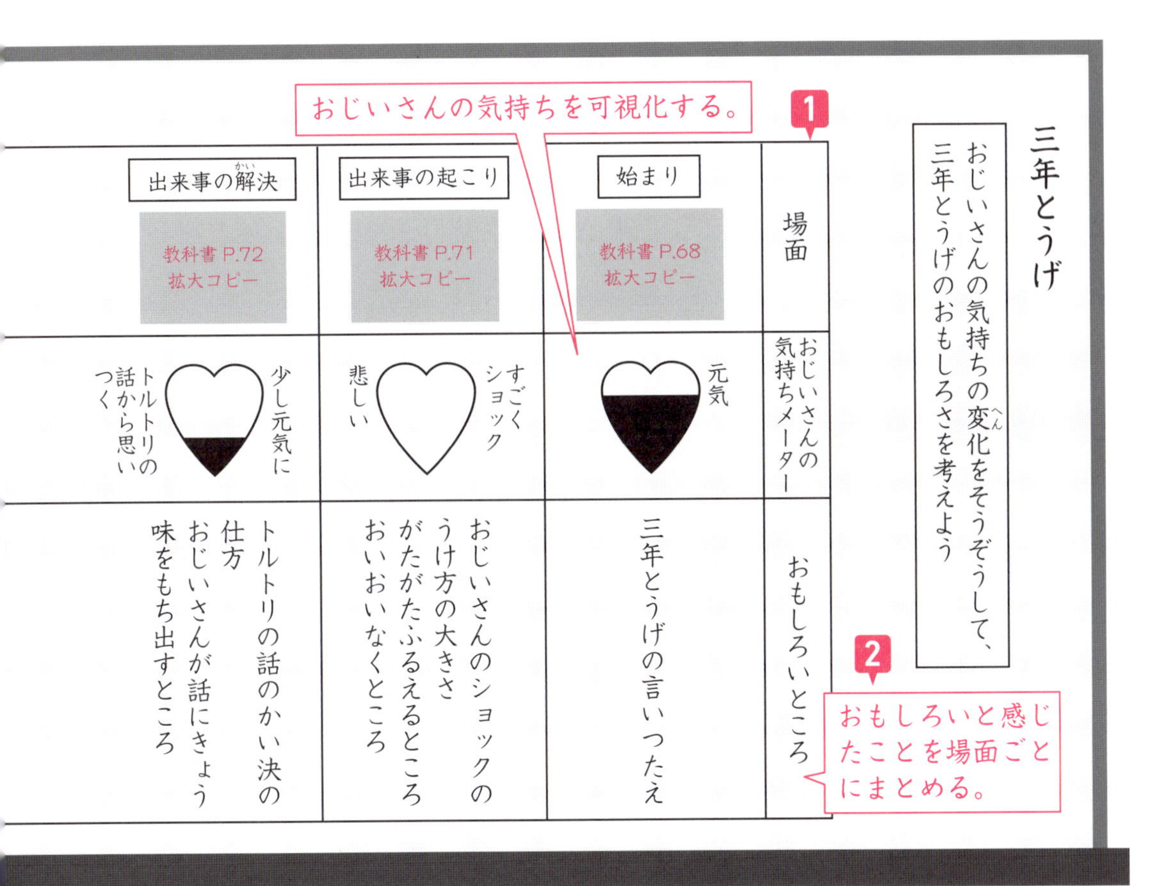

3 「三年とうげ」のおもしろさの視点として共有する 〈10分〉

T 「三年とうげ」のおもしろさは何ですか。

・出来事がおもしろかったです。
・物語の組み立てがおもしろいと思います。
・出来事の解決の仕方がおもしろかったです。
・登場人物の気持ちが変化していくのがおもしろいです。
・登場人物の行動や様子を表す言葉がおもしろかったです。歌のところは読んでいて楽しかったです。

○「三年とうげ」を読むことを通して、考えたことを基におもしろさを捉える視点を共有できる場とする。

○民話のおもしろさを考える手立てとして組み立てがあることを知り、さらに他の民話を読んでみたいという思いをもてるようにする。

よりよい授業へのステップアップ

民話の展開のおもしろさ

民話の主な特徴として、①始まり（時、場所、登場人物の紹介）②出来事（事件）が起こる（登場人物が困るなど）③出来事（事件）が解決する④むすび（その後どうなったのか）と、場面の移り変わりがはっきりしている。展開にともなって、登場人物の気持ちも変化していく。このことについて、「三年とうげ」だけでなく、一時間目に触れた「おおきな　かぶ」などの物語にも照らし合わせて改めて捉えさせることで、より興味をもてるようにする。

本時案

三年とうげ

本時の目標

・自分で選んだ民話のおもしろさを「民話紹介カード」にまとめることができる。

本時の主な評価

❸登場人物の気持ちの変化について場面の移り変わりと結び付けて想像している。【思・判・表】

資料等の準備

・ワークシート1 11-01
・ワークシート記入例を拡大したもの 11-02
・世界、日本の民話一覧表 11-02〜04

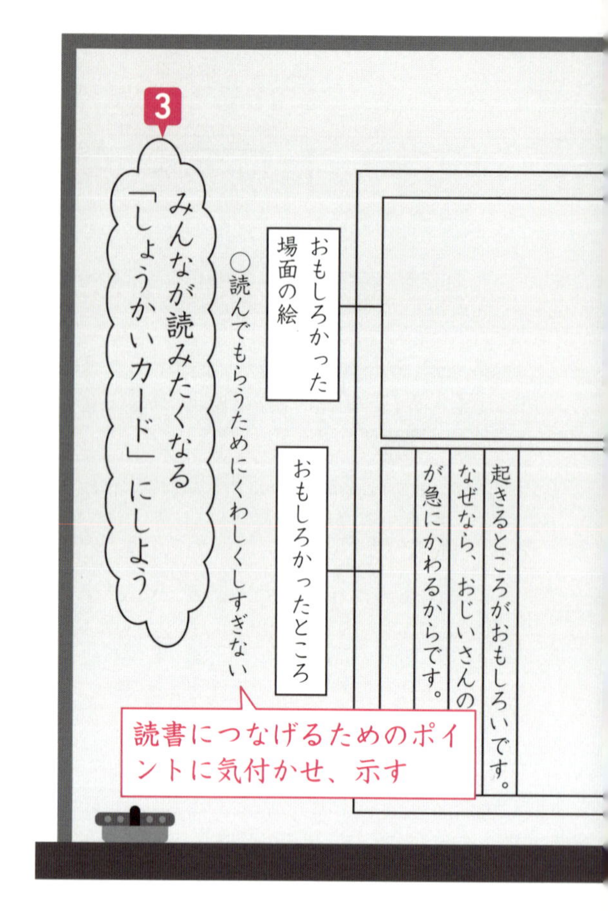

授業の流れ ▷▷▷

1 今までの学習を基に本時の目標を確認し、見通しをもつ 〈5分〉

○本時の目標を確認し、活動の見通しをもつ。
○「民話のおもしろさ」を前時までの学習を基に振り返る。
T 民話のおもしろさを感じたところはどんなところですか。
・出来事とその解決などの物語の組み立て。
・登場人物の気持ちの変化。
○前時までの学習を振り返りながら、民話のおもしろさとして整理していく。次の活動への意欲につながるようにしていきたい。
○自分が選んだ民話のおもしろさを伝える場として、「民話紹介カード」での交流を伝える。

2 モデル文を基に「民話紹介カード」のまとめ方を確認する 〈10分〉

○教師のモデル文を示し、民話のおもしろさを伝えるイメージをもてるようにする。
T 「民話紹介カード」でどのようなことを紹介していましたか。
・本の題名とどこの話か。
・どんな話か分かるように登場人物と大きな出来事がまとめられていた。
・おもしろいと感じたところが書かれていた。
・どうなるのか気になるように書いていた。
○紹介し合うときに一緒に本を置くことで、さらに「民話」へ手が伸びるようにしたい。
○全てを伝えすぎるのではなく、紹介のイメージがもてるモデル文を示す。

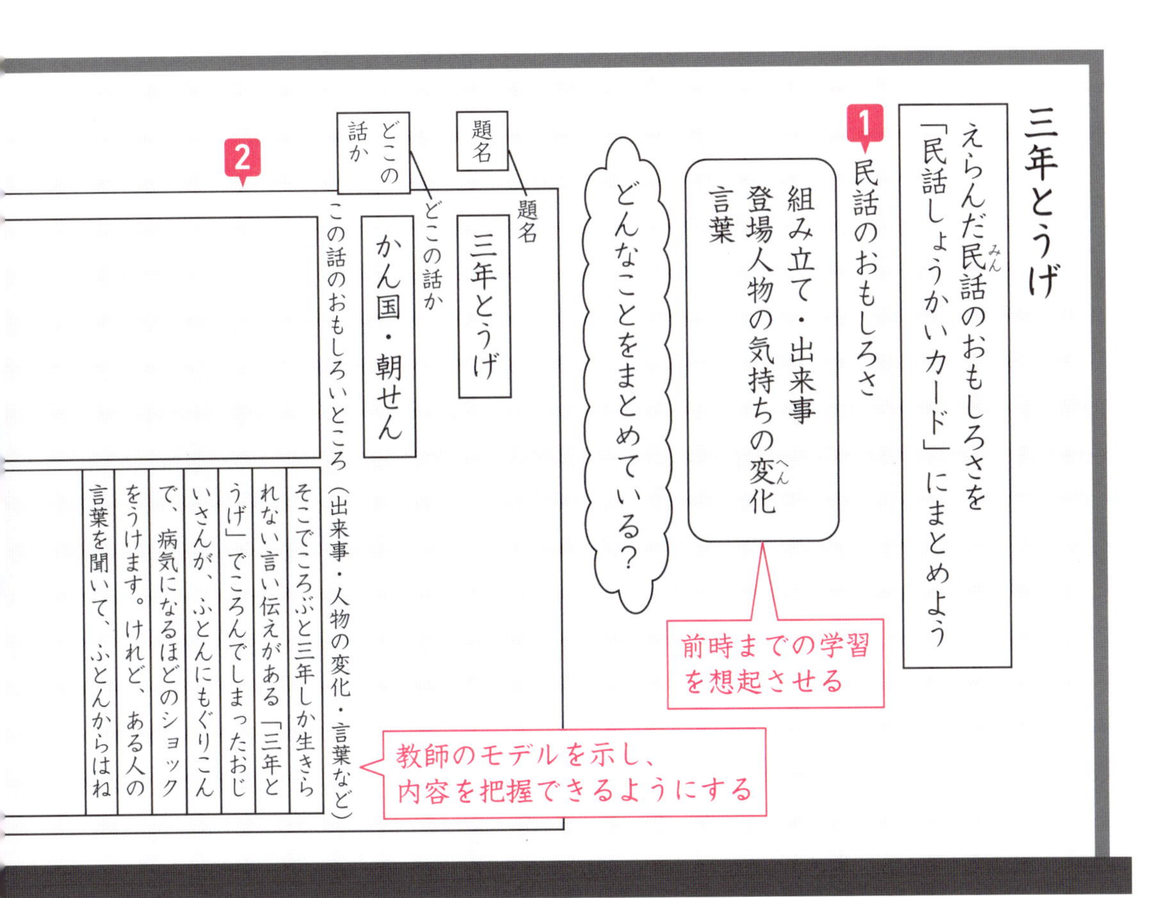

3 自分が見つけた民話のおもしろさを整理し、紹介カードにまとめる 〈30分〉

T 民話のおもしろさを伝えるために、今までの学習を振り返りながらまとめていきましょう。

○この時間が始まる前に紹介したい民話を１人１冊準備しておくようにする。
○物語の組み立てを基におもしろさを捉え、理由とともにまとめる。
○おもしろいと感じた場面の絵を描く。
○教師のモデル文を板書に示し、それを参考にまとめることができるようにする。

よりよい授業へのステップアップ

民話の資料の活用

民話は、昔話・伝説・世間話などに分類されるが、今回は全てを含んで民話として扱うようにする。そこで、資料編にあるような民話マップを基に本を選び、読めるようにする。

本時案

三年とうげ

本時の目標

・「民話紹介カード」を基に紹介し合うことで、民話により親しむことができる。

本時の主な評価

❹自分が選んだ民話のおもしろさについて紹介し合うことを通して、進んで様々な民話を読もうとしている。【態度】

資料等の準備

・ワークシート 💿 11-01
・選んだ民話
・付箋紙

3
〈民話を読み合って感じたこと〉
・どの民話も出来事がおもしろい
・登場人物の気持ちの変化がおもしろい
・ちがうちいきの民話でにているものがあった

単元のふり返り

組み立てをとらえて民話をしょうかいしてみて、
これから物語を読むときには、組み立てに注目
して読む

授業の流れ ▷▷▷

1 民話を紹介し合う活動の流れと本時の目標を確認にする〈5分〉

○民話を紹介し合う活動の流れと目標を確認する。

T 今日は、友達が選んだ民話を読み合います。

○交流の際は、他の人の民話紹介カードとその民話を合わせて読めるように、時間を設定する。

T 読み合うときの視点として、自分が選んだ民話と比べながら読んで民話のおもしろさについて考えてみましょう。

○友達が選んだ民話のおもしろさと自分の感じたおもしろさを比較し合いながら、いろいろな民話に親しめるようにしていく。

2 「民話紹介カード」交流会を行う〈30分〉

○コーナーを作り、カードを基に本を読める時間を多めにとれるようにする。
(コーナーの例)
・地域別コーナー(都道府県・国)
・おもしろさ別コーナー
(組み立て・言葉・登場人物)

○交流する際は、自由に紹介カードを読み合えるような場を作るようにする。

○紹介カードを基に読んだ民話について、感想を付箋紙に書くなどする。書いたものは友達に渡し、感想を伝え合うことで、交流後に自分の感想と友達の感想を比べられるようにしたい。

三年とうげ

1 民話をしょうかいし合おう
自分の選んだ民話と比べて民話の
おもしろさを考えよう

2 〈流れ〉
①「民話しょうかいカード」を読む
②カードをもとに民話を読む
③友だちの感じたおもしろさと
自分の感じたおもしろさをくらべて
感想を書いてつたえる

〈しょうかいマップ〉

世界の民話コーナー

西日本の民話コーナー

東日本の民話コーナー

読書スペース

コーナーごとに紹介カードと本をまとめ、教室に配置し、その図を書いておく

3 単元の振り返りをする 〈10分〉

○「民話紹介カード」で民話を紹介し合うことを通して気付いたことを発表する。

T 民話をいろいろ読み合うことで気付いたことはありますか。

・出来事が解決するところがおもしろいです。
・登場人物の気持ちの変化がおもしろいです。
・違う地域の話なのに、似ている話がありました。
・話の組み立ては、似ているけれど解決の仕方がいろいろあっておもしろかったです。

○「組み立てをとらえて、民話を紹介しよう」の単元を通して、目標にしてきたことを振り返る。民話の組み立てについて知ったことや登場人物の心情の変化に着目して感じたことを振り返りにまとめられるようにする。

よりよい授業へのステップアップ

民話の読書機会の確保

本時では、民話紹介カードを使っての交流となる。そのため、カードを読んだ上で、本を手に取れるような交流を目指していく。交流の際には、カードと本を一緒におく。また、コーナーの作り方は、民話の種類で分けたり、地域別で分けたりといろいろな方法が考えられる。子供たちの実態に合わせて工夫できるようにしたい。

資料

1 第5、6時　ワークシート　11-01

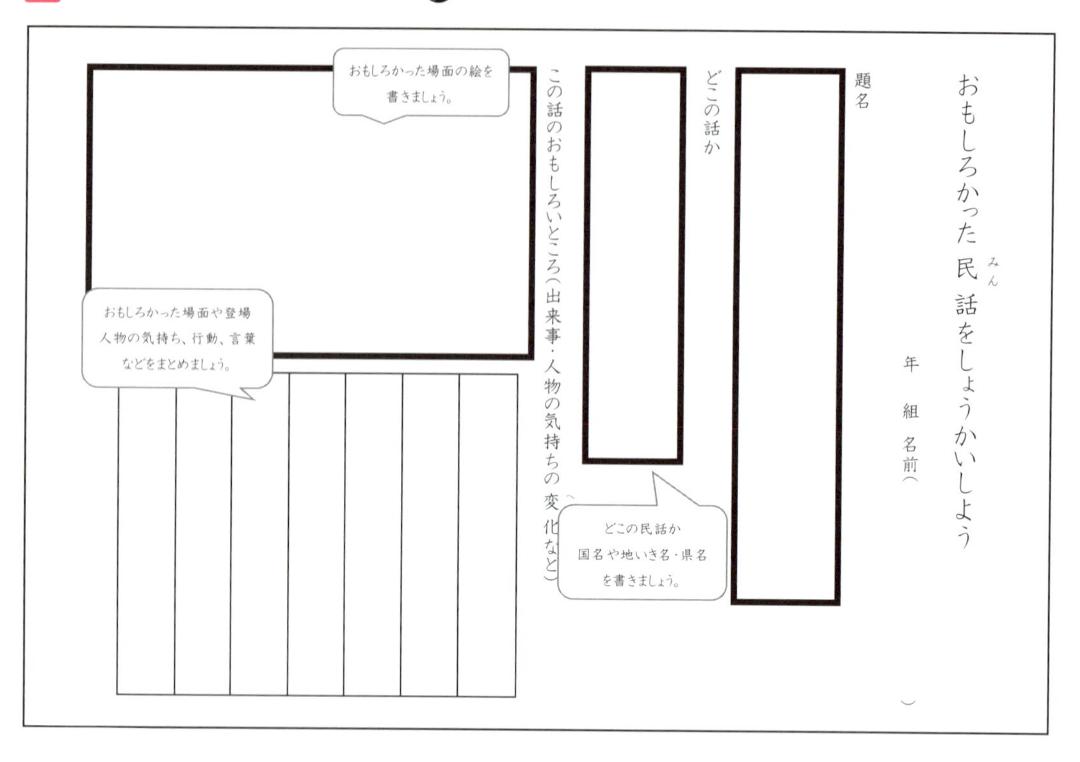

2 第5、6時　ワークシート記入例

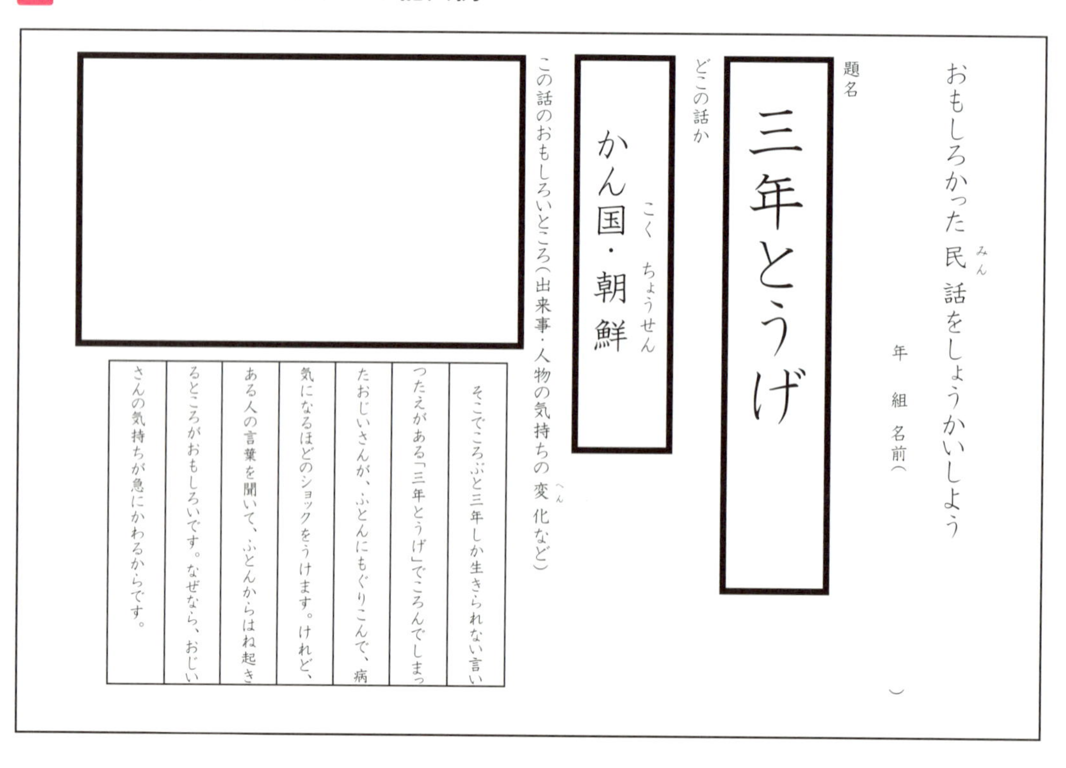

3 資料 世界の民話 11-02

世界の民話

本の題名	国名	本の題名	国名
ボルコさま ちえばなし	スペイン	三つのオレンジ	イタリア
トルコの昔話	トルコ	マーシャとくま	ロシア
ガラスめだまときんのつののヤギ	ベラルーシ	おおきなかぶ	ロシア
グリーンマン	イギリス	てぶくろ	ウクライナ
ぞうの王子	北ヨーロッパ	すんだことはすんだこと	アメリカ
かものむすめ	ウクライナ	ジャックと豆のつる	イギリス
かしこいじいさん	アルゼンチン	3びきのこぶた	イギリス
運命の王子	エジプト	おおかみと七ひきのこやぎ	ドイツ
やぎとぎんのすず	ルーマニア	にじのみずうみ	イタリア
うるわしのセモリナ・セモリナス	ギリシャ	ブレーメンのおんがくたい	ドイツ
ほしになったりゅうのきば	中国	太陽と月のカラス	ロシア
金のたまごをうんだがちょう	ギリシャ	3びきのくま	イギリス
ジャックはいえをたてたとさ	イギリス	きつねとうさぎ	ロシア
アナンシと6ぴきのむすこ	アフリカ	スーホの白い馬	モンゴル
おこった月	アメリカ	チェ・ママのたいわん民話	たいわん
なまけもののくまさん	ロシア	語りおばさんのインドネシア民話	インドネシア
パンチョギ	韓国	キムさんのかん国民話	韓国
あかりの花	中国	少女が運んだ中国民話	中国
はだかのおうさま	デンマーク	語りおじさんのベトナム民話	ベトナム
にげろ！にげろ？	インド	オリーブかあさんのフィリピン民話	フィリピン
ヒマラヤのふえ	インド	王さまと九人の兄弟	中国
とらとほしがき	韓国	ゆきむすめ	ロシア
金のさかな	ロシア	三びきやぎのがらがらどん	ノルウェー
山の上の火	エチオピア	おだんごぱん	ロシア

4 資料　世界の民話（地図）　11-03

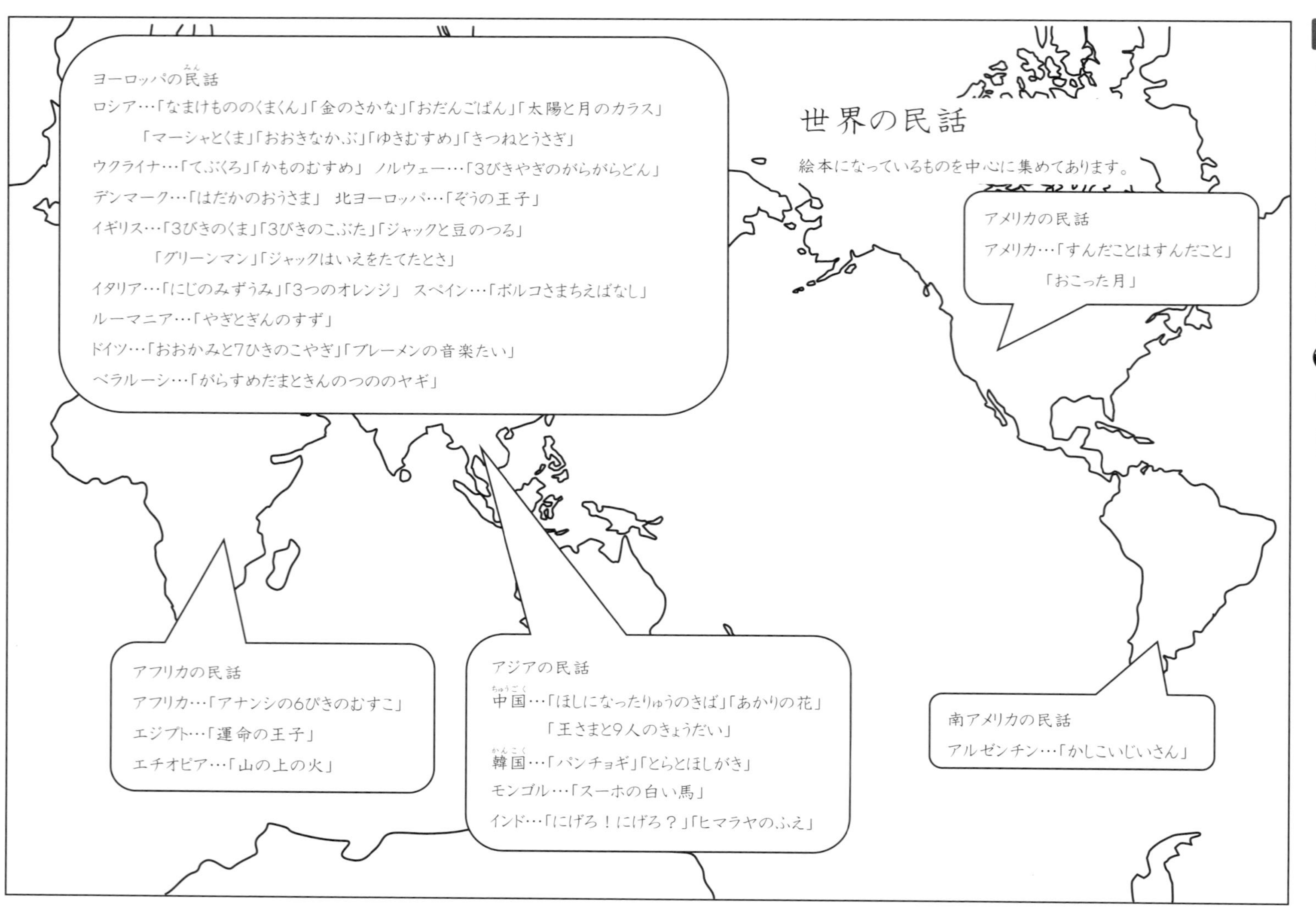

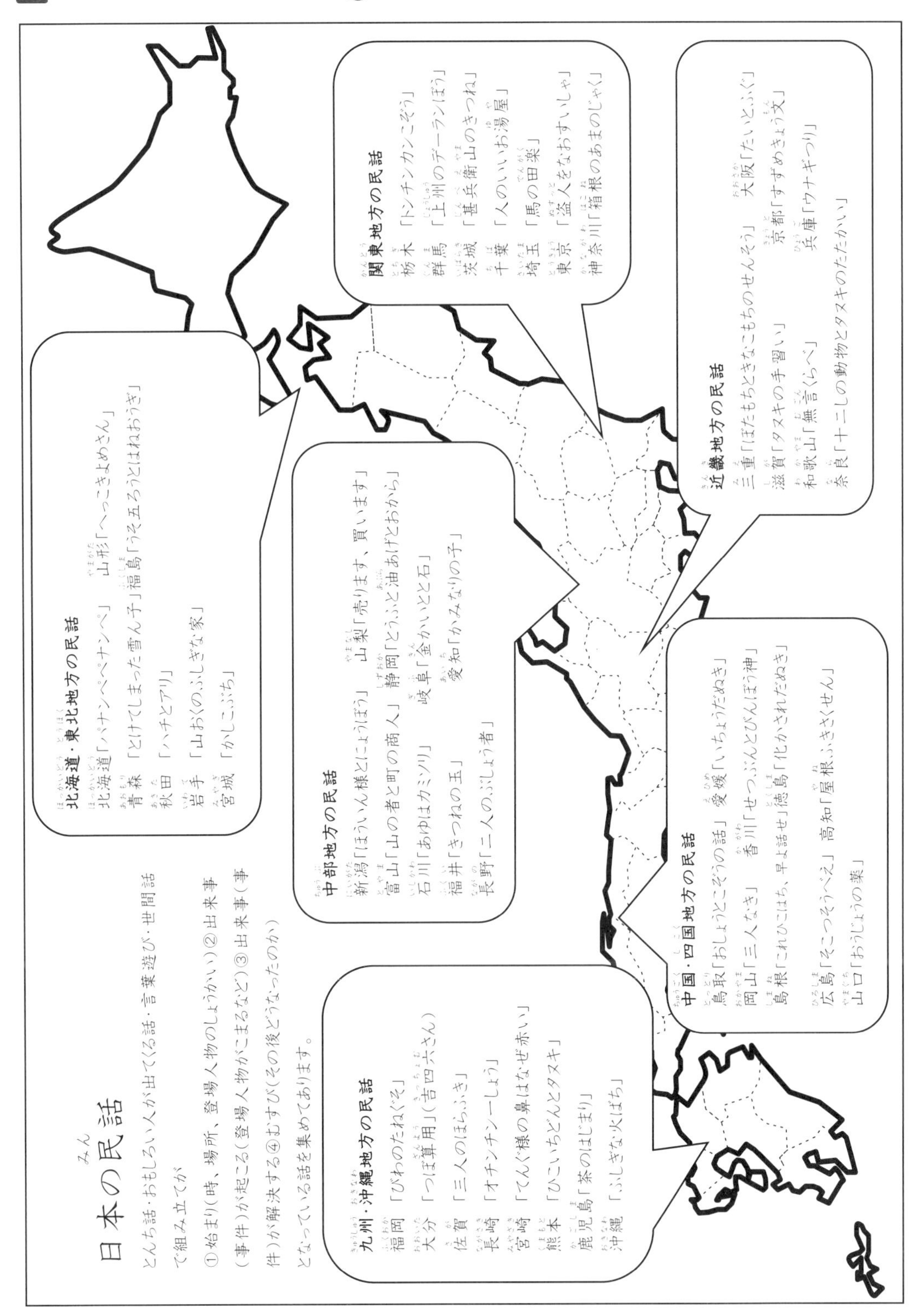
日本の民話
とんち話・おもしろい人が出てくる話・言葉遊び・世間話で組み立てが
①始まり(時、場所、登場人物のしょうかい)②出来事(事件)が起こる(登場人物がこまるなど)③出来事(事件)が解決する④むすび(その後どうなったのか)
となっている話を集めてあります。
北海道・東北地方の民話
北海道「パナンペペナンペ」　山形「へっこきよめさん」
青森「とけてしまった雪ん子」福島「うそ五ろうとはねおうぎ」
秋田「ハチとアリ」
岩手「山おくのふしぎな家」
宮城「かしこぶち」
中部地方の民話
新潟「ほういん様とにょうぼう」　山梨「売ります、買います」
富山「山の者と町の商人」　静岡「とうふと油あげとおから」
石川「あゆはカミソリ」　岐阜「金かいとと石」
福井「きつねの玉」　愛知「かみなりの子」
長野「二人のぶしょう者」
関東地方の民話
栃木「トンチンカンこぞう」
群馬「上州のデーランぼう」
茨城「甚兵衛山のきつね」
千葉「人のいいお湯屋」
埼玉「馬の田楽」
東京「盗人をなおすいしゃ」
神奈川「箱根のあまのじゃく」
九州・沖縄地方の民話
福岡「びわのたねぐそ」
大分「つぼ算用」(吉四六さん)
佐賀「三人のほらふき」
長崎「オチンチン一しょう」
宮崎「てんぐ様の鼻はなぜ赤い」
熊本「ひこいちどんとタヌキ」
鹿児島「茶のはじまり」
沖縄「ふしぎな火ばち」
中国・四国地方の民話
鳥取「おしょうとこぞうの話」愛媛「いちょうだぬき」
岡山「三人なき」　香川「せつぶんとびんぼう神」
島根「これひこはち、早よ話せ」徳島「化かされだぬき」
広島「そこつそうべえ」高知「屋根ふきさくせん」
山口「おうじょうの薬」
近畿地方の民話
三重「ぼたもちときなこもちのせんそう」　大阪「たいとふぐ」
滋賀「タヌキの手習い」　京都「すずめきょう文」
和歌山「無言くらべ」　兵庫「ウナギつり」
奈良「十二しの動物とタヌキのたたかい」

組み立てにそって、物語を書こう

たから島のぼうけん （10時間扱い）

〔知識及び技能〕(1)オ 〔思考力、判断力、表現力等〕B書くことイ、エ、オ 関連する言語活動例B(2)ウ

単元の目標

・物語の出来事を中心に、物語の始まり、出来事、結びの組み立てを考えたり、書いた文章を読み返して、間違いを正したり内容が伝わる表現になっているか文や文章を整えたりすることができる。
・友達の書いた物語を読んで感想を伝えたり、自分の文章のよいところを見つけたりすることができる。

評価規準

知識・技能	❶様子や行動、気持ちを表す語句を文章の中で使うとともに、言葉には性質や役割による語句のまとまりがあることを理解し、語彙を豊かにしている。（〔知識及び技能〕(1)オ）
思考・判断・表現	❷「書くこと」において、書く内容の中心を明確にし、内容のまとまりで段落を作り、文章の構成を考えている。（〔思考力、判断力、表現力等〕Bイ） ❸「書くこと」において、間違いを正したり、相手や目的を意識した表現になっているかを確かめたりして、文や文章を整えている。（〔思考力、判断力、表現力等〕Bエ） ❹「書くこと」において、書こうとしていることが明確になっているかなど、文章に対する感想や意見を伝え合い、自分の文章のよいところを見つけている。（〔思考力、判断力、表現力等〕Bオ）
主体的に学習に取り組む態度	❺書く内容の中心を基に、内容のまとまりごとに進んで文章に書こうとしたり、粘り強く文や文章を確かめながら、物語を完成しようとしたりしている。

単元の流れ

次	時	主な学習活動	評価
一	1	たから島の挿絵を見て、想像した出来事や登場人物について話し合うことで、創作する物語へのイメージを膨らませ、これからの学習の見通しをもつ。	
二	2	たから島の地図を手に入れた経緯や、登場人物の人数や性格、特徴などを決める。	❷
	3	たから島の挿絵から出来事やそれを解決する方法を考えたり、どんな宝物を手に入れたかを決定し、物語の組み立て表を作ったりする。	
	4 5	これまでに学習した物語を振り返り、物語の中に加えたい場面の様子や登場人物の行動、会話、気持ちを組み立て表の中に付け足す。	❶
三	6 7	教科書の例を参考に、原稿用紙の使い方や内容ごとに段落に分けることを確認する。 組み立て表を基に、文章を書く。	❺
	8 9	まとまりごとに書いた文章を読み返し、表現は分かりやすいか、主語と述語が合っているか、誤字脱字がないかなどを確かめる。	❸
四	10	友達の物語を読み、感想を伝え合う。おもしろいと思ったところや、まねしたいと思った表現について、紹介し合う。	❹

授業づくりのポイント

〈単元で育てたい資質・能力〉

本単元の目標に迫るために、文章の組み立てを考える資質・能力、また読み手に伝わる文章となっているか、目的に適した表現になっているかといった、自分が書いた文章を校正する資質・能力を育てていきたい。そのためには、書く活動における過程を明確にし、子供が見通しをもって活動に取り組めるようにする必要がある。本単元の書く活動は子供にとっては長い時間を要するものになる。今の活動が物語を作るという書く活動のどの段階にあたるのか、常に意識できるようにすることが大切である。

具体例

○子供が取り組む「物語を作る」という書く活動を、①題材の設定、②組み立てを考える、③文章を書く、④見直し、⑤共有の５段階に分け、子供に示す。この５つの過程は、他の「書くこと」の学習においても、およそ同様の流れになるので、いつも提示するようにしたい。

○単元で用いる「組み立て表」を題材の設定時だけではなく、それ以降も活用する。文章を書く段階や見直す段階では、組み立て表を見返すことで、自分が考えていたことは物語に盛り込めているか、振り返ることができる。また、登場人物の設定や物語の終末を考慮しながら、書く内容を調整しようとしたり、表現を工夫したりする態度を育むのに、生かすことができる。

〈豊かな語彙をめざして〉

物語を想像して書くというのは、子供にとって楽しい活動である。その楽しい書く活動の中で、これまでに学習してきた語句や表現を、進んで使おうとする態度を養いたい。語句や表現を自覚的に使うためには、その語句の意味を適切に把握したり、表現についての効果を考えたりしなければならない。それが確かな言葉の力となり、語彙を豊かにすることにつながる。

具体例

○２年生、３年生の巻末「言葉のたから箱」を見返し、自分の物語に使えそうな語句を選ぶ時間を設ける。使用した語句に印を付けるなど視覚化することで、より語句を使おうとする意識が高められる。

○これまでに学習してきた主な物語をもう一度読み返し、場面の様子や登場人物の気持ちが伝わってくる表現を全体で共有する。文章を書くときや読み返して見直すときに、よりよい表現にしようと工夫するときの一助とすることで、学習してきたことを生かす経験となる。

〈「共有」の充実〉

自分が書いた文章に対して、自分ではそのよさをなかなか実感できない。読み手からの評価があってこそのものである。だからこそ感想を伝え合う時間を十分に取るようにする。読み手に伝わった喜びを感じたり、人との感じ方の違いを知ったりする時間となるようにしたい。

具体例

○読み合う前に、書く活動の各段階でのポイントを全体で振り返ることで、友達の物語のよいところを具体的に見つけられるようにする。また、感想は付箋紙に書いて文章に貼るなどして、形として残るようにすると、自分の文章のよいところを明確に意識できる。さらに、人によっておもしろいと感じる箇所や着目する箇所が違うことに気付くきっかけともなる。

○でき上がった物語は、教室にスペースをつくり、いつでも読み合えるようにするとよい。

本時案

たから島のぼうけん

本時の目標

・たから島の地図を見ながら、想像したことを話し合うことで、創作する物語へのイメージを膨らませたり、学習の見通しをもったりすることができる。

本時の主な評価

・たから島の地図から起こりうる出来事を想像したり、物語を作る活動への見通しをもったりしている。

資料等の準備

・たから島の地図の挿絵（拡大コピーしたもの）
・組み立て表①・②（配付用） 12-01、02
・組み立て表①・②（配布用）の拡大コピー

子供たちの発言を簡単にまとめる

2 登場人物
・小学三年生の男の子
・小学六年生のおねえさん

地図
・教室に落ちていた。
・手紙といっしょにとどいた。

3 題材のせってい
組み立てを考える
文章を書く
見直し
共有

本時で話し合った内容は、学習の進め方のどの部分になるのか、つなげながら説明する

授業の流れ ▷▷▷

1 たから島の絵を見て、どんな冒険が起こりそうか話し合う 〈25分〉

T 朝、教室に入るとこんなものが落ちていました。
○教科書の挿絵を拡大したものを準備しておき、黒板に掲示する。地図との出合いは、物語の始まりを想起させるようにしたい。
・たから島の地図だ！ ・宝箱があります。
・なんだかおもしろそうです。
T みんなだったら、どこを通って宝箱を目指しますか。
○それぞれのルートで起こりそうな困難な出来事やそれを解決する方法など自由に出させる。

2 物語の登場人物や始まりについて話し合う 〈15分〉

T 冒険するのは、どんな人物でしょうか。
・同じ年くらいの子供がいいですね。
・少し年上の６年生くらいもおもしろそうです。
T この地図は教室に落ちていましたが、地図を手に入れる他の方法はありますか。
・朝起きたら枕元にあったとかは、どうでしょうか。
・家のポストに入ってたことにしたいです。
○本時の導入を引き合いに出し、様々に想像できるようにする。物語の始まりに期待がもてるようにする。

組み立てにそって、物語を書こう

3

たから島のぼうけん

単元名は活動**3**で書きたい。地図から想像を広げる楽しみを味わったあとに、これから物語を作ると知ることで書くことが楽しみになる

1

ジャングルを通る。
・トラにおそわれそう。
・ジャングルでまい子になる。
↓島が道あん内してくれる。

教科書 P.82 上部
地図の挿絵拡大コピー

ワニの海岸から。
・橋がない。
↓つり橋を見つける。
・たきもある。

みずうみを通る。
・船でわたる。↑大きな魚
・タカに見つかったら、どこかにつれていかれそう。

・子供たちが発言した内容を、ルートごとに簡単にまとめる
・起こりうる困難な出来事や、解決策なども書いておく
・画用紙などに書き、次時以降も掲示しておくと、子供たちが参考にできる

3 組み立て表を見ながら、これからの活動に見通しをもつ 〈5分〉

T 地図からおもしろい物語が作れそうですね。これからこのたから島を舞台にした物語を書いていきましょう。

○組み立て表を配り、本時の板書を振り返りながら、中心となる出来事や登場人物を決めていき、物語を作っていくことを説明する。

T 登場人物やどこを通って宝箱にたどりつくかなど、考えておいてくださいね。

・どんな登場人物にしようかな。
・○○さんのアイデアがよかったから、少しまねして作ってみようと思います。

よりよい授業へのステップアップ

単元の導入の工夫

どの単元でもそうだが、特に本単元のような時間数の多い書く単元では、導入を大切にしたい。今後の学習に期待や見通しをもち、そして何より「早く書きたい」とわくわくできるようにする。たから島の地図をただ出すのではなく、「教室に落ちていた」「金庫の中に眠っていた」など、ファンタジーの要素を入れるなどして、単元の導入を演出する。そうすることで、子供たちの地図を見る目は変わるし、物語を作るという創作活動へのイメージもより膨らんでくることだろう。

本時案

たから島のぼうけん　2・3/10

本時の目標

・たから島の地図から、登場人物や物語の始まり、出来事（事件と解決の過程）について具体的に想像し、組み立て表に書くことができる。

本時の主な評価

❷登場人物や物語の始まり、出来事（事件と解決の過程）について具体的に想像し、組み立て表に書いている。【思・判・表】

資料等の準備

・組み立て表①・②（配付用）💿 12-01、02
・組み立て表①・②（配付用）の拡大コピー
・たから島の地図の挿絵（拡大コピーしたもの）（黒板あるいは教室の壁面などに掲示し、子供の発言と挿絵を結び付けられるようにするとよい。）

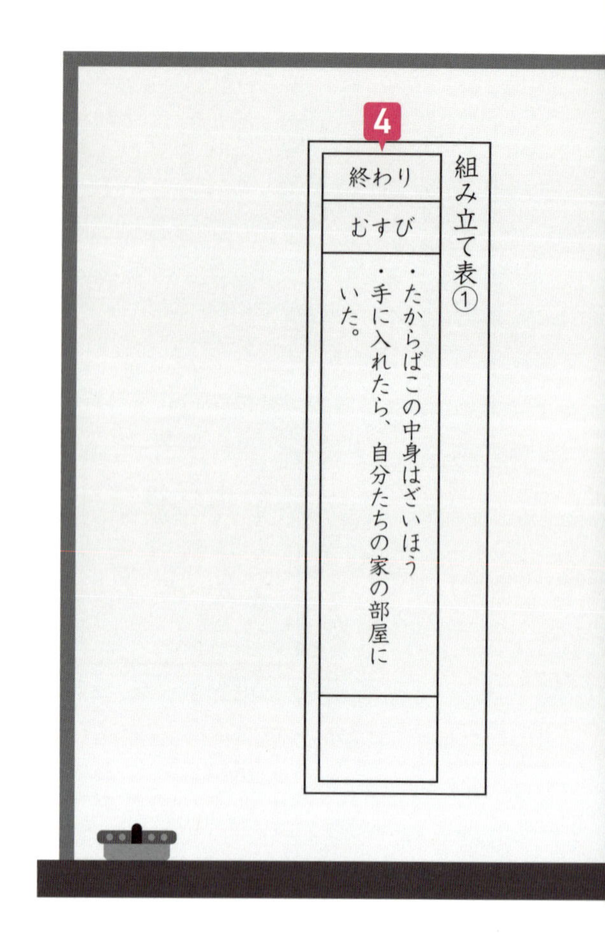

組み立て表①
4
終わり
むすび
・たからばこの中身はざいほう
・手に入れたら、自分たちの家の部屋にいた。

授業の流れ ▷▷▷

1　物語の登場人物について具体的に考える　〈20分程度〉

T　物語の組み立てを考えていきます。まずは、物語の登場人物について考えましょう。
○年齢や性別の他に、どんな性格なのか、組み立て表に書き込める子供には書くように伝える。また、書き込んでいる子供を紹介するなどして他の子供の参考になるようにする。
・自分と同じ３年生にしましょう。
・勇気がある子がいいですね。
○教科書の「組み立てのれい」を参考にし、複数人でもよいことを伝える。人数が多すぎると文章が長くなったり、まとまりづらくなったりするので、１～３人がよいと思われる。

2　物語の始まりについて具体的に考える　〈25分程度〉

T　次に物語の始まりを考えてみましょう。地図の手に入れ方やどうやってたから島に行くのか、考えている人はいますか。
・朝来たら、教室の机の中に入っていたことにします。
・地図を見ていたら、中に吸い込まれたってことにしたいですね。
○数人の子供の発言を基に、黒板の組み立て表に書きこみ、書き方の参考になるようにする。

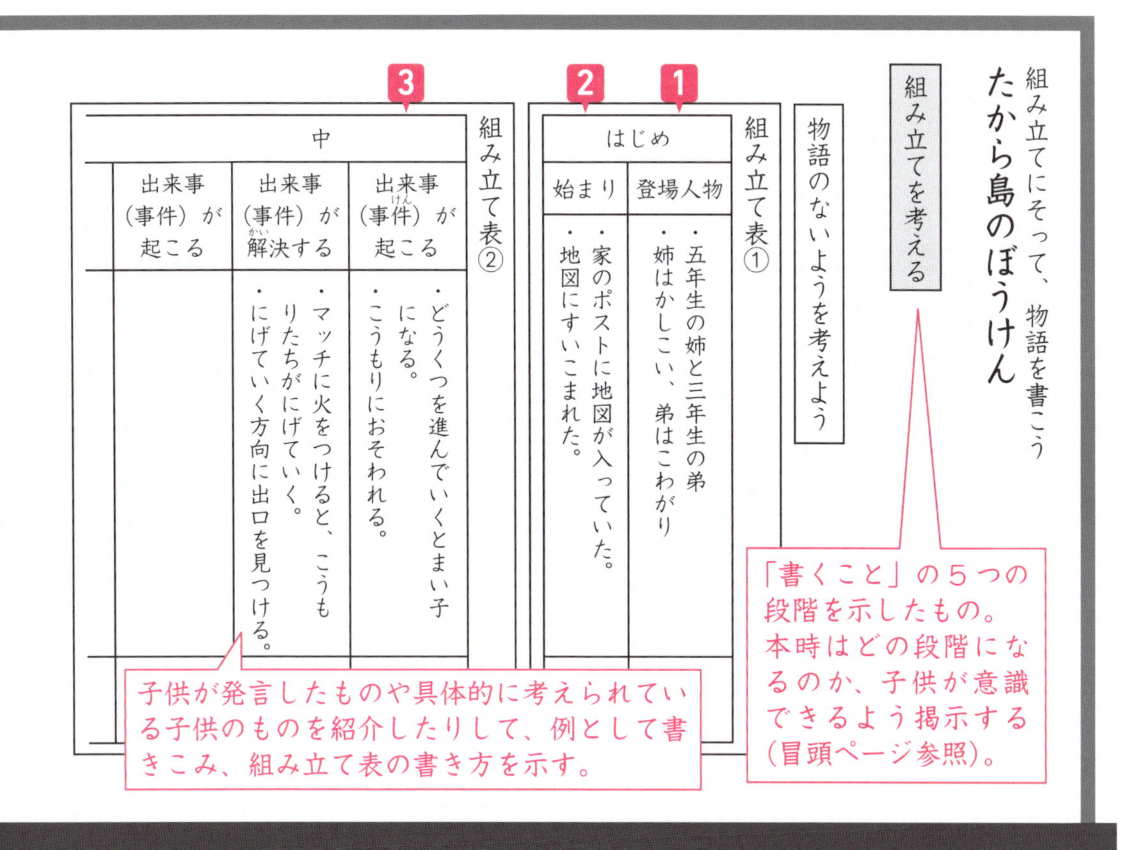

3 出来事（事件と解決の方法）について具体的に考える〈30分程度〉

T　たから島での冒険について、考えていきましょう。

○教科書の「組み立てのれい」を参考にし、箇条書きで簡潔に書いていくことを確かめる。

・洞窟を通るルートにしたいな。

・ピラミッドの中で迷っちゃうことにしようかしら。

○宝箱にたどり着くまでに、出来事を数回繰り返してもよいことを伝える。

○子供たちの取り組みの様子によっては、ペアやグループで出来事について話し合う時間を取ってもよい。

4 結びについて具体的に考える〈15分程度〉

T　物語の結びについて考えていきましょう。

○宝箱の中身や宝を手に入れた後について考えていくことを確かめる。

・宝箱を開けたら、現実の世界に戻ってきちゃうということにします。

○物語の始まり方に触れ、ファンタジーの世界から現実の世界に帰ってくる方法について考えられるようにする。

○1～4については、子供の様子で時間を区切っていく。結びの書き方を全体で共有した後は、各自必要な個所を書く時間にするとよい。

本時案

たから島のぼうけん　4・5/10

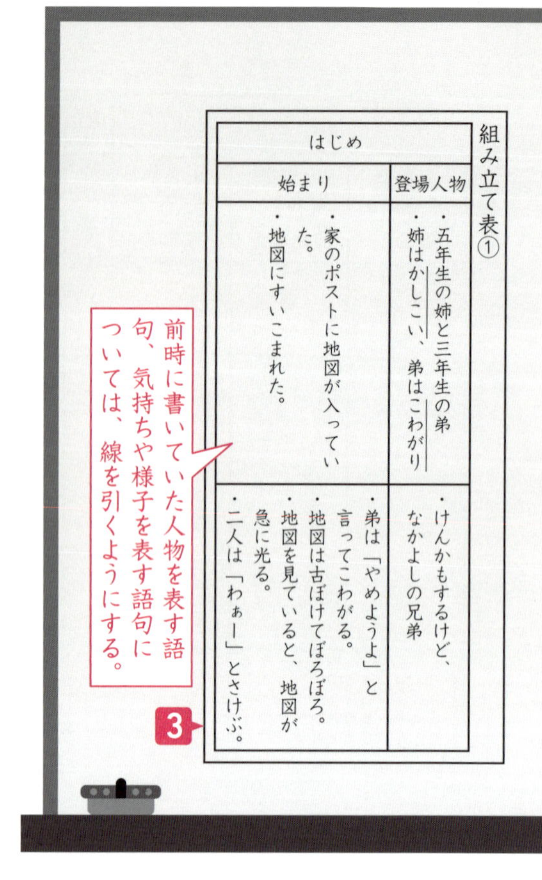

本時の目標

・自分の書く物語に使用したい場面の様子や行動、会話、気持ちを表す語句を考えたり、見つけたりすることができる。

本時の主な評価

❶自分の書く物語に使用したい場面の様子や行動、会話、気持ちを表す語句を選んだり、意味を調べたりして、組み立て表に書き加えている。【知・技】

資料等の準備

・以前に学習した物語の本文を拡大したもの
・組み立て表①・②（配付用）の拡大コピー
・２年、３年の巻末「言葉のたから箱」
・１～３年上巻までの国語の教科書
（家にある子供は持ってきておくよう、声を掛けておく。）

授業の流れ ▷▷▷

1　２年生で学習した物語（ここでは「スイミー」）について考える〈15分〉

○「スイミー」を教師が読む。その際、スイミーがどんな魚か分かる言葉を探す。

T　スイミーは、どんな魚ですか。

・１匹だけ真っ黒。　・泳ぐのは誰よりも速い。
・かしこい魚。　・勇気があると思います。

○スイミーの性格的な発言があった場合は、どんなところからそう思ったのか発言を促す。

T　「言葉のたから箱」には、人物を表すどんな言葉が載っているか見てみましょう。

・「りこう」ってスイミーにぴったり。
・人物を表す言葉っていろいろありますね。

2　「スイミー」の第２場面の様子について考える〈15分〉

T　次に場面の様子について思い出して考えてみましょう。スイミーが大きな魚から逃げる２の場面はどんな感じがしますか。

・こわいイメージでしたよ。
・「ミサイルみたい」って、びっくりしましたね。

○どの言葉や文章から受ける印象なのか尋ね、本文に着目できるようにする。

○「こわい」「かなしい」という直接表現と、「ミサイルみたいに」のような比喩表現や「１ぴきのこらず」「くらい海のそこ」という場面の様子が分かる文にも着目できるようにしたい。

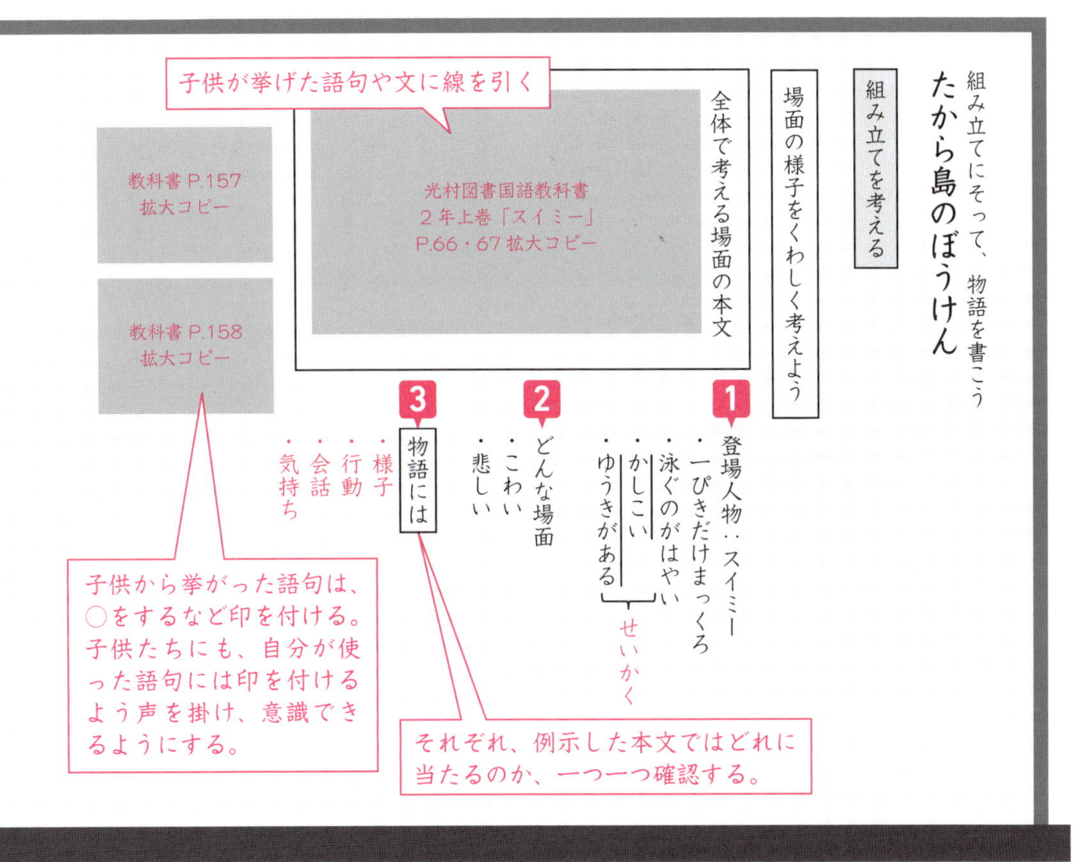

3 組み立て表に場面の様子や行動、会話、気持ちを表す語句を加える〈60分〉

○物語には様子や行動、会話、気持ちが分かる文などがあることを確かめる。

○前時までに書いた組み立て表を振り返るように声をかけ、様子が詳しくなる語句があれば線を引かせる。

T　これまでに学習してきた物語を参考にして、自分の物語に使いたい言葉や様子が分かる文、会話文などを加えていきましょう。

○机間指導でおもしろい表現を使っている子供や、教科書を参考にした表現を書き加えている子供を見つけ、適宜参考にした物語と共に全体で共有していく。

よりよい授業へのステップアップ

教科書をフル活用して学ぶために

本単元では、教科書の「組み立てのれい」を参考にしたり、本時のように過去に学習した物語を使用したりする。教科書は先生に言われて開くものではなく、自分の学びに生かしていくものであってほしい。そのような態度を形成するためには、教科書で（過去に）学んできたことを活用する学習を展開したり、教科書に書いてあることを参考にしたりして、自分の学びに役立てる経験が必要である。意図的に、計画的に、教科書を活用する場面を設けていきたい。

本時案

たから島のぼうけん　6・7/10

本時の目標

・組み立て表を基にして、内容のまとまりごとに段落を作りながら、文章を書くことができる。

本時の主な評価

❺組み立て表を基に、始まり・出来事・結びのまとまりごとに進んで文章を書いている。【態度】

資料等の準備

・教科書 P.84の例文を原稿用紙に起こしたもの　12-03
・原稿用紙　12-04

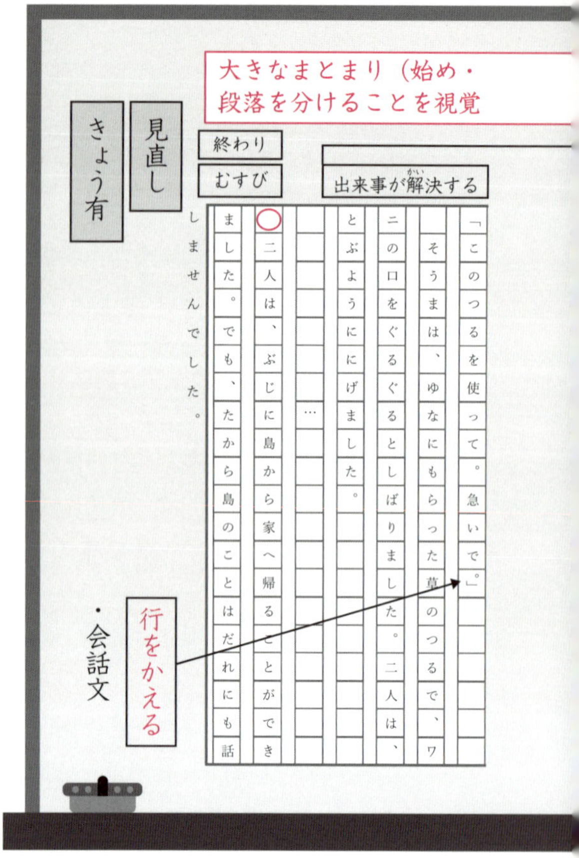

大きなまとまり（始め・段落を分けることを視覚

出来事が解決する

終わり
むすび

見直し

きょう有

「このつるを使って。急いで。」
そうまは、ゆなにもらった草のつるで、ワ
ニの口をぐるぐるとしばりました。二人は、
とぶようににげました。
…
○二人は、ぶじに島から家へ帰ることができ
ました。でも、たから島のことはだれにも話
しませんでした。

行をかえる

・会話文

授業の流れ ▷▷▷

1 教科書の例文を参考に、原稿用紙の書き方について確かめる〈15分〉

○教科書の例文を、原稿用紙に書き起こしたものを用意し、段落の始めや会話部分では、改行することを確かめる。

T　例文の「はじめ」は２つの段落に分かれています。どうして２つの段落にしたのでしょう。

・書いてある内容が少し違います。
・１つ目の段落は、登場人物の紹介です。
・２つ目の段落は、地図を拾った場面ですね。

○例文の「はじめ」２つの段落は、組み立て表の「はじめ」の「登場人物」と「(物語の)始まり」であることを確認する。

○「中」の段落も同様に確認する。

2 組み立て表を基に、文章を書く〈75分〉

T　組み立て表を基に、自分の物語を書いていきましょう。

○内容のまとまりごとに読み返し、文章を書き進めるように伝える。

○読み返す際には、文字や文の誤りと合わせて、組み立て表に書き加えた語句や会話文、表現を使用したかも確かめるように伝える。

○子供によっては、直しが多くなると書くことに消極的になる場合もある。その都度直したり書き方について一緒に検討したりするとよい。

○机間指導の際には、書き方についての指導したり、工夫したよい表現を全体に紹介したりするようにする（右に、机間指導のポイントを示す）。

組み立てにそって、物語を書こう
たから島のぼうけん

文章を書く
組み立て表をもとにして、物語を書こう。

1 段落（だん）に分ける（行をかえて一マス下げる）
・はじめ・中・終わり
・まとまりごとに

中・終わり）や内容ごとの小さなまとまりで、
的に分かるようにする。

はじめ
登場人物
始まり
中
出来事が起こる

たから島のぼうけん

谷口　あかり
　そうまとゆなは、小さいころからの友だち
で、毎日いっしょに登校するほどのなかよし
です。
　ある朝、いつものように二人が学校へ向か
っていると、道に一まいの地図が落ちていま
した。
…
　めずらしい島に見とれていたそうまは、何
かをふみました。なんとそれは、おそろしい
ワニのしっぽだったのです。
…

〈原稿用紙の使い方や書き方の指導〉
・段落を分けているか。
・段落の始まりは字下がりになっているか。
・「」の書く場所や使い方は合っているか。
〈工夫した表現の紹介〉
・会話文を入れている。
・「言いました」「行きました」「見ました」など、よく使う語句以外を用いている。例えば「話しました」「ささやきました」「さけびました」「つぶやきました」など。
・比喩表現を用いている。
〈構成面の工夫〉
・内容ごとのまとまりで段落を分けているか。

よりよい授業へのステップアップ

事前の見取り

　子供たちがどのような物語を、どのような語句や表現方法を用いて書くのかは、組み立て表でおよそ把握することができる。実際に物語を書く前に、会話文や行動を表す語句が多様な子供、表現に工夫が見られる子供をしっかり見取っておきたい。その子供たちを全体で紹介することは、そこまで意識できていなかった子供たちにとってよい刺激となる。また、書くことが苦手な子供にとっては、それらを参考にすることができる。

本時案

たから島のぼうけん 8・9/10

本時の目標

・書いた文章を読み返し、文字の間違いや主語と述語が合っているか、また、場面の様子などの表現が分かりやすいものになっているかなどを確かめ、文や文章を整えることができる。

本時の主な評価

❸読み返すうえでの注意点に気を付けながら書いた文章を読み返し、文字の間違いや主語と述語は合っているか文を整えたり、場面の様子が読み手に分かりやすい文となっているか表現について考えたりしている。【思・判・表】

資料等の準備

・注意点を考えるための例文

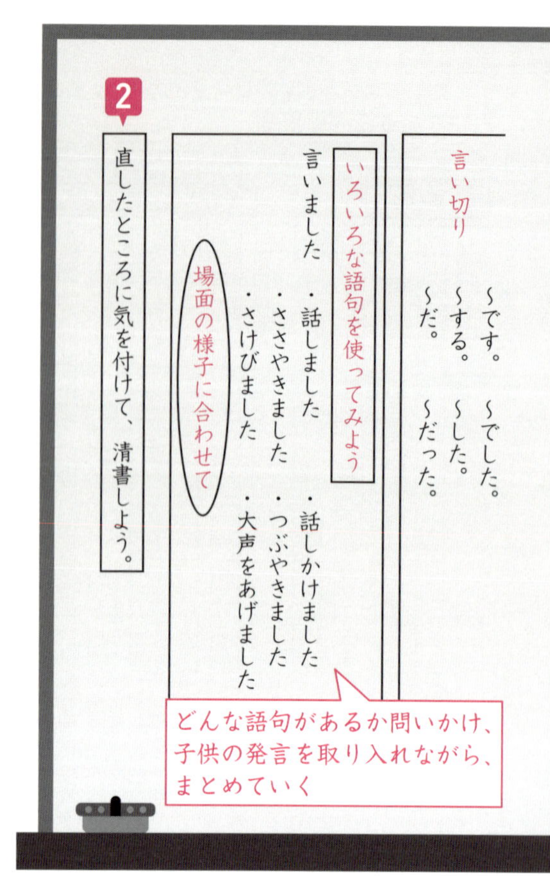

授業の流れ ▷▷▷

1 書いた文章を読み返す上での、注意点を知り、自分の文章を見直す 〈45分〉

○前時に確認したことを簡単に押さえる。

T　まとまりごとに段落を分けて書けていますか。また、1マス下げていますか。

T　物語をもっとよりよくするためには、見直しが必要です。これからそのポイントを確かめていきましょう。

○子供たちの実態に合わせ、間違いが起こりやすい表記や表現の仕方、原稿用紙の書き方などを例示する。以下に、参考例を示す。

例①主語と述語のねじれ

例②1文が長い。

　読点が多く、「…して、」「…けど、」などが続き、いくつも述語がある文。1つの文に主語がいくつかあるものなど。

例③常体と敬体が混在する。

例④同じ表現ばかりになってしまう。

○例①②では、「何か変だな」と感じる例文を掲示し、子供の発言を基に直していく。

T　今確認したことに注意しながら、自分の物語を見直してみましょう。

○赤鉛筆などを用いて、どこを修正するのかが明確になるようにする。

○まずは文末の統一など、簡単にできるポイントから文章全体を確認するとよい。

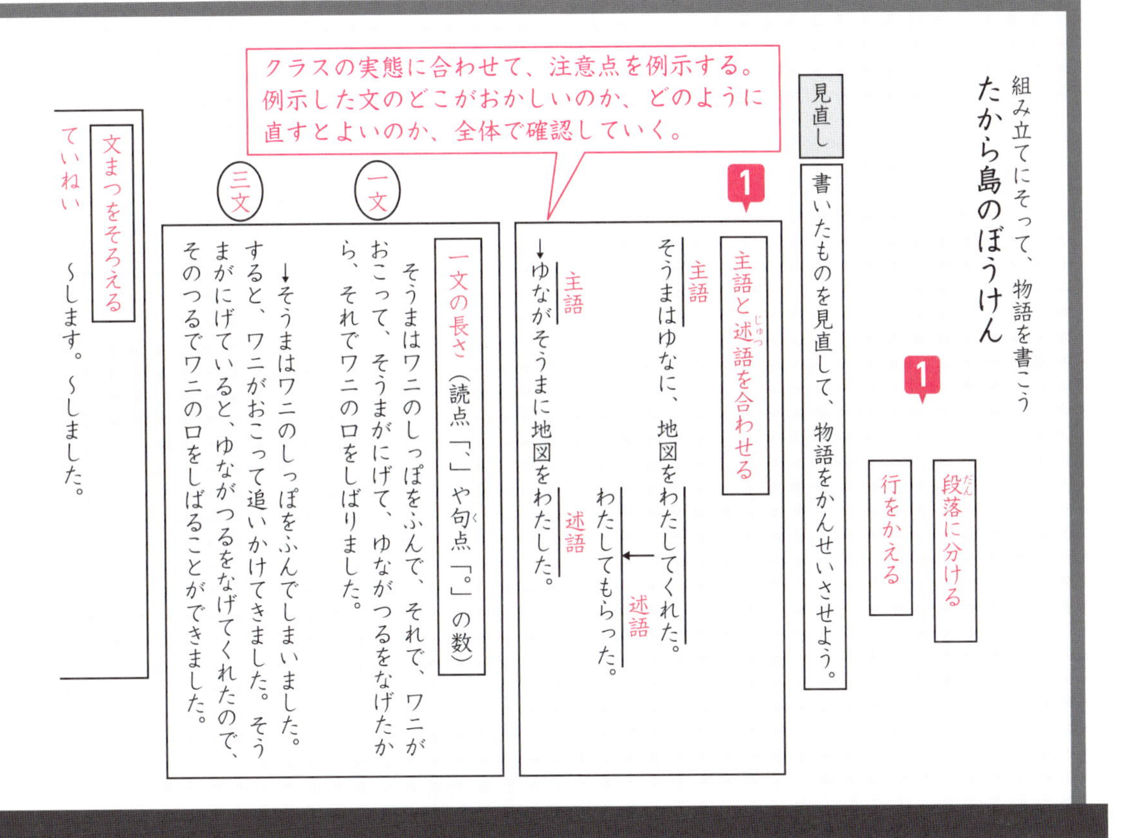

2 見直したものを基にして、清書する〈45分〉

T 見直しができたら、直したところに気を付けながら、清書していきましょう。

○子供たちの実態よっては、一度教師が確認したほうがよい場合もある。その際は見直しの時間と清書の時間を分けてとるようにする。

・わたしは文が長くなりがちですね。これからも気を付けて書こう。
・「言いました」をいろいろな言葉に変えたら、物語がわかりやすくなりました。
・気を付けていたのに、文末がそろってなかったです。見直してよかったです。
・直したところに気を付けて、完成させよう。

よりよい授業へのステップアップ

自分で気付き、修正する力

文の書き方、よく起こるミスなどについてはどこがおかしいのか、どうすればよいのか、自分で気付き、修正できる力を身に着けていく必要がある。そのために、例文を示して、自分やみんながどのように感じるのか話し合ったり、どうすればよりよくなるのかをみんなで考えたりする時間を設ける。そのような時間を積み重ね、自分が書いたものを客観的に見る態度を養っていきたい。

本時案

たから島のぼうけん 10/10

本時の目標

・友達の物語を読み、おもしろいと思ったところや、まねしたいと思った表現について伝え合うことで、友達や自分の文章のよいところに気付くことができる。

本時の主な評価

❹友達の物語を読み、おもしろいと思ったところや、まねしたいと思った表現について、付箋紙に書くなどして感想を伝え合い、自分の文章のよいところを見つけている。【思・判・表】

資料等の準備

・付箋紙
・組み立て表①の拡大コピー 12-01
・２年、３年の巻末「言葉のたから箱」（掲示できるよう拡大したもの）

・「さけぶ」「つぶやく」行動を表す言葉
・「ひっくり返りました。」おどろく様子が分かる…行動→気持ち
・「まっくらで、何も見えない。」場面の様子がよく分かる

2・3

子供の感想を、語句や表現などで簡潔にまとめていく。流れ3でも、適宜、全体で紹介し合う時間をとるとよい。

授業の流れ ▷▷▷

1 友達の物語を読み合い、付箋紙に書くなどして、感想を伝え合う〈15分〉

○これまでの学習で組み立て表に書き加えた語句や表現について振り返り、文章を書く上で、自分たちが気を付けたことを確認しておく。

T　友達と物語を読み合って、感想を伝え合いましょう。

○おもしろいと思ったところや、まねしたいと思った表現などを見つけたら、付箋紙に書き、感想を伝え合うときに渡すようにする。

○クラスの実態に合わせて読み合うグループを構成する。

〈例〉・二人組で　・生活班で

2 読んだ友達の物語の中で、みんなに紹介したいものを伝え合う〈15分〉

T　友達の物語で、みんなに紹介したいものはありますか。

・○○さんの物語がおもしろかったです。洞穴の中の出来事がどうなるのか、予想がつかなくて、ハラハラしました。

・○○さんの物語は主人公がこわがりで、それが事件の解決につながっていてすごいと思いました。

○場面の様子など、表現の仕方がよいものも紹介するよう声掛けする。子供たちから出ない場合は教師から紹介し、表現の仕方にも注目できるようにする。

組み立てにそって、物語を書こう

たから島のぼうけん

きょう有

1 友だちと物語を読み合い、感想をつたえ合おう。

組み立て表①

はじめ	
登場人物	始まり
・五年生の姉と三年生の弟 ・姉はかしこい、弟はこわがり	・家のポストに地図が入っていた。 ・地図にすいこまれた。
ふだんはけんかばっかり	「わぁー」とさけぶ

教科書 P.157 拡大コピー

教科書 P.158 拡大コピー

2・3

おもしろかったところ

・わくわくした
・意外だった
・ハラハラした
・おどろいた
・主人公のせいかく→事件の解決
・

まねしたいところ

・「…のような」たとえ

3 ペアやグループを変え、もう一度読み合い、感想を伝え合う 〈15分〉

○先ほど発言した子供たちを称賛し、友達の物語のよいところを見つけようとする態度を肯定するとともに、感想の視点を広げ、次の読み合う活動につなげるようにする。

T ペアやグループを変え、物語を交換しましょう。たくさん付箋紙に書いたり、よかったところを伝えたりできるといいですね。

・○○さんの「……のような」って、例えを使っている書き方が分かりやすいです。

・「言いました」だけじゃなくて、「さけびました」や「つぶやきました」という表現だと、そのときの様子がよく分かりますね。

よりよい授業へのステップアップ

感想の語句と視点を増やす

感想を書く、伝える活動では、「おもしろかった」ばかりにならないようにしたい。ここでも巻末の「言葉のたから箱」が使用できる。気持ちを表す語句を一通り確かめておくだけでも、自分のもった感想にふさわしいのはどの語句か考えようとする態度を養える。また、単元の4・5時間目で、使用する語句を吟味したり、様子を表す表現について学習したりしたことを想起し、内容面ばかりでなく、表現の仕方にも着目できるようにしたい。

資料

1 第１～３時資料　組み立て表①（配付用）12-01

組み立てにそって、物語を書こう

「たから島のぼうけん」

年　組　名前（

終わり	はじめ	
むすび	始まり	登場人物

2 第１～３時資料　組み立て表②（配付用）12-02

組み立てにそって、物語を書こう

「たから島のぼうけん」

年　組　名前（

中			
出来事（事件）が解決する	出来事（事件）が起こる	出来事（事件）が解決する	出来事（事件）が起こる

3 第６・７時資料　教科書例文　12-03

たから島のぼうけん

谷口　あかり

　そうまとゆなは、小さいころからの友だちで、毎日いっしょに登校するほどのなかよしです。
　ある朝、いつものように二人が学校へ向かっていると、道に一まいの地図が落ちていました。

…

　めずらしい鳥に見とれていたそうまは、何かをふみました。なんとそれは、おそろしいワニのしっぽだったのです。

…

「このつるを使って。急いで。」
　そうまは、ゆなにもらった草のつるで、ワニの口をぐるぐるとしばりました。二人は、とぶようににげました。

…

　二人は、ぶじに島から家へ帰ることができました。でも、たから島のことはだれにも話しませんでした。

20 × 20

4 第６・７時資料　原稿用紙　12-04

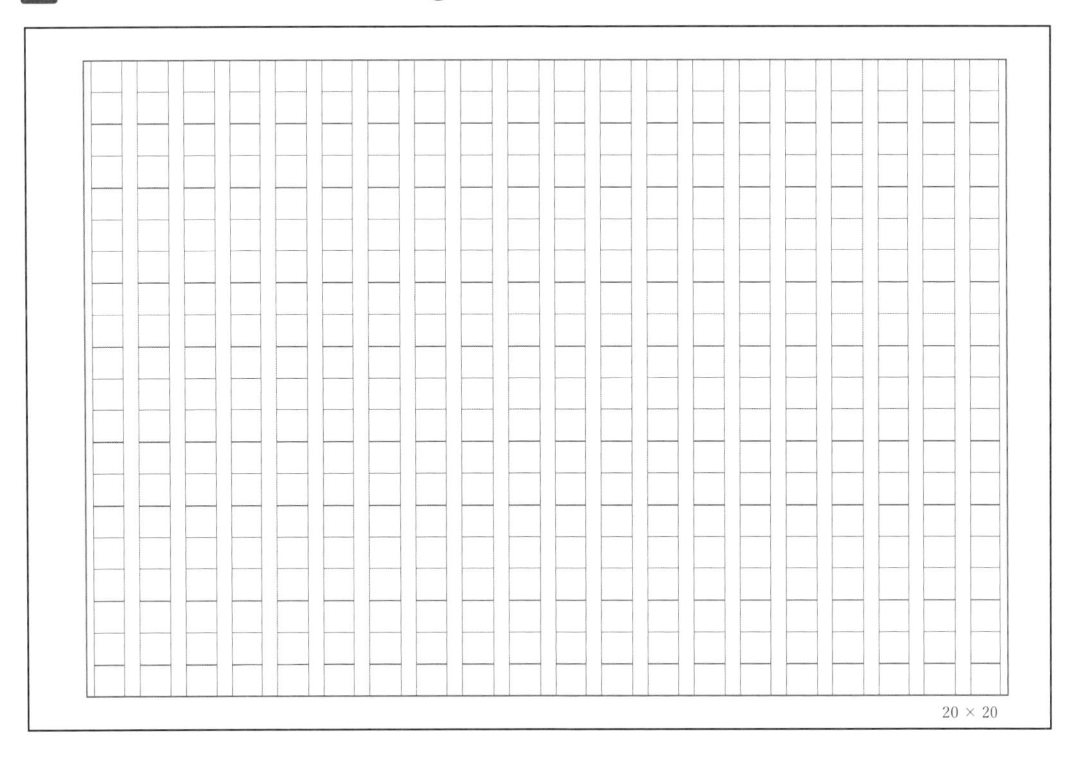

20 × 20

きせつの言葉４

冬のくらし　（２時間扱い）

〔知識及び技能〕(1)オ〔思考力、判断力、表現力等〕Ｂ書くことア　関連する言語活動例―

単元の目標

・冬を感じるものを考えることで、冬に関する言葉の理解を深めることができる。

評価規準

知識・技能	❶様子を表す語句の量を増し、文章の中で使うとともに、言葉には性質による語句のまとまりがあることを理解し、語彙を豊かにしている。(〔知識及び技能〕(1)オ)
思考・判断・表現	❷「書くこと」において、相手や目的を意識して、経験したことや想像したことなどから書くことを選び、集めた材料を比較したり分類したりして、伝えたいことを明確にしている。(〔思考力、判断力、表現力等〕Ｂア)
主体的に学習に取り組む態度	❸進んで身の回りや経験したことの中から冬に関する言葉を見つけようとし、学習課題に沿って、詩や短文を作ろうとしている。

単元の流れ

時	主な学習活動	評価
1	教材に示されている冬に関する絵や事柄を参考に、冬を感じるものを考える。	❶
2	自分たちが考えた冬に関する言葉を使い、詩や短文を作る。	❷❸

授業づくりのポイント

〈単元で育てたい資質・能力〉

教材として示されている絵や事柄を参考にしながら、これまでに経験したことや身の回りの物事から冬を感じるものを考え、冬に関する言葉の理解を深め、語彙の充実を図ることがねらいである。そのためには各自が普段何気なく見聞きしている冬に関するものに意識を向け、それを互いに確かめ合う中で言葉として改めて理解する必要がある。また、知識として得た冬に関する言葉を「書くこと」と関わらせて表現することで、語彙の量と質の両面から充実させることが必要である。

具体例

○気温が一段と低くなったり雪や氷を見たりと、子供が生活の中で冬を感じるときは多いと思われる。教材として示されているもの以外にも、スキーやみかん、クリスマス、大晦日などが考えられる。互いに考えたものを出し合い、全体で確認し合うことで語彙を広げていく。また、出された言葉を使い、冬の思い出を日記や詩に書き、交流することで、楽しみながら質的な向上を図ることができる。

〈教材・題材の特徴〉

川崎洋の「ゆき」には、雪に関する言葉がいくつも出てくる。しかし、その中には子供がこれまでに聞いたことのない言葉も含まれている。また、雪を見たことがない子供には想像することも難しい。どのような雪なのかを理解するためには、その言葉が示す雪の状態について、事前に調べておく必要がある。画像や動画を見ながら繰り返し読むことで、理解を深めたい。

ストーブや雪合戦など、子供に馴染みのある言葉だけでなく、冬を感じるものとしては考えにくい大根やにんじんなども載せられており、言葉に対する理解を広げることができる。

具体例

○どか雪やべた雪などの言葉が示す状態について想像したり、画像や動画を見たりしながら詩を読むことで理解を深める。

○「寒い冬を暖かく過ごすくふう」や「土の中で育つやさい」など、単語がまとまりで示されていることで、言葉には性質による語句のまとまりがあることも再確認したい。

〈言語活動の工夫〉

挿絵のコピーや子供の生活経験から冬を感じるものとして出されそうなものを、画像や絵として用意し、それらを徐々に提示することで関係ある事柄は何かを考えるようにし、冬についての興味・関心を高めるようにする。また、川崎洋の詩の一部を隠した状態で提示し、そこに入る言葉を考えることによって、冬に関する言葉を考える活動につなげることができる。出された言葉を用いた詩や短文を書くだけで終わるのではなく、これまで単元「季節の言葉」で残してきた子供の作品とつながりをもたせることも、本単元に取り組む際の意欲となる。

具体例

○川崎洋の詩「ゆき」の「はつゆき」や「どかゆき」などを隠した状態で提示し、その後それぞれの言葉に関わる画像や動画を用いて説明し、どの言葉がどこに入るかを考えるようにする。
単元「季節の言葉」で書き残してきた詩や短文を用意しておき、本単元で書いたものと合わせることで、各自が自分の１年間をまとめたり、学級の作品集にしたりすることが考えられる。

本時案

冬のくらし

本時の目標

・冬に関する詩や事柄を参考に、冬を感じるものを考えることができる。

本時の主な評価

❶冬を表す語句の量を増し、文章の中で使うとともに、言葉には性質による語句のまとまりがあることを理解し、語彙を豊かにしている。【知・技】

資料等の準備

・川崎洋「ゆき」に出てくる雪の状態が分かる画像や動画
・子供から出されると予想されるものの画像
・挿絵のコピー（拡大したもの）💿 13-01～07

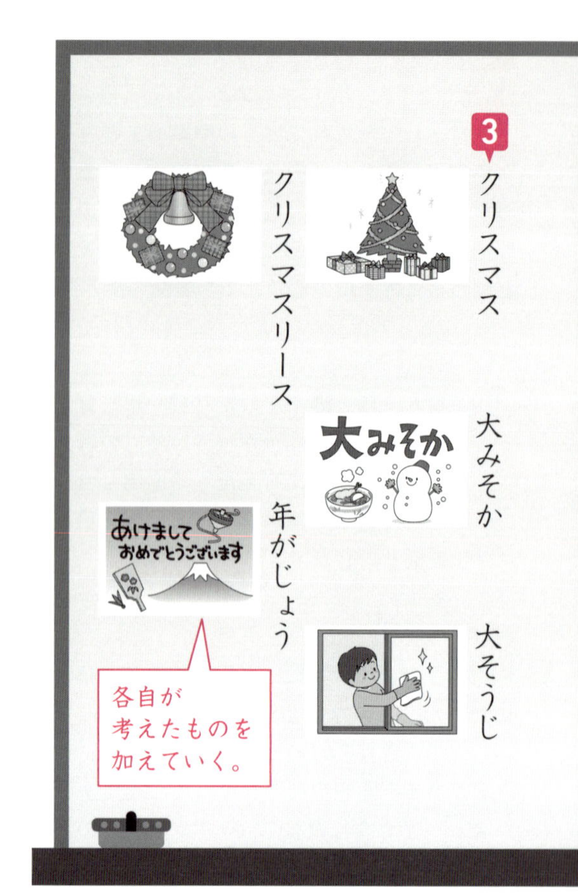

授業の流れ ▷▷▷

1 詩「ゆき」やその他の教材を基に冬に関心をもつ 〈10分〉

○導入で雪の画像や動画を見て、雪が降る季節を考える。

T これは何でしょう。また季節はいつでしょう。

・雪、冬

T この絵に当てはまる雪に関する言葉は何でしょう（１つずつ出しながら考えていく）。

・雪合戦、雪かき

○雪を見たことがない地域では、導入時に雪を見せることで興味を高め、川崎洋「ゆき」に出てくる雪の状態を説明したり、動画を見せたりすることが考えられる。

2 冬を感じるものを考え、交流する 〈15分〉

○雪に関する言葉以外に、冬を感じるものについて考える。

T みなさんが冬を感じるものには、どんなものがありますか。

・そり、みかん

○子供から２、３個出た段階で、考える時間を取るようにする。

T 他にも冬を感じるものはたくさんあります。考えましょう。

○はじめは個人で考える時間を取り、なかなか思いつかない場合には話し合って考えるようにする。その後、ペアや小グループで交流する。

冬のくらし

1 冬を感じるものを考えよう。

雪

画像や動画で関心を高める。

教科書P.86・87 雪がっせんの挿絵コピー

雪がっせん

教科書P.87 雪かきの挿絵コピー

雪かき

ゆき　川崎洋（かわさき ひろし）

はつゆき　ふった
こなゆき　だった
くつの下で　きゅっきゅとないた

どかゆき　ふった
のしのし　ふって
ずんずん　つもり
ねゆきに　なった

べたゆき　ふって
ぼたゆき　ふって
ざらめゆきに　なって
もうすぐ　春だ

2 みかん

おしるこ

そり

スキー

小グループで考えたものをさらに加えていく。

3 全体で交流したり、さらに考えたりする　〈20分〉

○各自、考えたものを全体で発表していく。

T　どんなものがありましたか。

・クリスマス、大晦日、大掃除、リース

○子供の意見とともに画像を出して掲示していく。また、それぞれの意見を食べ物や行事などに分類して板書することで、語句のまとまりを意識できるようにする。

T　たくさんの意見が出されました。この他にも冬を感じるものはあるでしょうか、考えましょう。

・スキー、おしるこ、年賀状

○ジャンルごとに、小グループで分担して考えていく。

よりよい授業へのステップアップ

教材の生かし方

川崎洋「ゆき」をそのまま提示し、それぞれの雪の状態について言葉から想像し、その後画像や動画を見て、言葉と合うものを考えることもできる。

子供の視野を広げる工夫

地域の違いや生活経験の違いで、冬を感じるものがあまり出ない場合には、全国の冬の様子を映した動画や画像を提示し、より広く考えられるようにする。

本時案

冬のくらし 2/2

本時の目標

・冬に関する言葉を用いて、自分の伝えたいことを明確にすることができる。

本時の主な評価

❷相手や目的を意識して、経験したことや想像したことなどから冬を感じるものを考え、集めた材料を比較したり分類したりして、伝えたいことを明確にしている。【思・判・表】

❸進んで身の回りや経験したことの中から冬に関する言葉を見つけようとし、学習課題に沿って、詩や短文を作ろうとしている。【態度】

資料等の準備

・前時で出された意見をまとめたもの
・教師が作った○○カードや絵かるた
・季節の言葉の学習で書いた作品

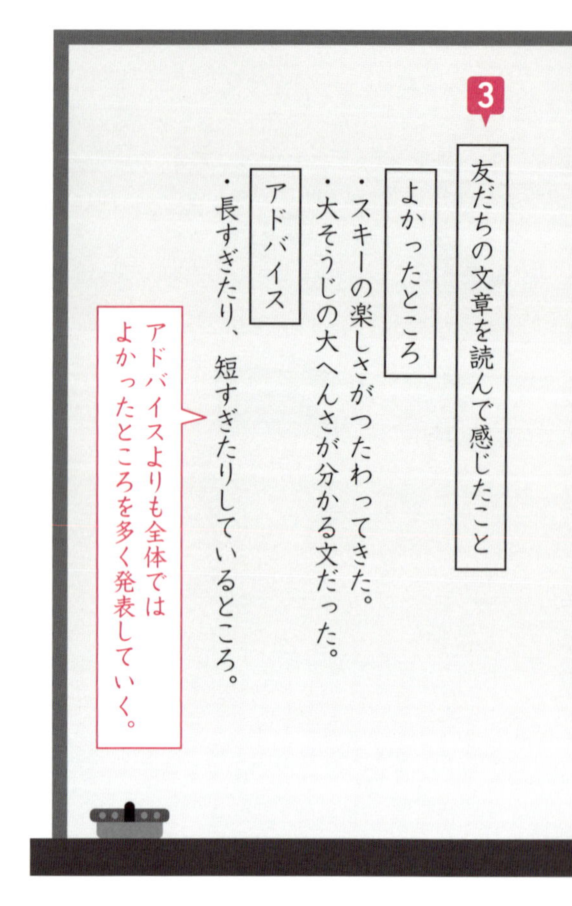

3
友だちの文章を読んで感じたこと
よかったところ
・スキーの楽しさがつたわってきた。
・大そうじの大へんさが分かる文だった。
アドバイス
・長すぎたり、短すぎたりしているところ。
アドバイスよりも全体ではよかったところを多く発表していく。

授業の流れ ▷▷▷

1 教材を読み、自分の経験を振り返る 〈10分〉

○教材として用いられている詩や短文を読んだり、前時に出された言葉に関する自身の経験を振り返ったりする。

T　教材を読んでみましょう。みなさんにも同じような経験はありますか。また、前時に出されたものに関わる経験はありますか。

・寒くなると使うことがある。
・クリスマスはケーキを食べるよ。

○前時に出された言葉に関わる経験を、十分に振り返るようにする。

2 冬を感じる言葉を用いて、詩や短文を作る 〈15分〉

○自分の経験を十分に振り返り、そのときに感じたことや振り返って思うことなどをカードに書き、○○カードや絵かるたを作る。

T　みなさんはクリスマスカードやかるたを知っていますか（カード、絵かるたを見せる）。冬を感じる言葉に関わる経験や感想をカードに書き、友達や家族にプレゼントしたり、かるたで遊んだりしましょう。詩を作ってもよいです。

・家で雪かきを手伝ったことにしよう。
・家族で過ごした大晦日のことがいいな。

○１つで終わりにするのではなく、多くの経験を振り返り、それぞれを文章にしていけるよう声を掛けていく。

冬のくらし

冬を感じる言葉を使い、短い文章にしよう。

1 振り返りをしてから課題を確認する。

前時に出された冬を感じるものをまとめたもの。
・みかん
・おしるこ
・そり
・スキー
・ゆたんぽ
寒くなると使う。
・クリスマスは
ケーキを食べる。

子供の経験を十分に振り返る。

2 カードの例

メリークリスマス
今年はいっしょに
そりをして
楽しかったね！
来年もよろしく

3 書いた詩や短文を見せたり、あげたりして交流する〈20分〉

○各自書いたカードや絵かるたをペアや小グループで交流する。互いに読み合うだけで終わらないように、よかったところを伝えたり、付箋紙にアドバイスを書いたりしながら交流する。

T　書き終えたら、ペアや小グループで発表し合いましょう。聞き終えたら、どこがよかったのかを伝えましょう。

○友達と交流する中で、間違いに気付いたり変えたくなったりした場合には、書き直してよいことを伝えておく。

○絵かるたを作った子供同士で遊ぶことも考えられるが、交流を通して、相手の考えた読み札の文章のよさを見つけるよう声を掛ける。

よりよい授業へのステップアップ

作品集としてまとめる方法

これまでに「季節の言葉」の学習で書いてきた文章を残しておき、本時に書いた文章と合わせることで作品集としてまとめることもできる。そのことを授業の中で伝えることが意欲を高めることにもなる。

交流の方法

各自が書いたものをさらによいものにするには、互いにアドバイスし合うことが効果的である。しかし、アドバイスのみになってしまうと書く意欲も失われてしまうので、よかったところとともに伝え合うようにする。

詩のくふうを楽しもう　4時間扱い

〔知識及び技能〕(1)ク〔思考力・判断力・表現力等〕B書くことオ、C読むことオ　関連する言語活動例C(2)イ

単元の目標

・様々な詩から、おもしろいと思う書き方の工夫を見つけたり、工夫を用いて自分で詩を作ったりすることができる。

評価規準

知識・技能	❶文章全体の構成や内容の大体を意識しながら音読している。((1)ク)
思考・判断・表現	❷「書くこと」において、文章に対する感想や意見を伝え合い、自分の文章のよいところを見つけている。(〔思考力、判断力、表現力等〕Bオ) ❸「読むこと」において、文章を読んで理解したことに基づいて、感想や考えをもっている。(〔思考力、判断力、表現力等〕Cオ)
主体的に学習に取り組む態度	❹様々な詩を進んで読み、おもしろいと思う工夫を見つけようとしたり、工夫を用いて詩を作ろうとしたりしている。

単元の流れ

時	主な学習活動	評価
1	教科書の詩を音読する。詩の工夫を見つけ、様々な詩を読んだり、詩を作ったりするという見通しをもつ。	❶
2	様々な詩を読んで、おもしろいと思う工夫を見つける。	❸
3	詩の工夫を用いて、詩を書く。	❹
4	互いの選んだ詩や作った詩を読み合い、感想を伝え合う。	❷

授業づくりのポイント

〈本単元で育てたい資質・能力〉

本単元のねらいは、表題にもあるとおり「詩の楽しみ方を見つける」ことである。詩にはそれぞれ、たくさんの工夫が凝らされている。様々な詩に出会わせて、それらの工夫に気付けるようにする。そして、子供が自らおもしろい詩の工夫や自分のお気に入りの詩を見つけながら読み進めたり、詩を書いたりして、自分なりの詩の楽しみ方を見つけられるようにしたい。

具体例

○６つの詩の学習の前に、今までに学習した詩（「どきん」（３年上）「わたしと小鳥とすずと」（３年上）「ねこのこ」（２年下）など）を提示する。言葉のもつ魅力や、詩は日常で見落としがちなことを題材にしていることなどを振り返り、本単元につなげられるようにする。

〈言語活動の工夫〉

自分の好きな詩を見つけたり、見つけた工夫を用いて詩を作ったりする。子供がたくさんの詩に出会えるように、本は十分用意したい。

また、詩を見つけたり作ったりする際には、詩のどんな工夫が気に入ったのか、どんな工夫を用いて詩を書いたのかなど、自分の考えを書けるようにする。そして、互いの選んだ作品や作った作品を読み合い、感想を伝え合うようにする。

具体例

○十分に作品に触れることができるよう、１人１冊分は詩集を用意する。
○「言葉が隠れていておもしろい」「音数を揃えて、リズムをよくした」など、読んだ感想や書くときに工夫したところを具体的に書けるようにする。
○互いの見つけた詩や作った詩を交流する際には、子供がいろいろな感想にふれられるように付箋紙に感想を書くようにする。

〈詩の出会わせ方の工夫〉

教科書には、「何かがかくれている詩」「声に出して楽しむ詩」「見て楽しむ詩」の３種類が掲載されている。それぞれの詩の前にある説明の文は、省いて提示してもよい。子供は、自分たちで詩の工夫をおもしろがって見つけるだろう。見つけた詩の工夫に、子供と一緒に名前をつけることもできる。「詩っておもしろいな」と子供が感じ、今後の学習に期待がもてる導入としたい。

具体例

○最初の「かたつむり」を表す詩は、「これは何を表しているのでしょう」とクイズを出してもおもしろい。題名がない理由にも気付くだろう。
○「あした」や「たいこ」は、声に出して何度も読み、速さを変えて読んでも楽しめる。ついつい言い間違えてしまう、言葉の微妙な違いにおもしろさを感じられる。
○「なみ」や「かいだん」は、題名を隠して文章全体を見せ、何に見えるか聞く。「かいだん」は、繰り返しや左右対称になっていること、２文字ずつ増えていることなど視覚的なおもしろさに気付かせたい。

本時案

詩のくふうを楽しもう

本時の目標

・詩の構成や内容の大体を意識しながら音読し、様々な詩を読んだり、作ったりしながら、詩の工夫を見つけるという見通しをもつことができる。

本時の主な評価

❶詩の構成や内容の大体を意識しながら音読している。【知・技】

資料等の準備

・詩を拡大したもの

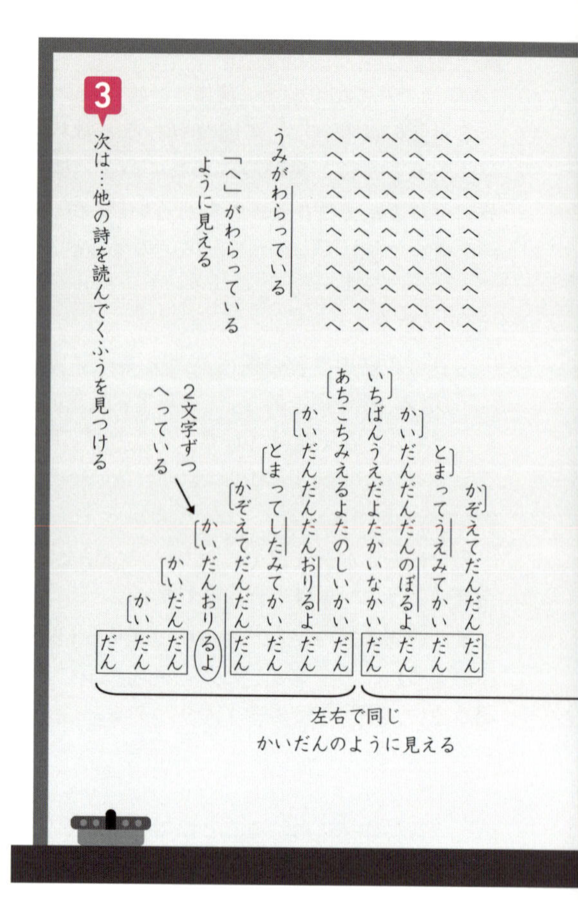

授業の流れ ▷▷▷

1 既習の詩から、詩を振り返る 〈10分〉

T　今まで読んだ詩には、どんなものがありますか。

・どきん

・わたしと小鳥とすずと

・夕日がせなかをおしてくる

T　詩は、どんな特徴がありましたか。

○教科書の詩を拡大したものを用意し、音読する。

・リズムがいいです。

・短い言葉を使っています。

・同じ言葉を繰り返し使っています。

・「夕日がせなかをおしてくる」のように、おもしろい言葉で表しています。

T　今日もいろいろな詩を読んで、工夫を見つけましょう。

2 詩の工夫を見つける 〈30分〉

T　２つの詩には、何かがかくれています。何でしょう。

○詩の本文を音読し、頭文字と内容がつながっているおもしろさを感じさせる。

T　２つの詩を、声に出して何度も読んでみましょう。おもしろいところはどこですか。

・似たような言葉を使っています。

○発表したい子供には、音読してもらう。

T　２つの詩の題名は何でしょう。

・かもめかな。

・波かな。

○ある程度意見が出たら、題名を提示し、なぜその題名なのか問う。また、おもしろいところはどこか問い、特徴を押さえる。

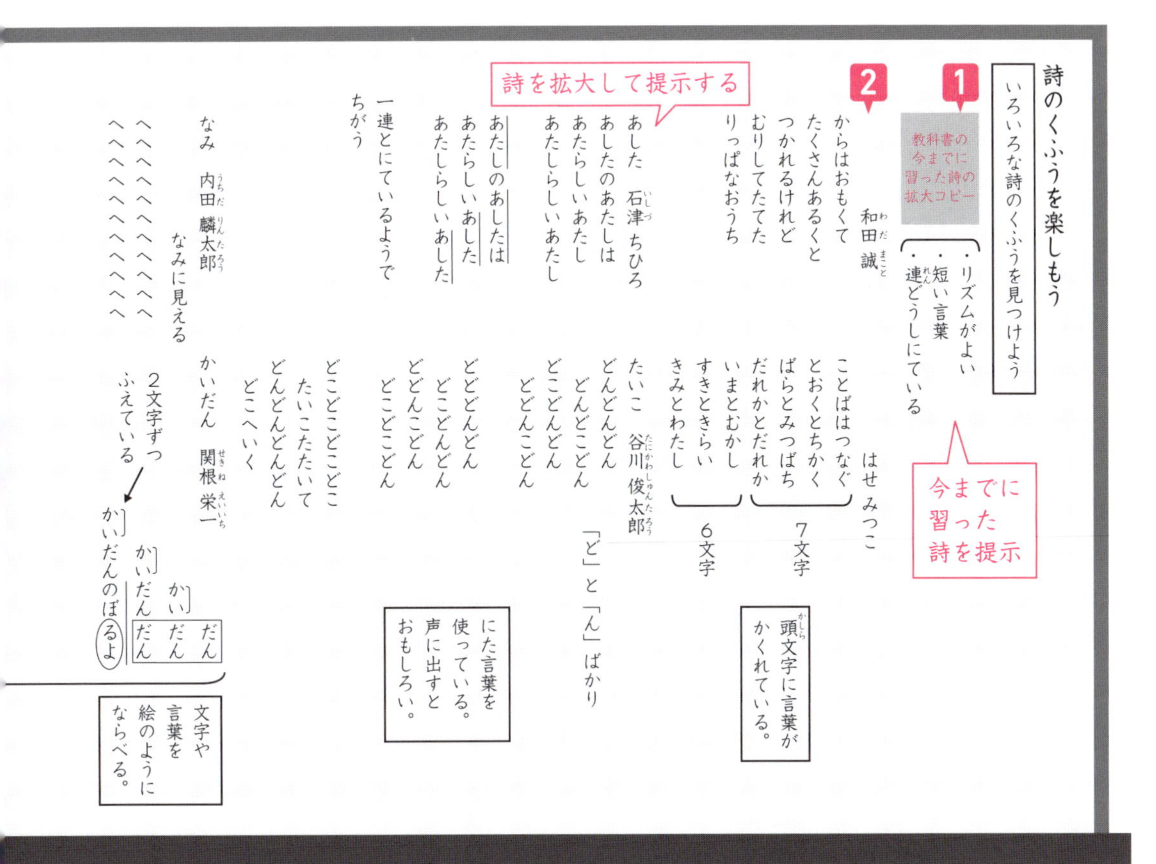

詩のくふうを楽しもう
いろいろな詩のくふうを見つけよう
1
教科書の今までに習った詩の拡大コピー
・リズムがよい
・短い言葉
・連どうしにている
今までに習った詩を提示
2
からはおもくて　和田 誠
たくさんあるくと
つかれるけれど
むりしてたてた
りっぱなおうち
ことばはつなぐ　はせ みつこ
とおくとちかく
ばらとみつばち
だれかとだれか
いまとむかし
すきときらい
きみとわたし
7文字
6文字
頭文字に言葉がかくれている。
詩を拡大して提示する
あした　石津 ちひろ
あしたのあたしは
あたらしいあたし
あたしらしいあたし
あたしのあしたは
あたらしいあした
あたしらしいあした
一連とにているようでちがう
たいこ　谷川 俊太郎
どんどんどん
どんどこどん
どこどんどん
どんどんこどん
どどどんどん
どこどんどん
どどんこどん
どこどこどん
「ど」と「ん」ばかり
どこどこどこどこ
たいこたたいて
どんどんどんどん
どこへいく
にた言葉を使っている。声に出すとおもしろい。
なみ　内田 麟太郎
へへへへへへへへへへ
へへへへへへへへへへへへ
なみに見える
かいだん　関根 栄一
2文字ずつふえている
だん
かいだん
かいだんだん
かいだんのぼるよ
文字や言葉を絵のようにならべる。

3 好きな詩を振り返り、次時への見通しをもつ〈5分〉

T　6つの詩の中で、好きな詩はありましたか。

・かいだん。階段のように見えるのがおもしろいです。

・あした。ついつい言い間違えてしまうのがおもしろいです。

・かたつむりのように、頭文字に題名を隠すのがおもしろいです。

T　今後の学習では、今日見つけた詩の工夫に注目しながら、他の詩を読んだり、自分で詩を作ったりします。次は、もっといろいろな詩を読んで、自分の好きな詩を見つけてみましょう。

よりよい授業へのステップアップ

詩の工夫を命名する

授業の中で見つけた詩の工夫を、子供と一緒に命名する。例えば、最初の2つの詩の工夫の場合は、「頭文字の技」などである。命名することで、自分たちが見つけた詩の工夫に愛着をもちやすい。また、他の詩を読んだり、自分で詩を書いたりする際にも、それらの工夫を意識させたい。

次時でその他の詩を読む際にも、見つけた工夫は命名し、掲示していく。

本時案

詩のくふうを楽しもう

本時の目標

・様々な詩を読み、自分がおもしろいと思う工夫を見つけることができる。

本時の主な評価

❸様々な詩を読み、自分のお気に入りの工夫を見つけている。【思・判・表】

資料等の準備

・今までに習った詩のコピー
・詩集
・ワークシート 14-01

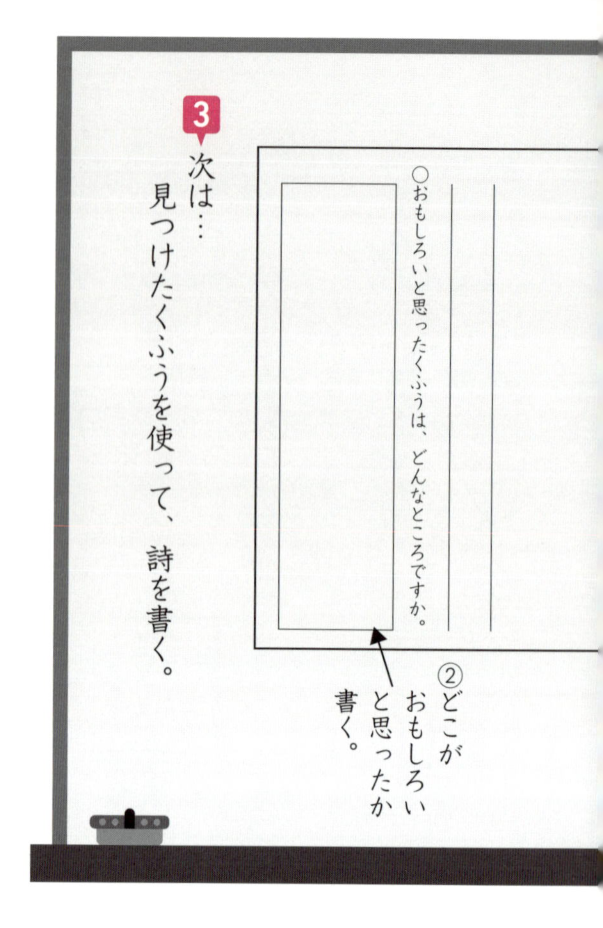

3
次は…
見つけたくふうを使って、詩を書く。
○おもしろいと思ったくふうは、どんなところですか。
②どこがおもしろいと思ったか書く。

授業の流れ ▷▷▷

1 見つけた工夫を振り返り、本時の見通しをもつ 〈5分〉

T 前時に見つけた詩の工夫には、どんな工夫がありましたか。

・頭文字に言葉を隠す。
・似た言葉を使う。
・見て楽しめる。

T 今日もそれらの工夫に目を向けながら、いろいろな詩を読みましょう。

○改めて工夫を探せるように、今まで教科書で習った詩のコピーを用意する。

○その他、1人1冊は詩集を用意する。

2 おもしろいと思う工夫を見つけながら、詩を読む 〈35分〉

T いろいろな詩から、自分がおもしろい工夫だと思う詩を見つけましょう。4時間目に、見つけた詩を紹介し合います。そのために、気に入った作品は、視写しましょう。どこが気に入ったのかも書いておきましょう。

○視写が難しければ、気に入ったところを付箋紙にメモして、本に貼る方法もできる。

○4時間目で交流する時間があり、本時では読む時間を十分に確保したいため、あえて交流する時間は設けていない。しかし、見つけた詩をすぐに紹介したり、詩を見つけられずに相談したりしたい子供がいることも予想される。その場合、交流するための机を設置したり、友達に相談したい場合は立ち歩いてもよいとすることもできる。

詩のくふうを楽しもう

自分がおもしろいくふうだと思う詩を見つけよう

1 〈前に見つけたくふう〉
・頭文字に言葉をかくす
・にた言葉を使う
・見て楽しめる

2 〈進め方〉

ワークシートの拡大を提示

「詩のくふうを楽しもう」ワークシート①
年 組 名前（ ）
○おもしろいくふうだと思った詩を書き写しましょう。
題名
作者

①おもしろいくふうだと思った詩を書き写す。

3 次時への見通しをもつ 〈5分〉

T 今日は、いろいろな詩を読んで、工夫や好きなところを見つけましたね。次の時間は、これまでに見つけた工夫を使いながら、自分で詩を作ってみましょう。

・今日は「どきん」を読み直して、「つるつる」や「ゆらゆら」など似た言葉を使う表現を見つけました。次回はその工夫を使って詩を作ってみたいです。

よりよい授業へのステップアップ

見つけた工夫の紹介

本時では、詩を読む時間を十分に取りたい。読んでいるうちに、見つけた工夫を伝えたいと思う子供が出てくるだろう。適宜、全体化して紹介してもよい。

場の設定

教室に小さな机を設置して、一緒に読める場をつくってもよい。おもしろいと思った詩をすぐに友達に伝えたり、なかなか詩を選べない子供がおすすめの詩を聞いたりすることができる。

本時案

詩のくふうを楽しもう

本時の目標

・これまでに見つけた詩の工夫を用いて、詩を作ることができる。

本時の主な評価

❹これまでに見つけた詩の工夫を用いて、試行錯誤しながら詩を作っている。【態度】

資料等の準備

・ワークシート 14-02
・国語辞典
・詩集

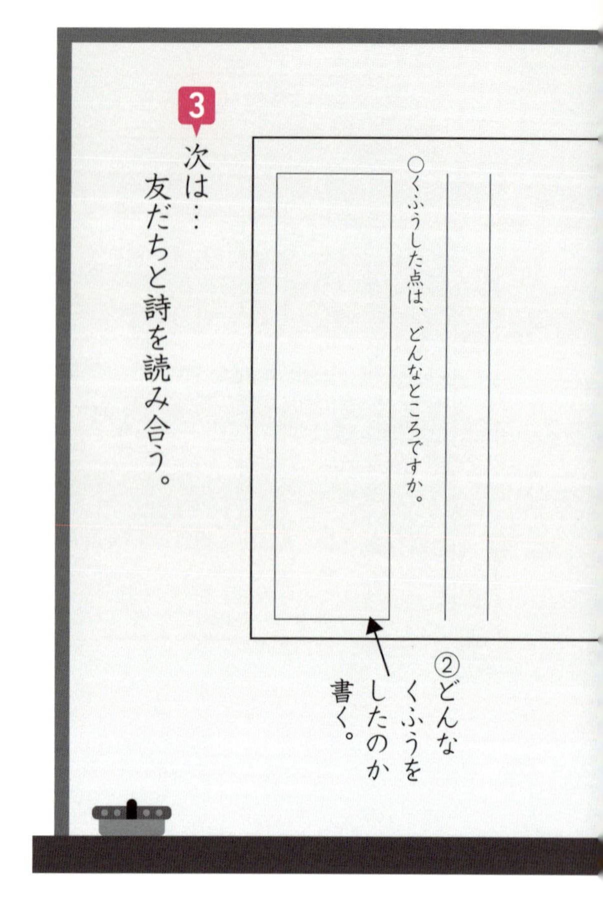

3
次は…
友だちと詩を読み合う。
○くふうした点は、どんなところですか。
②どんなくふうをしたのか書く。

授業の流れ ▷▷▷

1 詩を書く見通しをもつ 〈5分〉

T 今日は、今までに見つけた工夫を使って、自分で詩を書いてみましょう。どんな工夫を使って書きたいですか。
・頭文字に言葉を隠したい。自分の名前を隠してみよう。
・似た言葉をたくさん使いたいです。
・言葉を絵のように並べたいです。
○言葉を探すときには、辞書を使えるようにする。
○これまでに見つけた工夫をすぐに思い出せるように、掲示物として残しておくとよい。

2 工夫を使いながら、詩を作る 〈35分〉

T 自分で考えた詩をワークシートに書きましょう。どんな工夫を使ったのかもメモしておきましょう。
○詩集は教室に置き、いつでも参考にできるようにする。
○どうしても詩を作ることが難しい子供は、自分の好きな詩を引き続き見つけてもよいこととする。
・ころり くるり ごろり…
国語を頭文字にして、にたような言葉をならべてみました。

詩のくふうを楽しもう

今までに見つけたくふうを使って、詩を書こう。

1
〈どんな詩を書きたいか〉
・頭文字に自分のすきな言葉をかくしたい。
・にた言葉をたくさん使って、つい言いまちがえてしまう詩にしたい。
・言葉を絵のようにならべたい。

2
〈進め方〉

ワークシートの拡大を提示

「詩のくふうを楽しもう」ワークシート②
年　組　名前（　　　）
○詩を作りましょう。
題名
作者

①詩を書く。

3 次時への見通しをもつ 〈5分〉

T　今日は、これまでに見つけた工夫を使って、自分で詩を作りましたね。次の時間は、前の時間で見つけたお気に入りの詩や今日作った詩を友達に紹介しましょう。

○複数のワークシートを持つ子供が多いので、ファイルやホッチキス等でまとめると保管しやすい。

・ぼくは、今日作った詩を友達に読んでほしいです。
・私は、前の時間に見つけたおもしろい詩を紹介したいです。

よりよい授業へのステップアップ

書き終わった子供への対応

自分の詩をいくつも作りたい子供と、1つ完成したら友達と交流したい子供がいるだろう。たくさん詩を作りたい子供には、ワークシートを何枚も用意する。自分の作品を読んでもらいたい子供には、教室に交流のための机を設置し、子供がそこに集まって紹介し合えるようにすることもできる。

本時案

詩のくふうを楽しもう

本時の目標

・選んだ詩や作った詩を互いに読み合い、詩の工夫やよいところを見つけようとすることができる。

本時の主な評価

❷選んだ詩や作った詩を互いに読み合い、詩の工夫やよいところを見つけようとしている。【思・判・表】

資料等の準備

・これまでに子供が視写したり、書いたりしたワークシート
・付箋紙

授業の流れ ▷▷▷

1 友達と詩を紹介し合うという見通しをもつ 〈5分〉

T　今日は、これまでに書き写した詩や自分の作った詩を友達と紹介し合いましょう。

○交流する際には、見つけた詩の工夫はどんなところなのかということや、詩を作るときに工夫したことを伝えるように促す。

・好きな言葉を詩にかくしてあるから気付いてほしいです。

・似た言葉を並べたので、友達が間違えずに読めるか楽しみです。

2 互いの詩を紹介し合う 〈30分〉

T　読んだ感想を付箋紙に書いて相手に渡しましょう。それでは始めましょう。

○交流の形態としては、グループで順番に読み合ったり、紹介したい友達と自由に読み合ったりする方法がある。

・わたしは、文字や言葉が絵のようにならんでいる詩をたくさん見つけました。自分でも、そのくふうを使って書いてみました。

・同じ言葉がたくさんつづいていて、おもしろいね。

・「かたつむり」の詩みたいに、頭文字に言葉がかくれているね。当てはまる言葉を思いついたのがすごいな。

詩のくふうを楽しもう

見つけた詩や作った詩をしょうかいし合おう

1 2
〈進め方〉
①たがいの詩を読み合う。
②くふうをつたえ合う。
③感想をふせん紙に書いてわたす。

3
〈学習で学んだこと・楽しかったこと〉
・詩には、たくさんのくふうがあることが分かった。
・くふうを使えば、詩を作ることができた。
・自分の詩を読んでもらえてうれしかった。
・友だちが自分の名前をかくしていておもしろかった。

3 学習を振り返る 〈10分〉

T　詩の学習で学んだことや、楽しかったことは何ですか。

・詩には、たくさんの工夫があることが分かりました。
・工夫を使えば、自分でも詩を作ることができました。
・友達に詩を読んでもらえてうれしかったです。

〇振り返りを書く。
〇作った詩は全員分を子供が読めるわけではないので、しばらくの期間掲示したり、まとめたものを配付したりすると学級全体で学んだことなどを共有できる。

よりよい授業へのステップアップ

読んだ感想を付箋に書く

友達が見つけたり書いたりした詩を読み、一言感想を書くようにする。それにより、自分とは違う感想に出会い見方を広げたり、自分の詩への自信につなげたりすることができる。

学習を振り返る

単元の最後には、これまでの学習を振り返る時間を取りたい。子供が、自分に身に付いた力を自覚できるようにしたい。

資料

1 第2時資料　ワークシート 14-01

「詩のくふうを楽しもう」ワークシート①

年　組　名前（　　　　　　　　）

○おもしろいくふうだと思った詩を書き写しましょう。

題名	作者

○おもしろいと思ったくふうは、どんなところですか。

「詩のくふうを楽しもう」ワークシート②

年　組　名前（　　　　　　　　）

○詩を作りましょう。

題名

作者

○くふうした点は、どんなところですか。

カンジーはかせの音訓かるた　2時間扱い

〔知識及び技能〕(1)エ　〔思考力、判断力、表現力等〕―　関連する言語活動例―

単元の目標

・第3学年までに配当されている漢字を読むことができる。また、第2学年までに配当されている漢字を書き、文や文章の中で使うとともに、第3学年に配当されている漢字を漸次書き、文や文章の中で使うことができる。

評価規準

知識・技能	❶第3学年までに配当されている漢字を読んでいる。また、第2学年までに配当されている漢字を書き、文や文章の中で使うとともに、第3学年に配当されている漢字を漸次書き、文や文章の中で使っている。(〔知識及び技能〕(1)エ)
主体的に学習に取り組む態度	❷積極的にこれまでに学習した漢字を振り返りながら、漢字の音訓や送り仮名に着目して、漢字を読んだり、適切に使った文を作ったりしようとしている。

単元の流れ

時	主な学習活動	評価
1	漢字の「音訓」を使った川柳を読み、音読みと訓読みについて確認する。	❶
2	漢字の音訓を使ったかるたを作り遊ぶ。	❷

授業づくりのポイント

〈単元で育てたい資質・能力〉

3年生は、本単元までに一定量の漢字を学んできている（小学校学習指導要領では、第1学年・第2学年で計240字配当されている）。その中で、同音や同訓の漢字も増え、混乱している子供もいる。本単元のねらいは、「正しく音訓を意識して読んだり書いたりすることができるようになる」ことである。漢字の音訓を使って文作りをしたり、巻末の「これまでに習った漢字」などを使って言葉を集めたりするなどの活動を通して、正しく音訓を意識できるようにしたい。

具体例

○本単元では、教師が例示した漢字の音と訓を使った川柳を読み、上巻で学んだ「音と訓」について思い出すようにする。次に、子供が漢字の音訓を使って川柳を作る。巻末の「これまでに習った漢字」や国語辞典などを使って、様々な漢字の音と訓を調べて言葉集めをして取り組むようにする。そうすることによって、たくさんの漢字の音と訓に触れ、使われ方を理解することができる。

〈言語活動の工夫〉

一方的に説明を聞くような漢字学習ではなく、実際に書いたり読んだりする活動を通して学習することで音訓の意識を定着させることができる。本単元では、遊びの要素を加えることで子供が楽しく学習するために、「音訓かるた」を作るという言語活動を設定した。興味が湧くような目的を設定することで、子供は意欲的に学習に向かい、1つの漢字を使った言葉集めをすることで理解を深める活動となる。

具体例

○「音訓かるた」の活動では、読み札には、漢字の音と訓を使った川柳を書く。取り札には、絵と字を書く。作ったかるたを友達と紹介し合う。時間がある場合は、実際にかるた遊びをする。色画用紙に貼って掲示して交流することもできる。「生、上」などの音訓の読み方が多い漢字は、1つの取り札に複数のイラストを入れるなど発展的な活動に取り組ませるようにしたい。

〈他教材との関わり〉

3年生になると言語に対する知識には、個人差が出てくる。単元に入る前に、3年生の上巻で学習した「漢字の音と訓」について復習することで、子供が学習に入りやすくなる。また、川柳作りは、「季節の言葉」「俳句を楽しもう」などで触れている。川柳作りに子供が戸惑う場合は、それらの学習を思い出すようなアドバイスをする。4年生では、同音異義語について学習する。本単元の学習がつながるような工夫が必要である。

具体例

言語に対する知識の土台を揃えるために、単元に入る前に家庭学習やモジュールの時間を使い、上巻で学習した「漢字の音と訓」についてプリントなどを用意して復習しておく。4年生の同音異義語の学習につなげるためには、本単元で作った音訓かるたを、4年生に引き継ぐことで、系統的に学習を進めることができる。

本時案

カンジーはかせの音訓かるた

本時の目標

・既習の漢字の音読みと訓読みについて理解を深めることができる。

本時の主な評価

❶第３学年までに配当されている漢字を読んでいる。また、第２学年までに配当されている漢字を書き、文や文章の中で使うとともに、第３学年に配当されている漢字を漸次書き、文や文章の中で使っている。【知・技】

資料等の準備

・教師作成の音訓かるた
（あれば昨年度の子供が作った音訓かるた）
・国語辞典
・音訓かるたの例のイラスト 15-01

・昼食で　とうふ一丁　食べました
・日記帳　三日ぼうずは　そつぎょうだ
・宮大工　大きな寺院　しゅうりする
・口笛を　ふくと遠くで　汽笛鳴り
・助言への　お礼の言葉　ていねいに

〇送りがなで読み方や意味がかわる字

下
下る
下げる

授業の流れ▷▷▷

1 音訓カルタの見本を見て見通しをもつ〈10分〉

T　お正月にかるたをした人はいますか。先生はこんなかるたを作りました。（黒板に見本を貼る）気付いたことはありますか。
・川柳みたいです。
・同じ漢字が２回出ています。
・分かった、音読みと訓読みですね。
・「とおい」は、訓読みです。
・「エン」は、音読みですね。
T　漢字には、音と訓がありましたね。この読み方の違いを使って教科書の「音訓かるた」を読みましょう。
・どっちが音でどっちが訓か分かるか不安ですが、おもしろそうです。

2 教科書の音訓を使った歌を音読する〈15分〉

T　（漢字を示し）この字の音の読み方と訓の読み方、両方言えますか。
・（朝は）音がチョウで訓があさです。
・（休は）音がキュウで訓がやすみです。
〇３年生上巻「漢字の音と訓」で学習したことを振り返る。
T　教科書 P.92 1 に書かれている歌をグループで順番に声に出して読みましょう。分からない読み方は友達に聞いたり辞書で調べてみましょう。
・最初の「千」は、「チ」です。次の「千」は「せん」ですね。

カンジーはかせの音訓（くん）かるた

1 音訓に気をつけて「音訓かるた」を読もう

遠足だ
遠くに行けて
うれしいな

遠　訓　とおい　音　エン

2 ○音と訓

朝　訓　あさ　音　チョウ

休　訓　やすみ　音　キュウ

3 ○次の音訓を使った歌を読んでみよう。

- 千（チ）代紙で　千（せん）羽のつるを　おりました
- 曲がる球　投（な）げる投（トウ）手に　なりたいな
- 石炭は　もえるふしぎな　黒い石
- 運転を　終えたら車庫に　車入れ
- 羊毛が　ふわふわしてる　羊さん
- にらめっこ　勝負に勝った　うれしいな
- 旅先の　宿で宿題　はかどらず

3　音と訓を確認する　〈15分〉

T　教科書の文に読み仮名を書きましょう。音は片仮名、訓は平仮名で書きましょう。どちらの読み方が「音」で、どちらの読み方が「訓」か、隣の人と確認しましょう。分からない場合はみんなで確認します。

・「チ」と「せん」どっちが音でしょうか。

・「チ」が音です。「チ」だけじゃ意味が分からないからです。

・音は、中国の読み方だって前に勉強しました。

T　音でも送り仮名で読み方や意味の変わる言葉があります。これはなんて読みますか。

・左は下げるです。右は、下るです。

○送り仮名の役割に気付くようにする。

4　振り返りをして、次の活動を知る　〈5分〉

T　今日の学習で気付いたことや思ったことを発表しましょう。

・音の読み方を間違えましたが、辞書に載っていました。辞書は便利です。

・音と訓の違いが分かってきました。

T　次の時間に音訓かるたを作ってみましょう。

本時案

カンジーはかせの音訓かるた

本時の目標

・漢字の音訓や送り仮名に着目し、漢字を適切に使った音訓かるたを作ることができる。

本時の主な評価

❷積極的にこれまでに学習した漢字を振り返りながら、漢字の音訓や送り仮名に着目して、漢字を読んだり、適切に使った文を作ったりしようとしている。【態度】

資料等の準備

・教師作成の音訓かるた
・国語辞典

3 ○「読みふだ」に合った絵を「取りふだ」に書く。

4 ふり返り

・国語辞典を使って、じゅく語をたくさん調べたら、いいかるたを作れました。

・かるたを作る中で、知らなかった読み方を知ることができました。

授業の流れ ▷▷▷

1 読み札の作り方を知る 〈5分〉

T 前の時間に、音訓を使った「歌」を読みましたね。教科書で確認します。

T これから、読み札を作ります。順番は

①まず、字を決めます。思い浮かばない人は、P.148の「これまでに習った漢字」やP.153の「この本で習う漢字」を参考にしてください。

②次に音読みを使った言葉を1つ作り、訓読みを使った言葉を1つ作ります。2つをつなげて文を作ります。例えば「遠（とお）い」＋「遠（エン）足」＝「遠いところに遠足に行く」

③5・7・5のリズムに整えます。

④終わった人は、たくさんの歌を作りましょう。

2 同じ漢字の音読みと訓読みを使った「歌」をノートに書く 〈15分〉

T 作り方を確認してノートに歌を書きましょう。

・言葉は思いついたけど、5・7・5のリズムになかなかなりません。

・「水よう日　たくさん走って　水を飲む」はどうでしょう。

○歌が思い浮かばない子供のために、早く「歌」を作った子供の作品を紹介する。

○言葉が思い浮かばない子供には、「漢字ドリル」「国語辞典」なども活用して「歌」を作るように声を掛ける。

T 隣の人と読み合って、間違いがないか確認しましょう。

カンジーはかせの音訓かるた

漢字の音訓を使って音訓かるたを作ろう

1
○「読みふだ」の作り方
①どの漢字を使うか決める
P．148「これまでに習った漢字」
P．153「この本で習う漢字」
②歌を作る
音読みを使った言葉を　一つ作る
訓読みを使った言葉を　一つ作る
二つをつなげて文をつくる
「遠い」＋「遠足」＝「遠いところに遠足に行く」
③リズムを整える
五・七・五　にする。
④次の「歌」を作る。

2
○「読みふだ」を書く

遠足だ
遠くに行けて
うれしいな

5 7 5　に分けて書く。

3 作った「歌」を発表し、読み札と取り札を作る 〈20分〉

T　どんな歌を作ったかグループで発表しましょう。

・「運転手　車で荷物を　運びます」っていうのが、本当にあることのようでおもしろいと思いました。

○グループの中でよい、おもしろいと思ったものを発表し合うことで興味を高める。

T　みなさんが作った歌の中から、お気に入りのものを選んで読み札に書きましょう。

○札の大きさは、授業参観などで掲示する場合はA５、B５程度の大きさにする。実際にかるたを使って遊ぶ場合は、52mm×73mm 程度の大きさで２～４枚作るようにする。

○終わった子供から取り札を作るようにする。

4 振り返りをする 〈５分〉

T　音や訓を使って「歌」を作るときに、頑張ったことや難しかったことを書きましょう。

・言葉が思い浮かばなかったので、国語辞典で見つけるようにしました。

・訓の読み方はすぐに浮かんだけど、音のほうが浮かばなかったので、これからは音読みを頑張りたいです。

○朝の時間などを利用して、作った音訓かるたで遊ぶと、学習の定着につながる。

漢字の広場⑥ （2時間扱い）

〔知識及び技能〕(1)エ、オ 〔思考力、判断力、表現力等〕― 関連する言語活動例―

単元の目標

・２年生までに配当されている漢字を使って正しい文を作ることができる。
・文章の間違いを見つけて直したり、目的を意識した表現にしたりして、文章を整えることができる。

評価規準

知識・技能	❶前学年までに配当されている漢字を文や文章の中で使っている。(〔知識及び技能〕(1)エ)
主体的に学習に取り組む態度	❷今まで学習した漢字を積極的に使い、文を作ろうとしている。

単元の流れ

時	主な学習活動	評価
1	絵の中の人物になりきって、それぞれの季節にどんなことをしたのかについて書く。修飾語を使って、周りの様子も詳しく書く。	❶
2	四季に合わせて様子が分かるように詳しく文を書き、読み合って感想を伝え合う。	❷

授業づくりのポイント

〈単元で育てたい資質・能力〉

本単元では、漢字や絵から季節に合わせた情景を想像し、言葉を使って描写をすることにより、漢字の理解の定着を図ることをねらいとしている。絵は４つの季節に分かれており、修飾語を使って周りの様子を詳しく書き表すことが求められている。既習の修飾語は、物語を読んだり、文を書いたりするときに重要になる。本単元では、漢字の読み書きに終始することなく、意味を想像させ、日常の中でも使っていく意欲を高めるとともに、漢字を使うことで読み手に文章の意味が伝わりやすくなるということに気付かせていく。

具体例

○それぞれの季節について具体的な情景を想像するように促す。例えば、冬から関連する言葉を思い起こすと、雪が降ること、セーターなどの毛糸製品が増えること、冬は夜空の星がきれいであることなどさまざまな情景を関連付けることで、言葉を増やせるだろう。

〈教材・題材の特徴〉

絵の中の人になりきって、それぞれの季節で行っていることを想像させていく。これまで、子供は様々な物語を読み、修飾語にふれてきている。周りの様子を詳しく表すために、そうした物語の中でどのような修飾語が用いられるのかを全体で確認し、第２学年の漢字を使いながら豊かな表現で文を作る学習につなげていきたい。

具体例

○四季に分かれている絵を見て、それぞれの登場人物がどんなことをしているのかを読み取る。四季に分けた絵をそれぞれ拡大して示し、どのような様子が描かれているかを丁寧に考える。

○例文にある修飾語「友だちと」「ピクニックに」「すっきりと」「あたたかな」について仲間分けし、詳しい様子を伝えるために、どのような修飾語を用いるべきか考える。

〈言語活動の工夫〉

本単元で扱っている漢字は、既習の漢字であるが、３年生になってからも間違いやすい字が多くなる。横画や点の数をよく確かめて書くように呼びかけて、漢字の理解の定着を図りたい。季節を比べる中で、季節に関する言葉の特徴や違いを考え、別の単元で日記などをつくるときに間違えずに使える漢字を増やしていくことが大切だろう。

具体例

○漢字の字形を丁寧に確かめるため、間違いやすい箇所はどこか問いかけ、子供自身に考えさせる。教師から一方的に教える状況にならないようにする。

○修飾語には、どのような言葉があったか確認し、「春＝あたたかい風」のように、季節を感じながら連想するとともに、そのときに合った修飾語を選択できるように配慮したい。

本時案

漢字の広場⑥

本時の目標

・前学年までに配当されている漢字を正しく書き、修飾語を意識して文を整えることができる。

本時の主な評価

❶前学年までに配当されている漢字を文や文章の中で使っている。【知・技】

資料等の準備

・教科書 P.94を拡大表示

3
○○くんの文
春の晴れた日に、花にいっぱいかこまれて、食べたおにぎりはおいしかった。
ふり返ろう
・絵を見て頭でわかっていても、きちんと漢字でつたえるのはむずかしかった。

授業の流れ ▷▷▷

1 学習のめあてを知り、修飾語を振り返る 〈15分〉

T　94ページを開きましょう。季節を表す絵が描かれていますね。

○それぞれの漢字の読み方、筆順を確かめ、漢字をノートに視写する。

○修飾語の意味 P.31を読み、修飾語の復習をする。

「いつ、どこの、だれに、何（どこ）を、だれ（何）の、どのように」

○教科書の例にある春から関連する事柄を挙げる。

2 絵を選び、文を作る 〈20分〉

○主語・述語の簡単な文で絵の内容を確かめる。

春……男の子と女の子が昼ごはんを食べる。

夏……家族で海に行く。

秋……お父さんと女の子が歩いている。

冬……女の子が夜空を見ている。男の子が歌っている。

○例文を書く際は登場人物になりきるため、主語を「わたし」「ぼく」にする。

○周りの様子を詳しく表すための支援として、「遠くには何が見えている？」「魚を釣った人はどんな表情をしている？」と問いかけるなど、見えるものや表情に注目させる。

T　「風がふきました。」ではなく、「風がそよそよとふきました。」のように書いてみましょう。

漢字の広場⑥

1

絵の中の人になりきって、それぞれのきせつでどんなことをしたかを書こう。

・修飾(しゅうしょく)語を使って、まわりの様子もくわしく表しましょう。

修飾語
いつ　どこの　だれに　何（どこ）を
だれ（何）の　どのように

＜れい＞
わたしは、春に、友だちと野原へピクニックに出かけました。空は、すっきりと晴れ、あたたかな風がふいていました。

春に関連する事柄に線を引く

2

教科書 P.94
拡大コピー

春…男の子と女の子が昼ごはんを食べている。
夏…家族で海に行く。
秋…お父さんと女の子が歩いている。
冬…女の子が夜空を見ている。男の子が歌っている。

3 作った文を読み合う 〈10分〉

T　どんな文が書けましたか。
・春の晴れた日に花にいっぱいかこまれて、食べたおにぎりはおいしかったです。
T　どんなことが難しかったですか。
・絵を見て頭で分かっていても、きちんと漢字を使って文で伝えるのは難しかった。
○漢字をいくつ使うことができたか数え、学習したことを自覚することもよいだろう。
○次時に四季に合わせて文をたくさん書いていくことを予告する。

よりよい授業へのステップアップ

教科書にない漢字も認める

四季に分かれた絵から、文を想像して書いていく。提示された漢字を使うだけでなく、絵の細部にまで着目し、より多くの漢字を使うことを目指していく。

何年生で習うからという縛りにこだわりすぎると、子供の学ぶ意欲を低めることもある。国語辞典も活用し、様々な言葉に触れるきっかけとする。教科書に今回示されていない漢字も積極的に使うことで、汎用的な力を養いたい。

本時案

漢字の広場⑥

本時の目標

・絵から文を想像し、2年生までの漢字を積極的に使い、正しい文を書くことができる。

本時の主な評価

❷今まで学習した漢字を積極的に使い、文を作っている。【態度】

資料等の準備

・教科書 P.94を拡大表示
・修飾語についてまとめた短冊もしくは紙
・ワークシート 16–01

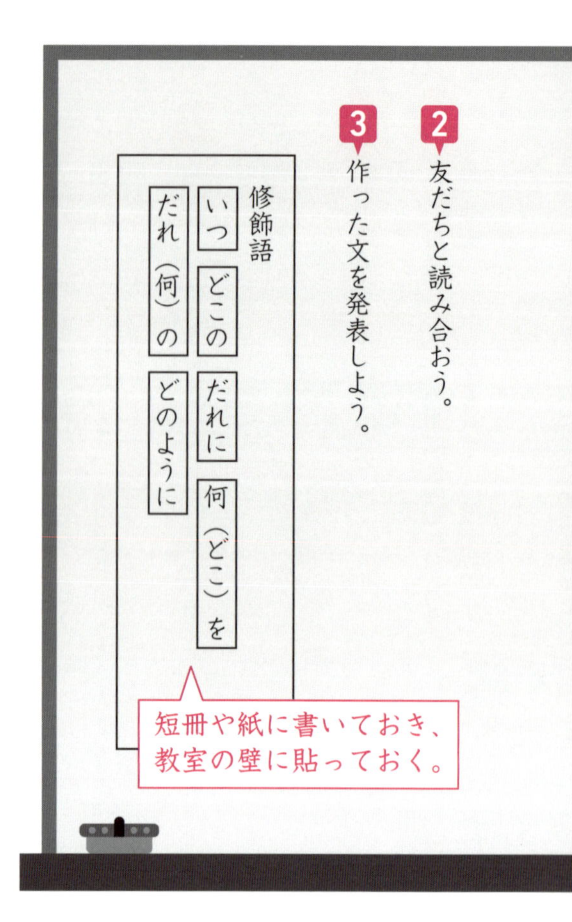

2 友だちと読み合おう。
3 作った文を発表しよう。
修飾語
いつ
どこの
だれに
何（どこ）を
だれ（何）の
どのように
短冊や紙に書いておき、教室の壁に貼っておく。

授業の流れ ▷▷▷

1 1年間のアルバムを作る 〈25分〉

○ワークシートを4枚の絵が並んでいる形式にし、それぞれ「ぼく・わたし」になる人物を選んで絵に丸をつける。
・春の絵の男の子を「ぼく」にして、女の子が大きなおにぎりを食べていてびっくりしていることを書こうかな。
○前時に作った文を参考にし、周りの様子を詳しく表すために修飾語を入れることを確かめる。
○何が見えるか、どのように見えるかなど、人物になりきって考えることは物語を読む上でも大切な力になる。苦手な子供には、会話をしながら言葉を広げていく。

2 作った文を読み合う 〈10分〉

○班で互いに書いた文を読み合う。
○どんな修飾語を使ったのか、文を読み直してもっと詳しくするために必要な言葉はないか考えさせる。
・同じ絵を見ても、私と友達は違うことを書いているな。同じところもあったよ。
T 色や形、人の表情を見ると、もっと詳しい文章になりそうですね。

漢字の広場⑥

1
絵の中の人になりきって、それぞれのきせつでどんなことをしたか1年間のアルバムを作ろう。

教科書 P.94
拡大コピー

・修飾語を使って、まわりの様子もくわしく表しましょう。

人物の様子
おどろいて　おいしそうに
楽しそうに　よろこんでいる

まわりの様子
風がそよそよとふいている
大きな入道雲が見える
山の向こうには真っ赤な夕日が見える
美しい夜空と真っ白な雪が広がる

3 作った文を発表する　〈10分〉

・ぼくは、冬に、星がたくさん夜空に光っているのを見ました。雪がふって寒かったけれど、毛糸のマフラーがあたたかかったです。
◯書画カメラに写したり、ホワイトボードに書いたりして、文を見せ、読みながら発表する。
◯周りの様子が詳しく書かれているのかも評価の観点として取り上げ、様々な漢字、表現を使っている文に対して価値付けしていく。
◯学習の振り返りをする。
・２年生までの漢字を使って、詳しく書くことができました。

よりよい授業へのステップアップ

修飾語の理解の定着

修飾語の学習は行っているが、数時間では不十分である。漢字の広場においても修飾語を意識することで、文や文章の内容が詳しくなることの理解を促すようにしたい。学習したことを積み上げていくために、教室の壁に言葉コーナーを作り、修飾語についてまとめた紙を貼っておくのもよい。

資料

1 第２時資料　ワークシート 16-01

漢字の広場⑥

年　　組　名前（　　　　　　　　　　　　）

絵の中の人になりきって、それぞれのきせつで
どんなことをしたかを書きましょう。修飾（しゅうしょく）語も使って、
まわりの様子もくわしく表しましょう。

春の絵	
夏の絵	
秋の絵	
冬の絵	

2 第２時資料　児童記入例

漢字の広場⑥

年　組　名前（　　　　　　　　　　）

絵の中の人になりきって、それぞれのきせつでどんなことをしたかを書きましょう。修飾語も使って、まわりの様子もくわしく表しましょう。

春の絵	わたしは、春に、近くの山に登りました。晴れの日で暑かったけれど、風がすずしかったです。友だちと食べたおにぎりがおいしかったです。
夏の絵	わたしは、夏に、家族で海に行きました。お父さんが大きな魚をつっていてすごかったです。わたしは麦茶を飲んで、たまに泳ぎました。
秋の絵	わたしは、秋に、おばあちゃんの家に行きました。山里のけしきがきれいでした。田んぼから米のにおいがしてきました。たいていないのにふしぎでした。
冬の絵	わたしは、冬に、星がたくさん夜空に光っているのを見ました。雪がふって寒かったけれど、毛糸のマフラーがあたたかかったです。

4 読んで感想をもち、つたえ合おう

ありの行列

（7時間扱い）

〔知識及び技能〕(1)カ　〔思考力、判断力、表現力等〕C読むことオ、カ　関連する言語活動例C(2)ア

単元の目標

・文章の内容や構造を捉えて、感想や考えを共有することで、一人一人の感じ方などに違いがあることに気付くことができる。

評価規準

知識・技能	❶主語と述語との関係、修飾と被修飾との関係、指示する語句と接続する語句の役割、段落の役割について理解している。(〔知識及び技能〕(1)カ)
思考・判断・表現	❷「読むこと」において、文章を読んで理解したことに基づいて、感想や考えをもっている。(〔思考力、判断力、表現力等〕Cオ) ❸「読むこと」において、文章を読んで感じたことや考えたことを共有し、一人一人の感じ方などに違いがあることに気付いている。(〔思考力、判断力、表現力等〕Cカ)
主体的に学習に取り組む態度	❹文章の内容や構造を捉えて、感想や考えを共有することで、一人一人の感じ方などに違いがあることに気付こうとしている。

単元の流れ

次	時	主な学習活動	評価
一	1	ありはものがよく見えないのに、なぜ行列を作れるのかを予想する。 『ありの行列』を読み、感じたことを付箋に書き出す。	
二	2	文章全体の「問い」に対して、どのような「答え」となっているかを見つける。 「中」で、どのように説明しているか特徴を捉える。	❶
	3	段落のはじめの言葉に着目して、「中」でどのような順序でどのように説明しているかを捉える。	❶
	4	文末に気を付けながら「ウイルソンの研究の進め方」「ありが行列を作る仕組み」を短くまとめる。	❶
三	5	文章を読み直して、もっと知りたいことや、疑問に思ったことを交流する。	❷
	6 7	「もっと読もう」などを読み、なるほどと思ったことやさらに知りたいことを感想として書き、交流する。	❸❹

授業づくりのポイント

〈教材の特徴〉

本教材は、「はじめ・中・終わり」が分かりやすく、「はじめ」に問い、「終わり」に答えがあることで、何を説明し、結論は何かが、すぐに分かる文章である。これまでに３年生で学んでいる説明文との違いとしては、「中」の部分が事例の羅列ではなく、実験観察、仮説、仮説の検証という方法で説明されている点が挙げられる。この理科の学びで行われるような予想・実験・考察の過程を使った説明のよさを実感させたい。

また、教科書という全国で扱われる教材という性質上、読み手の知識量や日常経験、環境、理解力などが異なるため、全ての読者において完全に適合する文章にはできない。特に、子供たちの日常に近い昆虫である「あり」については、一人一人のこれまでの関わりが大きく異なる。したがって、教材文の内容を理解するだけでとどまらず、教材文から疑問に思ったことを自ら調べたくなるような単元構成にしたい。

具体例

○「もっと読もう」にあるような「とくべつのえきを出すのは、えさをもって帰るときだけなのか」「ちがう巣にすむ」「ありの行列が交わる」とどうなるのかというありの行列に関すること、「どうやってありはにおいをかぐのか」「特別な液とはどのようなものなのか」といったありの体の仕組みなどが、子供たちが出す疑問として考えられる。ただ内容を読み取るだけでなく、読んだことを基に自ら調べるような発展的な活動にするとよい。

〈言語活動の工夫〉

それぞれの子供がもっと知りたいことや疑問に感じることを基に、教材文や「もっと読もう」、さらには自ら調べた本を用いて、感想を書く活動を行う。第３次の活動において、１つの文章だけでなく、様々な資料と関連させて読むよさを感じたり、自ら他の本を手に取ったりするような活動を設定したい。

具体例

○「もっと読もう」や他の資料と読み比べることで、それぞれの感想に違いが出てくる。それぞれで関心をもったことをまとめ、それを読み合い、感想を伝え合う。それぞれが感じる観点が異なり、調べた内容にも個性が出てくると、感想の伝え合いがより効果的なものになる。

〈単元で育てたい資質・能力〉

このような教材の特徴、言語活動の工夫を通して、本単元では、文章を読んで理解したことに基づいて、感想や考えを共有し、一人一人の感じ方などに違いがあることに気付くことをねらいとする。「文章を読んで理解すること」は、これまでの説明文の学びを生かすことは大前提である。そのうえで、後半では、それぞれがもっと知りたいことや疑問に思ったことを基に単元を進めていく。

具体例

○文章を読んで、疑問に思うことやもっと知りたいことは異なって当然である。そのため、その違いに気付く時間をとりたい。文章にまとめたことを、友達の文章と比べることで、違いに気付き、新たな気付きも生まれていく。また、もっと知りたいことや疑問を解決するために、自分で調べたり、本を選んだりしている姿は大きく価値付けをしたい。

本時案

ありの行列

本時の目標

・文章に興味をもちながら読み、感想を書くことができる。

本時の主な評価

・文章に興味をもちながら読み、感想を書いている。

資料等の準備

・ありのイラスト（教科書 P.96・97を拡大コピー）
・付箋紙（3色）
・付箋紙用の台紙

・はじめて知ったこと（黄）
・もっとせつめいしてほしいこと（ピンク）
・これまで読んだせつめい文とくらべて思ったこと（青）

授業の流れ ▷▷▷

1 ありの写真を見ながら、知っていることを出し合う〈5分〉

○ありのことや、行列を作る理由について、予想し、本文を読みたくなる導入をする。

T　ありを見たことはありますよね。ありが何をしているところを見たことがありますか。

・食べ物を運んでいるところを見たことがあります。
・大きな虫に大勢のありが集まっているところを見たことがあります。
・ありが1列にならんで、歩いているところを見たことがあります。

○ありをあまり見ることがない子供がいる場合には、実際に見に行ったり、映像で見せたりする時間を取ってもよい。

2 1段落目を読み、ありはなぜ行列を作れるのかを予想する〈15分〉

T　「ありの行列」という説明文があります。まず、1段落だけ読むので、聞きましょう。

・ありは巣から、えさまで行列を作るのですね。
・ありは目が見えないことを初めて知りました。
・でも、なぜありは目が見えないのに行列が作れるのでしょうか。

T　なぜ、ありは目が見えないのに行列が作れるのか予想してみましょう。

・人間だったら、目で見て行列を作ります。
・臭いをかいでいるのでしょうか。
・触覚を使っていると思います。

○あくまで予想なので、近くの友達と相談しながら、出し合う。

1

教科書 P.96・97
ありのイラスト
拡大コピー

食べ物を運んでいた！
大きな虫におおぜい
集まっていた。
行列になっているのを
見たことがある。

ありの行列

大滝（おおたき）哲也（てつや） 文
安田（やすだ）尚樹（ひさき） 絵

2

ありは、ものがよく見えない…
でも、行列を作っている！

なぜ？
・はなで、においをかいでいる。
・しょっかくを使っているのかな。
・ありの言葉で話している。

3

「ありの行列」を読んで思ったことを、
ふせんに書き出そう。

3 読み聞かせを聞き、感想を付箋紙に書き出す 〈25分〉

T どうしてありが行列を作れるのか考えながら「ありの行列」を読んでみましょう。読み聞かせが終わったら、初めて知ったこと、もっと説明してほしいこと、これまで読んだ説明文と比べて思ったことを付箋紙に書きましょう。

・特別な液のにおいを出して、それをかいでいることを初めて知りました。
・でもどうやって、出しているのかな。どのようなにおいなのでしょう。
・今までの説明文と違ってつながっている感じがします。

○読んで思ったことを、共有しやすくしておく。書いたものは、グループで色ごとに台紙に貼っておく。

よりよい授業へのステップアップ

初発の感想を単元に生かせる形にする

感想文という形でなく、付箋紙に書き出すという形にすることで、共有し次時以降に生かしていきたい。学習を進めていく中でもっと説明してほしいことを増やしたり、解決したりできるようにしてもよい。

これまで読んできた説明文との比較

「ありの行列」の書きぶりの特徴を知るために、これまで読んできた説明文との比較をさせる。以前読んだものと比べるという考え方を知るとともに、比較することで段落同士つながりのある特徴に気付かせたい。

本時案

ありの行列　2/7

本時の目標

・根拠となる言葉に気を付けて、「問い」と「答え」を把握し、これまで読んだ説明文と比較しながら、「中」の書かれ方の違いに気付くことができる。

本時の主な評価

❶段落の関係について理解し、根拠となる言葉に気を付けて、「問い」と「答え」を把握している。【知・技】

・これまで読んだ説明文と比較し、「中」の書かれ方の違いに気付いている。

資料等の準備

・上巻の教科書
・前時で付箋紙に書き出した感想

○これまで読んできたせつめい文の「中」は？
「こまを楽しむ」
…色がわりごま、鳴りごまなどを使ってせつめい。
「すがたをかえる大豆」
…とうふ、なっとうなどを使ってせつめい。
「ありの行列」
…ウイルソンの実験・かんさつ、研究をしながらせつめい。
→「中」の段落(だん)がつながっている感じ。

授業の流れ ▷▷▷

1 前回、付箋紙に書き出した感想を読み合う 〈10分〉

T　前回、書いた感想を読み合いましょう。読み合って、もし足したいことがあれば、足してもいいです。
・初めて知ったことが同じ人がいます。
・この疑問は、思いつかなかったから、足しておきます。
・前に本を読んだことがあるから、この疑問には答えられますよ。

2 「問い」と「答え」を探しながら、読み聞かせを聞く 〈15分〉

T　前回読んだ「ありの行列」の内容を思い出すために、もう一度読み聞かせをします。「問い」と「答え」がどこにあるか考えながら、聞きましょう。「問い」と「答え」だと思った言葉に印をつけましょう。
○「問い」と「答え」だと思った根拠を意識することで、単に「ありの行列」における「問い」と「答え」を探す活動にせず、今後の説明文を読む際にもつなげる視点をもたせる。

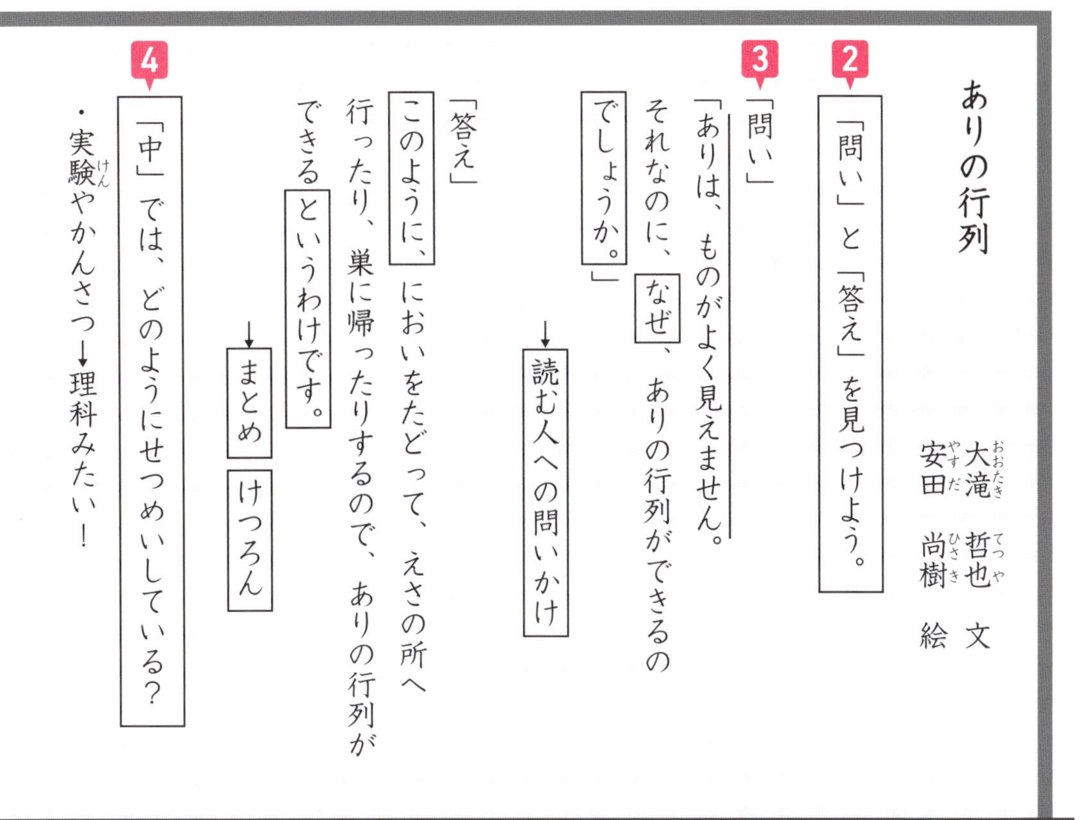

3 「問い」と「答え」を確認する〈10分〉

T 「ありの行列」の「問い」は何だと思いましたか。その理由も発表して下さい。

・「なぜ、ありの行列ができるのでしょうか。」というところです。「でしょうか」と読む人に問いかけているからです。

・「ありはものがよく見えないのに」ということも問いに入れたほうがいいと思います。

T 「答え」は何だと思いましたか。

・「においをたどって、えさのところへ行ったり、巣に帰ったりする」だと思います。「このように」とまとめているからです。

・「というわけです」と言い切っているからです。

4 これまで読んできた説明文と比較して、「中」の書かれ方の違いに気付く〈10分〉

T これまで3年生で読んできた説明文と比べて、「中」の書かれ方の違いはなんだと思いますか。

・「こまを楽しむ」は、色がわりこまや鳴りごま、「すがたをかえる大豆」は、豆腐や納豆などの例をいくつか出して説明していました。

・「ありの行列」は、ウイルソンの実験を順番に説明している。「中」がつながっている感じがします。

T 次回は、ありが行列をつくる理由を、どのような順序でどのように説明しているのかを考えましょう。

本時案

ありの行列

3/7

本時の目標

・段落相互の関係に着目しながら、どのような順序で説明が書かれているか、叙述を基に捉えることができる。

本時の主な評価

❶指示する語句と接続する語句の役割、段落の役割について理解している。【知・技】

資料等の準備

・子供書き込み用の表 17-01
・板書用の短冊 17-02

④ ありが歩く道すじに大きな石をおく実験
⑤ 二つの実験・かんさつから考えたこと
⑥ ありの体の仕組みを研究
⑦⑧ ありの行列ができるわけのせつめい
⑨ 答え

授業の流れ ▷▷▷

1 ウイルソンの実験・観察や研究を捉える 〈15分〉

T　前回、「ありの行列」の「中」は、つながっている感じでこれまでとは違うという意見が出ました。今日は、どのような順序でどのような説明をしているのかを考えましょう。まず、読み返しながら、ウイルソンはどのような実験・観察や研究をしたかを考えましょう。

・砂糖をおいてありの行列を観察しています。
・ありが歩く道筋に大きな石をおく実験をして観察しています。
・体の仕組みを研究しています。

2 実験・観察や研究の順序を捉える 〈10分〉

T　出てきた実験・観察や、研究はどのような順序で書かれていましたか。

・まず、砂糖をおいてありの行列を作る実験・観察をしています。文章にも「はじめに」と書いてあります。
・「次に」ありが歩く道筋に大きな石をおく実験・観察をしています。
・２つの実験から、ありの体の仕組みの研究をしています。「これらのかんさつ」の「これ」は２つの実験・観察のことです。

〇段落のはじめの言葉やこそあど言葉に着目している子供は積極的に価値付け、段落がつながるよさを実感させる。

ありの行列

大滝(おおたき)哲也(てつや) 文
安田(やすだ)尚樹(ひさき) 絵

「中」でどのようなじゅんじょでどのようにせつめいしているか読み取ろう

1 どのような実験(けん)・かんさつや研究をしている？

2 はじめに
さとうをおいて、ありの行列を作る実験・かんさつ

次に
ありが歩く道すじに大きな石をおく実験・かんさつ

これらのかんさつから

そこで
ありの体の仕組みの研究

3 それぞれの段落(だん)にどのようなせつめいが書かれているかまとめよう

①	問い
②	ウイルソンのしょうかい
③	さとうをおいて、ありの行列を作る実験

3 ウイルソンの実験・観察、研究が書かれている段落を表にまとめる〈20分〉

T　ウイルソンの実験・観察、研究がそれぞれどの段落に書いてあるか表にまとめましょう。また、他の段落もどのような内容が書かれているか表にまとめましょう。
・最初の実験は、３段落に書いてあります。
・２つ目の実験は、４段落に書いてあります。
・体の仕組みの研究は６段落に書いてあります。
・２段落目は、ウイルソンの紹介です。
・５段落目は２つの実験・観察から考えたことです。
・７・８段落はありの行列ができるわけの説明です。

よりよい授業へのステップアップ

大枠を捉えてから順序を読み取る
文章のつながりを考える前に、大枠として、どのような実験・観察や研究をしているか読み取る。その後、順序性を考えるという手順を踏むことで全体のつながりを読めるようにする。

単に表を埋める活動にしない
段落同士のつながりを把握するために、表にまとめる活動を行う。ウイルソンの研究の進め方を追うことで、子供の思考に即しながら、研究の結果が書かれている部分に最終的には着目させていく。

本時案

ありの行列

4/7

本時の目標

・文末に気を付けながら「ウイルソンの研究の進め方」「ありが行列を作る仕組み」を短くまとめることができる。

本時の主な評価

❶段落の役割について理解している。【知・技】
・文末に気を付けながら「ウィルソンの研究の進め方」「ありが行列を作る仕組み」を短くまとめている。

資料等の準備

・本文の拡大印刷したもの
（A３にコピーしたものをつなげる。事前に文末表現を色分けしておき、子供の活動が終わったら見せるとよい。）

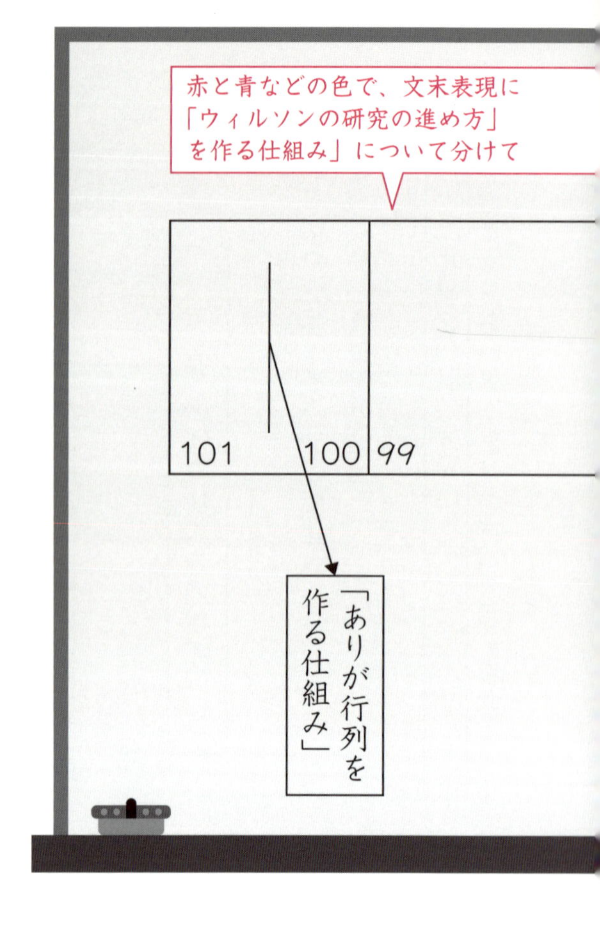

授業の流れ ▷▷▷

1 本時の見通しをもつ 〈5分〉

T　前回、実験や研究をしながらありについて説明をしていることが分かりました。では、「ありの行列」の「ウイルソンの研究の進め方」「ありが行列を作る仕組み」はどのようなものだったか、短く説明できますか。短くするためにはどうすればよいと思いますか。
・「ウイルソンの研究の進め方」「ありが行列を作る仕組み」が書いてありそうなところを探します。
・この前まとめた表を使うとよいです。
○本時の見通しをもつために、短くまとめるには、どうすればよいか考えさせる。その際、文末表現への着目をする子供がいれば2の活動へと移行する。

2 文末表現に着目させ、その違いを考える 〈15分〉

T　「ウイルソンの研究の進め方」「ありが行列を作る仕組み」がどこに書いてあるか探すために、文の終わりの言葉（文末表現）に注目すると分かることがあります。まずは「――ました。」で終わる文と「――です。」「――ます。」で終わる文があるので、印をつけながら、読み返しましょう。
・③段落には、両方混ざっています。
・④・⑤・⑦段落はすべて「――ました。」で終わる文です。
・⑥・⑧段落はと「――です。」「――ます。」で終わる文もあります。
○赤と青など対照的な色で分けるとよい。
T　「――ました。」で終わる文と「――です。」「――ます。」で終わる文の違いはなんだと思

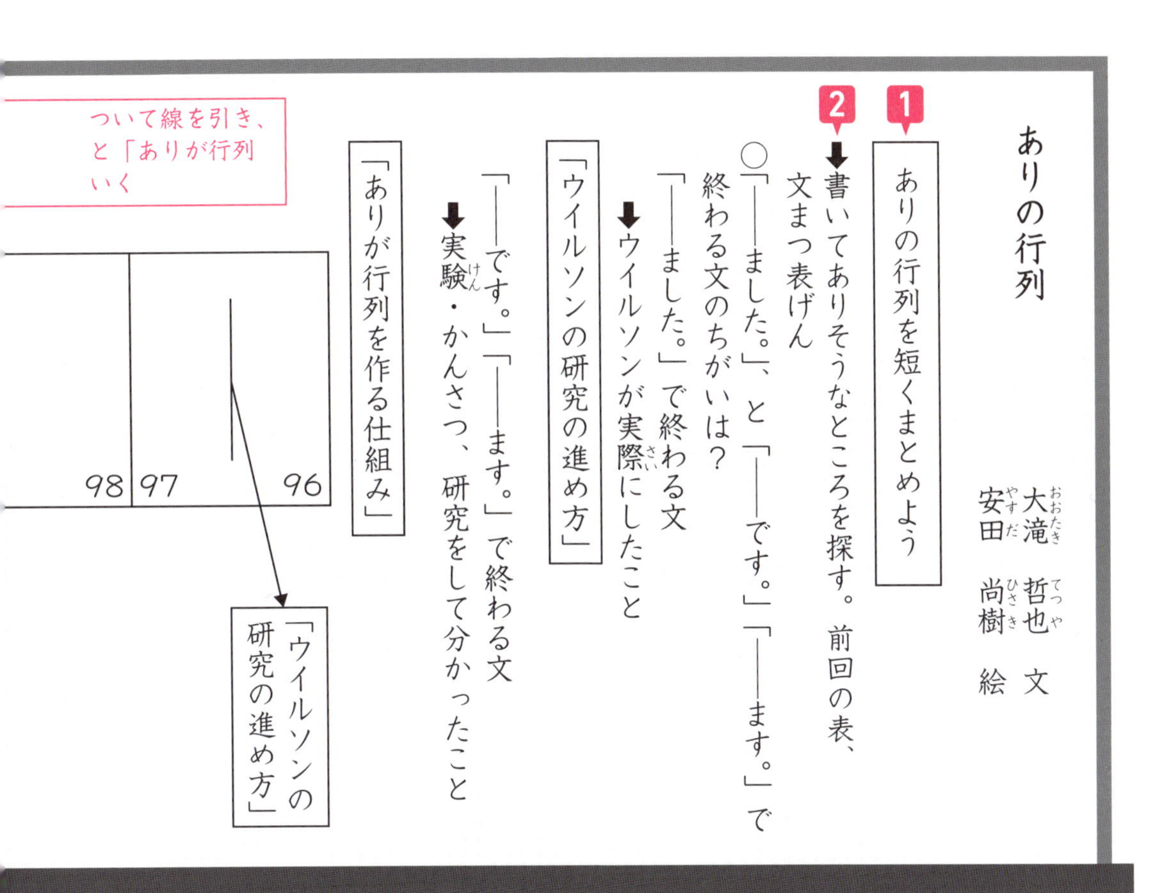

いますか。

・「——ました。」で終わる文はウイルソンが実際にしたことです。だから、「ウイルソンの研究の進め方」についてはこの部分をまとめるとよいです。

・「——です。」「——ます。」で終わる文は研究をして分かったことや考えたことが多いです。だから、「ありが行列を作る仕組み」についてはこの部分をまとめるとよいです。

3 「ウイルソンの研究の進め方」「ありが行列を作る仕組み」を短くまとめる 〈25分〉

T 前回の学習や、文末表現に注目して「ウイルソンの研究の進め方」「ありが行列を作る仕組み」をまとめましょう。

・「ウイルソンの研究の進め方」は、③、④、⑤、⑥段落が「——ました。」で終わる文が多いから注目し、最初の文にその実験でやることが書いてあるので、それを中心に書きます。

・「ありが行列を作る仕組み」は、「——です。」「——ます。」が多い⑧段落を中心にまとめます。

○要約の質を高めるというよりは、要約の経験をする程度に留め、書いたものをノートへの赤入れで価値付ける。

本時案

ありの行列

5/7

本時の目標

・文章を読んでもっと知りたいことや疑問をもち、グループで共有することができる。

本時の主な評価

❷文章を読んで理解したことに基づいて、感想や考えをもっている。【思・判・表】
・文章を読んで感じたことや考えたことを共有し、一人一人の感じ方などに違いがあることに気付いている。

資料等の準備

・付箋紙
・模造紙

3
③ほかのグループと出したことを見合う。

授業の流れ ▷▷▷

1 もっと知りたいことや、疑問に思ったことを付箋紙に書く 〈15分〉

T 前回まで「ありの行列」でどのように説明しているかを読み取りました。読んでいて、もっと知りたいことや、疑問に思ったことはありませんでしたか。文章を読み直して考えましょう。
・においのある特別な液とはどのようなものなのでしょう。えさを持って帰るとき以外にも使っているのかな。
・違う巣にすむありと、特別な液は違うのかな。混ざったらどうなるのでしょう。
○文章を読んでいて素朴に思った疑問など、特に制限なくたくさん書くように指示する。

2 もっと知りたいことや、疑問に思ったことをグループで共有する 〈20分〉

T 書いた付箋紙をグループで、模造紙に貼りながら共有しましょう。似ていることは近い場所に貼ったり、ペンで囲んだりしてみましょう。
・特別な液についてのことがいくつか出ています。
・ありの体について、もっと詳しく知りたい人もいます。
○カテゴライズしながらまとめているグループを取り上げ、モデルとして示し、出したことの共通点や相違点に目を向けさせる。

ありの行列

大滝（おおたき）　哲也（てつや）　文
安田（やすだ）　尚樹（ひさき）　絵

1

文章を読み直して、もっと知りたいことや、ぎもんに思ったことを出し合おう。

活動の流れ

①文章を読み直して、もっと知りたいことや、ぎもんに思ったことをふせんに書き出す。

・一まいのふせんに一つずつ書く。

れい

なぜ、ありは…

名前

2

②グループの人ときょう有する。

・にている内ようは近くにはり、四角でかこむ。
・かこんだまとまりに名前をつける。

3 他のグループと、もっと知りたいことや、疑問に思ったことを見合う〈10分〉

T　他のグループがどのようなことを書いているか見て回りましょう。自分のグループにも付け足したいことがあれば付け足してもいいです。

・特別な液についての疑問が書いてあります。
・違う巣のありはどうなのかということは考えていなかったから、自分も疑問に思いました。

T　次回は、今回出た疑問をどのように解決するか考えましょう。

よりよい授業へのステップアップ

効果的なグループ活動にするために

グループで共有する際に、うまくカテゴライズできるグループがいたら、全体に取り上げる。具体的に指示することも必要ではあるが、モデルとして取り上げることで、子供たち自身が気付くような手立てを取りたい。

感じ方の違いに気付くよさを実感させる

自分だけでは、気が付かなかったことは何かを意識させることで、グループやクラスで学ぶよさを実感させるような声掛けを積極的にしていく。クラスで学び合う集団の意識をもたせる。

本時案

ありの行列 6・7/7

本時の目標

・「ありの行列」を読んでもった、もっと知りたいことや疑問について他の資料を読み、その内容を交流することができる。

本時の主な評価

❸文章を読んで感じたことや考えたことを共有し、一人一人の感じ方などに違いがあることに気付いている。【思・判・表】

❹積極的に指示する語句と接続する語句の役割、段落の役割について理解し、学習課題に沿って、文章を読んで感じたことや考えたことを共有しようとしている。【態度】

資料等の準備

・ありに関係する本
・教科書 P.103「感想のれい」の拡大印刷
・付箋紙（本に貼る用と一言メッセージ用）

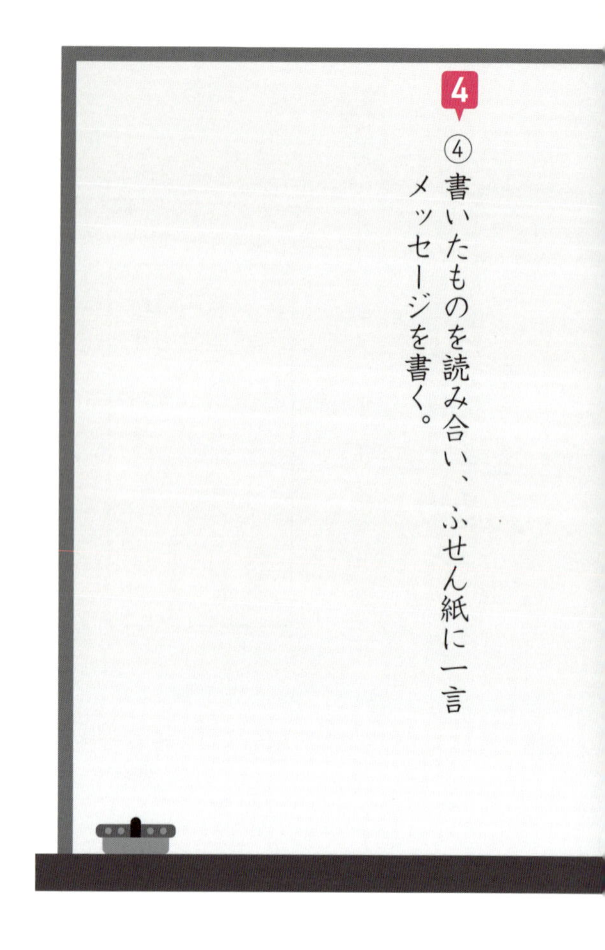

4
④書いたものを読み合い、ふせん紙に一言
メッセージを書く。

授業の流れ ▷▷▷

1 前回までの学習から、どのように解決するとよいか見通しをもつ 〈5分〉

T　前回もっと知りたいことや、疑問に思ったことを出し合いました。これらを解決するにはどうすればよいと思いますか。

・他にありについて書いてある本を調べるといいと思います。

・１さつだけではなくて、いろいろな本から調べると分かると思います。

2 「もっと読もう」や、他の資料を付箋紙を貼りながら読む 〈35分〉

T　教科書の「もっと読もう」や、他の本を読んで、なるほどと思ったところや、さらに知りたいことに付箋紙を貼りましょう。

・「もっと読もう」に特別の液について、詳しく書いてあります。

・違う巣にすむありについても書いてあります。

・この本には、特別な液についての詳しい説明や、ありの体の仕組みも詳しく書いてあります。

○多くの子供たちが読むことができるようにありに関する本をできるかぎり多く用意しておく。

ありの行列

大滝(おおたき) 哲也(てつや) 文
安田(やすだ) 尚樹(ひさき) 絵

1
もっと知りたいことや、ぎもんに思ったことをかいけつするには…
・「あり」について書かれた他のしりょうを読む。

2
他のしりょうを読んで、なるほどと思ったことやさらに知りたいことをまとめよう。

活動の流れ
①「もっと読もう」を読む。
②他のしりょうを読む。
③①②から、なるほどと思ったことやさらに知りたいことを書く。

3
感想のれい

教科書 P.103 の「感想のれい」

3 「もっと読もう」などを読み、感想をまとめる 〈30分〉

T　教科書や他の資料を読んで、なるほどと思ったことやさらに知りたいことを感想として書きましょう。
・「もっと読もう」を読んで、他にはどんなにおいのある液を出しているのか、どんなにおいがするのか気になりました。
・道を間違ったありがいることがおもしろいと思いました。どうやって戻るのか疑問です。
○書き始めや内容に迷っている子供には、教科書の感想文の例を提示する。手が止まった場合は、活動2で貼った付箋紙を頼りに読み直すことを伝える。

4 書いたものを読み合う 〈20分〉

T　書いたものを友達と読み合いましょう。読んだら、付箋紙に一言メッセージを書きましょう。
・○○さんは、自分と同じところをなるほどと思っていました。
・○○くんがさらに知りたいことを読んで、自分もそれについて調べたいと思いました。
○一言メッセージに書く内容は、自分が知らなかったことや、自分の感じ方の違いなどの視点で考えるようにしてもよい。

資料

1 第3時資料　子供書き込み用の表の児童記入例　17-01

『ありの行列』

年　組　名前（　　　　　　　　）

それぞれの段落に書かれているせつめいを表にまとめよう。

段落	書かれているせつめい
①	問い
②	ウイルソンのしょうかい
③	さとうをおいて、ありの行列を作る実験
④	ありが歩く道すじに大きな石をおく実験
⑤	二つの実験・かんさつから考えたこと
⑥	ありの体の仕組みを研究
⑦	ありの行列ができるわけのせつめい
⑧	ありの行列ができるわけのせつめい
⑨	答え

さとうをおいて、ありの行列を作る実験(けん)・かんさつ

ありが歩く道すじに大きな石をおく実験(けん)・かんさつ

ありの体の仕組みの研究

つたわる言葉で表そう　5時間扱い

〔知識及び技能〕(1)ア、オ　〔思考力、判断力、表現力等〕B書くことウ　関連する言語活動例―

単元の目標

・言葉には、考えたことや思ったことを表す働きがあることに気付くことができる。
・様子や行動、気持ちや性格を表す語句の量を増し、文章の中で使うことができる。

評価規準

知識・技能	❶言葉には、考えたことや思ったことを表す働きがあることに気付いている。(〔知識及び技能〕(1)ア) ❷様子や行動、気持ちや性格を表す語句の量を増し、文章の中で使っている。(〔知識及び技能〕(1)オ)
思考・判断・表現	❸「書くこと」において、書き表し方を工夫している。(〔思考力、判断力、表現力等〕B ウ)
主体的に学習に取り組む態度	❹粘り強く、言葉には考えたことや思ったことを表す働きがあることに気付いたり、様子や行動、気持ちや性格を表す語句の量を増やそうとしたりし、相手に伝わる言葉について考えようとしている。

単元の流れ

次	時	主な学習活動	評価
一	1	学習の見通しをもつ 教科書の例文を見比べるなどして、これからの学習の見通しをもつ。	
二	2	語彙量を増やしていくことや言葉を選ぶことのよさや大切さを理解する。	❷
	3	2つのモデル文を読み比べ、相手に伝わる言葉について考える。	❶
三	4	冬休みの出来事について、読み手が様子や気持ちなど、内容が伝わるような文章を書く。	❸
	5	学習を振り返る 書いたものを互いに読み合う。学習を振り返り、感想を書く。	❹

授業づくりのポイント

〈単元で育てたい資質・能力〉

本単元のねらいは、相手に伝わる言葉とはどんな言葉かを考える中で、言葉には、考えたことや思ったことを表す働きがあることに気付くとともに、様子や行動、気持ちや性格を表す語句の量を増し、文章の中で使うことができるようになることである。

そのためには、自分が伝わるであろうと思って使っている言葉が、相手には思っている以上に伝わっていないことに気付く必要がある。そのうえで、思考や感情を表出する働きと他者に伝える働きの2つの言葉の働きに気付き、実際に適切な言葉を使うことができるようにしていくことが大切である。

具体例

○例えば、「昨日は、楽しかったです。」という文を提示する。そのうえで子供に、どんなことが楽しかったと思うかをたずねてみると、多様な答えが返ってくるだろう。書かれていないことには様々な考えが出てしまい、伝えたいことがうまく伝わらないことや、「楽しかった」という一語が、そのときの気持ちや様子を的確に表した言葉なのかなどを立ち止まって考えられるようにする。

〈教材・題材の特徴〉

自分が体験したことや、そのときに感じたことを相手に伝わる言葉で表すために、「くわしく思いえがく」ことと「言葉をえらぶ」ことが挙げられている。「くわしく思いえがく」際には、どのような言葉を用いると伝えたい内容を詳しくすることができるのか、その観点を理解する必要がある。また、「言葉をえらぶ」際には、様子や行動、気持ちや性格などを表す語彙の量を増やすとともに、その中から伝えたい内容とぴったり合う言葉を吟味し、選べるようにしていきたい。

具体例

○「くわしく思いえがく」ために、「だれが」「いつ」「どこで」「だれ（何）と」「どうして」「どのように」等を観点として示し、文章を書いたり見直したりするときに活用できるようにする。

○ぴったりの「言葉をえらぶ」ためには、選べるだけの語彙量が必要となる。友達の文章や本、辞典、新聞等、多様な言語材から語彙を求めるなど、継続的に語彙を増やしていけるようにする。

〈言語活動の工夫〉

複数の例文やモデル文を読み比べる活動を設定する。その活動の中で、どんな言葉が相手に伝わる言葉なのかやそれらの言葉がどのように書かれているか、そのように書かれていることのよさなどを検討することで、相手に伝わる言葉への理解を深めていけるようにする。

また、学んだことを活用して、実際に文章を書く活動を設定する。その活動を通して、相手に伝わる言葉へのさらなる理解及び技能の定着を図る。その際、書いたものを互いに読み合い、共有する場を設け、自分の用いた言葉や表現が相手にはどのように伝わったかを知ることができるようにする。

具体例

○複数の例文や文章を提示して、子供にどれがよいものか、なぜ、それがよいと考えたのかなどを具体的な言葉や書かれ方に基づいて考え、共有する場を設定する。

○書いた文章を互いに読み合い、読んだ感想を話したり、付箋紙に書いたりして書き手に伝え、どのように相手に伝わったかを書き手が実感できるようにする。

本時案

つたわる言葉で表そう

1/5

本時の目標

・つたえたいことを分かりやすくつたえるためには、工夫があることに気付くことができる。

本時の主な評価

・２つの例文を読み比べる中で、言葉には、考えたことや思ったことを表す働きがあることに気付いている。

資料等の準備

・ワークシート 18-01

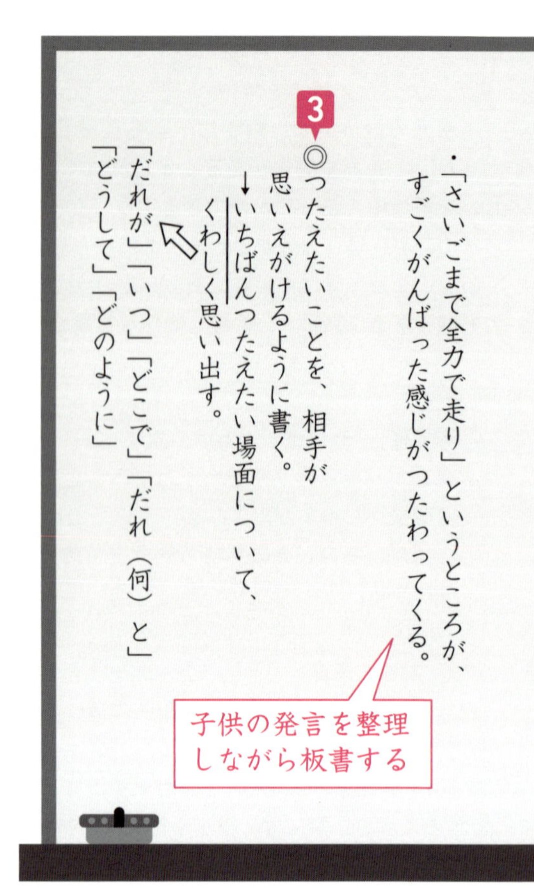
・「さいごまで全力で走り」というところが、
すごくがんばった感じがつたわってくる。
3
◎つたえたいことを、相手が
思いえがけるように書く。
→いちばんつたえたい場面について、
くわしく思い出す。
「だれが」「いつ」「どこで」「だれ（何）と」
「どうして」「どのように」
子供の発言を整理
しながら板書する

授業の流れ ▷▷▷

1 学習の見通しをもつ 〈10分〉

○本単元で子供たちが何を学ぶのか、見通しをもてるようにする。

T 今回は、伝えたいことを相手に分かりやすく伝えるための工夫について考えましょう。

○「きのうは、楽しかったです。」という文を提示し、どんなことが楽しかったと思うかを発表してもらい、学級全体で共有する。

・わたしは、友だちと遊べて、だと思います。

・ぼくは、国語の学習が、だと思います。

・同じ「楽しかった」なのに、みんな違いますね。

・ちゃんと書かなきゃ分からないですね。

○書かれていないことには様々な考えが出てしまい、伝えたいことがうまく伝わらないことに気付けるようにする。

2 ２つの例文を比べる 〈20分〉

○教科書の２つの例文を提示する。そのうえで、どちらが気持ちがよく分かる文かを理由も合わせて発表してもらい、学級全体で共有する。

T どちらの文のほうが、気持ちがよく分かる文だと思いますか。また、それはなぜですか。

・わたしは②だと思います。なぜなら、「運動会」より「リレー」のほうが、どの種目かが詳しく書かれているからです。

・ぼくも②です。「さいごまで全力で走り」というところが、すごくがんばった感じが伝わってくるからです。

○理由を述べる際に、例文中のどの言葉に注目したかを明確にするよう促したい。

つたわる言葉で表そう

つたえたいことを分かりやすくつたえるくふうを考えよう。

1

きのうは、楽しかったです。

○どんなことが楽しかったのか。
・サッカーができたこと
・友だちと遊べたこと
・国語　など
↓・同じ「楽しかった」なのに、みんなちがう。

⇩しっかり書かなければ、つたえたいことが分かりやすくつたわらない。
↓何をしっかり書けばいいか？

子供の発言や気付きを板書する

2

○そのときの気持ちや様子がよく分かる文はどちらですか。

①運動会は、がんばれたからよかった。

②リレーで走っているとき、友だちのおうえんする声が聞こえてきた。苦しかったけれど、さいごまで全力で走り、一等になれてよかった。

〈①をえらんだ理由〉

〈②をえらんだ理由〉
・「運動会」より「リレー」のほうが、どのしゅ目かがくわしい。

3 内容を詳しくするための観点を理解する 〈15分〉

○教科書に沿って、「つたえたいことを、相手が思いえがけるように書くと、つたわる」こと、そのためには、「だれが」「いつ」「どこで」「だれ（何）と」「どうして」「どのように」という観点をもって詳しく思い出して書くことをまとめていく。

T　内容を詳しくするために大切なことが分かりましたか。

・確かに、さっき比べた②にも「いつ」「どのように」などが詳しく書かれていますね。
・伝えたい場面を絞ることも大事かもしれないですね。

○自分が文章を書くときにも、これらの観点を入れるとよいことを伝える。

よりよい授業へのステップアップ

学習への興味や関心を喚起する

本時の導入で、書かれていないと自分の伝えたいことが相手にうまく伝えられないことを、子供たちが十分に自覚できるようにしたい。そのうえで、何を、どう書けば相手に伝わりやすくなるかに意識的になるようにしていく。

内容を詳しくするための工夫

本時では、内容を詳しくする１つの観点として、「いつ」「どこで」などの５Ｗ１Ｈが挙げられている。その他にも数値を入れることなどの観点を挙げ、子供たちが取り入れられるようにすることも考えられる。

本時案

つたわる言葉で表そう

本時の目標

・様子や行動、気持ちや性格を表す語句の量を増し、文章の中で使うことができる。

本時の主な評価

❷語彙を増やすことや言葉を選ぶことのよさや大切さを理解したうえで、様子や行動、気持ちや性格を表す語句の量を増やし、文章の中で使っている。【知・技】

資料等の準備

・国語辞典
・ワークシート 18-02

○しるしがつけられなかった言葉の中で、気になった言葉を国語辞典で調べてみましょう。

3
○気になった言葉やまだ使ったことのない言葉などを使って短い文を作ってみよう。
・いろいろな人からほめられて「うちょうてん」になる。
・きのうの帰り道に見た夕やけは、とても「美しかった」。

授業の流れ ▷▷▷

1 語彙を増やすことと言葉を選ぶことのよさを理解する 〈10分〉

○自分の気持ちや表したい様子にぴったり合う言葉を選ぶことができれば、相手に伝えたいことが伝わりやすくなること、そのためには、多くの言葉を知り、使えるようになることをまとめていく。

T どんなことにも「楽しかった」や「おもしろかった」という言葉1つで表していませんか。ぴったり合う言葉を考えていますか。

・サッカーも国語も楽しいけど、確かにちょっと違うかもしれないです。

T 自分の気持ちや様子にぴったり合う言葉を使えるようになると、相手によりよく伝えられます。そのために使える言葉を増やしていきましょう。

2 語彙の増やし方を押さえたうえで語彙を増やす 〈20分〉

○語彙を増やす方法として、友達の文章や辞典、本、物語等を読む中で、言葉や言葉の意味、使い方を知り、それらの言葉を積極的に使っていくことをまとめる。

○教科書 P.157・P.158の「言葉のたから箱」を読み、語彙を増やす。

T 使ったことのある言葉に印を付けましょう。

・全然印が付けられないです。
・聞いたことはあるけど、意味を知らない言葉が多いですね。

T 印が付けられなかった言葉の中で、気になった言葉を国語辞典で調べてみましょう。

つたわる言葉で表そう

つたえたいことを分かりやすくつたえるくふうを考えよう

1

相手に分かりやすくつたえるためには、くわしく思い出すだけでいいか？

◎自分の気持ちや表したい様子にぴったり合う言葉をえらぶことが大切。

↓相手によりよくつたえられる。

○よりぴったり合う言葉をえらぶには？

⇩

◎使える言葉をふやす

2

〈言葉をふやすきっかけ〉

・友だちの文章を手がかりにする。

・辞典(じてん)や本などで調べる。

・物語を読む。

・人が話しているのを聞く。など

子供から出されたものを足していく

◎新しい言葉を知ったら、使ってみることが大切。

○教科書157・158ページの「言葉のたから箱(ばこ)」の中で、使ったことのある言葉にしるしをつけましょう。

3 まだ使ったことのない言葉を使って短文を作る 〈15分〉

○教科書 P.157・P.158の「言葉のたから箱」から、気になった言葉やまだ使ったことのない言葉を使って、短文を作ってみる。その際、実態に応じて、「人物を表す言葉」など４種類の言葉それぞれで短文を作るよう促す。

T 気になった言葉やまだ使ったことのない言葉を使って、短い文を作ってみましょう。

・ぼくは、「うちょうてん」って言葉が気になるから使ってみようと思います。

・わたしは、「美しい」っていう言葉がすてきだなって思うから、使ってみます。

○国語辞典を使って意味を調べるほか、友達や教師にその言葉の使い方を聞きながら短文を作ってもよいことを伝える。

よりよい授業へのステップアップ

語彙を増やすきっかけづくり

本時の導入では、子供に自分の言葉を振り返る場を設けているが、その他にも、楽しい気持ちを「楽しい」という言葉を使わずにどんな言葉で表せるかを出し合ってみる活動を取り入れることも考えられる。

継続的な語彙の拡充

本時をきっかけに、語彙の拡充に継続的に取り組んでいきたい。自分の辞書の調べたところに印を付けたり、言葉の意味調べカードを作って蓄積したりするなど、語彙が増えていることを実感できる工夫も考えられる。

本時案

つたわる言葉で表そう

本時の目標

・2つのモデル文を読み比べる中で、言葉の働きに気付いたり、語句の量を増やしたりしながら、相手に伝わる言葉について考えることができる。

本時の主な評価

❶2つのモデル文を読み比べる中で、言葉には考えたことや思ったことを表す言葉の働きがあることに気付いている。【知・技】

資料等の準備

・冬休みの出来事とその時の気持ちを書いた2つのモデル文の拡大コピー 18-03
・ワークシート 18-04

・「手のひらにのるくらい」という言葉があって、どのくらいの大きさかが分かりやすかったから。

3
○自分が書くときに気をつけたいこと
・「いつ」「どこで」をしっかりと表して書きたい。
・大きさや長さを表すときは、相手がそうぞうできる言葉を入れたい。
・「言葉のたから箱(ばこ)」の言葉も使ってみたい。

授業の流れ ▷▷▷

1 本時の学習の見通しをもつ 〈5分〉

○相手により伝わる言葉や表現の仕方を考えるために、同じ内容で書かれた2つの「冬休みの出来事とそのときの気持ち」を読み比べて考えていくことを伝え、本時の見通しをもてるようにする。

T　どちらの文章のほうが、自分の伝えたいことを相手に伝えられるかを考えていきましょう。

○次時に同じように「冬休みの出来事とそのときの気持ち」を書くことを伝え、次時の見通しがもてるようにする。

2 教師が用意したモデル文を読み比べる 〈25分〉

○2つのモデル文を提示し、相手に伝えたいことが伝わる文のほうにネームプレート等を貼り、立場をはっきりさせる。そのうえで、選んだ理由を考えるように伝える。

T　なぜ、①や②を選んだのですか。

・②がいいと思いました。「大みそか」「家の」の言葉があって、「いつ」「どこで」が分かるからです。
・「手のひらにのるくらい」という言葉があって、どのくらいの大きさかが分かりやすかったからです。

○理由を述べる際に、例文中のどの言葉に注目したかを明確にするよう促したい。

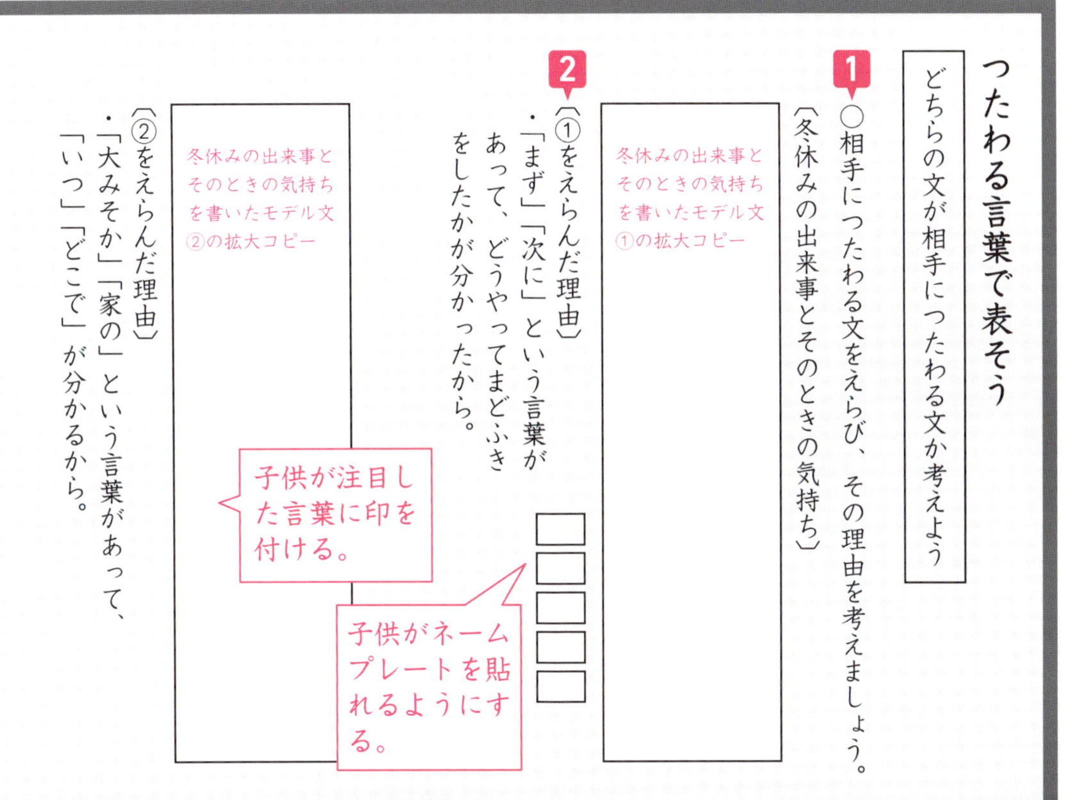

つたわる言葉で表そう
どちらの文が相手につたわる文か考えよう
1
○相手につたわる文をえらび、その理由を考えましょう。
〈冬休みの出来事とそのときの気持ち〉
冬休みの出来事とそのときの気持ちを書いたモデル文①の拡大コピー
2
〈①をえらんだ理由〉
・「まず」「次に」という言葉があって、どうやってまどふきをしたかが分かったから。
子供がネームプレートを貼れるようにする。
冬休みの出来事とそのときの気持ちを書いたモデル文②の拡大コピー
子供が注目した言葉に印を付ける。
〈②をえらんだ理由〉
・「大みそか」「家の」という言葉があって、「いつ」「どこで」が分かるから。

3 自分が書くときに気を付けたいことをまとめる 〈15分〉

○本時のまとめとして、2つのモデル文を参考に、次時に自分が書くときに気を付けたいことを出し合い、学級全体で共有する。

T 次の時間に、自分で書くときに気を付けたいことがありますか。

・「いつ」「どこで」をしっかりと表して書きたいと思います。
・大きさや長さを表すときは、相手が想像できる言葉を入れたいと思います。
・「言葉のたから箱」の言葉も使ってみたいです。

○今後、文章を書くときにも、これらの観点を考えるとよいことを伝える。

よりよい授業へのステップアップ

個人で考える時間の確保

本時では2つのモデル文を読み比べる。その際、どちらがよいと思ったのか、また、なぜそのように思ったのかを個人でじっくりと考える時間を確保したい。その子供なりの考えがもてるようにして、次の活動へと移っていく。

その言葉のよさを伝え合う

自分の考えを発表する際に、どの言葉に注目したかを明確にすることと併せて、その言葉があることで、詳しくなったり分かりやすくなったりしたことなども伝え合えるように促していきたい。

本時案

つたわる言葉で表そう

4/5

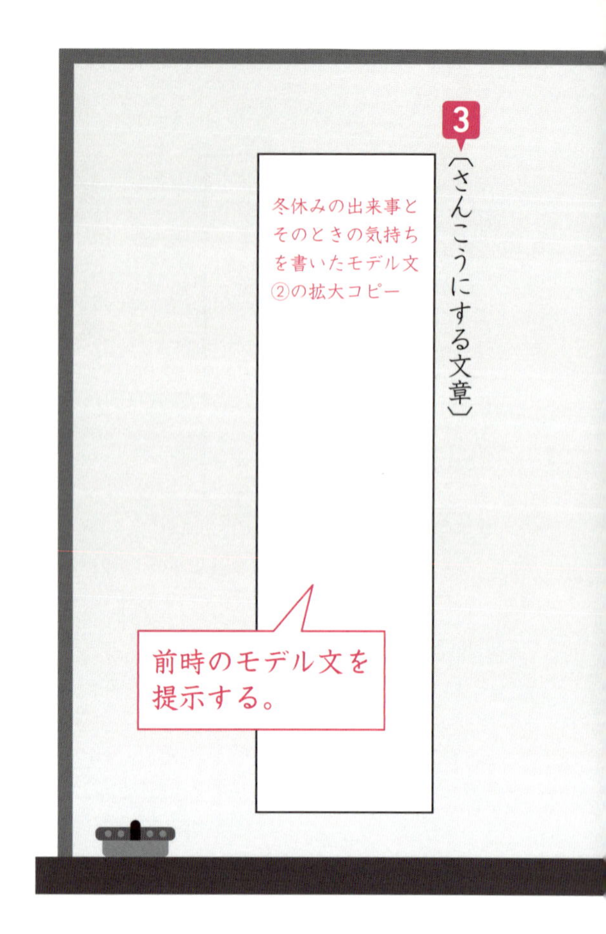
3
〈さんこうにする文章〉
冬休みの出来事とそのときの気持ちを書いたモデル文②の拡大コピー
前時のモデル文を提示する。

本時の目標

・相手や目的を意識して、経験したことから書くことを選び、伝えたいことを明確にしたり書き表し方を工夫したりすることができる。

本時の主な評価

❸相手にうまく伝わるように書き表し方を工夫している。【思・判・表】

資料等の準備

・冬休みの出来事とそのときの気持ちを書いたモデル文②の拡大コピー 18-03
・国語辞典

授業の流れ ▷▷▷

1 本時の学習の見通しをもつ 〈5分〉

○これまでの学習を生かして、冬休みの出来事とそのときの気持ちを200字で書くことを伝え、本時の学習の見通しがもてるようにする。

T 文章を書くときには、読む人が、様子や気持ちを思い描けるように書きましょう。また、書き終わったら、内容が伝わるような題名を考えて付けましょう。

・ぼくは、凧揚げをしたことにします。
・わたしは、大掃除をがんばったことにします。
・題名も読む人に伝えたいことがすぐに分かるようなものにしたいです。

○次の時間に友達と読み合うことを伝え、次時以降の見通しをもてるようにする。

2 相手に伝わる文章にするためのポイントを確認する 〈5分〉

○これまでに学習してきた相手に伝わる文章にするためのポイントを振り返り、文章を書く際に意識できるようにする。

T 自分が伝えたいことを相手に分かりやすく伝わるように文章を書くためには、どんなことに気を付ければいいでしょうか。

・「だれが」「いつ」「どこで」「だれ（何）と」「どうして」「どのように」を、全部じゃなくても入れると詳しくなっていいと思います。
・そのときの様子や気持ちにぴったり合う言葉を選んで使うと、より伝わりやすくなると思います。

○次に控えている文章を書く活動に十分に時間を取るため、テンポよくまとめていく。

つたわる言葉で表そう

冬休みの出来事とそのときの気持ちを書こう。

1
○冬休みにあった出来事の中からえらぼう。
・たこあげ　・大そうじ　・書きぞめ　など

2
○相手に分かりやすくつたえるために気をつけること
・いちばんつたえたい場面をくわしく思い出す。
→「だれが」「いつ」「どこで」「だれ（何）と」「どうして」「どのように」を考える。
☆自分の気持ちや表したい様子に、ぴったり合う言葉をえらんで使う。
→「言葉のたから箱（ばこ）」の中の言葉を使ってみる。

〈書き終わったら〉
○ないようがつたわるような題名を考えましょう。
○相手につたわる文章かどうか、読み返してみましょう。

3 相手に伝わる文章を書く〈35分〉

○内容の選択→記述→題名の決定の順に活動を進めていくように伝える。その際、推敲も適宜取り入れるとよいことも伝えたい。

○実態に応じ、個別に書きたいことを聞き取るなどして、書く内容を絞ったり、整理したりする支援を行う。また、前時に扱った教師が用意したモデル文を再度提示することも考えられる。

よりよい授業へのステップアップ

推敲しながら文章を書く

文章を書き終えてからだけでなく、文章を書き進める中でも推敲を取り入れたい。自分の使っている言葉よりもよりよい言葉がないかなどを、友達や教師とやり取りしながら考え、直していくことも考えられる。

個に応じた指導

同じテーマであっても書いている内容は、子供一人一人違う。そのため、相手に伝わる文章にするためのポイントに応じながら、子供一人一人の思いや伝えたいことを理解したうえで、できる限り個別に指導していきたい。

本時案

つたわる言葉で表そう

本時の目標

・文章を読む中で、言葉の働きに気付いたり、語句の量を増したりし、相手に伝わる言葉について考えることができる。

本時の主な評価

❹文章を読む中で、考えたことや思ったことを表す言葉の働きに気付いたり、様子や行動、気持ちや性格を表す語句の量を増そうとしたりしながら、相手に伝わる言葉について考えようとしている。【態度】

資料等の準備

・付箋紙
・感想の見本 18-05

3
○学習のふり返り
・つたえたいことが、あまりつたわってなかったり、ちがう意味でつたわっていたりしたことにびっくりした。
・「だれが」「いつ」「どこで」などは、いろいろなところで使っていけそう。
・「言葉のたから箱（ばこ）」の中の言葉を使っていきたい。

授業の流れ ▷▷▷

1 前時に書いた文章を読み合う 〈25分〉

○前時に書いた文章を友達と読み合う。そして読んだ感想やよかった表現を付箋紙等に書いて渡すようにする。

T　前の時間に書いた文章を友達と読み合い、感想を付箋紙に書きましょう。
　文章を読む時には、友達がそのときの気持ちをどんな言葉で表しているのかに注意して読みましょう。また、友達の文章の中で、いいなと思う言葉を見つけながら読みましょう。

○次の活動がスムーズに進められるように、読む観点をあらかじめ示すようにする。

2 友達の文章の中のよい表現を学級全体で共有する 〈15分〉

○友達の書いた文章の中で見つけた、その時の様子や気持ちが思いえがけた、よい言葉や表現を学級全体で共有する。

T　友達が書いた文章の中で、いいなと思った言葉がありましたか。

・○○さんの「かんげき」という言葉がいいなと思いました。
・私も同じ言葉がいいなと思いました。すごくうれしかった気持ちが伝わってきました。

○発表する内容が漠然としないように、具体的にどの言葉がよかったのか、その言葉があってどんなことを思いえがけたかを発言できるように促し、板書にまとめていく。

つたわる言葉で表そう

友だちが書いた文章を読んで、よいところを見つけよう

1
○友だちの文章を、「いいな」と思う言葉を見つけながら読みましょう。読んだ感想を書いてわたしましょう。

○○さんが使っていた「かんげき」という言葉がいいなと思いました。すごくうれしかった気持ちがつたわってきました。わたしもこんど使ってみようと思います。
□□より

感想の見本を提示する

2
○友だちの文章の中で見つけた「いいな」と思った言葉
・○○さんが使っていた言葉…「かんげき」
→すごくうれしかった気持ちがつたわってきた。
・□□さんが使っていた言葉…「かんしゃ」
→「ありがとう」っていう言葉を使わなくても、気持ちがつたわってきた。

子供たちの気付きを板書する

3 学習を振り返る 〈5分〉

○単元全体を振り返って、気付いたことや今後の課題などをまとめていく。

T　これまでの学習を振り返って、気付いたことやこれから取り組んでいきたいことなどはありますか。

・自分の伝えたいことが、友達にはあまり伝わってなかったり、違う意味で伝わっていたりしたことにびっくりしました。
・「だれが」「いつ」「どこで」などは、これからもいろいろなところで使っていけそうです。
・「言葉のたから箱」の中の言葉をあまり知らなかったから、これから使っていきたいです。

よりよい授業へのステップアップ

読む観点の提示

前時に書いた文章を読み合う前に、何に注目して読むのか、読む観点を明確にしたい。本時では、友達が使っているよい言葉や表現を見つけることを観点とし、それらを見つける中で語彙の拡充も図っていきたい。

継続的な活用の場の設定

本時以降の国語や他教科等の学習で相手に伝わる文章にするためのポイントを意識しながら文章を書けるようにしていきたい。また書くだけでなく、話す場面でも本単元の学習が生かせるようにしていくことも考えられる。

資料

1 第1時資料 ワークシート 18-01

つたわる言葉で表そう

年 組 名前（ ）

〇どちらの文のほうが、気持ちがよく分かりますか。

①運動会は、がんばれたからよかった。

②リレーで走っているとき、友だちのおうえんする声が聞こえてきた。苦しかったけれど、さいごまで全力で走り、一等になれてよかった。

気持ちがよく分かる文…

えらんだ理由

友だちの考え

2 第2時資料 ワークシート 18-02

つたわる言葉で表そう

年 組 名前（ ）

〇「言葉のたから箱」の中で、気になった言葉を国語辞典で調べてみよう。

気になった言葉					
意味					

〇「言葉のたから箱」の中で、気になった言葉やまだ使ったことのない言葉などを使って、短い文を作ってみよう。

3 第3時資料　モデル文 18-03

① まどふき

冬休みに大そうじをしました。わたしは、まどふきをしました。まず、丸めた新聞紙を水でぬらしてふきました。次に、かわいた新聞紙でふきました。使った新聞紙は、よごれていてびっくりしました。きれいになったまどを見て、気持ちがよくなりました。まどふきを次もがんばりたいです。

② 心まできれいになったまどふき

大みそかに家の大そうじをしました。わたしは、まどふきをしました。まず、手のひらにのるくらいに丸めた新聞紙を水でぬらして、すみずみまでふきました。次に、かわいた新聞紙で一生けんめいふきました。使った新聞紙は、意外によごれていてびっくりしました。まるですきとおった氷のようにきれいになったまどを見て、心まできれいになったようで気持ちがよくなりました。家族にもこうひょうだったので、次もがんばりたいです。

4 第3時資料　ワークシート 18-04

つたわる言葉で表そう

年　　組　名前（　　　　　　　）

○どちらの文のほうが、そのときの気持ちや様子がよく分かりますか。

① まどふき

冬休みに大そうじをしました。わたしは、まどふきをしました。まず、丸めた新聞紙を水でぬらしてふきました。次に、かわいた新聞紙でふきました。使った新聞紙は、よごれていてびっくりしました。きれいになったまどを見て、気持ちがよくなりました。まどふきを次もがんばりたいです。

② 心まできれいになったまどふき

大みそかに家の大そうじをしました。わたしは、まどふきをしました。まず、手のひらにのるくらいに丸めた新聞紙を水でぬらして、すみずみまでふきました。次に、かわいた新聞紙で一生けんめいふきました。使った新聞紙は、意外によごれていてびっくりしました。まるですきとおった氷のようにきれいになったまどを見て、心まできれいになったようで気持ちがよくなりました。家族にもこうひょうだったので、次もがんばりたいです。

気持ちや様子がよく分かる文…□

えらんだ理由

友だちの考え

5 第5時資料　感想の見本 18-05

○○さんが使っていた「かんげき」という言葉がいいなと思いました。すごくうれしかった気持ちがつたわってきました。わたしもこんど使ってみようと思います。

□□より

しょうかいして、感想をつたえ合おう

これがわたしのお気に入り （12時間扱い）

〔知識及び技能〕(1)オ　〔思考力、判断力、表現力等〕B書くことウ・オ　関連する言語活動例B(2)ア

単元の目標

・紹介したい理由が読む人に分かりやすいか考え、段落の分け方や説明の仕方を工夫して書くことができる。
・段落の分け方や説明の仕方に注目して感想や意見を伝え合い、自分の文章のよいところを見つけることができる。

評価規準

知識・技能	❶様子や行動、気持ちや性格を表す語句の量を増し、話や文章の中で使い、語彙を豊かにしている。(〔知識及び技能〕(1)オ)
思考・判断・表現	❷「書くこと」において、自分の考えと、その理由との関係を明確にして、書き表し方を工夫している。(〔思考力、判断力、表現力等〕Bウ) ❸「書くこと」において、書こうとしたことが明確になっているかなど、文章に対する感想や意見を伝え合い、自分の文章のよいところを見つけている。(〔思考力、判断力、表現力等〕Bオ)
主体的に学習に取り組む態度	❹自分の考えとそれを支える理由の関係を明確にして、進んで書き表し方を工夫し、学習の見通しをもって、紹介する文章を書こうとしている。

単元の流れ

次	時	主な学習活動	評価
一	1	学習の見通しをもつ 三年生で作った作品の中からお気に入りの作品を選び、紹介する文章を書くという学習の見通しをもつ。	
二	2・3	三年生で作った作品を振り返り、書く事柄を決めて詳しく書き出す。	❶
	4	書き出したものが読む人に分かりやすいか考えながら意見交換をし、伝えたいことを明確にする。	❷
	5	伝えたいことが明確になっているか考えながら組み立てメモを作る。	❷
	6〜9	読む人に分かりやすいか考え、段落の分け方や説明の仕方を工夫して紹介する文章を書く。	❷ ❹
三	10〜12	紹介する文章を読み合い、書き方や内容についての感想やよりよくするための意見を伝え合い、自分の文章のよいところを見つける。 学習を振り返る 書き上げた文章や友達からの感想、ノートやワークシートを基に学習の振り返りをする。	❸

授業づくりのポイント

本単元のねらいは、目的意識をもって工夫して書く力や、感想や意見を伝え合うことを通して、自分の文章のよいところを見つける力を育むことである。

そのためには、表現したいことに合う語句を増やすことが必要になる。これまでの学習で獲得してきた語句や、新たに獲得した語句を基に表現したいことを明確にするとともに、言葉への理解を深められるようにする。新しく獲得した語句は、書く場面や感想や意見を伝え合う場面で進んで活用し、工夫して書く力や文章のよいところを見つける力を伸ばすことを大切にしたい。

具体例

○「つたわる言葉で表そう」や、教科書やノートなどを見返す場面を設け、獲得してきた言葉に触れられるようにする。「言葉のたから箱」も活用できるものの1つである。また、新たに知った言葉を使おうとする姿を価値付けることで、表現することに意欲をもって取り組むことができる。

〈教材・題材の特徴〉

自分が書いたり作ったりしたものの中からお気に入りを選び、友達に紹介する文章を書く活動と、紹介する文章を読み合い、感想を伝え合う活動である。実際に書いたり作ったりしたものを見ながら学習に取り組めるのも特徴の1つで、詳しく思い出しながら取材できるよさがある。また、今、どのように思っているのか改めて作品を見て書くこともできる題材である。

紹介する文章を読み合い感想を伝え合うことは、自分の文章のよいところを見つけるとともに、1年間の成長を実感する機会としても活用することができる。年度終盤に作品を振り返る単元があるため、子供の作品は写真で撮るなどして、保存しておく必要がある。万が一作品がない場合、学校内になくても、自分が気に入っているものを使ってもよいだろう。

具体例

○書いたり作ったりしたものを見る時間を十分に確保する。図画工作科でつくった作品は、作品カードや鑑賞カードを活用し具体的に思い出せるようにすると、紹介したい理由が明確になる。
○文章のよいところを見つける場面では、書き方や内容についての観点に加えて、友達の気持ちに寄り添い、共感的に感想を伝えることも促したい。友達から共感される心地よさを感じることは、言葉の力を実感することにつながる。

〈言語活動の工夫〉

選んだお気に入りについて詳しく思い出す場面では、観点をいくつか提示して、マッピングを広げていく。また、書き出したことを友達に見せ、より具体的にしていく。紹介する文章を書く際にも、読む人に分かりやすいかどうかを検討するために、友達と読み合う時間を設け、対話的に学習を進められるようにする。これらは、友達との対話を通して、新しいアイデアが生まれることや文章がよりよくなることのよさを感じることになる。

具体例

○例えば、旅行先で作った陶器のことなどで書き出したマッピングを友達に見せ、質問し合う。この活動を複数人と行うことで様々な側面から自分のお気に入りを見直すことができる。
○段落の分け方や説明の仕方を工夫しようとする意欲につながるように、読む人に分かりやすいかという観点で読み合う時間を確保する。

本時案

これがわたしのお気に入り

本時の目標

・お気に入りを紹介する文章を書き、感想を伝え合うという学習の見通しをもつことができる。

本時の主な評価

・学習の見通しをもち、３年生で作った作品の中からお気に入りを選ぼうとしている。

資料等の準備

・３年生で作った作品を想起できるスライドや写真

3
○三年生で作った作品

国語
・手紙
・たから島のぼうけん
・食べもののひみつ

図工
・くぎうちおもちゃ
・ねん土ランド

書写
・一
・大
・ビル

「国語」「書写」「図工」などに分け、作品を思い出す手掛かりに！

写真スライドに加えて、写真を貼ると次時にも生かせる。

授業の流れ ▷▷▷

1 これまでの学びを確かめる 〈15分〉

T　これまでいろいろな文章を書いてきました。どのようなもの書きましたか。
・手紙を書きました。間違いがないか見直しをする大切さを学びました。
・物語を書きました。まとまりを考えて書けるようになりました。
・ちゃんと相手に伝わる文章になっているか考えながら書けるようになりました。
T　これまでに書いた作品やノート、教科書を振り返っている子もいましたね。みんなで学んだことを生かして書いていきましょう。
○積み重ねてきた力を生かせるように、「三年上までの学びをたしかめよう」（P. 6）や「つたわる言葉で表そう」（P.105）など、これまでの学びを全体で確認する。

2 学習の見通しをもつ 〈15分〉

T　３年生で作った作品の中で紹介したいお気に入りはありますか。今回は、がんばった作品やお気に入りの作品を理由とともに紹介する文章を書きます。
T　まず、作品を選び、特徴を詳しく書き出します。次に、組み立てを確かめ、紹介する文章を書きます。最後に、感想を伝え合います。
T　それでは、教科書の高山さんの作文を読んでみましょう。
・どのようなことを書けばいいのか分かりました。
・話の順番が大事ですね。
○どのような流れで、どのような文章を書くのか見通しをもつ時間を設け、安心して取り組めようにする。

これがわたしのお気に入り

学習の見通しをもとう。

1 〈これまで〉
・手紙…まちがえがないか見直す。
・たから島のぼうけん…まとまりを考える。
・冬休みの出来事…つたわる言葉で表す。

2 〈今回〉

決める 集める	組み立てる	書く	つなげる
お気に入りの作品・がんばった作品をえらび、くわしく書き出す。	組み立てをたしかめる。	しょうかいする文章を書く。	感想をつたえ合う。

3 3年生で作った作品を振り返る〈15分〉

T　これまでどのような作品を作ってきたか、思い出して書き出しましょう。
・図工でくぎを打っておもちゃを作りました。
・書写で「ビル」という字を書きました。
T　スライドでも振り返ってみましょう。
○どのような作品を作ってきたか思い出すことが目的なので、写真等の記録がない場合は、実物を提示することや、教科書を見ることを行ってもよい。
・夏休みに作ったものでもいいですか。
T　お気に入り作品や、がんばった作品なら学校以外で作ったものでもよいですよ。次の時間に作品を選び、詳しく書き出します。実物や写真がある人は持ってきていいです。

よりよい授業へのステップアップ

これまでの学びは「学級の宝」

書くことの集大成である。これまでの学びを確かめることは、所属する学級での軌跡を追うことにもなる。共に学んできたことを喜び、集大成である作品にも存分に生かしていく姿を価値付けたい。

「書きたい！」を支える具体物

写真のスライドや実物を提示することで、がんばって作った作品のことを思い出し、書く意欲につながる。学級の実態に応じて、写真のスライドなどの提示を導入にもってきてもよい。

本時案

これがわたしのお気に入り 2・3/12

本時の目標

・紹介したい作品を決め、必要な語句を増やし、理解を深めながら詳しく書き出すことができる。

本時の主な評価

❶紹介したい作品について詳しく書き出すために語句の量を増している。【知・技】
・考えとそれを支える理由や事例、全体と中心など情報と情報との関係について理解している。

資料等の準備

・３年生で作った作品のことを想起できるスライドや写真
・これまでに作った作品
・マッピングの例を書くための紙（模造紙半分程度）
・マッピングのワークシートと例 19-01～03

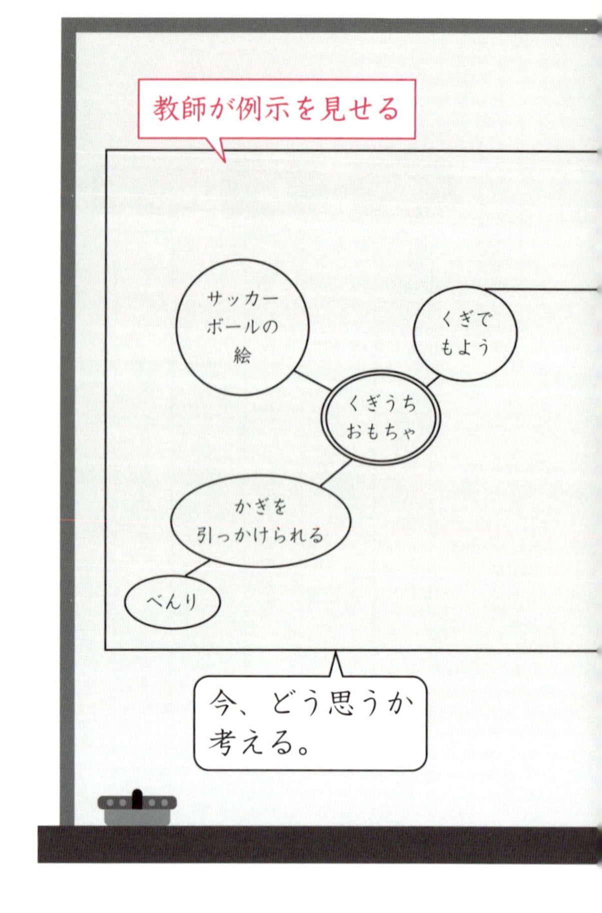

授業の流れ ▷▷▷

1 紹介したい作品を選び、発表する 〈40分〉

○紹介したい理由が明確になるように、作品を選ぶ時間や見る時間を十分に確保する。作品を選んだ後、互いに見合う機会を設けると次時の意見交換がスムーズに行われる。

T 作ったときのことを思い出し、紹介したい作品を選びましょう。

○選んだ作品について共感的な声掛けをし、紹介したい気持ちを高める。作品を選ぶことが難しい子供には、がんばっていた様子について教師が助言し、選べるようにする。

○作品が決まった子供には発表するよう伝え、選ぶ際の参考にできるようにする。

・私は、国語で書いた「牛乳のひみつ」を紹介したいと思います。
・ぼくは、夏休みに作ったお皿を紹介します。

2 詳しく書き出す〈40分〉

T 高山さんの例を参考に、選んだ作品について詳しく書き出しましょう。

T 以前学習したマッピングの方法を使います。真ん中に選んだ作品を書きましょう。周りに工夫したところやがんばったところ、自分や周りの人の感想など、作品について詳しく書きましょう。関係ある内容は線でつなぎましょう。

○おおかたの作り方を高山さんの例を参考に説明した後、教師の作品を例にして、詳しく書き出す方法を理解できるようにする。

T お気に入りに選んだ理由が読む人に伝わるように、ぴったり合う言葉を見つけましょう。これまでに学習してきた言葉や、「言葉のたから箱」を活用するといいですよ。

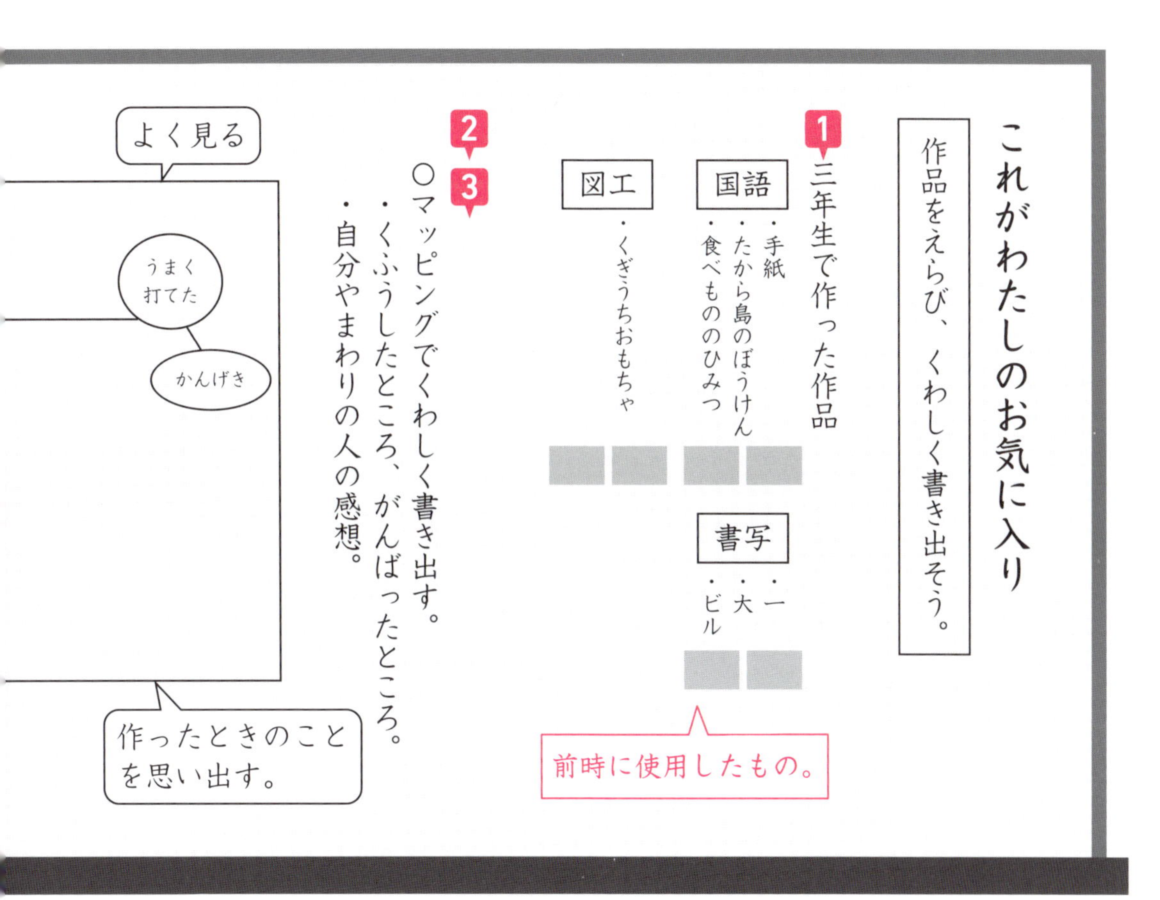

3 本時を振り返り、次時の見通しをもつ〈10分〉

T 選んだ作品について詳しく書き出すことができましたね。「言葉のたから箱」を役立てている子もたくさんいました。形や色、模様について詳しく書き出していたり、作ったときの工夫について詳しく思い出して書き出したりしている子もいました。

○テレビなどに映し出せる場合には、何人かのマッピングを紹介し、詳しく書き出していたり、語彙を増やしたりする様子を共有する。

T マッピングの方法で書き出すと、関係ある内容が何かよく分かりますね。関係ある内容をどんどん広げていくこともできます。

T 次の時間は、詳しく書き出したものを友達と見合い、もっと知りたいところや興味のある部分を聞いていきます。

よりよい授業へのステップアップ

思考ツールのよさを感じられる声かけ

なぜマッピングを活用して書き出すのか、自覚的でない場合がほとんどであろう。目的に応じて思考ツールを選択できる姿を目指して、活用した思考ツールのもつよさや特徴を感じられる声掛けをするとよい。

子供の姿を学級に広げる机間指導

机間指導では、一人一人の様子から必要な声掛けをするとともに、学級に広げたいよい姿も見とるようにしたい。

本時案

これがわたしのお気に入り

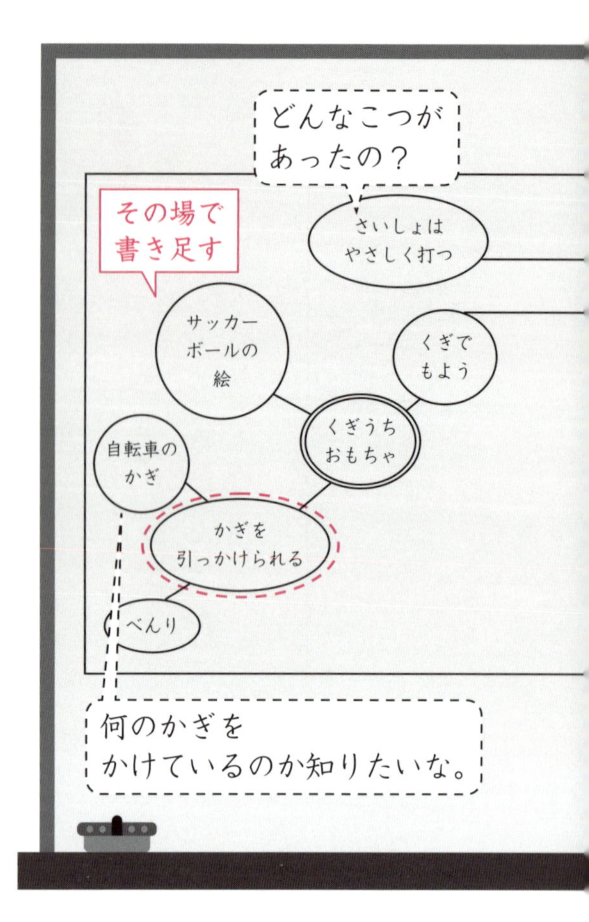

本時の目標

・書き出したものが読む人に分かりやすいか考えながら、意見交換をして、伝えたいことを明確にすることができる。

本時の主な評価

❷意見交換をし、伝えたいことを明確にしてマッピングを書いている。【思・判・表】

資料等の準備

・前時に作ったマッピングのワークシート例
19-01～03

授業の流れ ▷▷▷

1 意見交換するときの視点を確認する 〈10分〉

T　前回詳しく書き出したものを友達同士で読み合い、さらに詳しくしていきましょう。

T　もっと知りたいところや興味のある部分について質問してみましょう。また、読む人に分かりやすいかどうか考えて質問するのもいいですね。感想を伝えるのもいいですよ。

T　では、まず先生が書いたマッピングで試してみましょう。もっと知りたいところや興味のある部分はありますか？

・「うまく打てた」とあるけれど、どんなこつがありましたか？

・「かぎを引っかけられる」とあるけれど、何の鍵をかけていますか？

T　質問に答えたら、マッピングに書き加えましょう。

2 書き出したものについて意見交換する 〈25分〉

T　それでは、意見交換をしましょう。

○１人のマッピングに対して、複数人が意見を伝えられる場を設定するとよい。１人のマッピングをグループ内で見る形や、ペアでの意見交換を、相手を変えて複数回行う形など、様々な形態を学級の実態に応じて柔軟に取り入れたい。

T　意見交換をして気付いたことや感じたことはありますか。

・伝えたいことがはっきりしました。

・「頑張って作った作品なんだね」という感想をもらってうれしくなりました。

・友達の書き出したものを見て、いいなと思うところがあったので、自分のマッピングを少し変えたいと思いました。

これがわたしのお気に入り

書き出したものを見せ合い、意見交かんをしよう。

1 2 〈伝える視点〉
○見せ合う
・もっと知りたいところ
・きょうみのある部分
・読む人に分かりやすいか
・感想
○つけ足す
3 ○しょうかいしたい理由にしるし

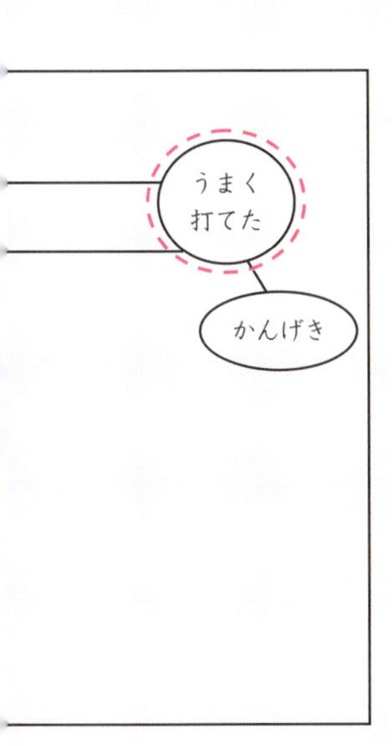

3 書き出したものを振り返り、次の見通しをもつ 〈10分〉

T　紹介したいもののことがみんなの力で詳しくなりましたね。
T　書き出したものを比べてみて、紹介したい理由となる部分を決めましょう。先生は、「くぎをうまく打てた」ことと、「かぎを引っかけられる」ところを理由にしたいと思います。決まったら、このように印を付けましょう。
・紹介したい理由は、いくつまでいいですか？
T　２～３になるといいですね。
T　次の時間は、書き出したものを基にして、組み立てメモを作りましょう。

よりよい授業へのステップアップ

ライブ感を楽しむ

例示するマッピングに対する質問を考えることは、子供の生の声が教材となる場面である。予想外の着眼点で質問を発することもあると思うが、発想の豊かさを楽しみながらやり取りができるとよい。

意見交換の場は教師も一参加者に

意見交換の場での教師の役割はいくつもある。１つは、活動がスムーズに進むように声を掛けることである。もう１つは、質問するという活動への参加である。全体を見る目と、個を見る目、どちらの目ももつことが大切である。

本時案

これがわたしのお気に入り

5/12

本時の目標

・マッピング作りで書いたことを比較したり分類したりして、伝えたいことを明確にすることができる。

本時の主な評価

❷紹介したいことや理由を明確にしながら、組み立てメモを作っている。【思・判・表】

資料等の準備

・組み立てメモのワークシートを拡大したもの
19-04

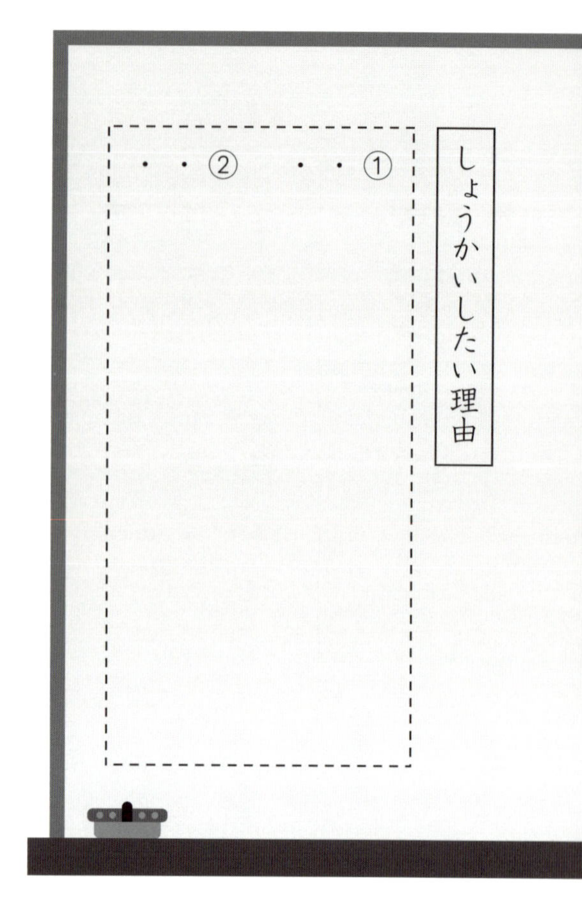

授業の流れ ▷▷▷

1 組み立てメモの作り方を確認する〈10分〉

T　今日は、組み立てメモを作ります。まずは、高山さんが書いた組み立てメモを読んで、組み立てを確認しましょう。どのような組み立てになっていますか。

・選んだ作品

・作品の説明

・紹介したい理由

T　題名、写真や絵については、文章を書くときに考えましょう。

T　教科書にある高山さんの組み立てメモを確認しましょう。

T　メモなので、短い言葉で書けるといいですね。

〇短い言葉で表すことに慣れていない子供には、教師が聞き取り、表し方を教えるとよい。

2 組み立てメモを作る〈25分〉

T　前の時間に作ったマッピングを見て、組み立てメモを作りましょう。

・前の時間に決めた「紹介したい理由」を変えてもいいですか。

T　いいですよ。よく考えたから伝えたいことがはっきりしたのですね。

・マッピングに書いてあることは、すべて組み立てメモに入れたほうがいいですか。

T　読む人に分かりやすいか考えて、必要だと思うものを入れるといいですよ。

・もう一度、自分の作品を見てもいいですか。

T　いいですよ。伝えたいことを確認するのは大切なことですね。

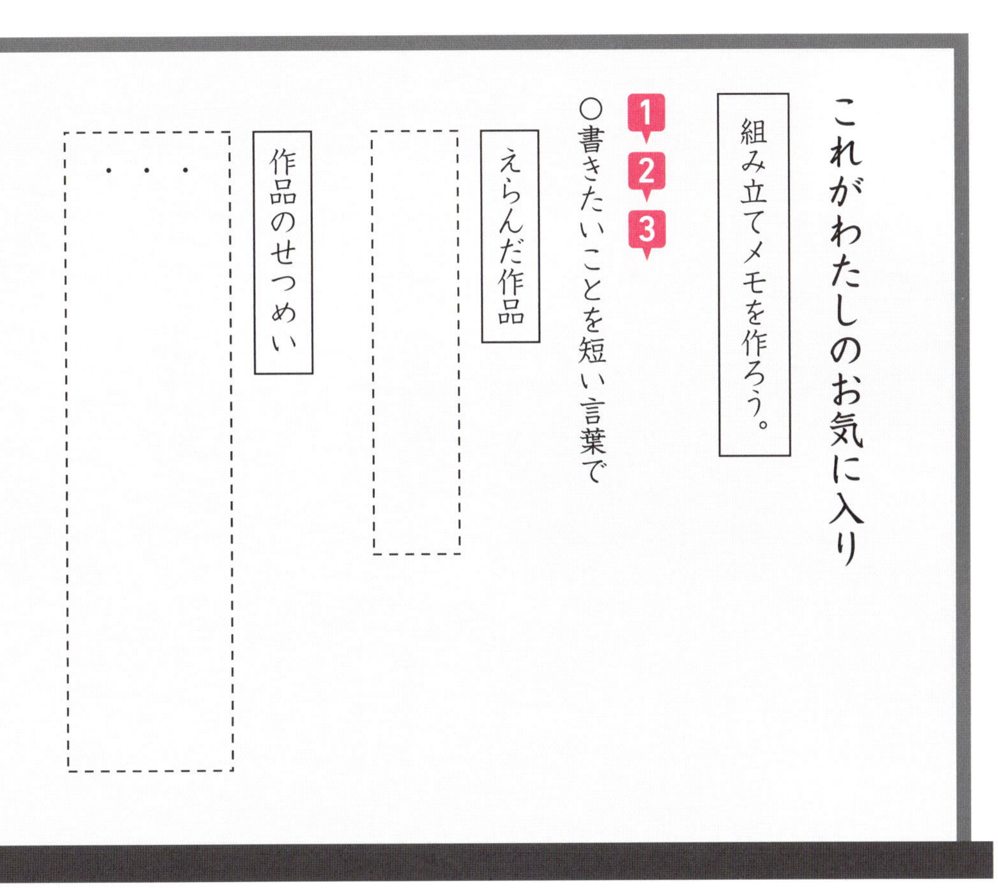

3 本時を振り返り、次時の見通しをもつ〈10分〉

T 書いた組み立てメモを見せ合いましょう。

・たくさん書いたマッピングの中から、紹介したい理由を決めたんですね。

・どんなところがお気に入りなのか知りたかったから、文章を読むのが楽しみです。

T 組み立てメモは設計図のようなものです。文章を書き始めてから先を考えるのではなくて、「こんなことを伝えたいな」や「こんな順番で伝えると分かりやすいな」と計画してから書くことを、今経験しているのですよ。

○組み立てメモを作ることの意味を伝える。

T 次の時間は、組み立てメモをもとに紹介する文章を書きましょう。

○ P108「相手につたわる文章を書こう」を読み、次時に生かせるようにする。

よりよい授業へのステップアップ

迷う姿にこそ学びがある

組み立てメモの段階になると、集めた材料を比較・分類する中で取捨選択が行われ、書く内容についての迷いも発せられることもあるだろう。伝えたいことを明確にするための迷いが出ることのよさを伝えていけるとよい。

相手や書く目的を意識して比較・分類して伝えたいことを明確にすることは、3年生の前期『気もちをこめて「来てください」』や『仕事のくふう、見つけたよ』の単元で行われている。その際の学習を思い出す機会を設けることで、より定着した学びへとつながる。

本時案

これがわたしのお気に入り 6〜9/12

本時の目標

・紹介したい作品のことと、その理由との関係を明確にして、読む人に分かりやすいように、工夫して書き表すことができる。

本時の主な評価

❷段落の分け方や説明の仕方を工夫して紹介する文章を書いている。【思・判・表】
❹自分の考えとそれを支える理由の関係を明確にし、学習の見通しをもって、進んで紹介する文章を書こうとしている。【態度】

資料等の準備

・組み立てメモと文章を拡大したもの
・下書き・清書ワークシート 19-05

2
○読む人に分かりやすいように書く
・段落（だん）の分け方（ないようのまとまりを考える）
・せつめいのしかた（「つたわる言葉で表そう」「言葉のたから箱（ばこ）」）
・写真や絵を入れる場所、題名

3
○読み返す
・文字、文はまちがっていないか。
・文の終わりの書き方がそろっているか。
・読む人が分かりやすいように書けているか。

授業の流れ ▷▷▷

1 紹介する文章の書き方を確認する 〈20分〉

T 高山さんの組み立てメモの内容と文章がどうつながっているのか確かめましょう。
○組み立てメモが文章にどのように生かされているのか丁寧に確認することで、実際に書くときの参考になる。
T 組み立てメモと文章を比べてみて気付いたことはありますか？
・メモのときより詳しくなっているので、読む人が分かりやすいと思います。
・いろいろな言葉が使われていて、説明が工夫されていると思いました。
T 作品の説明と紹介したい理由が読む人に分かりやすいように、段落の分け方や説明のしかたを考えて文章を書きましょう。写真や絵を入れる場所や題名も考えましょう。

2 紹介する文章を書く 〈130分〉

T 組み立てメモを参考にしながら書き始めましょう。
・組み立てメモと書く内容や順番が変わってもいいですか。
T いいです。組み立てメモは参考にしますが、よりよくなることならどんどん変えて構いません。
・辞書で漢字や言葉の意味を確かめよう。
・「言葉のたから箱」にない言葉も使っていいですか。
T いいですよ。言葉の意味を確認したいときも、辞書を使いましょう。
○試行錯誤する様子をしっかり見取りたい。

これがわたしのお気に入り

しょうかいする文章を書こう。

1 ○高山さんの組み立てメモ・文章

教科書 P.111
下段拡大コピー

くわしく
なっている。

教科書 P.112
拡大コピー

いろいろな
言葉が
使われている。

サイドライン等で
確認する。

3 読み返し、次時の見通しをもつ〈30分〉

T　どんなことに気を付けて書いたものを読み返したらいいでしょうか。これまでしてきたことを思い出して発表しましょう。

・文字や文が間違っていないか。

・文の終わりの書き方がそろっているか。

・読む人が分かりやすいように書けているか。

T　それでは、読み返してみましょう。

○文のねじれに気付くことが難しい場合には、教師が指摘するようにする。また、小さく声に出して読んで読み返してもいいことを伝え、書いたものを丁寧に読み返せるようにする。

T　次の時間は、書いたものを読み合い、感想を伝え合いましょう。

よりよい授業へのステップアップ

共に高め合う

学級の実態に応じて、下書き→見せ合い→清書を取り入れてもよい。

見せ合う場面では、助言する側の存在価値を高めると効果的である。よりよくするところはないか考えながら読むことは、自分が書くときにも生かせるよさがあることを伝え、アドバイス側の意欲も高め、友達同士で高め合う関係性を大切にしたい。また、見せ合うことのよさや意味を実感できるように、下書きと推敲後の文章にどのような変化があったか見比べる場面を設けてもよい。

本時案

これがわたしのお気に入り 10～12/12

本時の目標

・文章に対する感想や意見を伝え合い、自分の文章のよいところを見つけることができる。

本時の主な評価

❸書き方や内容についての感想やよりよくするための意見を伝え合い、自分の文章のよいところを見つけている。【思・判・表】

資料等の準備

・付箋紙（実態に応じて）

3 ○ふり返り
・工夫して書いたところに気付いてもらえてうれしかったです。
・作り方が詳しく書けていると褒められました。作ったときのことをよく思い出して書いたのがよかったのだと思います。
・私は、同じ内容が1つの段落にまとまっていて分かりやすいと言われました。
・友達の作品を読んで、使ったことのない言葉があったので、今度使ってみたいです。

授業の流れ▷▷▷

1 感想を伝え合うときの視点を確認する〈20分〉

T　書き方や内容について、よいところや、分かりやすいところを伝え合いましょう。また、よりよくするためのアドバイスや感想を伝えてもいいですよ。

T　まず、高山さんの紹介する文章を例にして、感想を伝え合いましょう。

・「しょうかいしたい理由は、二つあります。」と最初に書いてあったので、いくつ理由があるのか分かりやすかったです。

・ねん土をきれいな色にするために、絵の具の量やこね方に気を付けたことが詳しく書いてあるのがよいところだなと思いました。

・お姉ちゃん以外が言っていたことを書くと、「家の人にも大こうひょう」について、読む人がもっと知ることができていいと思います。

2 読み合い、感想を伝える〈85分〉

T　それでは、感想を伝えましょう。

○感想を伝える手段は、口頭か付箋紙が考えられる。付箋紙は形として残るので、自分の書いたもののよさを見つけることに役立てることができる。それぞれの手段の特徴と、学級の実態に合わせて選択するとよい。

○実際の作品がある場合は、手元に置き、作品を見ながら紹介する文章を読むようにすると、具体的に感想を伝えることができる。

・「どっしりした」という書き方はお皿がじょうぶで重そうな感じがしていていいね。お皿を触らせてもらったら、本当にどっしりしていたよ。

・お父さんに「このお皿を使うとおいしく感じる」と言われてうれしくなったことが伝わってきました。

これがわたしのお気に入り

書いた文章を読み、感想をつたえ合おう

1
○つたえ合うこと
・書き方
・ないよう
よいところ
分かりやすいところ
よりよくするためには

2
◎感想をつたえ合う
・ないようや書き方について、どう思ったのかくわしくつたえる
・自分の文章に対する感想を知ると、ないようや書き方のよいところがよく分かる。
・自分や友だちの文章から見つけたよいところは、次に生かす。

3 学習を振り返り、学習したことをまとめる 〈30分〉

T　伝え合って、どんなことを感じましたか。
・工夫して書いたところに気付いてもらえてうれしかったです。
・作り方が詳しく書けていると褒められました。作ったときのことをよく思い出して書いたのがよかったのだと思います。
・私は、同じ内容が1つの段落にまとまっていて分かりやすいと言われました。
・友達の作品を読んで、使ったことのない言葉があったので、今度使ってみたいです。
○書き方や内容に分けて発表できている子供には、発表後に、「今のは、内容についてのことですね」などと助言するとよい。
T　「たいせつ」や「ふりかえろう」を基に、学習感想を書きましょう。

よりよい授業へのステップアップ

学びを次に生かせるように

書くことへの自信を高め、工夫して表現することの楽しさを感じられる子供をぜひ育てたい。そのために、友達同士でよいところを見つけ合う活動の設定や、教師からのコメントなど、様々な手立てを取り入れることが大切である。本単元での学びを押さえた後には、子供が自分の言葉で学びを振り返られるようにする。言語化することで、子供自身が自らの学びを自覚化し、次に生かす原動力になる。3年生最後の書く単元なので、巻末のまとめも生かし、4年生以降の意欲につなげたい。

資　料

1 第２～４時資料　マッピングワークシート　子供の記入例（図工で作ったくぎうちおもちゃ） 19-01

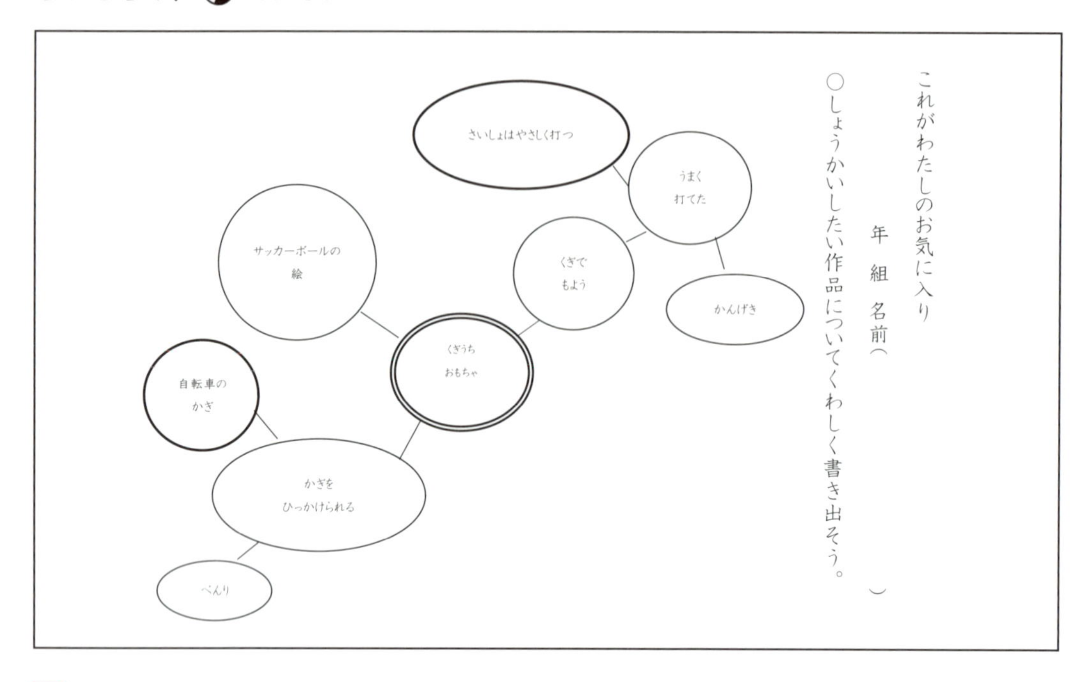

2 第２～４時資料　マッピングワークシート　子供の記入例（夏休みに作ったお皿）  19-02

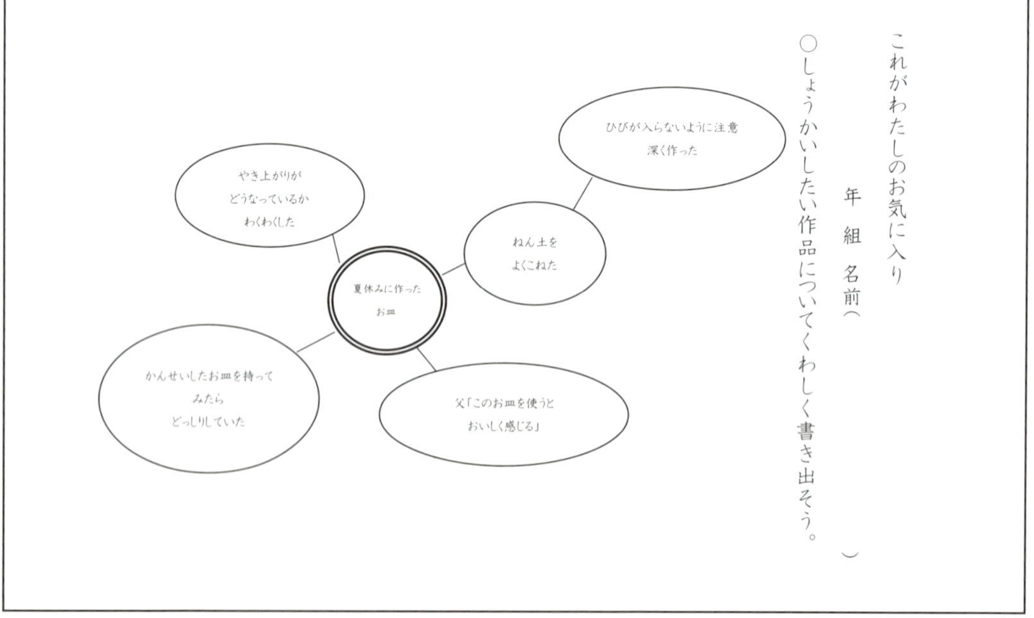

3 第２～４時資料　マッピングワークシート 19-03

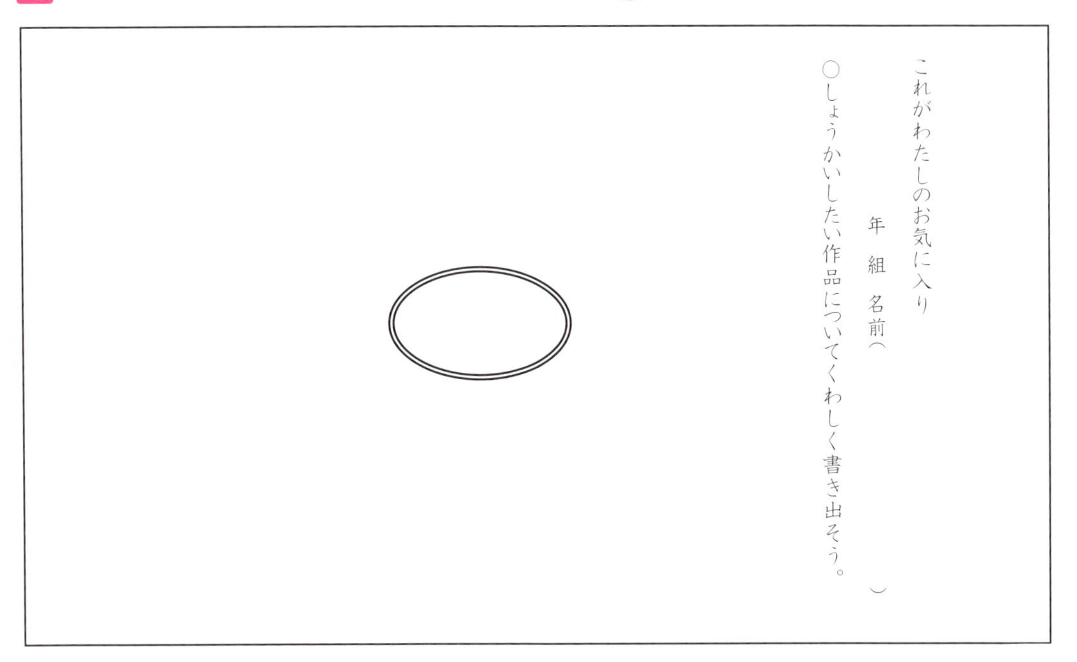
これがわたしのお気に入り

年　組　名前（　　　　　）

○しょうかいしたい作品についてくわしく書き出そう。

4 第５時資料　組み立てメモワークシート 19-04

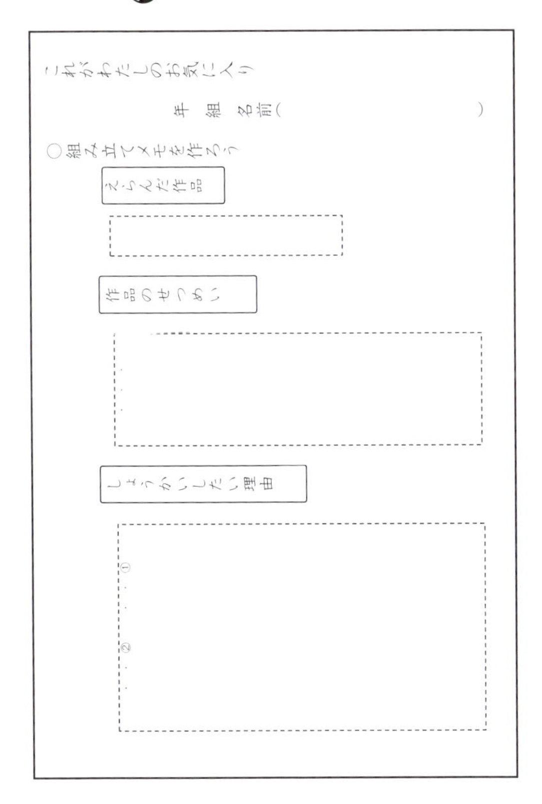
これがわたしのお気に入り

年　組　名前（　　　　　）

○組み立てメモを作ろう

えらんだ作品

作品のせつめい

しょうかいしたい理由

①

②

5 第６～９時資料　下書き・清書ワークシート 19-05

題名

名前

えらんだ作品

作品のせつめい

しょうかいしたい理由

コンピュータのローマ字入力　2時間扱い

〔知識及び技能〕(1)ウ〔思考力、判断力、表現力等〕―　関連する言語活動例―

単元の目標

・日常使われている簡単な単語について、ローマ字でコンピュータに入力することができる。

評価規準

知識・技能	❶日常使われている簡単な単語について、ローマ字でコンピュータに入力している。(〔知識及び技能〕(1)ウ)
主体的に学習に取り組む態度	❷積極的に、日常使われている簡単な単語を、学習課題に沿ってローマ字でコンピュータに入力しようとしている。

単元の流れ

時	主な学習活動	評価
1	コンピュータにおけるローマ字入力の仕方やキーボードの基礎的な操作方法を理解する。	❶
2	コンピュータを使って、名刺カードを作る。学習を振り返る。	❷

授業づくりのポイント

〈単元で育てたい資質・能力〉

本単元のねらいは、日常生活の中で使われている簡単な単語について、ローマ字でコンピュータに入力することができるようになることである。そのために、まず既習のローマ字表記のきまりを振り返ることが重要である。そして、そのきまりを基にして、ローマ字入力の仕方を理解できるようにしていく。実際にローマ字で入力する中で、ローマ字入力が50音をアルファベット26字で表記できる合理的な入力方法であることや、ローマ字で入力され、作成されたものが日常生活で広く使用されていることを子供が実感できるようにすることも大切である。

具体例

○既習のローマ字表記のきまりについては、「ローマ字表」を用いながら、「行」や「段」の見方や日本語の音が子音と母音の組み合わせでできていることなどを振り返られるようにする。
○普段目にしている教科書や本、お便り等が、コンピュータで入力されて作成されたものであることなどを例示し、日常生活の中で広く使われていることを子供が実感できるようにする。

〈教材・題材の特徴〉

ローマ字でコンピュータに入力するためには、既習のローマ字表記のきまりを振り返った上で、ローマ字の書き表し方との共通点や相違点について理解する必要がある。さらに、使いたい表記にする際に用いる「変換」の仕方や、入力を確定する際に用いる「Enter」キーの使い方等、キーボードの基礎的な操作方法を理解する必要もある。

キーボード上に並べられているアルファベットや数字、記号等のキーの配置への理解も含め、実際にキーボードに触れ、入力しながら学習を展開していきたい。

具体例

○「ん」やのばす音など、ローマ字の書き表し方と異なる入力の仕方をするものについては、その違いが明確になるように示したり、実際に入力して確かめたりして理解できるようにする。
○「変換」の仕方を学習する際、同音異義語に触れたり、平仮名や漢字等を適切に表記することで読み手が読みやすく、意味が伝わりやすくなることに気付いたりできるようにする。

〈他教材や他教科との関連〉

総合的な学習の時間等との関連を図り、コンピュータで実際にローマ字を入力することを通して、さらなる理解及び技能の定着を図っていく。また、情報化社会の進展を踏まえ、本学習をきっかけにコンピュータに触れる機会を意図的、計画的に設けることや、発達段階に応じて、簡単な掲示物や発表資料等をコンピュータで作成することなども考えられる。そのような継続的なコンピュータとの関わりの中で、ローマ字入力あるいはキーボードの基礎的な操作方法のさらなる定着を目指したい。

具体例

○総合的な学習の時間等で行う調べ学習において、コンピュータを使用する際に、ローマ字入力ができるようにする。また、インターネットによる情報検索の仕方についても触れるようにする。
○コンピュータを使い、手書きとは違ったよさを生かして、自分の名前や学校名等を入れた名刺カードを作るなど、子供たちが実際に活用できるものを作るようにする。

本時案

コンピュータのローマ字入力

本時の目標

・コンピュータにおけるローマ字入力の仕方やキーボードの基礎的な操作方法を理解することができる。

本時の主な評価

❶自分の名前や学校名等の日常使われている簡単な単語を、ローマ字でコンピュータに入力している。【知・技】

資料等の準備

・特になし

3

コンピュータでは、入力した文字を、漢字やかたかなにして表すことを「へんかん」という。

○へんかんの仕方

① いくつかある同じ音の言葉の中から、ふさわしい言葉をえらぶ。

入力→へんかん（へんかんキー）→ふさわしい言葉をえらぶ→決める（Enterキー）

② のばす音があるかたかなの言葉は、ーを入力し、へんかんする。

「ノート」→「NO-TO」

授業の流れ ▷▷▷

1 コンピュータで作られたものが広く使われていることを知る〈5分〉

○教科書や本等を例示し、コンピュータに入力されて作成されたものが、日常的に広く使用されていることに子供たちが気付き、学習への興味・関心を喚起できるようにする。

T　みなさんが普段使っている教科書や読んでいる本などは、コンピュータを使って作られています。これらの他に、コンピュータによって作られていると思うものはありますか。

・学校からのお便り　・新聞　・ちらし

・説明書

T　普段みなさんが目にするものは、手書きのものよりコンピュータによって作られたもののほうが多いかもしれませんね。

2 ローマ字入力の仕方を学ぶ〈25分〉

○必要に応じて「ローマ字表」を用いながら、「行」や「段」の見方や日本語の音が子音と母音の組み合わせでできていることなどのローマ字表記のきまりを振り返る。

○教科書に沿って、ローマ字入力の仕方を押さえていく。その際、ローマ字表記との共通点や相違点が分かるようにまとめていく。

T　ローマ字の書き表し方と同じところや違うところがありますか。

・のばす音は、ローマ字の書き表し方と違いますね。

・小さい「つ」が入るときは、ローマ字の書き表し方と同じです。

○ P.114の「ちらし」等の言葉を実際に入力して、打ち出されたものを確認しながら進める。

コンピュータのローマ字入力

ローマ字入力の仕方を知ろう。

1 ○コンピュータを使って作られているもの
・教科書　・本　・おたより　・新聞
・ちらし　・せつめい書　など

⇩身の回りにある多くのものがコンピュータで作られている。

子供たちの気付きを板書する。

キーボードを使って、コンピュータに文字や記号を入れることを「入力」という。
→ローマ字を使って入力してみよう。

2 ○ローマ字入力の仕方
① 「し」「ち」「ふ」などは、どちらでも入力できる。
② 「ぢ」「づ」「を」「ん」は、次のように入力する。
「ぢ」→「DI」　「づ」→「DU」　「を」→「WO」　「ん」→「NN」
③ のばす音は、平がなで書かれたとおりに入力する。
「くうき」→「KUUKI」
ローマ字の書き表し方とちがう

違いが明確になるように板書する。

④ 小さい「っ」（つまる音）は、「っ」の次の音のはじめの文字を重ねて入力する。
⇩ローマ字の書き表し方と同じ

3 「へんかん」の仕方を学ぶ　〈15分〉

○教科書に沿って、変換の仕方やのばす音がある片仮名の言葉には「ー」を使うことを押さえていく。

T　入力した後は、変換キーを使ってふさわしい言葉を選び、Enter キーで決定していきます。実際に「きしゃ」と打って、変換してみましょう。

・同じ「きしゃ」でもいろいろな意味があるのですね。
・ふさわしい言葉を選ばないと、違った意味で相手に伝わってしまうかもしれません。

○ P.114の「クラス」等の言葉を実際に入力、変換して、打ち出されたものを確認しながら進めていく。

よりよい授業へのステップアップ

ローマ字入力のよさを知る

ローマ字で入力することのよさとして、50音をアルファベット26字で表せる合理性が挙げられる。ローマ字表記のきまりを振り返りながら、このよさも子供たちが知り、ローマ字入力を学ぶ意欲へとつなげたい。

適切に変換して表す

「変換」を学習する際には、同音異義語に触れるため、語彙の拡充が期待できる。また、漢字や平仮名を適切に表すことで読みやすくなり、相手への伝わりやすさにつながることに子供たちが気付けるようにしたい。

本時案

コンピュータのローマ字入力

本時の目標

・名刺カードづくりを通して、日常使われている簡単な単語について、ローマ字でコンピュータに入力することができる。

本時の主な評価

❷コンピュータにおけるローマ字入力の仕方やキーボードの基礎的な操作方法を理解し、ローマ字でコンピュータに入力しようとしている。【態度】

資料等の準備

・名刺カードの見本

3
○コンピュータのローマ字入力は、これからどんなところで使えそうか
・名しカードのほかにも、コンピュータでチラシなどを作るときにも使える。
↓きれいに仕上げることができる。
・インターネットで何かを調べるときに使える。
↓キーワードを入力すれば調べられる。

授業の流れ ▷▷▷

1 前時の学習を振り返りながら、本時の学習の見通しをもつ 〈5分〉

○前時に学習したローマ字入力の仕方や「変換」の仕方等を振り返る。その上で、名刺カードをコンピュータで作ることを伝え、本時の学習の見通しがもてるようにする。

T　コンピュータにローマ字で入力するときに気を付けることはどんなことですか。

・「ん」やのばす音を打つときは、ローマ字を書くときとは違うことです。

・変換キーで使いたいものを選んで、Enterキーで決定することです。

○個々の子供の実態に応じて、「ローマ字表」等を見ながら名刺カードを作ってもよいことを伝える。

2 名刺カードを作る 〈35分〉

○学校名、学年、組、氏名、学校の住所等をコンピュータに入力して名刺カードを作る。その際、見本を示すようにする。

T　漢字や数字なども間違いがないように入力して作ってみましょう。

・キーボードには、アルファベットの他にも数字が打てるキーがあります。

・変換しても、使いたい漢字が出てこないときは、バラバラに入力すればよいです。

○作ったものは、プリントアウトして実物を見られるようにする。実物に触れる中で、手書きとは違う読みやすさなど、コンピュータで作り表されたもののよさを感じられるようにする。作ったものを、外国語活動の交流の時間などで実際に活用できる場を設定したい。

コンピュータのローマ字入力

1
コンピュータで名し(めい)カードを作ろう。

○コンピュータにローマ字で入力するときに気をつけること
・「ん」やのばす音を入力するときは、ローマ字を書くときとちがう。
・へんかんキーでふさわしい言葉をえらぶ。　など

子供たちの発言を板書する。

2
名しカード

学校名
3－○　自分の名前
学校の住所など

見本を提示する。

○気づいたこと
・キーボードには、アルファベットのほかにも、数字が入力できるキーがある。
・へんかんしても、使いたい漢字が出てこないときは、一文字ずつ入力してへんかんすればいい。

子供たちの気付きを板書する。

3 学習を振り返り、今後どのようなところで使えるかを考える〈5分〉

○単元を振り返り、学習を通してできるようになったことや、今後どのような場面で学習したことが使えそうかを尋ね、子供たちがコンピュータのローマ字入力を学習した意義を自覚できるようにする。

T　学習してきたことは、これからどんなところで使えそうですか。

・名刺カード以外にもコンピュータでチラシなどを作るときにこれからも使えそうです。

○総合的な学習の時間などで、インターネットによる情報検索にローマ字入力を使うことを、子供たちの実態に応じて、取り上げるようにする。

よりよい授業へのステップアップ

コンピュータによる作成物の工夫

子供たちの実態や他教科等との関連から、作成物を工夫することも考えていきたい。例えば、おすすめの場所を紹介する簡単な掲示物を作る場を設定すれば、文字以外にも写真を取り込むことなども考えられる。

ローマ字入力を定着させる工夫

本単元をきっかけに、国語科に限らず他教科等や総合的な学習の時間などでコンピュータを活用する場を計画的かつ継続的に設けるようにする。その中で、子供たちにローマ字入力が自然に定着していることを目指したい。

つたえたいことを、理由をあげて話そう

わたしたちの学校じまん

8時間扱い

〔知識及び技能〕(1)イ 〔思考力、判断力、表現力等〕A話すこと・聞くことイ、ウ　関連する言語活動例A(2)ア

単元の目標

・目的や条件を意識しながら、適した理由や事例を挙げて話の構成を考えたり、言葉の抑揚や強弱、間の取り方などを工夫したりして発表することができる。

評価規準

知識・技能	❶相手を見て話したり聞いたりするとともに、言葉の抑揚や強弱、間の取り方などに注意して話している。(〔知識及び技能〕(1)イ)
思考・判断・表現	❷「話すこと・聞くこと」において、相手に伝わるように、理由や事例などを挙げながら、話の中心が明確になるよう話の構成を考えている。(〔思考力、判断力、表現力等〕Aイ) ❸「話すこと・聞くこと」において、話の中心や話す場面を意識して、言葉の抑揚や強弱、間の取り方などを工夫している。(〔思考力、判断力、表現力等〕Aウ)
主体的に学習に取り組む態度	❹粘り強く、話の構成を考え、今までの学習を生かして、調べたことを伝えようとしている。

単元の流れ

次	時	主な学習活動	評価
一	1	学校生活を振り返り、学校の自慢を伝える発表会をすることを知る。 目的と条件を確かめて、自慢したい事柄を決める。	
二	2	目的と条件を意識しながら、自慢したい理由を決めて、資料を集める。	❹
	3	発表方法の工夫や発表原稿の作り方を知り、原稿の組み立てを考える。	❷
	4	目的と条件や発表原稿の書き方を基に原稿を作り、練習を行う。	❶
	5	発表会を開き、振り返りを行う。(1回目・学級内)	❹
三	6	振り返りを基に、新たな相手を対象とした発表に向けて理由を考え直したり、資料を集め直したりする。	❷
	7	目的と条件や発表原稿の書き方を基に原稿を作り、練習を行う。	❸
	8	伝えたい相手に向けて発表会を開き、単元の振り返りを行う。(2回目・1年生)	❶

授業づくりのポイント

〈単元で育てたい資質・能力〉

本単元のねらいは、「適した理由や事例を選択する力」と「相手を意識しながら話す力」を育むことである。目的や条件を意識しながら話す事柄を決めたり、相手が聞きたくなるように、話し方や言い回しを工夫したりするとよい。その際に、これまでの話すこと・聞くことの学習や対話の練習で培われてきた比べる力や分ける力を活用したい。また、説明的な文章で学んできた構成や表現などの「説得するための工夫」も活用することで、系統的に資質・能力を育んでいきたい。

具体例

○相手に伝えるためには、理由や事例、言葉遣いや言い回しを工夫する必要がある。例えば、相手が知らないことについては丁寧に理由付けしたり、相手にとって理解しやすい事例を加えたりするなどの工夫が考えられる。平易な言葉を使うなどの工夫も考えられる。

○相手を意識しながら話す力を高めるには、相手との親疎や人数、目的や場に応じて声の出し方や言葉遣い、視線などを工夫することが考えられる。また、自分の伝えたいことを強調するために、抑揚をつけたり、間の取り方を意識したりするなど、話し方を工夫することも考えられる。その方法が相手に伝わるために相応しいのか常に考える機会を設けたい。

〈発表する相手と場の工夫〉

発表する事柄や言葉の言い回しは、発表する目的と条件次第で大きく変わってくる。理由や事例を考えたり、話の中心が明確になるように構成を考えたりできるように、発表する相手や発表する場を工夫するとよい。全グループ同じ相手で行うことも考えられるが、グループごとに発表する相手を変えたり、発表内容ごとに相手を変えたりすることも考えられる。そうすることで、それぞれの発表を比べたときに、話す事柄や言葉の言い回しを相手によって変えることの大切さをより実感できる。

発表する相手や場を変えながら、発表して考えて、また発表するというように思考と表現が繰り返されるように単元を構成することで、豊かな経験を積み重ね、習熟を図っていきたい。

具体例

○実施時期が3学期であるため、来年度入学する新1年生に学校自慢をすることが考えられる。また、生活科や社会科の学習で関わってきた地域の方々を相手にすることも考えられる。他にも保護者、他校の3年生など様々な相手が考えられるが、学校の特色を生かしながら、子供にとって発表する必然性のある相手や場になるよう工夫するとよい。

〈ICT 機器の積極的な活用〉

読むことや書くことと違い、話すこと・聞くことは、基本的に音声言語でのやり取りが主なため、自分の話し方が効果的だったのか、自分で振り返りにくい。そこで、タブレット端末や ICT 機器の動画機能を活用することで、より効果的に発表練習などの学習を進められるようにしたい。

具体例

○発表練習を行う際にも、タブレット端末やカメラの動画機能を活用して自分たちの発表を録画し、様子を動画で確認しながら練習を行えるようにするとよい。そうすることで、話し方の工夫や資料提示が効果的であるがどうか、相手の立場に立って客観的に判断でき、発表内容や発表の仕方を改善することができる。

本時案

わたしたちの学校じまん

本時の目標

・学校の自慢を伝える発表会を行うために、どのように学習を進めていくのか見通しをもつことができる。

本時の主な評価

・学校の自慢を伝える発表会を行うために、どのように学習を進めていくのか見通しをもっている。

資料等の準備

・学習計画表の例 21–01

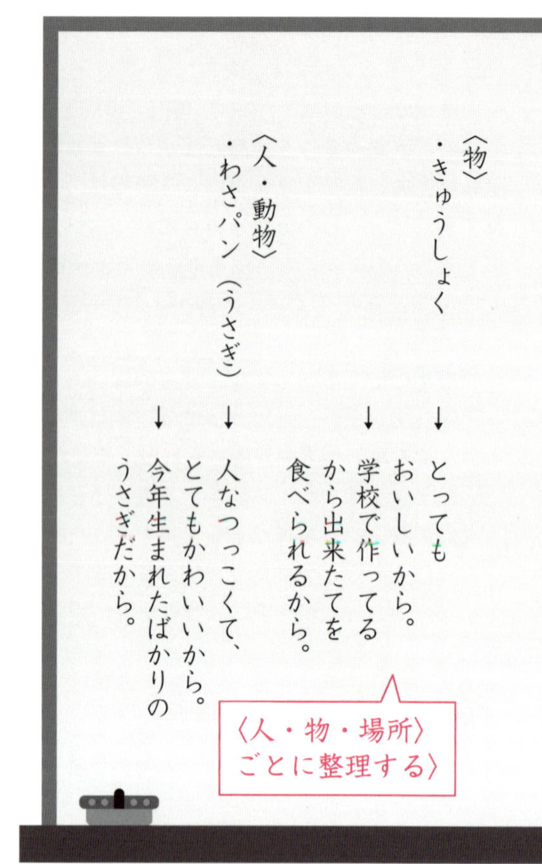

〈物〉
・きゅうしょく
↓ とってもおいしいから。
↓ 学校で作ってるから出来たてを食べられるから。
〈人・動物〉
・わさパン（うさぎ）
↓ 人なつっこくて、とてもかわいいから。
↓ 今年生まれたばかりのうさぎだから。
〈人・物・場所〉ごとに整理する〉

授業の流れ ▷▷▷

1 「これはなんだクイズ」を行う 〈5分〉

T 「これはなんだクイズ」を行います。テレビに学校の何かを映しますので、答えてください。

○子供の興味・関心を高めながら、次の活動に生きてくるような導入を行うとよい。

○クイズの後に、どのような観点でクイズの問題を出したか考えさせることで、次の活動への見通しをもたせたい。

T 実はこれ、先生が考えたこの学校の自慢したい人や物、場所をクイズにしてみました。みなさんもこの学校で自慢したいことは何かありますか。この学習では、自慢したい相手に向けて学校の自慢を紹介してもらいます。

2 学習の流れを理解し、学習計画を立てる 〈20分〉

T 116ページを見て、どんな学習をするのか確認しましょう。

○単元名やリード文を読み、単元の学習のめあてを設定するとよい。またその際に、２年生の「楽しかったよ、２年生」の内容を想起させ、学んだことを活用できるようにしたい。

T 116ページの「学習の進め方」を見て、学習計画を立てましょう。

○学習計画を立てるときに、「発表する相手や目的」を意識させるようにする。

○「どのような相手を対象とするか」や「どのような場で発表を行うか」によって、適宜工夫して計画を立てるようにする。

わたしたちの学校じまん

1

学校でじまんしたいことを発表するためにどのようなことを行うか計画を立て、じまんしたいことを決めよう。

【発表する相手や目的(てき)】
・発表すること…学校のじまん
・目的…わたしたちの学校のよいところを知ってもらうため
・相手…学級の友だち(一回目)、一年生(二回目)
・場所…教室
・時間…一グループ三分

2

○学習計画

資料「学習計画表の例」拡大コピー

3

○じまんしたいこと

〈場所〉
・にこにこ広場
↓
しばふがあって、気持ちがいいから。
↓
遊具がたくさんあるから。

3 相手や目的を考えて、学校生活の中で自慢したいことを話し合う〈15分〉

T　学校生活の中で、自慢したいことを理由と合わせて発表しましょう。

○自慢したいことは〈人・物・場所〉ごとに分けて整理しながら板書するとよい。

・ぼくは給食のことを自慢したいです。それは、給食がとってもおいしいからです。

・わたしは、ウサギのわさパンを自慢したいです。とても人懐っこくてかわいいからです。

・ぼくは、「にこにこ広場」を自慢したいです。きれいな芝生があって、フカフカして気持ちがいいからです。

4 自慢したい内容ごとのグループに分かれる〈5分〉

○子供が興味をもったことを説明できるようにグループ分けを行いたい。しかし、クラスの実態に応じてグループの分け方は考えるようにするとよい。

○発表の形式も考えながら、全員が学習に主体的に取り組むことができるように、1グループ4人程度で構成するとよい。

本時案

わたしたちの学校じまん

本時の目標

・目的や条件を意識しながら、集めた材料を比較したり分類したりして、伝え合うために必要な事柄を選ぶことができる。

本時の主な評価

❹話の中心が明確になるように積極的に、理由や事例を挙げ、話の構成を考えている。【態度】

資料等の準備

・ダイヤモンドチャート 21-02
・写真や動画を撮影できる ICT 機器（可能ならグループに 1 台）
・集めるよワークシート 21-03
・付箋紙

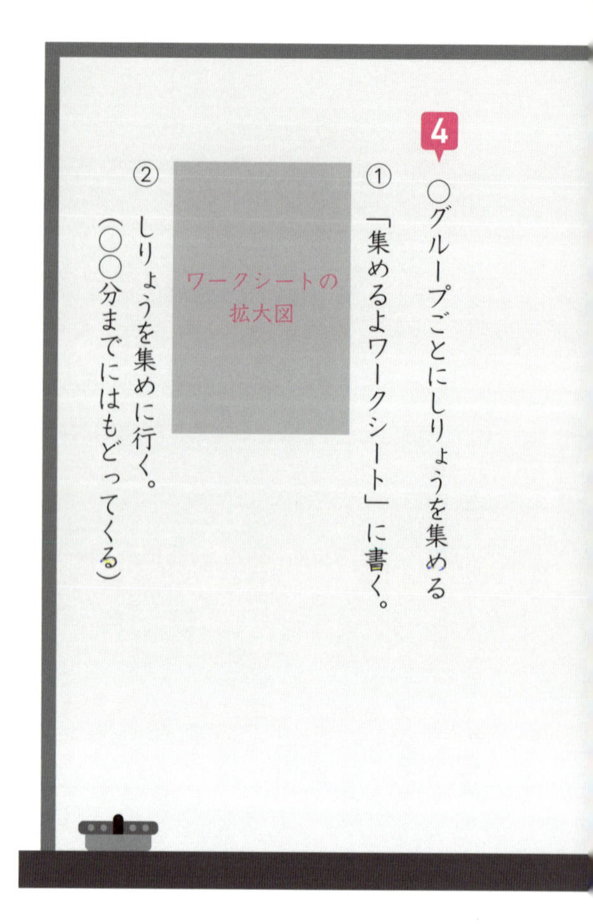

4
○グループごとにしりょうを集める
①「集めるよワークシート」に書く。
ワークシートの拡大図
②しりょうを集めに行く。
（○○分までにはもどってくる）

授業の流れ ▷▷▷

1 本時のめあてを確認する 〈5 分〉

T 今日は、自慢したい理由をみんなで話し合います。その後に、選んだ理由を伝えるためにはどのような資料がよいか考え、集めていきましょう。

○前時で確認した「発表する相手や目的」の資料は常に教室に掲示し、相手や目的を意識できるようにする。

○ 1 学期に行った「対話の練習」を基に、よりよい話し方・聞き方などを再確認する。

・ちゃんとうなずいて話を聞いたり、「なるほど」とあいづちを打ったりすると話しやすくなります。

2 グループに分かれ、自慢する理由を出し合う 〈10分〉

T 相手に目的が伝わるような理由をグループごとに考えましょう。

○理由を整理するときには、ダイヤモンドチャートを使いながら整理すると、意見の優先順位が視覚化されてよい。ダイヤモンドチャートは、上になるほど優先順位が高くなる。

・中庭は、サッカーをするのにちょうどいい広さですね。

・そうですね。でも 1 年生には伝わりにくい理由かもしれないです。

・じゃあ、芝生があって気持ちがよいって理由を紹介しましょう。

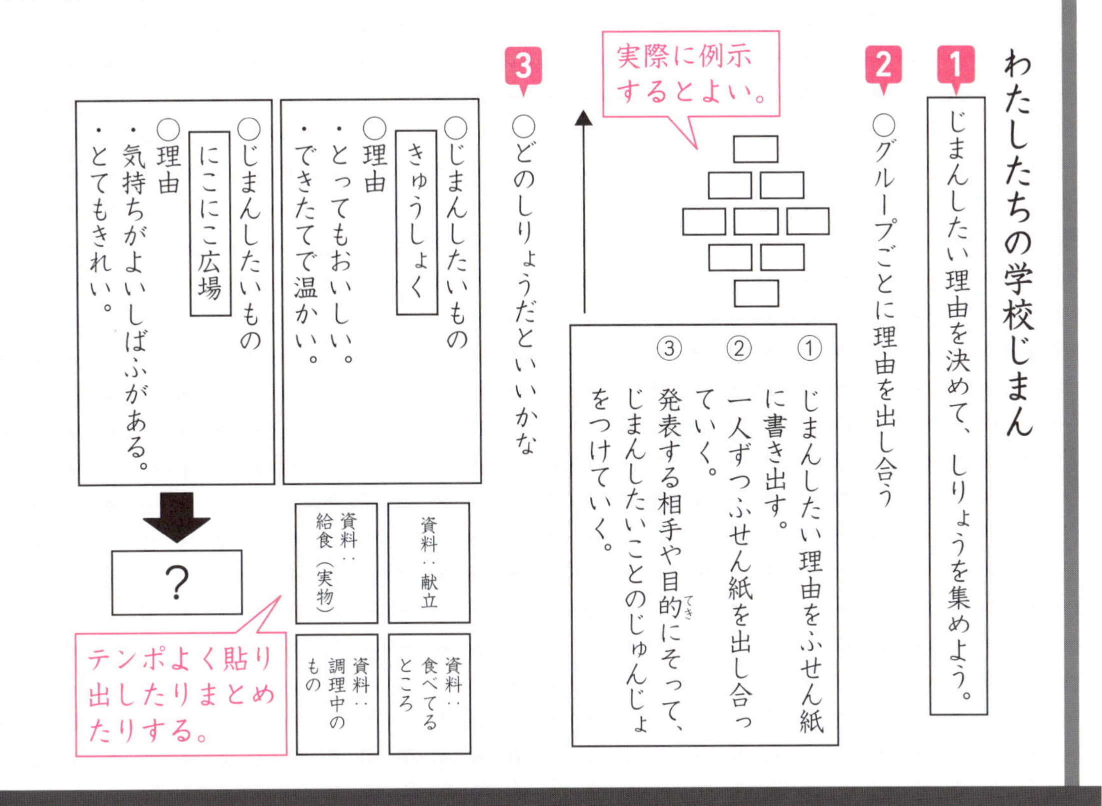

3 自慢したいことやその理由が伝わる資料を考える 〈10分〉

○自慢したいことやその理由を相手に伝えるためには、どのような資料を提示したら効果的かを考えさせる。

T　この自慢したいことと理由を伝えるためには、どのような資料を見せるのがいいと思いますか。

・おいしさが伝わるのは、みんなが笑顔で食べている資料じゃないかな。

○２つ目の例示（にこにこ広場）では、どのような資料を見せるとよいかを考えさせることで、この後の活動で、自分たちでも効果的な資料を探すことができるようにする。

○時間に余裕があれば、選んだ資料をどのようにして集めるか（集材方法）、そのためにはどのような道具が必要か確認するとよい。

4 グループごとにどのような資料を集めるか考え、収集する 〈20分〉

T　グループごとにどのような資料を集めるか考えましょう。

○ワークシートを使って、自慢したいことや理由について、関連する資料を考えることができるようにする。

・私たちは給食を紹介するから、おいしい給食の写真を載せたいですね。

○写真や動画も積極的に活用できるように、ICT 機器（ビデオカメラ、タブレット等）を準備しておく。

○自慢したいものや理由によっては、授業時間外でも集材できるように、柔軟な学習過程を組むとよい。

本時案

わたしたちの学校じまん

本時の目標

・相手に伝わるように、理由や事例などを挙げながら、話の中心が明確になるよう、話の構成を考えることができる。

本時の主な評価

❷「話すこと・聞くこと」において、相手に伝わるように、理由や事例などを挙げながら、話の中心が明確になるよう話の構成を考えている。【思・判・表】
・粘り強く、話の構成を考えている。

資料等の準備

・教科書 P.119の拡大コピー
・組み立てメモワークシート 21-04

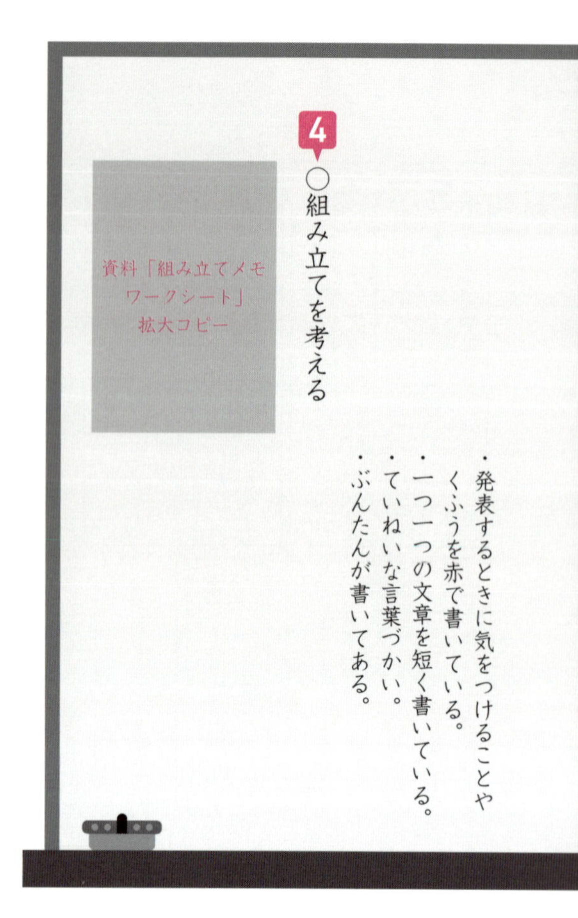

4
○組み立てを考える
資料「組み立てメモワークシート」拡大コピー
・発表するときに気をつけることやくふうを赤で書いている。
・一つ一つの文章を短く書いている。
・ていねいな言葉づかい。
・ぶんたんが書いてある。

授業の流れ ▷▷▷

1 本時のめあてを確認する 〈5分〉

T 前の時間はたくさん資料を集めましたね。今日は、どのように発表したら相手に伝わるか、そして、そのためにどんな発表原稿を作ったらよいか知り、組み立てを考えましょう。

○低学年での学習内容を振り返るとよい。

〈発表のポイント①〉
低学年…姿勢、口形、声の大きさ、速さ

2 よい例と悪い例を比べて、相手に伝わりやすい発表方法を考える 〈10分〉

○よい例と悪い例を実際に演技したり、録画したものを見せたりして比べることで、大事なことを考えさせる。

T 比べてみてどちらがよいと思いましたか。また、どんなところがよいと思いましたか。

○次回からも使えるように以下のことを発表のポイント②としてまとめる。

・声の強弱…大事なところは大きく
・声の調子（よくよう）…気持ちをこめる
・視線…聞いている人を見る
・間の取り方…考えたり資料を見てもらったりできるように

わたしたちの学校じまん

1
相手につたわりやすい発表ほうほうやげんこうの作り方を知り、組み立てを考えよう。

〈発表のポイント①〉
正しいしせい　口の形　声の大きさ　話す速さ

2
○相手につたわりやすい発表ほうほう

よいれい

悪いれい

比較しやすいように掲示する

〈発表のポイント②〉
・声の強弱
大事なところは大きく
・声の調子（よくよう）
気持ちをこめる
・しせん
聞いている人を見る
・間の取り方
考えたり、しりょうを見てもらえたりするように

テンポよくまとめていく

3
○発表げんこうの作り方

教科書 P.119 の拡大コピー

〈くふうしているところ〉
・「はじめ・中・終わり」に分かれている。
・理由を書くときに、じゅんばんを書いている。

3 発表原稿の作り方を確認する 〈5分〉

T　発表原稿を作るときに、どのように工夫したらよいでしょうか。119ページの「発表のれい」を見ながら工夫しているところを探してみましょう。

・気を付けたほうがいいところが赤で書き足してあります。

・はじめ・中・終わりに分かれています。

○完成図をイメージすることで、本時のメーンの活動である組み立てを考えやすくする。

○「話す順番を書く」、「資料を提示するタイミングを示す」、「特に大事なところや伝えたいところを赤で書き加えて目立たせる」などを確認するとよい。

4 組み立てを考えた後、分担と時間配分を決める 〈25分〉

T　全体の組み立てを考えた後、「誰がどの部分を発表するのか」や、「どのくらいの時間で話すのか」も決めましょう。

・前に付箋紙に書いた好きな理由を伝わりやすい順に3つ入れましょう。

○全体の構成と情報量を考慮して、時間内に収まるように考えさせる。

○グループ全員が主体的に関わることができるように、理由の優先順位を書いたワークシートを基に、分担を話し合うとよい。

・はじめと終わりの文はにているから、私がまとめて書きます。

本時案

わたしたちの学校じまん

本時の目標

・話の中心や、話す相手、場面を意識して、言葉の抑揚や強弱、間の取り方を工夫しながら、原稿を作ったり話したりすることができる。

本時の主な評価

❶相手を見て話したり聞いたりするとともに、言葉の抑揚や強弱、間の取り方などに注意して話している。【知・技】

・「話すこと・聞くこと」において、話の中心や話す場面を意識して、言葉の抑揚や強弱、間の取り方などを工夫している。

資料等の準備

・教科書 P.119の拡大コピー

3

○グループ練習

① 練習する。

② グループの発表を見て、アドバイスし合う。

・ろく画して、みんなでかくにんする。

・ちがうグループとペアになってかくにんする。

「アドバイスのポイント」

・発表のポイントが生かされているかについて

・しりょうを見せるタイミングについて

授業の流れ ▷▷▷

1 本時のめあてを確認する 〈5分〉

T 前の時間には、相手に伝わりやすい発表方法の工夫や発表原稿の作り方を学んだ後、組み立てを考えて分担しましたね。今日は発表原稿を作り、練習しましょう。

○低学年での学習内容を振り返ると共に、中学年での学習内容も確認する（発表のポイント）。以下の活動でも適宜振り返られるよう板書に書く。

低学年…姿勢、口形、声の大きさ、速さ
中学年…強弱、抑揚、視線、間の取り方

2 自分の発表内容をまとめて、発表原稿を作ったり、練習したりする 〈20分〉

T 自分の分担箇所の発表原稿を作りましょう。一番伝えたい大事なことを短くまとめて書きましょう。

○前時に行った原稿の作り方について確認する。

○一人一人の学習進度に柔軟に対応できるように〈原稿を作る〉、〈アドバイスタイム〉、〈試しに読んでみる〉の各過程については何回も行き来してよいことを伝える。

・試してみたけれど、大事なことが分からないって言われました。大事なことを大きな声で読めるように書き加えよう。

○教師は、「発表のポイントが盛り込まれているか」という視点で、各グループを回りながら指導を行うとよい。

わたしたちの学校じまん

1

発表ほうほうをくふうしながら、練習しよう。

〈発表のポイント〉
① 正しいしせい　口の形
　 声の大きさ　話す速さ
② 声の強弱　声の調子（よくよう）
　 しせん　間の取り方

2

○発表げんこうの作り方

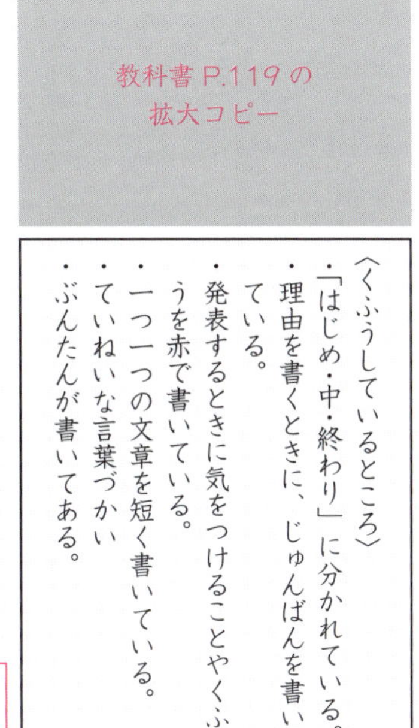

教科書P.119の拡大コピー
〈くふうしているところ〉
・「はじめ・中・終わり」に分かれている。
・理由を書くときに、じゅんばんを書いている。
・発表するときに気をつけることやくふうを赤で書いている。
・一つ一つの文章を短く書いている。
・ていねいな言葉づかい
・ぶんたんが書いてある。

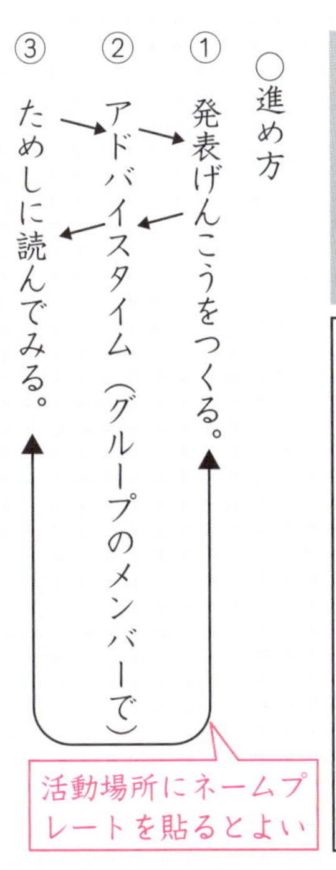

○進め方
① 発表げんこうをつくる。
② アドバイスタイム（グループのメンバーで）
③ ためしに読んでみる。
活動場所にネームプレートを貼るとよい

3 グループで練習し、発表の内容や方法を助言し合う 〈20分〉

T　グループで練習し、発表の内容や方法について助言し合ってもっとよくしていきましょう。

○「発表のポイント」を参考にしながら、助言し合うように呼びかける。

○資料提示のタイミングや提示方法についても助言し合うように促すとよい。

・伝えたいところでは、もっと声を大きくしたり、ゆっくり読んだりするといいと思います。

・○○については、もう少し詳しく説明したほうが家の人には伝わりやすいと思います。

・資料は説明するときには、「○○を見てください」って言ったほうが見てもらえると思います。

よりよい授業へのステップアップ

学習過程の工夫

原稿を作る際に、作ってそれで終わりにするのでなく、柔軟な学習過程の中で学ぶことを大切にしたい。活動をチェックリストのようにせず、〈原稿作り〉〈助言〉〈試し読み〉を柔軟に行き来できるようにしたい。名札プレートを板書の「進め方」の①～③の中で、行っている活動の箇所に貼るなどして、子供の学習進度を教師が把握できるようにするとよい。

また、原稿を作る中で、集材・選材の必要が出てきたときに対応できるように柔軟に学習過程を組むとよい。

本時案

わたしたちの学校じまん 5/8

本時の目標

・今までの学習してきたことを生かして、調べたことを伝えることができる。

本時の主な評価

❹粘り強く、話の構成を考え、今までの学習を生かして、調べたことを伝えようとしている。【態度】

・相手を見て話したり聞いたりすることや、言葉の抑揚や強弱、間の取り方などに注意して話すことが相手に伝えるときに大切であることを理解し、そのように話している。

資料等の準備

・ブース発表できる環境設定

・アンケート用紙 21-05

4
○ふり返り
① 書いてもらったアンケートを見てふり返る。
② さつえいした動画を見て、ふり返る。

練習や発表に集中できるように、事前に板書しておくか、貼るだけの資料を用意するとよい

授業の流れ ▷▷▷

1 本時のめあてを確認する 〈2分〉

T 前の時間では、グループで発表の練習をしてきましたね。今日は、いよいよ1回目の発表です。練習の成果を生かして相手に自慢したいことや理由が伝わる発表にしていきましょう。

○保護者や地域の方々などを呼んで行ってもよい。その場合は、発表を聞いてくださる方に向けて、お便りなどで事前に授業のねらいや形式、アンケート等のお願いしたいことを伝えておくとよい。

○見通しがもてるように、当日の発表の題目やメンバー表を場所ごとに簡単に掲示するとよい。

2 発表に向けて、最終確認や練習を行う 〈15分〉

T 発表原稿を見返したり、発表のポイントを確認したりしながら、グループごとに最後の練習を行いましょう。

○発表するポイントを意識しながら、練習を行うように促すとよい。

・一番伝えたい理由のところが伝わるようにゆっくりと話したり、大きな声で話したりしましょう。

わたしたちの学校じまん

1
学習してきたことを生かし、相手につたわるように発表しよう。

【発表する相手や目的】
・発表すること…学校のじまん
・目的…わたしたちの学校のよいところを知ってもらうため
・相手…学級の友だち（一回目）、一年生（二回目）
・場所…教室
・時間…一グループ三分

2
○発表のさい終かくにんをしよう

3
○発表について

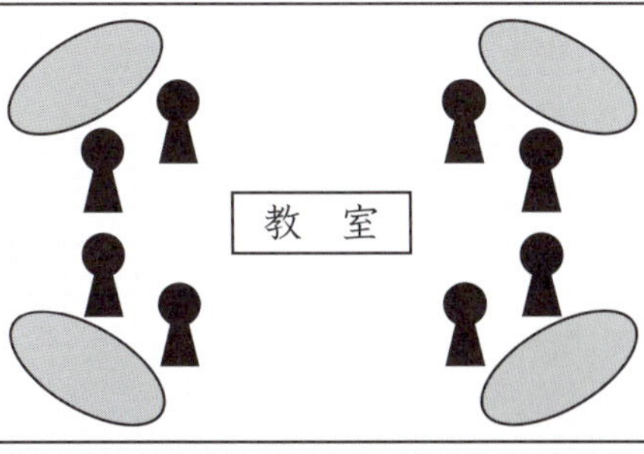

【時間とやること】
① グループ①が発表（三分）
② かたづけと次のグループのじゅんび（二分）
③ グループ②が発表（三分）
④ かたづけと次のグループのじゅんび（二分）
〜くり返す〜
○二回ずつ発表を行う。
○発表を聞いたら、アンケートを書く。

3 ブースごとに分かれて、発表を行う〈20分〉

○全体の司会やタイムキーパーは教師が行い、子供が発表に集中できるようにする。
○発表する機会をより多くもつために、20分の中で、それぞれのグループが2回発表できるようにする。（1グループ5分ずつ×2回）
○5分のうち、3分発表、2分交代準備とアンケートを記入する時間とするとよい。
○教室を4分割して、それぞれのグループが発表を行うようにする。発表がないグループも観客となり、それぞれの発表を見合う。自由に見てよいか、見に行くグループを決めるかは学級の実態に応じて決めるとよいが、聞き手がいないことがないように配慮する。

4 発表の振り返りを行う〈8分〉

T　アンケートを見たり、自分たちで発表を振り返ったりしながら、発表をよりよいものにしていきましょう。
・思ったよりも早口になってしまったから、次は、ゆっくり読めるように赤字で原稿に付け足しましょう。
・聞いている人が、写真をじっくり見られるようにもう少し間をおいて話すことにしましょう。
○これまで自覚化させてきた発表のポイントを再度提示し、観点に沿って簡単に振り返らせるとよい。

本時案

わたしたちの学校じまん

本時の目標

・相手に伝わるように理由や事例を工夫しながら、話の構成を考えることができる。

本時の主な評価

❷「話すこと・聞くこと」において、相手に伝わるように、理由や事例などを挙げながら、話の中心が明確になるように話の構成を考えている。【思・判・表】

資料等の準備

・ダイヤモンドチャート 21-02
・写真や動画を撮影できる ICT 機器（可能ならグループに 1 台）
・集めるよワークシート 21-03
・組み立てメモワークシート 21-04

②
声の大きさ　話す速さ
声の強弱　声の調子（よくよう）
しせん　間の取り方

4
○グループごとの活動
① じまんしたい理由を考え直す。
② ふさわしいしりょうをえらび直す。
③ 発表げんこうの組み立てを考える。

活動場所にネームプレートを貼るとよい

授業の流れ ▷▷▷

1 本時のめあてを確認する〈2 分〉

T　前回の発表はどうでしたか。今日は全体で振り返った後、新しい発表相手に伝わるように自慢したい理由を考え直したり、資料を集め直したりしましょう。

○「発表する相手や目的」の資料を掲示し、新たな相手と目的を意識できるようにする。

・次は 1 年生に向けての発表です。どういうふうに発表しようかな。

2 グループごとの振り返りを共有する〈10分〉

T　発表をもっとよくするために、1 回目の振り返りを発表しましょう。

○出てきた意見を、発表の内容（理由や資料）と発表方法（発表のポイント）に沿って、教師が価値付けていく。

・ぼくたちのグループは給食を自慢しました。作りたてで温かいことを理由にして、作っている写真を見せましたが、何をしているか分からないとアンケートに書いてあったので、次は動画で撮って見せたいです。

・私たちのグループでは、話し方の工夫が低い評価だったので、大事なところはもっと大きく読んだり、間を取ったりして発表方法を工夫したいです。

わたしたちの学校じまん

1
新しい相手につたわるように、しりょうや理由をくふうしよう。

【発表する相手や目的】
・発表すること…学校のじまん
・目的…わたしたちの学校のよいところを知ってもらうため
・相手…学級の友だち（一回目）、一年生（二回目）
・場所…教室
・時間…一グループ三分

2
○ふり返り（全体）
・写真では分かりづらいので動画にする。
・大事なところは大きな声で読む。

3
○とくにくふうしたいこと（一年生）
①発表のないよう
・つたわりやすい理由か。
・つたわりやすいしりょうか。
②発表のくふう

〈発表のポイント〉
①　正しいしせい　口の形

出てきた意見を強調する

3　1年生に発表するときに、工夫したいことを話し合う　〈8分〉

T　次は、1年生に向けた発表ですね。1年生に自慢したいことを伝えるためには、特にどのようなことを工夫したらよいでしょうか。

○これまで意識してきた、発表の内容（理由や資料）と発表方法（発表のポイント）に沿って考えさせるとよい。発表した際には、特に大事なことに線を引いたり、色を変えたりして分かりやすくする。

・次は、発表の相手がぼくたちより年が下なので、理由の内容や言葉をもっと分かりやすくしたほうがいいと思います。

・私は、話す速さをゆっくりにしたほうがいいと思います。だって、大人に伝わる言葉のスピードと1年生に伝わる言葉のスピードは違うからです。

4　グループごとに活動する　〈25分〉

T　グループごとに、振り返りの内容や発表相手のことを考えながら、理由を考え直したり、資料を集め直したりしましょう。

○グループごとの課題に対応できるように、第2～4時で用いた資料を準備し、柔軟に対応できるようにする。

○第2時で集めた資料の中から使用しなかったものなどを見直して選定し直すことも考えられる。

○各グループがどのような活動を行っているのか教師が把握できるように、ネームプレートを活動の下部に貼らせるとよい。

本時案

わたしたちの学校じまん

本時の目標

・話の中心や、話す相手、場面を意識して、言葉の抑揚や強弱、間の取り方を工夫することができる。

本時の主な評価

❸「話すこと・聞くこと」において、話の中心や話す場面を意識して、言葉の抑揚や強弱、間の取り方などを工夫している。【思・判・表】

・相手を見て話したり聞いたりすることや、言葉の抑揚や強弱、間の取り方などに注意して話すことが相手に伝えるときに大切であることを理解し、そのように話すことができる。

資料等の準備

・教科書 P.119の拡大コピー
・ICT 機器（グループ練習用）

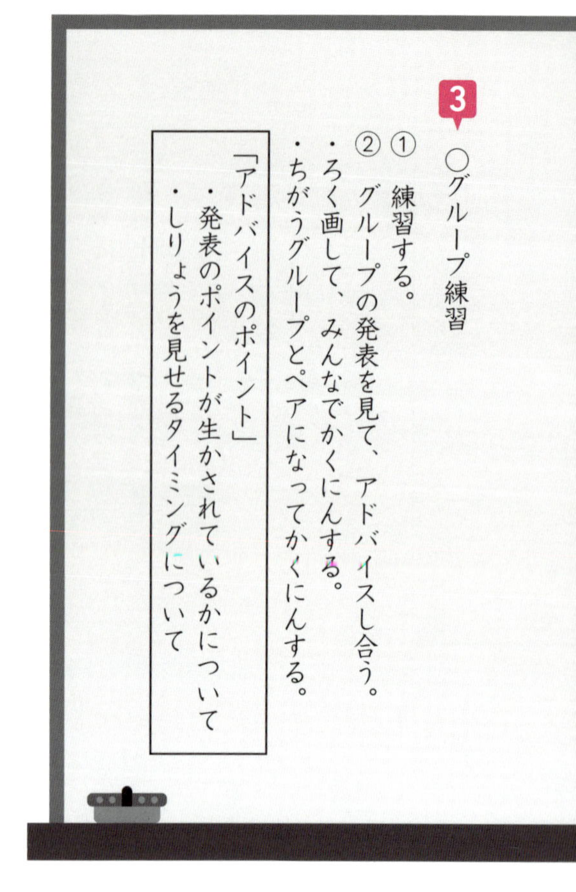

3
○グループ練習
① 練習する。
② グループの発表を見て、アドバイスし合う。
・ろく画して、みんなでかくにんする。
・ちがうグループとペアになってかくにんする。
「アドバイスのポイント」
・発表のポイントが生かされているかについて
・しりょうを見せるタイミングについて

授業の流れ ▷▷▷

1 本時のめあてを確認する 〈5分〉

T 前の時間に、1年生に伝えるために理由を選び直したり、資料を集め直したりしましたね。今日は発表原稿を作って練習していきましょう。

○低学年での学習内容を振り返ると共に、中学年での学習内容も確認する。（発表のポイント）

低学年…姿勢、口形、声の大きさ、速さ 中学年…強弱、抑揚、視線、間の取り方

2 発表原稿を作って、練習する 〈20分〉

T 前に、原稿を作ったときと同じように相手を意識しながら作りましょう。1年生だからこそといった工夫を考えられるとよいですね。

○原稿の書き方について簡単に確認する。

○第4時と同様、一人一人の学習進度に柔軟に対応できるように〈原稿を作る〉、〈アドバイスタイム〉、〈試しに読んでみる〉の各過程については何回も行き来してよいことを伝える。

・1年生だから、分かりやすい言葉を使ったり、ゆっくり読んだりして、伝えるようにしようよ。

○教師は、「相手と発表方法の工夫が関連づいているか」という視点で、各グループを回りながら指導を行うとよい。

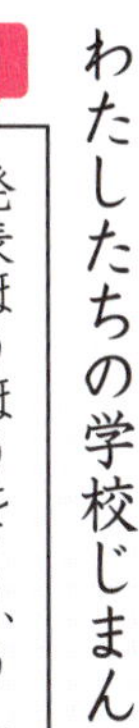

わたしたちの学校じまん

1 発表ほうほうをくふうしながら、練習しよう。

〈発表のポイント〉
① 正しいしせい　口の形
声の大きさ　話す速さ
② 声の強弱　声の調子（よくよう）
しせん　間の取り方

○発表げんこうの作り方

教科書 P.119 の拡大コピー

〈くふうしているところ〉
・「はじめ・中・終わり」に分かれている。
・理由を書くときに、じゅんばんを書いている。
・発表するときに気をつけることやくふうを赤で書いている。
・一つ一つの文章を短く書いている。
・ていねいな言葉づかい
・ぶんたんが書いてある

2 ○進め方
① 発表げんこうを作る。
② アドバイスタイム（グループのメンバーで）
③ ためしに読んでみる。

流れが一目で分かるようにする

3 グループで練習し、発表の内容や方法を助言し合う　〈20分〉

T　グループで練習し、発表の内容や方法について助言し合ってもっとよくしていきましょう。

○前回の発表の反省も活かしながら、練習を行うように促すとよい。

○資料提示のタイミングや提示方法についても「1年生に伝わるか」といった観点で助言し合えるように促すとよい。

・○○については、もう少し詳しく説明したほうが1年生には伝わりやすいと思うよ。

・資料は説明するときには、「○○を見てください」って言ったほうが見てもらえると思うよ。それに、見せながら話したほうが伝わるかもしれないね。

よりよい授業へのステップアップ

発表練習の工夫

効果的に発表練習を行うために「ICT 機器の活用」や「ペアグループの活用」などを行うとよい。

ビデオカメラやタブレットなどの ICT 機器を用いることで、より客観的に自分たちの発表を振り返ることができるようになる。

また、ペアグループで発表を見合うことによって、聞き手の反応を意識しながら練習することもできる。

本時案

わたしたちの学校じまん 8/8

本時の目標

・相手を見て話したり聞いたりすることや、言葉の抑揚や強弱、間の取り方などに注意して話すことが相手に伝えるときに大切であることを理解し、そのように話すことができる

本時の主な評価

❶相手を見て話したり聞いたりすることや、言葉の抑揚や強弱、間の取り方などに注意して話すことが相手に伝えるときに大切であることを理解し、そのように話している。【知・技】

資料等の準備

・ブース発表できる環境設定
・アンケート用紙 21-05

4
○ふり返り
【ふり返りのポイント】
① 相手につたえるときに大切だと思ったこと
② 発表するときにくふうしたこと
③ どんな学習にいかしていきたいか

練習や発表に集中できるように、事前に板書しておくか、貼るだけの資料を用意するとよい

授業の流れ ▷▷▷

1 本時のめあてを確認する 〈2分〉

T 今日は、2回目の発表ですね。練習の成果を生かして相手に自慢したいことや理由が伝わる発表にしていきましょう。

○発表する対象が違うことを意識させ、どのように発表の仕方を変えていくか、声の強弱や間の取り方など特に大事にしたいことを確認する。

○見通しがもてるように、当日の発表の題目やメンバー表を場所ごとに簡単に掲示するとよい。

2 発表に向けて、最終確認や練習を行う 〈8分〉

T 原稿を見返したり、発表のポイントを確認したりしながら、グループごとに最後の練習を行いましょう。

○前の発表で反省したことを生かして発表できるようにグループごとに声掛けをしていく。

・今回は1年生だから、前の発表の時よりゆっくり、はっきり話しましょう。

・写真とかの資料も、もっと長く見せて分かりやすくしましょう。

わたしたちの学校じまん

1

学習したことを生かして、相手につたわるように発表しよう。

【発表する相手や目的】
・発表すること…学校のじまん
・目的…わたしたちの学校のよいところを知ってもらうため
・相手…学級の友だち（一回目）、一年生（二回目）
・場所…教室
・時間…一グループ三分

2

○発表のさい終かくにんをしよう

3

○発表について

【時間とやること】
①グループ①が発表（三分）
②かたづけと次のグループのじゅんび（二分）
③グループ②が発表（三分）
④かたづけと次のグループのじゅんび（二分）
～じゅんばんに発表～

○発表を聞いたら、アンケートを書いてもらったり、感想を聞いたりする。

3 ブースごとに分かれて、発表を行う 〈20分〉

○１年生を対象とするため、集中して聞くことのできる環境を整える。例えば、ブースの数を前回より少なくしたり、１年生がなるべく動かず座って聞けたりすることが考えられる。

○５分のうち、３分発表、２分交代準備とアンケートを記入する時間とするとよい。１年生にアンケートが難しい場合は、口頭で感想を聞いてもよい。

○教室を２分割して、それぞれのグループが発表を行うようにする。発表がないグループも観客となり、それぞれの発表を見合う。

4 学習を振り返る 〈15分〉

T　みなさん、学校自慢の発表を行ってみてどうでしたか。これまで学んできたことを振り返って、学んだことを確かめましょう。

○「相手に伝えるときに大切だと思ったこと」や「どんな学習に生かしていきたいか」など観点を決めて、学習してきたことを振り返らせるとよい。

・自分で分かっていることも相手によって伝え方を変えないと伝わらないことがあります。

T　学習したことを、他の学習や発表でもどんどん使っていきましょうね。

資料

1 第1時資料　学習計画表の例　21-01

時間	学習ないよう
1	「だれに」、「何のために」発表するのか知り、じまんしたいことを決める。
2	じまんしたいことの理由を考えて、それに合ったしりょうを集める。
3	発表ほうほうのくふうや発表げんこうの作り方を知って、組み立てを考えたり、ぶんたんしたりする。
4	発表ほうほうをくふうしながら発表げんこうを作って、練習を行う。
5	練習したあと、つたえたい相手に向けて発表会を開き、ふり返りを行う。（一回目）
6	次の発表相手につたわるように、じまんしたい理由を考え直したり、しりょうを集め直したりする。
7	発表ほうほうをくふうしながら、発表げんこうを作って、練習を行う。
8	つたえたい相手に向けて発表会を開き、単元のふり返りを行う。（二回目）

2 第2時資料　ダイヤモンドチャート　19-02

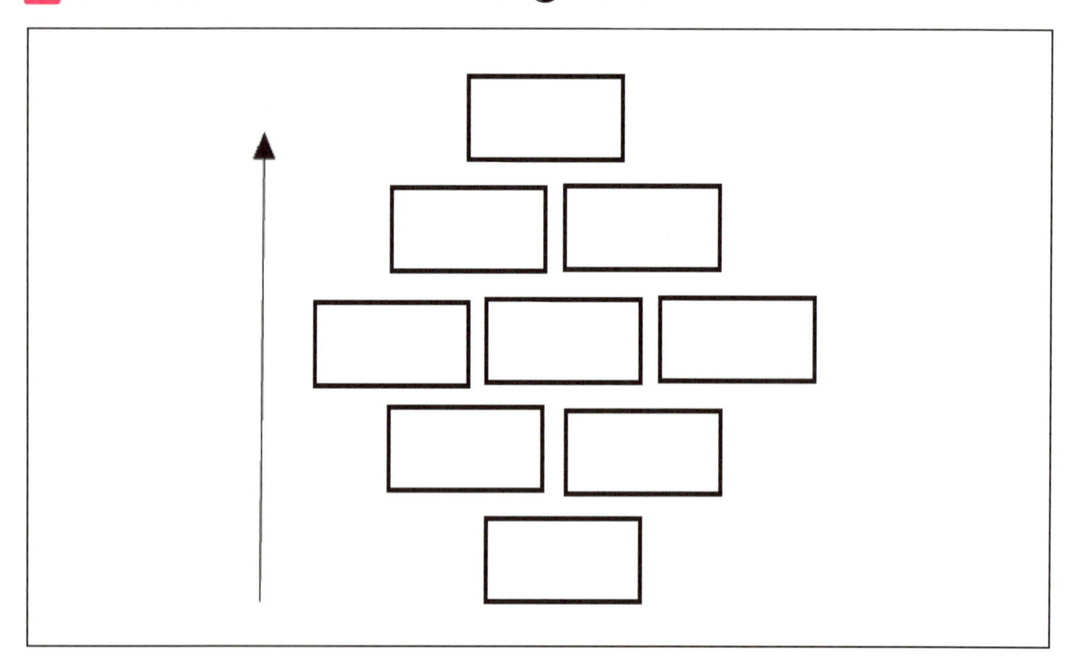

3 第2時資料　集めるよワークシート 21-03

「わたしたちの学校じまん　集めるよワークシート」

（　　）はん　名前（　　　　）

○じまんしたい人・もの・場所

○資料集の計画

理由				
しりょう（写真・絵・動画）				
ほうほう				

4 第5時資料　組み立てメモワークシート 19-04

「わたしたちの学校じまん　組み立てワークシート」

（　　）はん　名前（　　　　）

ぶんたん						
組み立て	はじめ	中				終わり
時間						
書くこと	自分たちの考え・じまんしたもの・そのせつめい	理由①	理由②	理由③	理由④	自分たちの考え・まとめ・じまんしたものをくり返す・まとめ
大体のないよう						

5 第5時資料　アンケート用紙 21-05

【わたしたちの学校じまん・アンケート】

□はん

アンケートにごきょうりょくください。当てはまるのものに丸をつけてください。

① 声の大きさはどうでしたか。

（ たいへんよい　よい　あまりよくない　よくない ）

② 話すときの速さはどうでしたか。

（ たいへんよい　よい　あまりよくない　よくない ）

③ 大事なところを大きな声で読んだり、よくようをつけて読んだりするなどのくふうはどうでしたか。

（ たいへんよい　よい　あまりよくない　よくない ）

③ しりょうのないようや、しめし方はどうでしたか。

（ たいへんよい　よい　あまりよくない　よくない ）

④ よかった点やアドバイスがあればお書きください。

5 登場人物について、話し合おう

モチモチの木　（12時間扱い）

〔知識及び技能〕(1)オ　〔思考力、判断力、表現力等〕C 読むことエ、カ　〔関連する言語活動例〕C(2)イ

単元の目標

・登場人物の気持ちの変化や性格を、場面の移り変わりと結び付けて具体的に想像することができる。
・登場人物の気持ちの変化や性格について、考えたことを共有し、一人一人感じ方が違うことに気付くことができる。

評価規準

知識・技能	❶様子や行動、気持ちや性格を表す語句の量を増し、語彙を豊かにしている。(〔知識及び技能〕(1)オ)
思考・判断・表現	❷「読むこと」において、登場人物の気持ちの変化や性格について具体的に想像している。(〔思考力、判断力、表現力等〕C エ) ❸「読むこと」において、文章を読んで感じたことや考えたことを共有し、一人一人感じ方が違うことに気付いている。(〔思考力、判断力、表現力〕C カ)
主体的に学習に取り組む態度	❹気持ちや性格の分かる表現に関心をもち、気持ちの変化や性格について具体的に想像して読もうとしている。

単元の流れ

次	時	主な学習活動	評価
一	1	全文を読んで、登場人物や大まかなあらすじをつかむ。	
	2	「豆太」と「じさま」がどんな人物なのかを考える。また、なぜそのように感じたのかについても考える。	
二	3	気持ちや、性格が分かるのはどの表現からなのかを挙げながら、これからの学習のおおよその見通しをもつ。	❶
	4·5	それぞれの場面の、「豆太」と「じさま」の気持ちや性格が分かる表現を確かめる。	❷❸
	6·7	それぞれの場面の、「豆太」と「じさま」の気持ちや性格が分かる表現を比較し、気持ちの変化を確かめる。	❷
	8	「豆太」はどうしてモチモチの木を見ることができたのかについて考えを共有する。	❸
	9	「豆太」は変わったのかについて考えを共有する。	❸
三	10	自分の考える「豆太」像や、「じさま」像について人物紹介カードにまとめる。	❷
	11	人物紹介カードを見合い、交流する。	❸
	12	教科書に載っている齋藤隆介さんのほかの作品を読む。	❹

授業づくりのポイント

〈単元で育てたい資質・能力〉

本単元では、登場人物の気持ちの変化や性格について、場面の移り変わりと結び付けて具体的に想像する力を付けたい。そのためには、文章中の気持ちや性格が分かる表現に着目するとともに、その表現がどのような意味なのか、どのような状態を表しているのかを理解する必要がある。また、一つ一つの語句や場面に着目するだけでなく、場面の変化によって変わってくる登場人物の気持ちについて考えるためには、物語全体を見て関連させたり、比較したりする力も必要となる。

具体例

○「おくびょう豆太」の場面では、直接的な表現で豆太についておくびょうと語られている。そのおくびょうという言葉だけでなく、「もう五つにもなったんだから、夜中に、一人でせっちんぐらいに行けたっていい。」「一人じゃしょうべんもできないのだ。」という表現に着目することで、より具体的に豆太の性格について想像することができる。また、「弱虫でも、やさしけりゃ」の場面の「しょんべんにじさまを起こしたとさ。」という表現に着目し最初の場面と比較し、それまでの読みを関連させて考えることで、同じ行動でも、その行動から気持ちの変化や性格について考えることができるようになる。

〈教材・題材の特徴〉

構成としては、5つの場面に小見出しがつけられ、明確に分けられている。「全く、豆太ほどおくびょうなやつはいない。」で始まり、「豆太は、じさまが元気になると、そのばんから、『じさまぁ。』と、しょんべんにじさまを起こしたとさ。」で終わる。この表現からも分かるように、語り手が第三者の視点でこの物語を語っていく。しかし、語り手の視点で書かれているので、登場人物の内面ははっきりと表現されていない。地の文と、登場人物の会話や行動を重ねて読んでいくことで、登場人物の気持ちの変化や性格について具体的に想像できる教材である。

具体例

○会話文「やい、木ぃ、モチモチの木ぃ、実ぃ落とせぇ。」、地の文「いばってさいそくしたりするくせに、夜になると、豆太はもうだめなんだ。」の、この豆太の台詞と、地の文を重ねて読むことで、昼と夜の豆太の違いや、昼は強がっているが夜に怖さを感じていることが読み取れる。また、強がるという部分から性格を読み取る手掛かりともなる。

〈言語活動の工夫〉

登場人物の行動や、その理由を考えて気持ちの変化や性格が分かる表現に着目しながら読み進めていく。最後に登場人物を紹介するという言語活動を設定し、互いが考えた登場人物について共有する。同じ人物のことを紹介していても感じ方や、表現の仕方が違うことを知ることでより多くの語彙を得ることができる。また、どの部分に着目して考えているかを共有することで、気持ちの変化や登場人物の性格を考える際の読みの視点を獲得できるようにする。

具体例

○ポイントとして、自分が考えた登場人物の性格について、どの表現を根拠としているのかを明確にさせることを大切にしたい。そのために文章中から「引用」しながら人物紹介カードを作成する。

本時案

モチモチの木

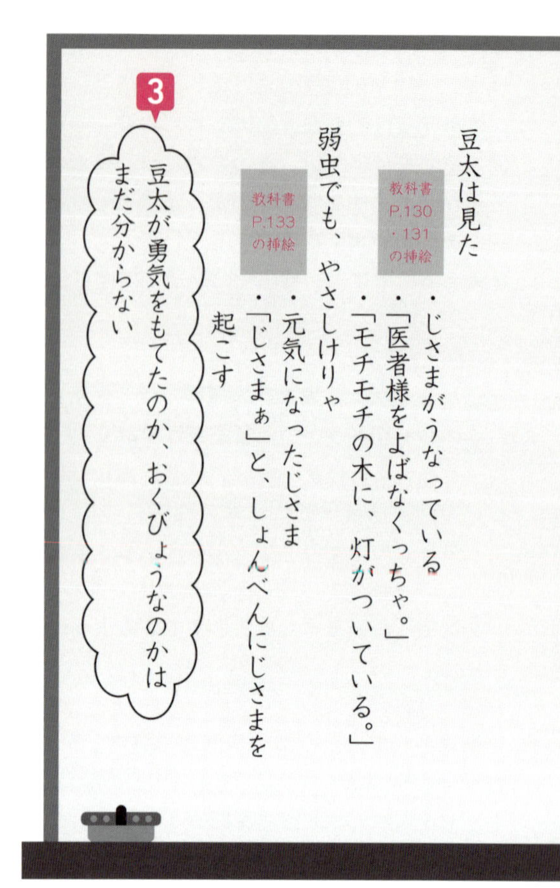

豆太は見た
教科書 P.130・131の挿絵
・じさまがうなっている
・「医者様をよばなくっちゃ。」
・「モチモチの木に、灯がついている。」
弱虫でも、やさしけりゃ
教科書 P.133の挿絵
・元気になったじさま
・「じさまぁ」と、しょんべんにじさまを起こす
3
豆太が勇気をもてたのか、おくびょうなのかはまだ分からない

本時の目標

・モチモチの木を読んで、登場人物やあらすじを捉え、感想をもつことができる。

本時の主な評価

・登場人物の様子やあらすじを考えながら、読んでいる。
・登場人物やあらすじに着目して感想を書いている。

資料等の準備

・各ページの挿絵を印刷したもの

授業の流れ ▷▷▷

1 教師の範読を聞き、登場人物や大まかなあらすじについて考える〈20分〉

T　これから「モチモチの木」を先生が音読します。どんな登場人物が出てくるのかや、どんなお話なのかを考えながら聞いてください。
T　どんな登場人物が出てきましたか。
・豆太、じさま、医者様
T　どんなお話でしたか。
・豆太がじさまを助けるために勇気をもてたからモチモチの木を見られた話。
・じさまを助けるために勇気を出したけど最後は臆病にもどる話。
〇それぞれの考えたあらすじのズレに着目させ、次の活動へつなげる。

2 登場人物の様子やどんなお話なのかを考え、全体で共有する〈15分〉

T　臆病な豆太が勇気をもつ話という人と、臆病なままという人がいるけど、登場人物の行動や出来事にも注目して、みんなで確認してみましょう。
〇それぞれが考えたあらすじのずれから、豆太の性格にも目が行くようにする。この時点では、豆太が変わっているかどうかについては深く考えずに、どのような出来事が起きたかについて焦点化し、あらすじを捉えられるようにする。
T　どんな出来事があったのか整理してみよう。
〇「出来事」→登場人物の様子と、どんなことが起きたのかを場面ごとにまとめていく。

モチモチの木

1 「モチモチの木」はどんなお話だろう。

登場人物　豆太
　　　　　じさま
　　　　　医者様

あらすじ
・豆太が勇気をもてたことでモチモチの木を見ることができた話
・豆太がじさまを助けるために勇気を出したけどやっぱりおくびょうな話

豆太は勇気をもてたの？　おくびょうなままなの？

2 出来事や登場人物の様子をかくにんしよう。

おくびょう豆太
・豆太は五つ
・夜中にじさまを起こしてしょんべん

教科書P.123の挿絵

やい、木ぃ
・昼間はいばって実をさいそく
・夜になると豆太はもうだめ

教科書P.124・125の挿絵

霜月二十日のばん
・モチモチの木に灯がともるばん
・「それじゃぁ、おらは、とってもだめだ」

3 登場人物やあらすじを捉えたうえで、感想を書く〈10分〉

T　登場人物やあらすじについては大体分かってきましたね。では、今日初めて「モチモチの木」を読んで、豆太やじさまについてどんなことを感じたか感想を書いてみましょう。

○1 2で学習してきたことが生かせるように、登場人物に着目するような発問をする。

・豆太が勇気をもてたのかは、まだ分かりません。

○この活動で書いた感想を、教師が把握し、次時の活動へとつなげられるようにする。

○登場人物の人物像、登場人物の心情の変化、登場人物の最初と最後の違いなど、カテゴライズして把握しておくことで、次時の導入の際に課題をもたせるきっかけとなる。

よりよい授業へのステップアップ

導入時の課題づくりの工夫

単元の導入で、こちらからあらかじめ決めていた課題を提示するのは簡単だが、それでは、子供たちに考える必然性は生まれない。登場人物の人物像やあらすじを考えた際には、子供たちの考えや解釈にズレが生じる。どんなズレが生じるかを教師が想定しておき、そのズレに焦点化することで、子供たちの考えたい、話したい、聞きたいという気持ちを高める。与えられた課題ではなく、自分たちがつくった課題という意識をもたせるような発問や板書にしていきたい。

本時案

モチモチの木

2/12

本時の目標

・登場人物や物語のあらすじについて確認しながら、前時に書いた感想を共有することができる。
・一人一人の感想を基に、登場人物に視点を当てた学習課題を考えることができる。

本時の主な評価

・感想を共有することで、一人一人の感じ方などに違いがあることに気付いている。

資料等の準備

・前時に書いた感想を把握したメモ

P123 L6 豆太のおとうだって、くまと組みうちして～

さいごの場面では、「じさまぁ。」と、じさまを起こしている。

3 たくさんのせいかくが出ているけど・・・

・豆太とじさまはどんな人物なのだろう。

豆太はせいちょうした？ ずっとおくびょう？

・豆太はさいしょとさいごでかわったのだろうか。

4 ふり返り
・なんでみんなの感想がちがっているのか考えたい。
・豆太やじさまのせいかくについてくわしく考えたい

授業の流れ ▷▷▷

1 前時の学習を思い出しながら、音読する〈10分〉

T　前回の学習を思い出しながら、モチモチの木を音読しましょう。また、前回書いた感想は文章のどの言葉や文からそう思ったのかも考えてみましょう。

○前時の学習で、登場人物に着目するような感想を書いていることを踏まえ、改めて自分の感想を意識して音読できるように声を掛ける。また、新たに気付いたことや考えたことがあれば、線を引いたり印を付けたりするように指導する。

○自分の感想がどの叙述からきているものなのかも意識できるようにする。

2 感想を発表し、それぞれの感想の違いを考える〈25分〉

T　前回の学習の最後に、「豆太が勇気をもてたのか分かりません」という発言もありましたよね。それでは、前回の学習で書いた感想を発表してください。

○事前に把握してある感想を基に、カテゴライズしながら板書をし、それぞれの感想の共通点や、ずれが可視化できるようにまとめていく。

・人物像にふれるもの→おくびょう・勇気がある・弱虫・やさしい・強いなど
・気持ちにふれるもの→夜は威張っているけど、夜になるとだめ。じさまはずっと豆太のことを大切に思っている。など
・最初と最後の違いにふれるもの→最初は臆病だけど成長している。など

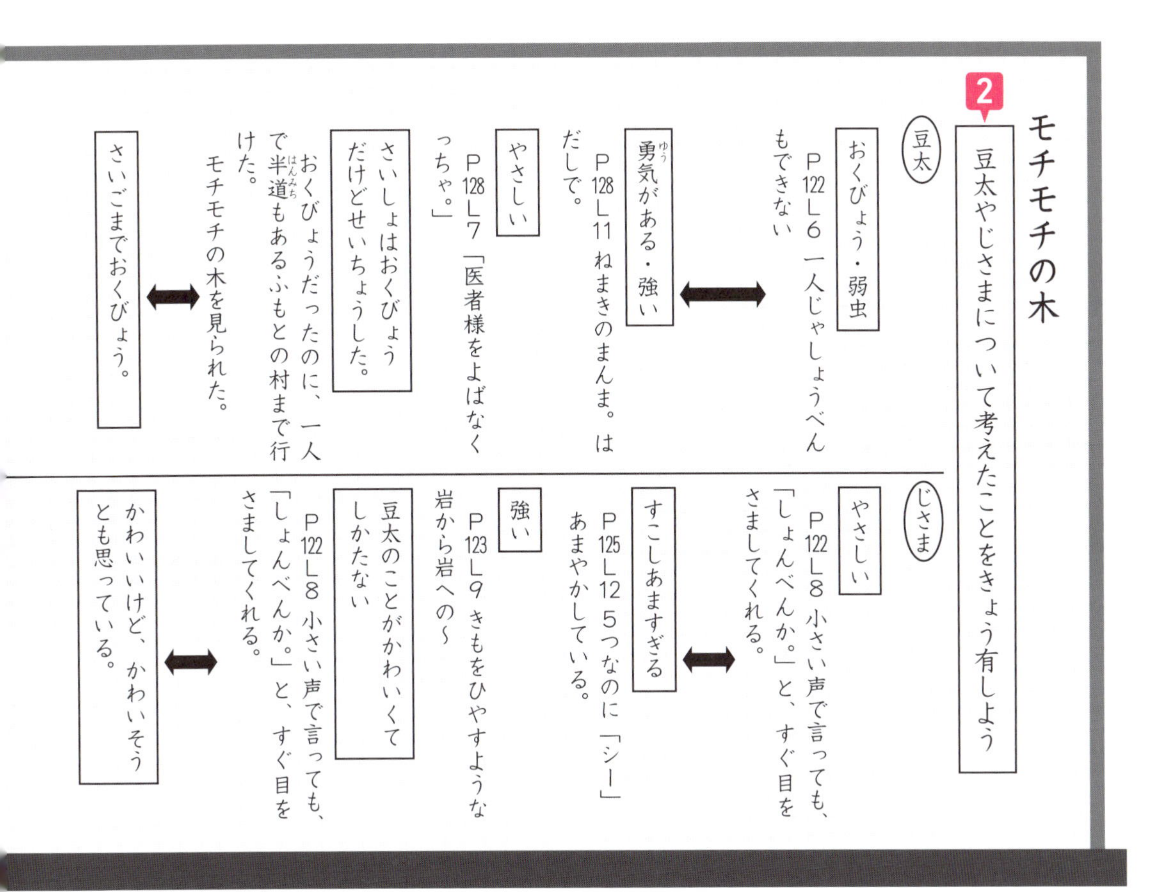

モチモチの木
2
豆太やじさまについて考えたことをきょう有しよう
豆太
おくびょう・弱虫
P122 L6 一人じゃしょうべんもできない
勇気がある・強い
P128 L11 ねまきのまんま。はだしで。
やさしい
P128 L7 「医者様をよばなくっちゃ。」
さいしょはおくびょうだけどせいちょうした。
おくびょうだったのに、一人で半道もあるふもとの村まで行けた。
モチモチの木を見られた。
さいごまでおくびょう。
じさま
やさしい
P122 L8 小さい声で言っても、「しょんべんか。」と、すぐ目をさましてくれる。
すこしあますぎる
P125 L12 5つなのに「シー」あまやかしている。
強い
P123 L9 きもをひやすような岩から岩への〜
豆太のことがかわいくてしかたない
P122 L8 小さい声で言っても、「しょんべんか。」と、すぐ目をさましてくれる。
かわいいけど、かわいそうとも思っている。

3 それぞれの感想を見て、これから何を課題にするか考える 〈5分〉

T　みなさんの感想が出てきましたが、少し感想にずれているところがありますね。これからどんなことについて考えていきますか。

○板書を参考にしながら、友達との考えのずれに着目させ、「豆太とじさまはどんな人物なのだろう」「豆太は最初と最後で変わったのだろうか」という課題を立てる。

豆太

・おくびょう⇔勇気がある
・弱虫⇔強い
・変わっていない⇔成長している

じさま

・優しい⇔甘やかしている
・豆太がかわいくて仕方ない⇔強くなってもらいたい　など

4 本時の学習を振り返るとともに、次時の学習の見通しをもつ 〈5分〉

T　今日の学習を振り返って、分かったことやこれからどのように学習を進めていきたいかを書きましょう。

・なんでみんなの感想がちがっているのか考えたいです。
・登場人物がどんな人なのかについて考えていきたいです。

○本時の評価規準でもある、それぞれの感想の違いに気付くという部分にふれているか、また今後の学習に見通しをもつことができているかを見取るようにする。また、次時の導入でここで書いたものが扱えるように、それぞれの考えを把握しておく。

本時案

モチモチの木

本時の目標

・登場人物の性格や気持ちが分かるのはどのような表現なのかについて考える。

本時の主な評価

❶気持ちや性格の分かる表現に着目し、登場人物の性格をノート（ワークシート）に書いている。【知・技】

・登場人物の性格について、一人一人感じ方が違うことに気付いている。

資料等の準備

・前時に書いた振り返りを把握したメモ

・前時の板書　配付用

作者ではなく、その物語を語る人。

語り手が人物について語る言葉

4 前回みんなで考えたかだいをかいけつするために・・・

次の学習からは、

登場人物の行動・会話、語り手が人物について語る言葉に注目して読んでいこう。

授業の流れ ▷▷▷

1 前時の学習を思い出しながら、音読する 〈10分〉

T　前回の学習で、「豆太とじさまはどんな人物なのだろう。」という課題が出ました。二人の登場人物がどんな性格なのかを考えながら、モチモチの木を音読しましょう。

○本時では、登場人物の気持ちや性格を考えるために、どのような表現に着目していけばいいかに気付かせたい。具体的にこの場面が、ということではなく、どのような表現に着目することが登場人物の気持ちや性格を読み取る手立てとなるかを考えさせるようにする。

2 気持ちや性格を考えるためにはどんな表現に着目すればいいか考える 〈15分〉

○前時の板書を掲示するとともに、子供たちにも板書を配布する。→前時で出されていた考えが、どこの表現を根拠にされていたのかを確認できるようにするため。

T　前回の板書を見て、登場人物について考えるときにみなさんはどんな表現を根拠として考えていますか。グループで話し合ってみましょう。

○グループでの話し合い→全体での共有とすることで、次時以降登場人物の気持ちや性格を読んでいく際に、全員が同じ土台で考えられるようにする。

モチモチの木

2

登場人物の気持ちやせいかくを読み取るにはどんなところに注目すればよいのだろう。

3

・P122L8 どんなに小さい声で言っても、「しょんべんか。」と、すぐ目をさましてくれる。
（やさしい）
・P128L11 ねまきのまんま。はだしで。
（勇気がある）

登場人物の行動

・P126L7「それじゃぁ、おらは、とってもだめだ――。」
（弱虫）
・P128L7「医者様をよばなくっちゃ。」
（勇気・やさしさ）

登場人物の会話

・P123L6 豆太のおとうだって、くまと組みうちして～
（かわいそう）
・P123L9 きもをひやすような岩から岩への～
（強い）

3 グループで考えたことを全体で共有する〈15分〉

T それでは、グループで考えたことを全体で共有していきましょう。

○前時の板書の内容や、自分が書いた感想などを根拠にして話せるようにする。

→教科書 P.136「たいせつ」の部分を見せるだけでも、知識としては身に付くかもしれないが、自分たちの学習の過程の中から、人物の性格や気持ちを考える手立てに気付けるようにしたい。

・登場人物の行動から分かります。

・会話にも注目した方がよいと思います。

○「語り手」について触れる発言が出るように誘導したい。「語り手」という言葉を周知するために取り上げて説明を加えるようにする。

4 本時の学習を振り返るとともに、次時の学習の見通しをもつ〈5分〉

T 今日の学習を振り返って、分かったことやこれからどのように学習を進めていきたいかを書きましょう。

○本時の学習で得た知識を自覚化できるように、振り返りの書き方を一部指定する。

→人物の気持ちや性格を考えるためのヒントは～という書き出しで書かせるようにする。それ以外の部分については、これまでと同様に自分の考えを書くようにする。

T では、次からどのように学習を進めていきますか。

○次時以降の学習の進め方を確認する。

・登場人物の、行動、会話、語り手に注目してもう一度読んでいきたいです。

本時案

モチモチの木

本時の目標

・登場人物の行動や会話から豆太とじさまの性格や気持ちについて考えることができる。

本時の主な評価

❷登場人物の気持ちや性格が分かる表現に関心をもち、具体的に想像している。【思・判・表】
・登場人物の行動や会話から豆太とじさまの性格を想像して自分の考えを書いている。

資料等の準備

・ワークシート①豆太の気持ちや性格 22-01
・ワークシート②じさまの気持ちや性格 22-02

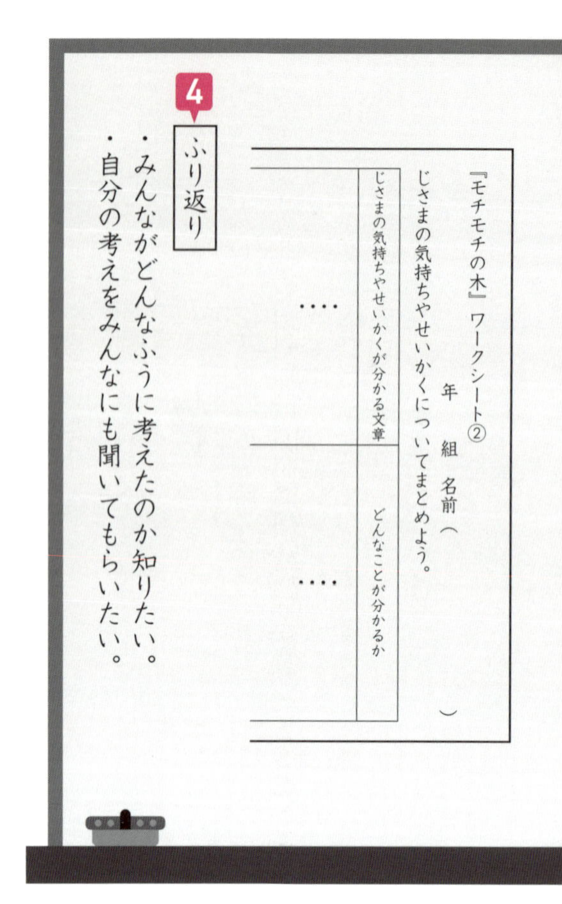

授業の流れ ▷▷▷

1 前時の学習を振り返り、本時の学習課題を確認する〈5分〉

T　前回、気持ちや性格を考えるにはどんな表現に着目すればいいと分かりましたか。
・登場人物の行動・会話
○ノートを振り返り、子供たちの発言で確認できるようにする。
○前回の学習を想起することで、本時の黙読する際の視点を明確にする。
T　「豆太とじさまはどんな人物なのだろう。」という課題が出ていたので、それぞれの場面から分かる2人の気持ちと性格について考えていきましょう。
○気持ちを考える際には誰に対するどんな気持ちなのかをはっきりさせる。

2 豆太とじさまの性格や気持ちについて考えながら、「モチモチの木」を読む〈15分〉

T　豆太とじさまの性格や気持ちが分かる表現を考えながら、もう一度自分で「モチモチの木」を読み返してみましょう。気持ちが分かる表現は赤、性格が分かる表現は青で教科書にサイドラインを引いていきましょう。
○気持ちが分かる表現は赤、性格が分かる表現は青、など色分けして教科書にサイドラインを引いていく。
・(気持ち) P.128L.11　ねまきのまんま。はだしで。—勇気を出せた。
・(性格) P.122L.9　じさまは～「しょんべんか。」と目をさましてくれる。—豆太想いの優しいじさまの性格が分かる。

モチモチの木

1 豆太とじさまはどんな人物なのだろう。

このかだいをかいけつするために・・・

2 豆太とじさまのせいかくや気持ちが分かるところを考えよう。

気持ちがわかる表げん →赤
せいかくがわかる表げん →青

注目するところは・・・
・登場人物の行動
・会話
・語り手が人物について語る言葉

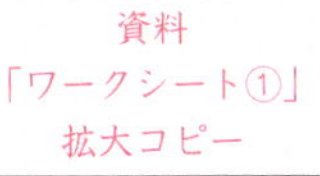

『モチモチの木』ワークシート①　年　組　名前（　　）

豆太の気持ちやせいかくについてまとめよう。

豆太の気持ちやせいかくが分かる文章	どんなことが分かるか
P128 L11 ねまきのまんま。はだしで。	あれだけこわがっていたのに、着がえもせずに外にとび出しているということは、勇気を出せたということ。
・・・・	

教科書の何ページ、何行目かも書いておく。

なぜそう思ったのかという理由も書けるようにする。

3 教科書に引いたサイドラインを基に、ワークシートにまとめる〈20分〉

T　それでは、教科書に引いたサイドラインを基に、ワークシートに豆太とじさまについてまとめていきましょう。

○この時間は、個人で考えをワークシートにまとめていく。十分に時間を確保し、どの表現からどんな気持ちが分かるのかや、どんな性格だと感じるのかについてまとめられるようにする。

・じさまは、ぐっすりねむっている真夜中に、豆太が「じさまぁ。」って、どんなに小さな声で言っても「しょんべんか。」と、すぐ目をさましてくれる。→ぐっすり眠っているのに、小さな声でもすぐ目を覚ますのは、豆太のことを大切に思っているから。など

4 本時の学習を振り返るとともに、次時の学習の見通しをもつ〈5分〉

T　今日は、豆太とじさまの性格や気持ちを考えながら読みました。次時の学習はどうしますか。

・みんながどんなふうに考えたか知りたいです。

・自分の考えもみんなに聞いてもらいたいです。

○次時につながる発言を取り上げ、次の活動につなげられるようにする。

T　では、次の時間はみなさんが考えた豆太とじさまの性格や気持ちが分かるところを全体で共有しましょう。

○次時の見通しをもって終われるようにする。

本時案

モチモチの木　5/12

本時の目標

・登場人物の行動や会話から豆太とじさまの性格や気持ちについて考えることができる。

本時の主な評価

❸全体で考えを共有することで、一人一人感じ方が違うことに気付いている。【思・判・表】
・登場人物の行動や会話から豆太とじさまの性格や気持ちを想像して自分の考えを発表している。

資料等の準備

・本文拡大掲示
・ワークシート①豆太の気持ちや性格　22-01
・ワークシート②じさまの気持ちや性格　22-02
（ワークシートは前時に書き込んだもの）

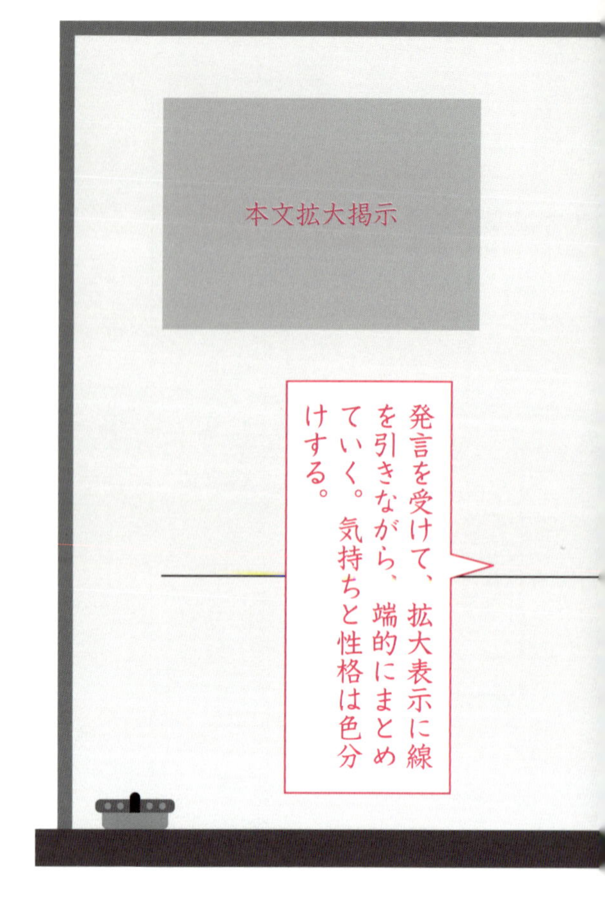

本文拡大掲示
発言を受けて、拡大表示に線を引きながら、端的にまとめていく。気持ちと性格は色分けする。

授業の流れ ▷▷▷

1 前時の学習を振り返り、本時の学習課題を確認する　〈5分〉

T　前回、豆太とじさまの気持ちや性格が分かるところに線を引いて、ワークシートにまとめました。もう一度、自分のワークシートを見返して教科書で確認しましょう。
○ノートやワークシートを振り返り、本時の学習の課題を確認する。
T　今日はどんなことについてみんなで考えていきますか。
・豆太とじさまがどんな人物なのかを考える。
・豆太とじさまの気持ちや性格が分かるところを発表してみんなで共有する。

2 豆太とじさまの性格や気持ちが分かる表現を発表し、全体で共有する　〈25分〉

T　「豆太とじさまはどんな人物なのだろう」という課題について、それぞれの場面から分かる2人の気持ちと性格についてみんなの考えを共有していきましょう。
○根拠を明確にするために、本文の拡大掲示を用意し、そこに書き入れていく。
○気持ちと性格の違いが分かるように、色を変えて書き入れるようする。
○友達の考えを聞いて、新たに付け加えたいことをワークシートに書き足していく。

モチモチの木

1

豆太とじさまのせいかくや気持ちが分かるところを発表して、どんな人物か考えよう。

2

本文拡大掲示

本文拡大掲示

豆太
・おくびょう
・モチモチの木がこわい
・じさまにあまえている
・昼はこわくないけど夜はこわい
・昼はいばっている
・夜になるとおくびょう
・どうせおらはだめだ。でも見たいな・・
・じさまが心配

じさま
・豆太が大切
・やさしい
・強い
・豆太がかわいそう

3 全体で共有したことを基に、どんなことが分かるかを考える 〈10分〉

T　みんなの考えが出ました。みんなの考えを見て、豆太とじさまはどんな人物だと思いますか。ワークシートにまとめましょう。

○５分程度で自分の考えをワークシートに書く。

T　では、ワークシートに書いたことを発表してくれる人はいますか。

・豆太はじさまを助けたことでおくびょうからせいちょうして勇気のある子になりました。
・いつも夜がこわかったけど、こわくなくなりました。
・じさまは、いつも豆太のことを考えているやさしいせいかく。でも、強くなってもらいたいとも思っています。
・じさまは強いけどやさしいせいかく。

4 本時の学習を振り返るとともに、次時の学習の見通しをもつ 〈５分〉

T　豆太とじさまがどんな人物なのかについて分かってきたけど、１つの性格ではないのですか。気持ちは変わっていますか。

・１つの性格ではないと思います。
・途中で気持ちも変わっていると思います。
・豆太は変わっているけど、じさまは変わっていないと思います。

T　では、どこで変わったのかな。次の時間は、どこで気持ちが変わったのか考えてみようか。

・どこで変わったのでしょうか。
・それぞれの場面の気持ちや性格が分かるところを比べていけばどこで変わったかが分かるかもしれないです。

本時案

モチモチの木

本時の目標

・各場面の登場人物の行動や会話を比較しながら、気持ちの変化について考えることができる。

本時の主な評価

❷登場人物の行動や会話から豆太とじさまの気持ちの変化について考えている。【思・判・表】
・全体で考えを共有することで、一人一人感じ方が違うことに気付いている。

資料等の準備

・前時の板書　配付用
・前時の板書　掲示用（黒板以外に掲示）

P127L9「ま、豆太、心配すんな。じさまは、じさまは、
ちょっとはらがいてえだけだ。」
P133L11「おまえは、山の神様の祭りを見たんだ。
モチモチの木には～」
豆太のことを大切に思っている。

3
じさまの豆太を思う気持ちはかわっていない。
せいかくもかわらない。

4
気持ちがかわったところで豆太のせいかくも
かわったのだろうか。

授業の流れ ▷▷▷

1 前時の学習を振り返り、本時の学習課題を確認する 〈5分〉

T　前回はどんなことが分かりましたか。
・豆太とじさまがどんな人物なのかが分かってきました。でも、途中で豆太の気持ちや性格が変わってきます。
○前時の板書を配付し、前時の学習を基に考えられるようにする。
○ノートやワークシートを振り返り、本時の学習の課題を確認する。
T　今日はどんなことについて考えていきますか。
・豆太とじさまは物語の中で気持ちが変わったのかを考えたいです。

2 豆太とじさまの気持ちがどこで変わっているのかを考え、ノートにまとめる 〈15分〉

T　前回の学習を思い出して、どこの場面で気持ちが変わったのかについて、ノートにまとめましょう。
○これまでのワークシートやノートを参考にしながら、各場面の豆太とじさまの気持ちの変化について考える。
○全文から分かることを比較しながら、根拠と理由を明らかにして、ノートに考えを書けるようにする。
「根拠」→○ページ、○行目に～
「理由」→○○ということは、◆◆だから～

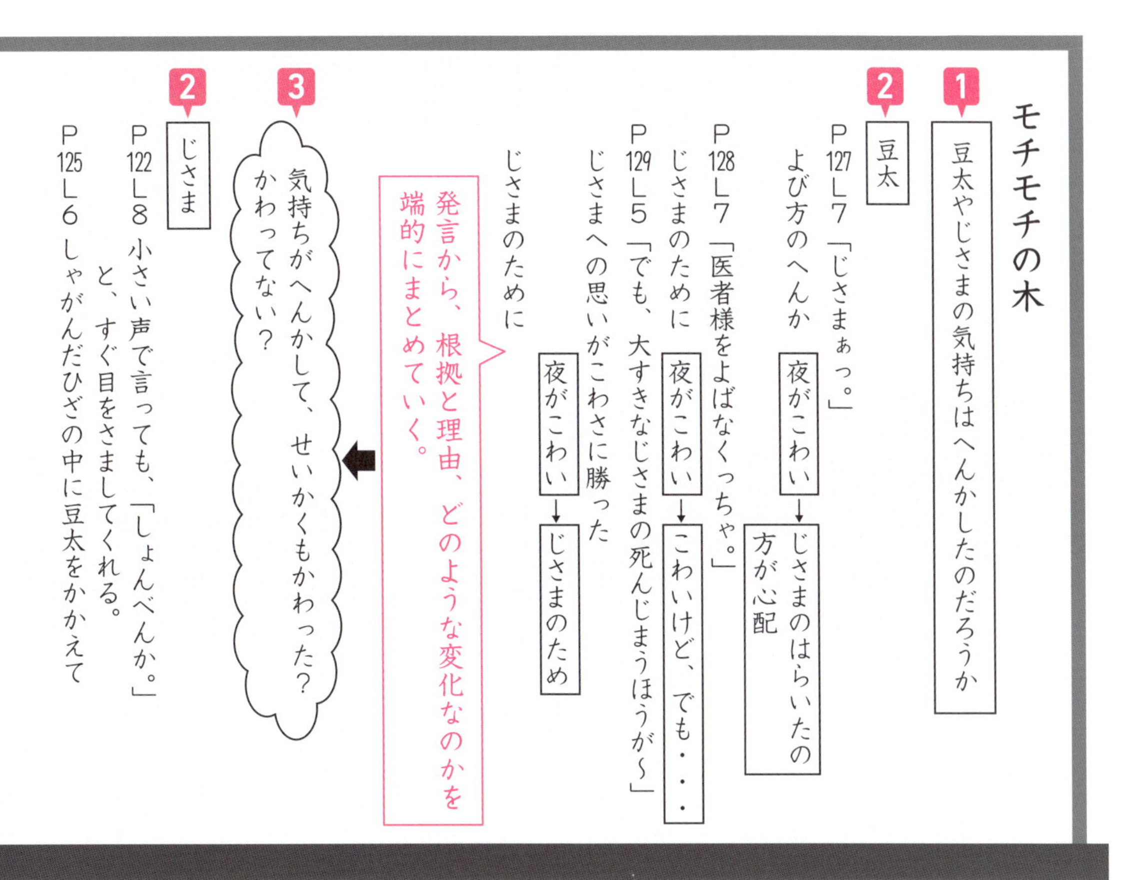

3 どこで気持ちが変化したのかについて全体で考えを共有する 〈20分〉

T それでは、みんなの考えを発表していきましょう。

・P.127L. 7 「じさまぁっ。」のところだと思います。今までとじさまの呼び方が変わっています。ここでもう気持ちは変わっているんじゃないでしょうか。

・P.128L. 7 「医者様をよばなくっちゃ。」と、言ったところで気持ちが変わったと思います。怖いと思っていたら、外に出ようと思わないけど、呼びに行くということは、じさまへの気持ちが勝ったということだと思います。

○ここでは、何が正しいかではなくそれぞれの考えを共有し、考えを広げたり深めたりできるようにする。また、どう変わったのかについても考えるようにする。

4 本時の学習を振り返るとともに、次時の学習の見通しをもつ 〈5分〉

T 一人一人の考えを共有できましたね。じさまは気持ちも性格も変わりませんでしたね。では、豆太の気持ちが変化したということは、そこで性格も変わったのかな。

・気持ちが変わったところで性格も変わっていると思います。

・気持ちが変わるのと、性格が変わるのは同じところではないと思います。

○気持ちの変化から、性格も変わっているのかという部分に目を向けられるようにする。

T では、次は豆太の性格が変わったところについて考えていきましょう。

・どこで変わったのでしょうか。

・気持ちと性格って同じなのでしょうか。

本時案

モチモチの木

7/12

本時の目標

・各場面の登場人物の行動や会話を比較しながら、性格の変化について考える。

本時の主な評価

❷登場人物の行動や会話から豆太の性格の変化について考えている。【思・判・表】
・全体で考えを共有することで、一人一人感じ方が違うことに気付いている。

資料等の準備

・前時の板書　配付用
・前時の板書　掲示用（黒板以外に掲示）

やっぱりせいかくはかわっている。

4 豆太はなぜモチモチの木に灯がついているところを見ることができたのだろう。

授業の流れ ▷▷▷

1 前時の学習を振り返り、本時の学習課題を確認する　〈5分〉

T　前回はどんなことが分かりましたか。
・豆太の気持ちは大きく変わるところがあったけど、じさまの豆太を思う気持ちには変化はなかったです。
○前時の板書を配付し、前時の学習を基に考えられるようにする。
○ノートやワークシートを振り返り、本時の学習の課題を確認する。
T　今日はどんなことについて考えていきますか。
・豆太の気持ちが変わると性格も変わるのか。
・どこで豆太の性格が変わっているのか。

2 豆太の性格の変化について考え、ノートにまとめる　〈15分〉

T　前回の学習を思い出して、どこで性格が変わったのかについて、ノートにまとめましょう。
○前時に考えた気持ちの変化と同様に、性格も変わっているのかについて考えられるようにする。
○これまでの学習を想起し、前時やその前の時間の学習を生かせるようにする。

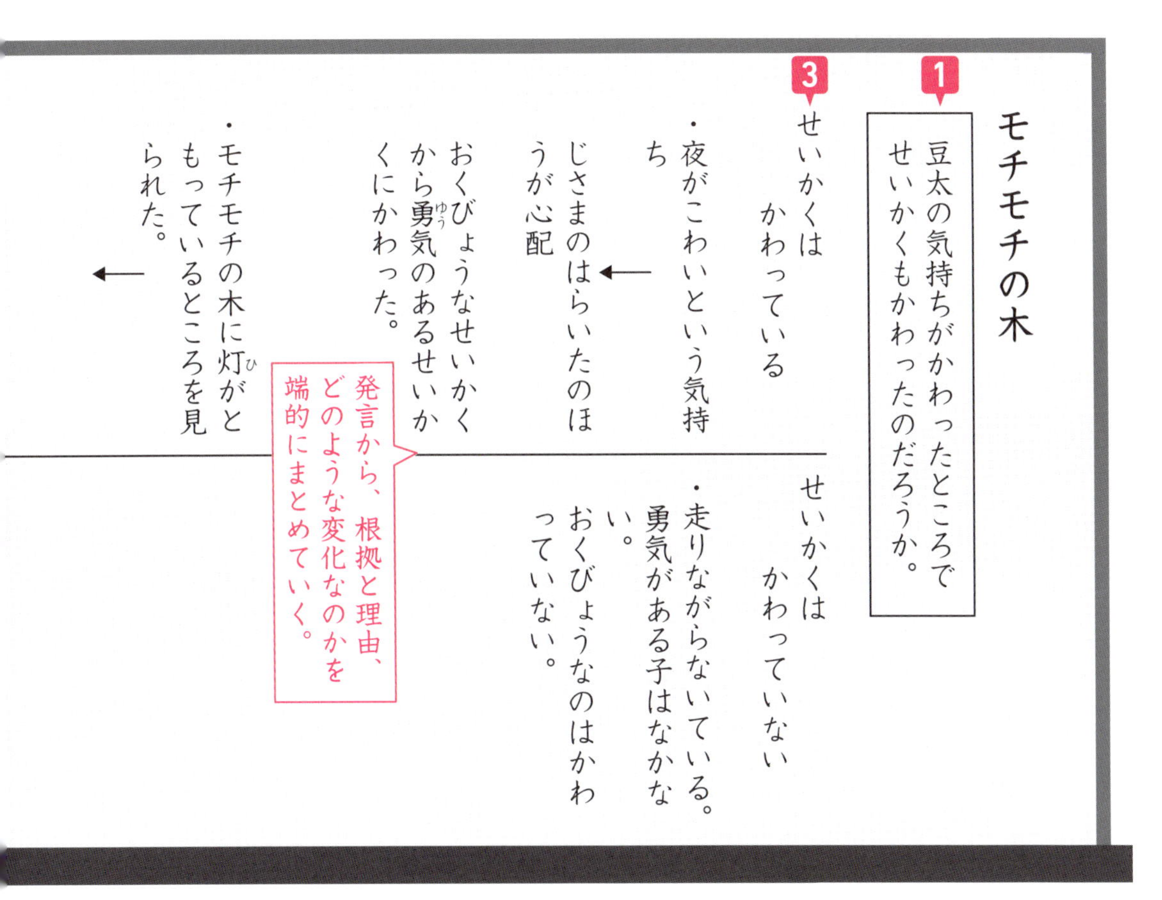

モチモチの木
1
豆太の気持ちがかわったところで
せいかくもかわったのだろうか。
3
せいかくは
かわっている
・夜がこわいという気持ち
じさまのはらいたのほうが心配
おくびょうなせいかくから勇気のあるせいかくにかわった。
・モチモチの木に灯がともっているところを見られた。
せいかくは
かわっていない
・走りながらないている。
勇気がある子はなかない。
おくびょうなのはかわっていない。
発言から、根拠と理由、どのような変化なのかを端的にまとめていく。

3 性格が変わったのかについて全体で考えを共有する 〈20分〉

T それでは、みんなの考えを発表していきましょう。

・夜が怖いという気持ちから、じさまの腹痛のほうが心配という気持ちに変化したということは、臆病から勇気のもてる子に変わったんじゃないでしょうか。

・でも、走りながら泣いている。勇気があるのに泣いたりするのかな。気持ちは変わったけど性格は変わっていないと思います。

・モチモチの木に灯がともっているところを見られたんだから性格は変わったんじゃないでしょうか。

◯この時間についても、何が正しいかではなくそれぞれの考えを共有し、考えを広げたり深めたりできるようにする。

4 本時の学習を振り返るとともに、次時の学習の見通しをもつ 〈５分〉

T 一人一人の考えを共有できましたね。気持ちが変わっても性格は変わっていないという考えと、モチモチの木に灯がともるのが見られたから性格も変わったという意見がありました。

・臆病な子にはモチモチの木は見られないはずです。

・でも性格はそんなに簡単に変わるのかな。

◯それぞれの考えのずれからモチモチの木に焦点をあてる。

T では、次の時間はなぜ豆太がモチモチの木に灯がついているところを見ることができたのかについて考えましょう。

本時案

モチモチの木 8/12

本時の目標

・各場面の登場人物の行動や会話を比較しながら、性格の変化について考え、一人一人の感じ方が違うことに気付くことができる。

本時の主な評価

❸全体で考えを共有することで、一人一人感じ方が違うことに気付いている。【思・判・表】
・これまでの学習から考えたことや、豆太の行動や、台詞などから豆太の気持ちを想像している。

資料等の準備

・前時の板書　配付用
・前時の板書　掲示用（黒板以外に掲示）

4
ふり返り
・じさまを自分の力で助けることができて、少しせいちょうした
・できなかったことができると、せいちょうしたなって思う

授業の流れ ▷▷▷

1 前時の学習を振り返り、本時の学習課題を確認する 〈5分〉

T　前回はどんなことが分かりましたか。
・性格が変わったのかどうかについて話し合ったけど、意見が違う人がいた。
・豆太がモチモチの木に灯がついたところを見ることができた理由について考えたいと思った。
○前時の板書を配付し、前時の学習を基に考えられるようにする。
○ノートやワークシートを振り返り、本時の学習の課題を確認する。
T　では、今日は豆太がなぜモチモチの木に灯がついたところを見ることができたのかについて考えましょう。

2 モチモチの木に灯がついたところを見ることができた理由についてまとめる〈15分〉

T　モチモチの木に灯がついたところは誰にでも見ることができるのですか。
・126ページの５行目に「それは、一人の子どもしか、見ることはできねえ。それも、勇気のある子どもだけだ。」とじさまが言っているよ。
○モチモチの木に灯がついたところを見ることができるのは、どんな子だと言われているのかを確認する。
T　では、豆太はなぜモチモチの木に灯がついているところを見ることができたのか自分の考えをまとめましょう。
○前時までに考えた気持ちの変化や性格について関連させながら考えられるようにする。

モチモチの木

1
豆太はなぜモチモチの木に灯がついているところを見ることができたのだろう。

2
山の神様の祭りはどんな子に見えるのか。

3
P126L5に「それは、一人の子どもしか、見ることはできねえ。それも、勇気のある子どもだけだ。」

・豆太はじさまのために勇気をもって行動した
・おくびょう豆太から、勇気のある子どもにせいちょう

この部分のずれを視覚化できるように板書する

・けっきょく豆太はかわっていない
・かわったかどうかわからないけどこのときは勇気をもてた。

3 全体で考えを共有する 〈20分〉

T　それでは、みんなの考えを発表していきましょう。

・「勇気のある子どもだけ」ってじさまが言っているから、このとき豆太はじさまのために勇気をもって行動したからだと思います。
・おくびょう豆太から、勇気のある子供に成長したから見ることができたんだと思います。
・でも、そのあとの場面を見ると結局豆太は変わっていないように見えます。
・モチモチの木に灯がついているところを見ることができたってことは、変わったかどうか分からないけど、このときは勇気をもてたってことなのじゃないでしょうか。

4 本時の学習を振り返る 〈5分〉

T　一人一人の考えを共有できましたね。豆太は変わったっていう人と、このときだけ勇気を出したっていう人がいましたね。みんなの考えを聞いた自分の考えをまとめてみましょう。

・豆太はこの時だけは勇気をもてたからモチモチの木に灯がついたところを見ることができたのだと思います。
・じさまを自分の力で助けることができて少し成長したのだと思います。

○共有して考えたことを振り返りに書けるようにする。
○それぞれの考えのずれから豆太が変容したかどうかに焦点を当てる。

本時案

モチモチの木 9/12

本時の目標

・これまでの学習を基に、最初の場面と最後の場面の豆太を比較して、豆太の性格が変わったか変わっていないかについて、一人一人感じ方が違うことに気付くことができる。

本時の主な評価

❸全体で考えを共有することで、一人一人感じ方が違うことに気付いている。【思・判・表】
・じさまの言葉の意味について、自分なりの考えをもっている。

資料等の準備

・前時の板書　配付用
・前時の板書　掲示用（黒板以外に掲示）

3
せいかくはかわっていない
弱虫なのはかわらないけど、勇気ややさしさ、じさまを思う強い気持ちももっている。
○みんなはどうだろう
・1人でるすばんはこわいけど、家族がけがのとき1人で待てた。

授業の流れ ▷▷▷

1 前時の学習を振り返り、本時の学習課題を確認する〈5分〉

T　前回はどんなことが分かりましたか。
・豆太はじさまを助けるために勇気を出すことができました。
・勇気を出せたけど、性格が変わったのかどうかは分かりませんでした。最後の場面を見たら、またじさまを起こしていますし……。
○変わったのかどうかについて、焦点を当てるために意図的に二つの意見を取り出す。
T　今日は豆太が最初と最後で性格が変わったのかどうかについて考えましょう。

2 豆太の性格が変わったのか変わっていないのかについて考え、ノートにまとめる〈10分〉

T　豆太の性格が変わったのか変わっていないのかについてノートにまとめましょう。
○これまで学習してきた気持ちの変化や、性格が変わったのかについてを想起できるように声を掛ける。
○これまでの学習を想起し、前時やその前の時間の学習を生かせるようにする。
T　じさまの言葉の意味を考えることで分かることはありますか。
○補助質問として、じさまの言葉の意味も問う。

モチモチの木

1

豆太はさいしょとさいごでせいかくがかわったのだろうか。

P133L5～「じさまぁ。」
P122L8～「じさまぁ。」
さいしょとさいごで同じ行動をしている。
P132L8 弱虫でも、やさしけりゃ
じさまを思う気持ちはあったけど、弱虫なまま

2

じさまの言葉の意味とは・・・

P132L12「一人で、夜道を医者様よびに～」
じさまは勇気があることをみとめている。
P133L1「自分で自分を弱虫だなんて思うな。
人間、やさしささえあれば～」
豆太は自分のことを弱虫だと思っている。
じさまは、豆太のやさしさをみとめている。
・・・

発言から、根拠と理由、変化しているのか変化していないのを端的にまとめていく。

3 豆太が変わったのか変わっていないのかについて全体で考えを共有する〈20分〉

T それでは、みんなの考えを発表していきましょう。

・133ページ5行目で「じさまぁ」と、しょんべんに起こしている。最初の場面と同じ行動なので、やっぱり変わっていないと思います。
・「弱虫でも、やさしけりゃ」とあるように、じさまを思う優しさがあったから1人で山を下りることができました。でも、弱虫なところは変わっていないと思います。
・じさまの言葉の意味を考えたら、「勇気のある子どもだったんだからな。」って言っています。もともとそうだから、だったんだ、って言っているのだと思います。
・変わったわけじゃなくて、豆太にはいろいろな面があるってことだと思います。

4 本時の学習を振り返る 〈5分〉

T 豆太は変わったのではなく、もともと勇気や優しさももっている子だったんですね。だから、1人で医者さまを呼びに行けたってことでしょうか。

T みんなも、豆太の性格に同じだと思うことはありますか。

○子供から出た考えを板書で可視化し、教師がある程度まとめたところで、全体に問い返す。

・ありますね。ぼくも普段は怖くて1人で留守番するのは嫌だけど、家族がけがをして病院に行ったときは、1人で待とうと思えました。

○自分の生活に近づけて考えられるようにする。

本時案

モチモチの木 10/12

本時の目標

・豆太やじさまの人物像について考えたことをグループで交流し、人物紹介カードにまとめることができる。

本時の主な評価

❷豆太やじさまの人物像について、根拠と理由を明らかにしながら人物紹介カードにまとめている。【知・技】

・友達と交流することで、豆太やじさまの人物像について考えを広げている。

資料等の準備

・人物紹介カード（モチモチの木） 22-03
・人物紹介カードを拡大印刷したもの
・既習の物語で教師が作った人物紹介カード

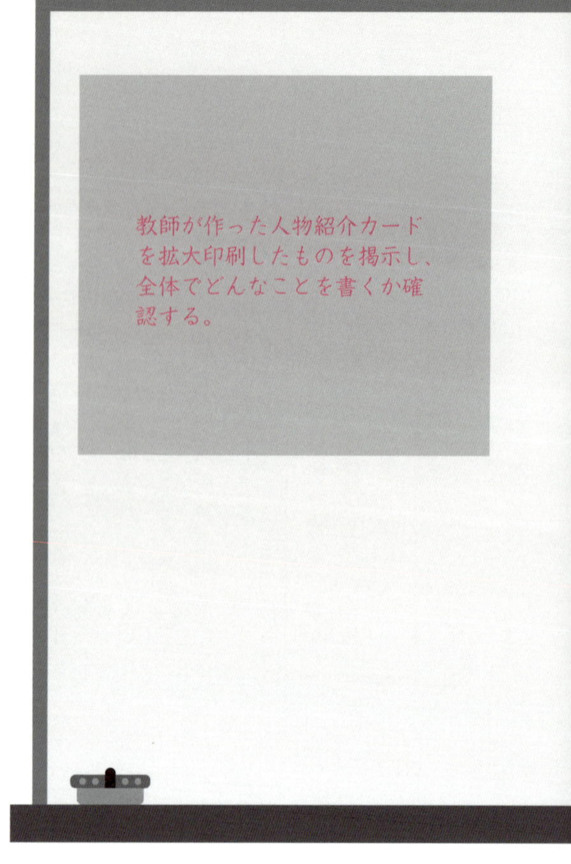
教師が作った人物紹介カード
を拡大印刷したものを掲示し、
全体でどんなことを書くか確
認する。

授業の流れ ▷▷▷

1 これまでの学習を振り返り、本時の学習課題を確認する 〈5分〉

T　これまでどんな学習をしてきましたか。

・豆太やじさまの気持ちの変化や、性格について考えてきました。

○これまでの学習を振り返り、次の課題へつなげる。

T　豆太や、じさまはどんな人でしたか。

○これまでの学習から考えた豆太とじさまの人物像について、数名を指名し発言を板書する。

T　これまでの学習を生かして、「豆太」と「じさま」がどんな人物なのか、人物紹介カードにまとめてみましょう。

2 自分が考える、豆太やじさまの人物像についてグループで交流する〈10分〉

T　では、まずみなさんが思う豆太やじさまの人物像についてグループで交流しましょう。

○交流する際には、自分がそう思う根拠となる部分と、理由をつけて話せるようにする。

・豆太はおくびょうな子です。122ページ６行目の「じさまについてってもらわないと、一人じゃしょうべんもできないのだ。」124ページ13行目の「木がおこって、両手で、「お化けぇ。」って、上からおどかすんだ。」のように５つなのに、１人でトイレに行けないし、木が怒っているように感じてしまうほど怖がりだからです。

→どの部分からそう思ったのかを話せるようにする。自分の考えに付け足せるような友達の発言は教科書にラインを引く。

モチモチの木

これまでの学習を生かして、「豆太」と「じさま」人物しょうかいカードにまとめよう。

1

豆太　やさしい子
　おくびょうだけど勇気を出せる子
　じさまを大切に思っている子

じさま　やさしい　たよりがいがある　強い
　豆太を大切にしている

2

豆太やじさまについて考えたことをグループで交流するときのしてん。

○こんきょ　どのページのどの文や言葉
○理由　その文や言葉からどんなことが言えるか。
○自分は（豆太・じさま）についてどのように考えたか。

人物しょうかいカードを書いて気づいたこと。

・「会話」「行動」「語り手の言葉」をもとに書く
・自分が豆太かじさまはどんな人物だと思うか理由も書く

3 自分が考える豆太とじさまの人物像を、人物紹介カードにまとめる〈25分〉

T　自分の考える、豆太やじさまの人物像について人物紹介カードにまとめる。

○人物紹介カードにどんなことを書くのかを板書しながら全体で確認する。

○教師が既習の物語の登場人物で書いた人物紹介カードを配布し、イメージをもてるようにする。

○どのようにまとめたらよいか分からずにいる子供には、これまでのノートやワークシートを見ながら個別に支援する。

4 本時の振り返りをし、次時の見通しをもつ〈5分〉

T　人物紹介カードを書くときには、文章のどんな表現に着目すると書きやすかったですか。何か気付いたことはありますか。

・どんな人物かを紹介するためには、3時間目で学習した、「会話」「行動」「語り手の言葉」が大切だということが分かりました。

・「会話」「行動」「語り手の言葉」からどんな人物か紹介するためには、理由も書くと分かりやすくなると思いました。

・みんながどんな内容の人物紹介カードを書いているか読んでみたいです。

T　では、次の時間はそれぞれが書いた人物紹介カードをみんなで見合う時間にしましょう。

本時案

モチモチの木 11/12

本時の目標

・豆太やじさまの人物像について考えたことをまとめた人物紹介カードを交流するし、豆太やじさまの人物像について考えを広げることができる。

本時の主な評価

❸友達と交流することで、豆太やじさまの人物像について考えを広げている。【思・判・表】
・豆太やじさまの人物像について、根拠と理由を明らかにしながら人物紹介カードにまとめている。

資料等の準備

・前時に子供が書いた人物紹介カード（モチモチの木） 22-03
・人物紹介カードを拡大印刷したもの（黒板以外に掲示）
・付箋紙（１人５～６枚）

3 ふせんを見て、自分のしょうかいカードを見直そう

4 交流して感じたことをふり返ろう

・同じ物語を読んでも、注目するところで感じることは違う
・今まで自分が気づいていなかったことに気づくことができた。

授業の流れ ▷▷▷

1 これまでの学習を振り返り、本時の学習課題を確認する 〈５分〉

T これまでどんな学習をしてきましたか。
・豆太やじさまの気持ちの変化や、性格について考えてきました。
・考えたことを人物紹介カードにまとめました。
〇これまでの学習を振り返り、本時の課題へとつなげる。
T 今日は、人物紹介カードを読み合って感想を交流しましょう。
・みんながどんなふうに人物紹介カードをまとめたか知りたいです。
・自分の考えと似ている人や違う考えの人はいるかな。
〇交流の仕方を確認する。

2 人物紹介カードを全体で読み合い、感想を伝える 〈25分〉

T 完成した人物紹介カードを読み合って感想を伝え合いましょう。読むときは、どこの表現を根拠に考えているかや、どんな理由で性格を考えているか、自分との違いについて考えましょう。
〇それぞれが自分の人物紹介カードを机の上に置き、教室を自由に歩いてそれぞれの人物紹介カードを読む。その際の視点は確認したい。
〇友達の人物紹介カードを読んだら、付箋紙に感想と自分の名前を書いて机の上に貼っていく。

モチモチの木

人物しょうかいカードを読み合って
感想を交流しよう

1
交流の仕方

・自分の人物しょうかいカードをつくえの上におく。
⬅
・友だちの人物しょうかいカードを読む。
⬅
・友だちの人物しょうかいカードを読んだら、ふせんに感想を書いてプレゼントする。

2
友だちの人物しょうかいカードを読むしてん

・どこの表げんをこんきょにしているか。
・どんな理由で、せいかくを考えているか。
・自分の考えとにているところや、ちがうところはどこか。

3 友達からもらった付箋を見ながら、もう一度自分の人物紹介カードを見直す 〈10分〉

T　友達の人物紹介カードを読んだり、友達からもらった付箋紙を参考にしながら、もう一度自分の人物紹介カードを見直してみましょう。

・豆太が「臆病」だというところは一緒でしたけど、根拠にしている文章が違いました。確かにって思うところがあったから、書き加えよう。
・豆太は、「臆病」という印象が一番強かったけど、もらった付箋紙を読んでいて優しさや、いたずらっぽさもあるんだなと思ったからそれも付け加えたいです。

4 本時の振り返りをし、次時の見通しをもつ 〈5分〉

T　人物紹介カードを交流してみて、どんなことを感じましたか。

・同じ物語を読んでも、注目するところで感じることは違うのだなと思いました。
・友達の人物紹介カードを読んでみて、今まで自分が気付いていなかったことに気付くことができました。
・根拠と理由がはっきりしていると、分かりやすいと感じました。

T　齋藤隆介さんは、他にも魅力的な登場人物が出てくる作品を書いています。次の時間は他の作品も読んでみましょう。

・他の物語の登場人物の性格も考えてみたいな。
○ P.136に載っている、齋藤隆介の作品を紹介する。

本時案

モチモチの木 12/12

本時の目標

・これまでの学習を思い出しながら齋藤隆介氏の作品を読むことができる。
・齋藤隆介氏の他の作品を読んで、登場人物の気持ちや性格を考えることができる。

本時の主な評価

❹今までの学習を生かして、気持ちや性格の分かる表現に関心をもち、気持ちの変化や性格について具体的に想像して読もうとしている。【態度】

資料等の準備

・齋藤隆介の本を子供の人数分用意する。
（教科書に載っているものだけでなく、いくつか用意しておくようにする。）
（・人物紹介カード（他作品） 22-04）

書き方のれい

この学習を通して○○な力がつきました。
なぜなら△△や、◆◆をして、〜を考えることができたからです。

授業の流れ ▷▷▷

1 本時の学習課題を確認する 〈5分〉

T　これまでは、みんなで『モチモチの木』を読んできましたが、今日は齋藤隆介さんの別の作品を読んでみましょう。
○7種類の齋藤隆介さんの本を子供の人数分用意し、提示する。
T　これらの本の中にも、魅力のある登場人物がたくさん出てきます。今までの学習を生かして、自分が選んだ本の登場人物について考えてみましょう。
○登場人物の気持ちの変化や、性格についてどのような文章に着目すればいいのかを、これまでの学習から振り返る。
○資料編につけた「人物紹介カード」を書く形で進めるのもよい。

2 自分が読みたい本を手に取り、登場人物のことを考えながら読書をする 〈25分〉

T　では、登場人物の気持ちや性格を考えながら、齋藤隆介さんの本を読んでみましょう。
○選べないでいる子供に対しては、一緒に本を読みながら補助質問をしながら個別に支援する。
→「この時どんな気持ちだと思う？」
「この行動からどんな子だと思う？」
「なんでこんなことをしたのだと思う？」
○早く読み終えたら2冊目を読めるように声をかける。
○これまでの学習を生かして、登場人物の人物像を考えるための視点に着目できるように声を掛ける。

モチモチの木

1 自分がえらんだ本の登場人物をしょうかいしよう。

2 齋藤隆介(さいとうりゅうすけ)さんの作品
「ソメコとオニ」
「半日村」
「花さき山」
「八郎(はちろう)」
「かみなりむすめ」
「三コ」
「ふき」

登場人物の気持ちやせいかくが分かるところは・・・
・登場人物の行動
・会話
・語り手が人物について語る言葉

4 ○単元(たんげん)のふり返り

3 読んだ本についての感想を全体で交流する〈10分〉

T 齋藤隆介さんの他の作品を読んでみての感想を交流しましょう。
・「モチモチの木」で学習したところに注目したら、登場人物の性格が今までよりもよく分かりました。
・「半日村」は、語り手の言葉から考えることが多かったな。「でも一平は、また、ふくろをかついで山にのぼった。」というところからは、一平の行動力や親のことを思う優しさを感じました。
・今回の単元で学習したことを生かしながら、これからも物語も読めるようにしたいです。

4 単元全体の学習を振り返り、この単元でどんな力がついたかをまとめる〈5分〉

T この単元を学習してきて、どんな力がついたと思いますか。振り返りとして、自分のノートにまとめましょう。
・登場人物の気持ちや、気持ちのへんか、せいかくについて考えようと思います。なぜなら、「モチモチの木」の学習をして、どんな言葉に注目するとその人の気持ちが表れているかを知ることができたからです。
○どんな力がついたのか、またなぜその力がついたのかを書けるように声を掛ける。書けない子供のために型を示してもよい。

資 料

1 第4時資料　ワークシート①

22-01

『モチモチの木』ワークシート①

年　組　名前（　　　　　）

豆太の気持ちやせいかくについてまとめよう。

豆太の気持ちやせいかくが分かる文章	どんなことが分かるか

豆太は、どんな人物か。

2 第4時資料　ワークシート②

22-02

『モチモチの木』ワークシート②

年　組　名前（　　　　　）

じさまの気持ちやせいかくについてまとめよう。

じさまの気持ちやせいかくが分かる文章	どんなことが分かるか

じさまは、どんな人物か。

3 第4時資料　ワークシート①記入例

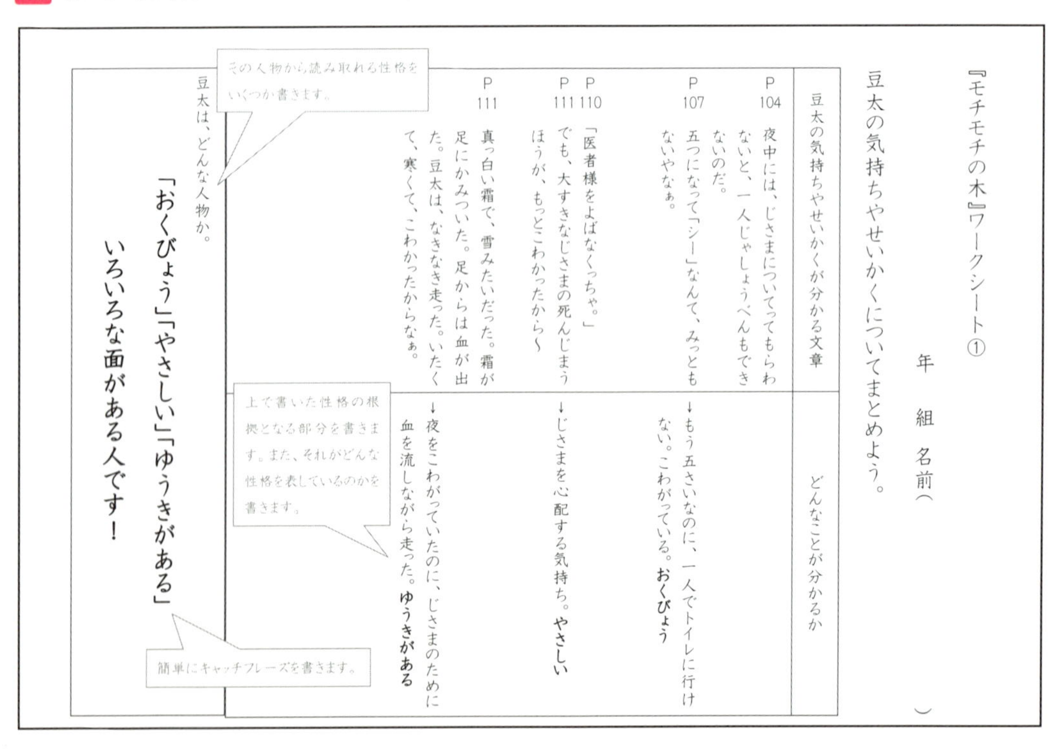

『モチモチの木』ワークシート①

年　組　名前（　　　　　）

豆太の気持ちやせいかくについてまとめよう。

豆太の気持ちやせいかくが分かる文章	どんなことが分かるか
P104 夜中には、じさまについてってもらわないと、一人じゃしょうべんもできないのだ。 P107 五つになって「シー」なんて、みっともないやなぁ。	↓もう五さいなのに、一人でトイレに行けない。こわがっている。**おくびょう**
P110 P111 「医者様をよばなくっちゃ。」でも、大すきなじさまの死んじまうほうが、もっとこわかったから～	↓じさまを心配する気持ち。**やさしい**
P111 真っ白い霜で、雪みたいだった。霜が足にかみついた。足からは血が出た。豆太は、なきなき走った。いたくて、寒くて、こわかったからなぁ。	↓夜をこわがっていたのに、じさまのために血を流しながら走った。**ゆうきがある**

豆太は、どんな人物か。

「おくびょう」「やさしい」「ゆうきがある」
いろいろな面がある人です！

4 第10時資料　人物紹介カード（モチモチの木） 22-03

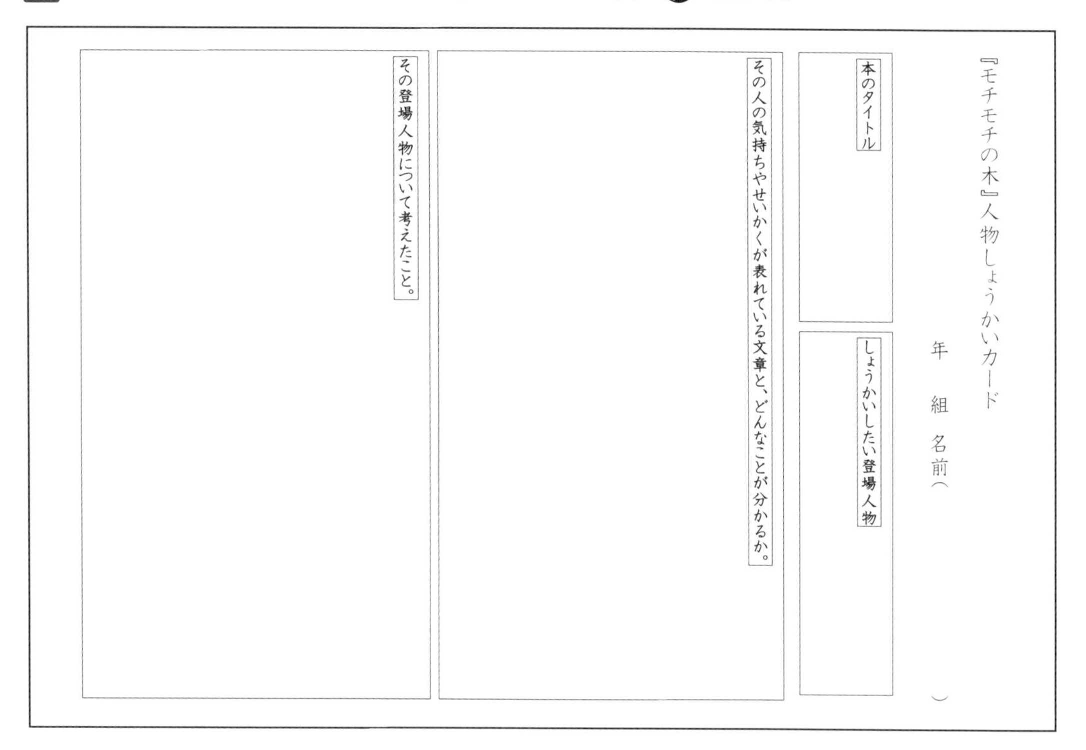

『モチモチの木』人物しょうかいカード
年　組　名前（　　）
本のタイトル
しょうかいしたい登場人物
その人の気持ちやせいかくが表れている文章と、どんなことが分かるか。
その登場人物について考えたこと。

5 第12時資料　人物紹介カード（他作品） 22-04

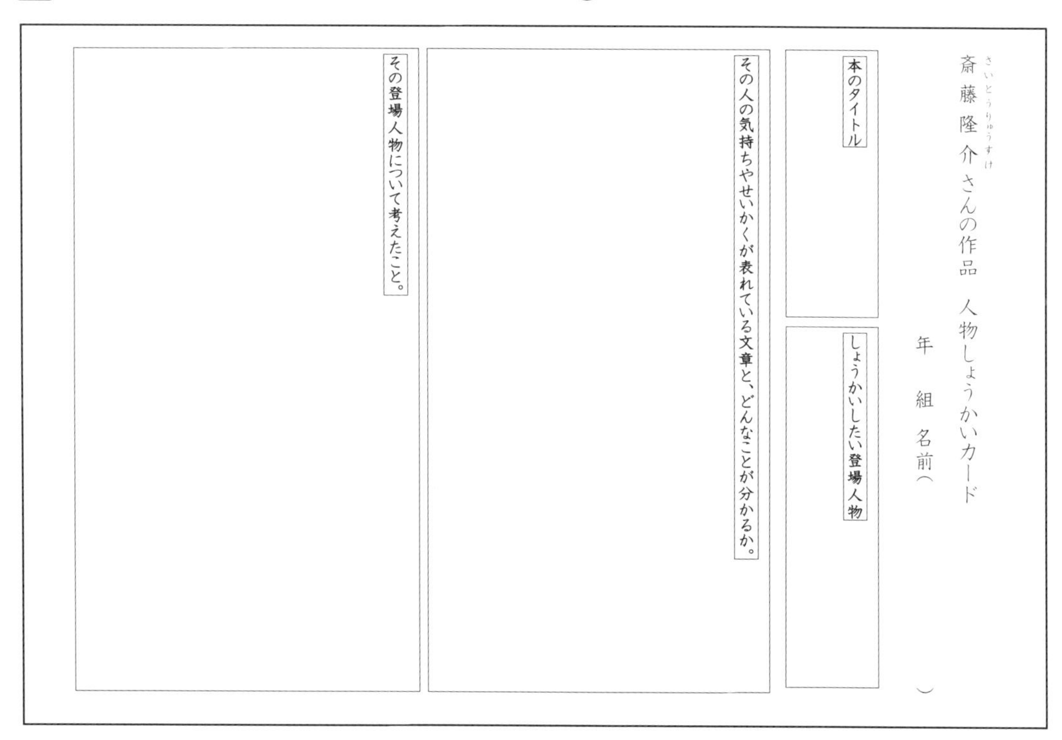

斎藤隆介さんの作品　人物しょうかいカード
さいとうりゅうすけ
年　組　名前（　　）
本のタイトル
しょうかいしたい登場人物
その人の気持ちやせいかくが表れている文章と、どんなことが分かるか。
その登場人物について考えたこと。

監修者・編著者・執筆者紹介

[監修]

中村　和弘（なかむら　かずひろ）　東京学芸大学教授

[編著者]

大塚　健太郎（おおつか　けんたろう）　元東京学芸大学附属小金井小学校教諭

茅野　政徳（かやの　まさのり）　山梨大学大学院総合研究部教育学域准教授

[執筆者] ＊執筆順、所属は令和２年１月現在

		[執筆箇所]
中村　和弘	（前出）	●まえがき　●第１章「主体的・対話的で深い学び」を目指す授業づくりのポイント／「言葉による見方・考え方」を働かせる授業づくりのポイント　●学習評価のポイント　●板書づくりのポイント
大塚　健太郎	（前出）	●第三学年の指導内容と身に付けたい国語力（第三学年の学習内容）
茅野　政徳	（前出）	●第三学年の指導内容と身に付けたい国語力（第三学年の学習指導の工夫）
麻生　達也	横浜国立大学教育学部附属横浜小学校教諭	●ちいちゃんのかげおくり
腰越　充	神奈川県川崎市立西有馬小学校教諭	●修飾語を使って書こう　●漢字の意味　●カンジーはかせの音訓かるた
長田　雅基	山梨大学教育学部附属小学校教諭	●秋のくらし　●冬のくらし
橋本　功一	秋田県男鹿市立船越小学校教諭	●はんで意見をまとめよう
迎　有果	東京都中央区立佃島小学校教諭	●漢字の広場④、⑤、⑥
久保田　旬平	早稲田実業学校初等科教諭	●すがたをかえる大豆　●［じょうほう］科学読み物での調べ方　●食べ物のひみつを教えます
直島　博和	神奈川県厚木市立厚木小学校教諭	●ことわざ・故事成語　●短歌を楽しもう
森　壽彦	神奈川県川崎市立東小倉小学校教諭	●三年とうげ
田中　真琴	神奈川県川崎市立岡上小学校教諭	●たから島のぼうけん
守屋　友里奈	横浜市立北綱島小学校教諭	●詩のくふうを楽しもう
曽根　朋之	東京学芸大学附属竹早小学校教諭	●ありの行列
石川　和彦	山梨大学教育学部附属小学校教諭	●つたわる言葉で表そう　●コンピュータのローマ字入力
奥村　千絵	横浜市立宮谷小学校教諭	●これがわたしのお気に入り
安藤　浩太	東京都昭島市立光華小学校教諭	●わたしたちの学校じまん
白川　治	横浜国立大学教育学部附属横浜小学校教諭	●モチモチの木

『板書で見る全単元の授業のすべて　国語　小学校３年下』付録DVDについて

・各フォルダーには、以下のファイルが収録されています。
　①　板書の書き方の基礎が分かる動画（出演：成家雅史先生）
　②　授業で使える短冊類（PDFファイル）
　③　学習指導案のフォーマット（Wordファイル）
　④　児童用のワークシート（Wordファイル、PDFファイル）
　⑤　黒板掲示用の資料、写真、イラスト等
・DVDに収録されているファイルは、本文中ではDVDのアイコンで示しています。
・これらのファイルは、必ず授業で使わなければならないものではありません。あくまで見本として、授業づくりの一助としてご使用ください。

【使用上の注意点】
・このDVDはパソコン専用です。破損のおそれがあるため、DVDプレイヤーでは使用しないでください。
・ディスクを持つときは、再生盤面に触れないようにし、傷や汚れ等を付けないようにしてください。
・使用後は、直射日光が当たる場所等、高温・多湿になる場所を避けて保管してください。
・PDFファイルを開くためには、Adobe AcrobatもしくはAdobe Readerがパソコンにインストールされている必要があります。
・PDFファイルを拡大して使用すると、文字やイラスト等が不鮮明になったり、線にゆがみやギザギザが出たりする場合があります。あらかじめご了承ください。

【動作環境　Windows】
・〔CPU〕Intel® Celeron® プロセッサ360J1. 40GHz以上推奨
・〔空メモリ〕256MB以上（512MB以上推奨）
・〔ディスプレイ〕解像度640×480、256色以上の表示が可能なこと
・〔OS〕Microsoft Windows10以降
・〔ドライブ〕DVDドライブ

【動作環境　Macintosh】
・〔CPU〕Power PC G4 1.33GHz以上推奨
・〔空メモリ〕256MB以上（512MB以上推奨）
・〔ディスプレイ〕解像度640×480、256色以上の表示が可能なこと
・〔OS〕Mac OS 10.12（Sierra）以降
・〔ドライブ〕DVDコンボ

【著作権について】
・DVDに収録されているファイルは、著作権法によって守られています。
・著作権法での例外規定を除き、無断で複製することは法律で禁じられています。
・DVDに収録されているファイルは、営利目的であるか否かにかかわらず、第三者への譲渡、貸与、販売、頒布、インターネット上での公開等を禁じます。
・ただし、購入者が学校での授業において、必要枚数を児童に配付する場合は、この限りではありません。ご使用の際、クレジットの表示や個別の使用許諾申請、使用料のお支払い等の必要はありません。

【免責事項】
・このDVDの使用によって生じた損害、障害、被害、その他いかなる事態についても弊社は一切の責任を負いかねます。

【お問い合わせについて】
・このDVDに関するお問い合わせは、次のメールアドレスでのみ受け付けます。 tyk@toyokan.co.jp
・このDVDの破損や紛失に関わるサポートは行っておりません。
・パソコンやアプリケーションソフトの操作方法については、各製造元にお問い合わせください。

板書で見る全単元の授業のすべて
国語 小学校３年下
〜令和２年度全面実施学習指導要領対応〜

2020（令和２）年８月23日　初版第１刷発行

監 修 者：中村　和弘
編 著 者：大塚　健太郎
　　　　　茅野　政徳
発 行 者：錦織　圭之介
発 行 所：株式会社東洋館出版社
〒113-0021　東京都文京区本駒込５丁目16番７号
営 業 部　電話 03-3823-9206　FAX 03-3823-9208
編 集 部　電話 03-3823-9207　FAX 03-3823-9209
振　　替　00180-7-96823
U R L　http://www.toyokan.co.jp

印刷・製本：藤原印刷株式会社
編集協力：株式会社あいげん社
　　　　　株式会社オセロ

装丁デザイン：小口翔平＋岩永香穂（tobufune）
本文デザイン：藤原印刷株式会社
イラスト：赤川ちかこ（株式会社オセロ）
DVD 製作：秋山広光（ビジュアルツールコンサルティング）
　　　　　株式会社オセロ

ISBN978-4-491-03985-5　　Printed in Japan